高等学校应用型特色规划教材

大学生就业指导与职业生涯规划

(修订版)

曲振国　主　编

杨文亭　陈子文　赵砚芬　副主编

清华大学出版社

北　京

内 容 简 介

职业生涯规划不可能做到科学和精确，也不能预言将来要发生什么，它只是一种用来思考的工具——思考为了取得未来希望的结果现在该做些什么。

本书遵循"以学生为本"的原则，着眼于社会的发展，立足学生的现状，从大学生的自我认知开始，进行个性特征、兴趣爱好、价值观和能力特征等方面的探索，进而了解社会，进行职业探索，明确阶段的目标，明确人生的终极目的，做出人生规划的决策，最后落脚于对成功人生最为关键的几个要素的管理上。未来规划应立足于当前，在青年时期就要做好管理，以便让自己实现有价值的人生。

本书不仅可以作为大学生职业生涯规划和就业指导方面的教材，也可以作为广大青年规划人生的重要参考，还可供职业生涯规划咨询的人士使用。

图书在版编目(CIP)数据

大学生就业指导与职业生涯规划/曲振国主编. --修订版. --北京：清华大学出版社，2015(2019.8重印)
(高等学校应用型特色规划教材)
ISBN 978-7-302-40208-4

Ⅰ．①大…　Ⅱ．①曲…　Ⅲ．①大学生—职业选择—高等学校—教材　Ⅳ．①G647.38

中国版本图书馆 CIP 数据核字(2015)第 101251 号

责任编辑：桑任松
封面设计：杨玉兰
责任校对：周剑云
责任印制：刘祎淼
出版发行：清华大学出版社
　　　　　网　　　址：http://www.tup.com.cn, http://www.wqbook.com
　　　　　地　　　址：北京清华大学学研大厦 A 座　　　　邮　　编：100084
　　　　　社 总 机：010-62770175　　　　　　　　　邮　　购：010-62786544
　　　　　投稿与读者服务：010-62776969, c-service@tup.tsinghua.edu.cn
　　　　　质量反馈：010-62772015, zhiliang@tup.tsinghua.edu.cn
　　　　　课件下载：http://www.tup.com.cn, 010-62791865
印 装 者：北京鑫海金澳胶印有限公司
经　　销：全国新华书店
开　　本：185mm×260mm　　　印　张：23.75　　　字　数：577 千字
版　　次：2008 年 4 月第 1 版　　2015 年 7 月第 2 版　　印　次：2019 年 8 月第 7 次印刷
定　　价：49.80 元

产品编号：064364-02

前　　言

生涯规划是对个人一生的规划。一个人只有在拥有了一个明确的规划之后，才能判断一个机会是否真的是机会，否则就无法判断自己是在朝预期的方向前进，还是走上了歧途，从而分散了精力并浪费了时间。规划的目的是使人在变幻莫测的环境中能够达到希望的结果，能够果断地把握机会，走好人生的每一个环节。对于那些能够在人生道路上设计好自己的人生策略，时刻保持一颗进取之心，同时不断总结经验的人，成功就不再是一件难事。

当前我国高校的职业生涯教育已经引起社会各界极大的重视，然而职业生涯规划与就业指导不能仅仅就职业谈职业，而是要从根本上认识到职业生涯规划。职业生涯规划必须根植于生涯规划之中，它只是人生规划的一部分。同时，大学生职业生涯教育面对的是没有多少职业经验的在校大学生，如何让他们从当下的经验出发，建构生涯规划的知识和能力，就成为生涯教育的关键点。着眼于一生，成长在当下，这是贯穿本书的主旨。

由于我国传统的教育体系中缺乏生涯规划与发展的内容，大学生生涯指导在某种意义上就成了一项从零起步的工作。为了帮助大学生更好地准备职业人生，我们需要赶快补上以学校为主渠道的生涯职业规划与就业指导课程，力求使大学生们在走上职业岗位之前，从观念、心态、知识、技能等方面做好应对职业挑战的全面准备。

人人都想取得成功，但人人都需面对现实。面对自我的现实，正确把握自己的优点、缺点，对自己的能力、兴趣、爱好，对自己将来可能在哪些方面取得成功的情况都要做到心中有数，以便扬长避短，在成功路上少走弯路。

本书分为三篇，共15章，每一章都具有独立性：第一篇生涯认识篇(第一～五章)，引导大家认识自我，探索生涯，第一章是生涯发展与规划的知识，后面几章则分述了人格、兴趣、能力、价值观等方面的知识和探索活动；第二篇为生涯规划篇(第六～十章)，带领大家认识社会，规划未来，探索社会与工作世界，介绍职业选择方面的知识，指导学习者做出职业生涯决策——做出明智的职业选择，设定明确的职业生涯目标和人生发展方向；第三篇为生涯准备篇(第十一～十五章)，指导学习者做好大学生的学习规划——明确自己大学期间的任务，理解大学的意义，加强自我管理，有效度过大学生活，做好职业生涯准备，进行就业探索，这是生涯规划的落脚点。在每一章中还附有众多的生涯故事和系统的自我探索活动方案，学生可以借鉴、思考，明确目标，少走弯路。本书具有以下五个特点。

一是着眼于人生的发展。从幸福的人生观、价值观入手，探讨生命的意义，探讨学生一生的发展蓝图，为学生实现理想、走上成功提供帮助。上大学不只是为了找个好工作，职业也不是为了适应个性，而是为了实现个人终极目的。

二是着眼于社会的发展。从科学的社会观、世界观入手，探讨职业生涯规划的社会意义，帮助学生树立正确的世界观、科学的发展观，奔赴自我的社会使命——人的最终价值应该是服务于社会。

三是着眼于个体的发展。从和谐的发展观、生命观入手，探讨自我发展的途径和内容。遵循以学生为中心的原则，帮助学生正确认识自己，明确自身的生命价值和心灵追求，了解自我、理解自我、接纳自我、发展自我，培养健全的人格，建立和谐的人际关系，达到身心和谐、健康成长。在内容上侧重实践探索，精简理论分析，让学生在"做"中"学"，在体验中建构新的人生。

四是着眼于职业的发展。从正确的成功观、职业观入手，探讨职业生涯规划的人生意义，做到能规划、会规划、科学规划职业生涯，正确实践并不断完善自己的职业生涯。

五是着眼于学科的发展。从正确的学生观、科学观入手，以学生为本，尊重个体、尊重生命、尊重科学，立足学生实际，立足学科发展的科学规律，突出生涯规划的科学性和实践性，探讨科学的、有效的、做得到的新的生涯规划理论与实践体系，力求学术创新。

这本书是大学生朋友成长的良师益友，它不会告诉你要选择怎样的人生，但它会指导你学会制定决策的步骤和方法，描述社会对你的期望，为你的生涯决策提供服务。

本书由曲振国担任主编，杨文亭、陈子文、赵砚芬担任副主编。各章作者如下：第一、九、十章由曲振国、魏学飞和辛桂京负责编写；第二、五章由杨静负责编写；第三、四章由王艳负责编写；第六章由滕继国负责编写；第七、八、十五章由赵砚芬、刘维利、王立浩负责编写；第十一、十二章由刘维利、王新军负责编写；第十三、十四章由李静负责编写。杨文亭、陈子文协助本书的统稿并设计编写了本书的扩展阅读、探索与练习及有关案例分析。全书由曲振国负责策划、设计和统稿。

本书在编写过程中，参阅了国内外大量的文献资料，在此谨向文献资料的作者表示衷心的感谢。由于作者水平所限，书中难免存在错误和缺点，敬请各位专家和老师以及同学们批评指正。本书在编写过程中得到了清华大学出版社的大力支持，在此谨表感谢。张欢、孙颖等十几位同学利用业余时间不辞辛苦帮助校对书稿，在此深表谢意。

编 者

目　　录

第一篇　生涯认识篇

第二篇　生涯规划篇

第三篇　生涯准备篇

第一篇　生涯认识篇

第一章　人 与 生 涯

【导引个案】

爬楼梯的故事

在一幢公寓楼里，有两兄弟一起住。一天，他们一起去郊外爬山。傍晚时分，等他们回到公寓楼的时候，发现大厦停电了！这真是一件令人沮丧的事情。为什么呢？因为这两兄弟都住在大厦的顶楼。那么，顶楼是几楼呢？顶楼是80楼。很恐怖吧。虽然两兄弟都背着大大的登山包，但看来，也是别无选择，于是，哥哥对弟弟说："我们爬楼梯上去吧。"

于是，他们就背着一大包行李开始往上爬。到了20楼的时候，他们觉得累了，于是弟弟提议说："哥哥，行李太重了，不如这样吧，我们把它放在20楼，我们先上去，等大厦恢复电力，我们再坐电梯下来拿吧。"哥哥一听，觉得这主意不错："好啊。弟弟，你真聪明呀。"于是，他们就把行李放在20楼，继续往上爬。

卸下了沉重的包袱之后，两个人觉得轻松多了。他们一路有说有笑地往上爬。等到了40楼，两人又觉得累了。想到才爬了一半，还有40楼要爬，两人就开始互相埋怨，指责对方不注意停电公告，才会落得如此下场。他们边吵边爬，就这样一路爬到了60楼。

到了60楼，两人筋疲力尽，累得连吵架的力气也没有了。哥哥对弟弟说："算了，只剩下最后20楼，我们就不要再吵了。"于是，他们一路无言，安静地继续往上爬。终于，80楼到了。到了家门口，哥哥长吁一口气，摆了一个很酷的姿势："弟弟，拿钥匙来！"弟弟说："有没有搞错？钥匙不是在你那里吗？"……钥匙还留在20楼的登山包里！

虽然这是一个虚构的故事但却真实反映了我们的人生。20岁之前，我们活在家人、老师的期望之下，背负着很多压力，不停地做功课、考试、升学，就好像是背着一个很重的登山包，加上自己也不够成熟，没有什么社会经验，所以走得很辛苦。20岁以后，从学校毕业出来，踏上工作岗位，开始自己的职业生涯，自己喜欢做什么就做什么，想怎么做就怎么做，就好像是卸下沉重的包袱。所以说，从20岁到40岁，是人一生中最愉快的20年。

到了40岁，人到中年，发现青春早已逝去，但又有很多遗憾，于是开始骂老板不识货，怪家人不体恤，埋怨国家，埋怨社会……就这样在抱怨遗憾中又过了20年。

到了60岁，发现人生所剩不多，于是告诉自己，不要再埋怨了，就珍惜剩下的日子吧。于是，默默走完自己最后的岁月。到了生命的尽头，突然想起：好像有什么忘记了。是什么呢？是你的钥匙，你人生的关键。你把你的理想、抱负、关键都留在了20岁，没有完成。

人的生命只有一次，人生像一次不可逆的单程旅行。想一想，是不是也要等到40年之后、60 年之后才来追悔？想一想，我们最在意的是什么？我们希望将来的自己和现在有什么不同？我们是不是可以做些什么来预防这个遗憾发生呢？

本章重点探讨生涯发展的轨迹，了解生涯、生涯规划及生涯各个阶段的发展任务，学习生涯规划的理论。重点掌握生涯发展理论，能够对自己的生涯进行大致的规划。

第一节　生涯与人生发展

青少年是人生快速发展的重要时期，而大学阶段则是一个人步入社会的前奏，是完成人生从学生到工作人员的一个重大转折点。为了顺利地完成这次转折，在未来的人生中取得更大的成功，大学生在校期间应站在人生高度看待大学时光，正视社会现实，客观分析自我，善于抓住机遇，善于迎接挑战。

一、生涯的含义

"生涯"一词在我国最早见于庄子所说："吾生也有涯，而知也无涯。"这里，生为生命，涯为边际的意思。庄子所说的意思是"我的生命是有限的，但需要我学习、探索的却是无边无岸的"。生涯就是我们每个人有限的全部人生旅程。

生涯的英文是 Career，在希腊，Career 这个词蕴含着疯狂竞赛的精神，最早常用作动词，如驾驭赛马，后来又引申为道路，即人生的发展道路。美国国家生涯发展协会对生涯一词有如下定义：生涯是个人通过从事工作所创造出的一个有目的的、延续一定时间的生活模式[1]。

美国职业理论专家舒伯(Super DE)认为：生涯是生活中各种事件的方向与历程，它统合了人的一生中各种职业和生活的角色；是个人终其一生所扮演的角色的整个过程，由时间(个人生命的时程)、广度(扮演角色的多少)、深度(角色投入程度)三个方面构成。

霍德和班纳茨(Hood & Banathy)对生涯的定义为：生涯包括个人对职业的选择和发展、对非职业性或休闲活动的选择与追求，以及在社会交往活动中参与的满足感[2]。

我国台湾地区学者金树人先生认为"生涯"一词涵盖了三个重点：①生涯的发展是人一生当中连续不断的过程；②生涯包括个人在家庭、学校和社会中与工作有关活动的经验；③这种经验塑造了独特的生活方式[3]。

韦伯斯特(Webster)认为，生涯是个人一生职业、社会关系与人际关系的总称，即个人终身发展的历程[1]。

从以上的观点可以看出，生涯大致可以从以下几方面理解。

(1) 生涯是不断选择和创造的：生涯是一个人的愿望和可能性之间、理想与现实之间妥协和权衡的产物，是一个不断的连续选择的结果。

(2) 生涯是终身发展和连续的：生涯不是某一特定工作或者职责的时间段，本质上讲

---

[1] 刘宣文. 学校发展性辅导[M]. 北京：人民教育出版社，2004.

[2] 邱美华，董华新. 生涯发展与辅导[M]. 台北：心理出版社，1997.

[3] 金树人. 生计的观念、生计的辅导[J]. 咨询与辅导月刊，1987(1)：14～15.

是持续一生的过程。生涯发展是一生中连续不断的过程，是一个需要终身学习、终身发展的过程。

(3) 生涯是独特的和有目的的：是指生涯因个人的动机、抱负和目标而形成与发展的，反映了个人的价值观和信念。生涯是个人依据其人生规划与人生目标，为自我实现而开展的独特的生命历程，不同的个体具有不同的生涯历程。

(4) 生涯是多角色交互的综合体：生涯不仅是一个人的"职业"或者"工作"，还包含了个人的生活风格，即同时期所有的生活角色(家长、配偶、持家者、学生)交互作用，以及人们整合和安排这些角色的方式。

二、生涯发展

歌德曾说："每个人都想成功，但没想到成长。"生涯的概念尽管不能等同于生命，但生命的成长事件却构成了生涯的不同色彩。在各家理论对生涯的解释中，最有代表性的是生涯发展理论。

(一)哈维赫斯特的生涯发展阶段任务

美国心理学家哈维赫斯特(R.J. Havighurst, 1973)认为，一个人在其成长的不同年龄阶段都需要完成不同的"发展任务"，所谓"发展任务"，是社会对个体在这一年龄阶段的期望，期望其在行为上能够达到的程度。哈维赫斯特认为"发展任务"来自三个方面：一是生理的成熟和成长；二是文化和社会的要求或期望；三是个人的价值和期望。所谓身心发展良好，是指个体在某一年龄阶段表现出的行为符合社会对该年龄的要求，即个体能做好该年龄阶段应该做的事。

哈维赫斯特主张教育应当把人生意义和生活价值的指导放入生活知识的学习之中，不仅应当学习如何生活，而且应当懂得为什么生活，即生活的目的，将探索生存意义视为教育的主要任务，如表 1-1 所示。

其实，成长是伴随着我们一生的任务。哈维赫斯特曾做过这样的概括："关于儿童的兴趣历史久远且内容丰富。对青年的兴趣是较为近期出现的，而对成年人的研究兴趣从真正意义上讲则是自 20 世纪后半期才起步的。"确实，在相当长的一段时期内，人们一直认为发展只局限在从出生到青年期这段时间内，进入成年以后，人的各种心理特点基本保持稳定，很少发生变化。

表 1-1　哈维赫斯特个体在每一发展阶段的主要任务[1]

阶　　段	发展任务
婴儿期与 儿童早期 (0～6岁)	学习走路；学习食用固体食物；学习说话；学习控制排泄机能；学习认识性别和有关性别的行为和礼节；获得稳定的肌肉运动；形成对社会和身体的简单概念；对父母、兄弟姐妹及他人产生感情联系；学习判断是非并发展良知
儿童晚期 (6～12岁)	学习游戏所必需的身体技能；形成健全的自我态度；学习与同伴和谐相处；学习扮演适合自己性别的角色；发展读、写、算的基本技能；发展日常生活所必需的各种观念；发展良知、道德观念价值标准；发展对社会团体和制度的态度

---

[1] 刘宣文. 学校发展性辅导[M]. 北京：人民教育出版社，2004.

续表

阶　段	发展任务
青少年期 (12～21 岁)	接受个人的体型、长相和性别角色(接受与生俱来不可改变的部分,努力去改变可以改变的部分);与年龄相近的异性和同性建立新而成熟的关系(性别意识明显,既能谈好情又能念好书);情绪上不再依赖父母和其他成人(学习独立,但此阶段也容易与师长、他人产生冲突);准备适应婚姻和家庭生活(寻求爱的认同与肯定);树立经济上独立的自信态度,选择职业并做好就业准备(了解自己的职业取向,培养能力,了解就业信息,探索职业);发展行使公民权利所需的知识、技能和观念,发展对社会负责的行为(从承担责任中寻找自己的定位,肯定生命价值);将自我价值建立在科学的基础之上;发展道德价值体系(随着个体成长,逐渐了解生命的意义,从社会化过程中发展自己的价值体系,是一种自我奉献的价值观还是一种自我享乐的价值观,是一种服务社会价值还是一种功利社会价值,全看此阶段的发展)
成年期 (21～40 岁)	选择配偶;学习过婚后的配偶生活;开始组建家庭;抚育子女;管理家庭;开始从事一种职业;履行公民责任;参与合乎自己性格和志趣的社团活动
中年期 (40～60 岁)	完成成年人的公民和社会职责;建立并维持某种经济水准的生活;帮助青少年子女成长为可靠、幸福的成年人;开展中年期的闲暇活动;与配偶维持密切关系;承受并适应中年期的生理变化;与年迈父母相互适应
老年期 (60 岁至死亡)	适应逐渐衰退的体力和健康状况;适应退休和收入的减少;适应配偶的死亡;与其他老年人建立密切联系;履行对社会和公众的义务;建立美满的人生

　　20 世纪 50 年代以后,对老年人的关心促使人们开始重新审视老年个体的心理变化特点,有关老年心理的研究也日渐蓬勃地开展起来。但遗憾的是,有关长达几十年的成年期心理发展特点的研究依旧相当薄弱。

　　尽管如此,近年来从毕生角度(Life-span)出发研究个体发展业已成为当前发展心理学的一种主要的研究取向。

(二)生物社会生命周期

　　生物社会生命周期是从生理变化的角度来看待人的发展,其特征为单向性和不可逆性,这使我们在生涯阶段中随时会感受到时间的紧迫感,从而进一步体现积极主动开发、管理生涯的意义。

　　一个人的生物社会生命周期包含两方面的内容,或者说取决于两大因素。

　　(1) 人体所发生的生物性变化。如一个人随着时间的推移,身体发生预期的生理变化,逐渐成长、长大,形成诸如青春期、成人期、中年期、更年期等多个阶段。

　　(2) 与年龄相关的预期的社会文化准则。我们的社会和文化具有一种复杂的"年龄层系统"——个人应当做什么和在不同的年龄阶段应如何行事的一系列预期。例如,儿童被预期是贪玩、好动、耍性子的;青少年被预期是不定型的、精力旺盛的、易冲动的,正奋力向成年靠拢;成年人被预期有承担工作和家庭方面的责任与义务;老年人则被预期精力和体力逐渐衰退,更多地沉浸在自我闲暇之中,接受自己责任水平的减退。正如孔子所说"吾十有五而志于学,三十而立,四十而不惑,五十而知天命",这就是典型的与年龄相关的预期的社会文化准则。

正是上述生物力和随之而来的与年龄相关的预期社会文化准则，构成了一个人的生物社会生命周期。我们可以根据自己所处的年龄与人生阶段，了解我们所面临的问题和应解决的任务，从而更好地进行生涯规划。

美国学者埃德加·施恩(Edgar Schein)对生物社会生命周期的主要任务和导致这些任务的发展问题给出了一个广义的描述，如表1-2所示[1]。

表1-2　(男子)生物社会生命周期的阶段和任务

年龄范围	面临的问题	特定任务
青少年至30岁伊始	①进入成人世界。②对各种成人角色做出暂时承诺。③发展个人自我意识，获得与自己的朋友亲密相处的能力。④变得更能辨别个人的各种关系。⑤建立个人自身的生活结构和方式	①脱离原点家庭倾向(18～24岁)。②凭借同辈群体力量，获得支持而不是一味依赖。③做出有效的教育与职业选择。④不靠父母支持或个人原有的住房条件，建立自己的住房和家庭。⑤学会与配偶相处。⑥确立新的个人和群体成员资格和社团承诺。⑦发展未来的一种自我图像，一个个人的"梦"。⑧寻找良师，吸取他们身上有益的东西。⑨克服"全知全能"、"自信早期选择不可改变和唯一有效"的感情
二十几岁到30多岁(过渡)	①应付30岁的过渡，不论对个人有什么特定的意义。②第一次进行重估的时期，面临"我是自己所要成为的那种人吗"和"我对生活有什么要求"的问题。③第一次认识到人终有一死	①复查个人在职业、婚姻、子女和社会参与方面的全部暂时性承诺。②开始做出更多属于最终选择的决定，这些选择将导致长期持久的成人承诺。③如果必要，选择方向上会有重要变化
30岁	①"而立之人"——扩展、深化和稳定个人承诺。②承认"时间有限"的事实。③从个人的幻想中成熟起来。④从观念和感情上为40岁作准备	①安常处顺，立足于成人世界；承认自己的职业和一生——或者加倍努力工作"上得去"，或者放弃部分梦想，满足于安全。②承认个人婚姻，以一种现实评估取代20岁时的理想图像；管理家庭和职业要求之间的潜在冲突；让配偶接受自己实际上是怎么回事。③处理家庭与工作之间的潜在冲突，继续参与社团和朋友活动。④学会承认父母实际是怎么回事——开始感到应为个人的灾难、命运和个性负责；学会承认子女实际是怎么回事。⑤结束与良师的关系——渐渐清醒起来，中止非现实的交往，代之以自身的价值观，开始为自己成为一名良师作准备
三十几岁到40岁伊始(中年过渡和危机)	①面临个人梦想和实际成就的不一致——青春期冲突复活。②认识到体力下降的征兆，接受"衰老"；更强烈认识到个人终有一死	①复查和承认个人梦想的要素、实际现状以及两者之间的不一致——更能意识到自我和他人是更好的未来选择的依据。②做出新的选择——或接受和寻找工作、家庭和自我的新意义，或朝新的方向前进

[1] [美]施恩. 职业的有效管理[M]. 仇海清，译. 北京：生活·读书·新知三联书店，1992.

年龄范围	面临的问题	特定任务
40岁到50岁	①一个重估和潜在烦恼的时期，但是，如果对策适当，也是发现幸福和内心平静的时期。②查找个人自身的社会目标和价值观，取得一种更稳定的整合和生活结构，摆脱以往的角色模式或一致压力。③一个时期的封闭之后，向世界重新开放自我。④开始懂得子女已经成人，承认他们的成人角色。⑤父母角色完成以后，确立与配偶的亲密模式；或解散家庭，开始新的生活模式。⑥与下属和其他人有更多的交往	①增强自主意识和自愿承诺，这是一种个人自己做出选择的意识。②应付明显的抑郁，承认抑郁感是生命的组成部分——"木已成舟"。③承认生命只有一次。④做出职业的最终决策——继续往上爬、讲求安稳，或重新选择职业。⑤成为一名良师——给人以监护、教诲和支持。⑥应付空巢综合征——帮助配偶适应父母角色的消失，向其他角色过渡。⑦应付能力丧失的恐惧和"崭露头角"的年轻人的竞争。⑧应付年纪大、有所依赖和父母的去世。⑨开发自我发展的具体计划，使这种发展与职业、家庭需要相均衡
50岁到退休	①一个相对稳定的时期，但对"时光飞逝"惴惴不安，身体衰退。②一个成熟、宽厚，珍视配偶、子女和朋友的时期。③最终承认自我的本来面貌，不会为自己的问题而责怪父母。④复查个人的工作生活和对世界的贡献。⑤日益关心广泛的社会和社区问题，专业化丧失，智慧增长	①由于没有兴趣建立新的交往和友谊，保证个人处在与现有朋友的交往中。②适应社交能力的总衰退，沉浸在自我和新建立的生活模式中。③使生活更简单、更舒适——避免感情负担。④与子女建立成人关系，礼尚往来。⑤学会做长辈
60岁到逝世	①应付退休。②体力、脑力和社会角色发生变化，一个过渡和不确定的时期。③应付健康和精力的下降及出现的内在偏见。④适应配偶的逝世。⑤适应对子女、朋友和机构的依赖。⑥为自己的逝世作准备	①适应简化的地位和工作角色。②接受退休和简化的角色终究反映了个人简化的精力和动机的事实。③根据身体和健康条件，学会改变个人的生活方式。④适应日益内向和与外界沟通简化的情况。⑤适应一种简化的生活标准，应付新的财务问题。⑥通过多运用判断、谋略和积累的经验，学会弥补速度和体力的丧失。⑦为去世做好准备——拟订和审核遗嘱，决定丧葬安排。⑧息事宁人——取得某种合一意识，避免失望。⑨优雅、静穆地离开人世

三、生涯成熟

(一)生涯成熟的标志

生涯成熟度是指在面对生涯问题时的心理发展水平，生涯成熟反映了每个人在不同生命阶段所完成发展任务的历程和状态。在进入职业前，一般用职业选择来衡量心理活动发展水平；在进入职业后，虽然也存在职业发展水平问题，但还有一部分更为重要的任务，比如如何适应工作岗位所在的组织、如何稳定自己的职业、如何晋升，在面临退休时如何计划等。对于在校学生来说，其职业成熟度的衡量标准以职业选择为主。如果一个学生能根据自己的心理特点、专业能力和就业形势等进行科学的决策、做出职业选择，并采取客观可行的措施，最终获得职业，那么其职业成熟度就高；反之则低。

下面有一组句子，请根据自己目前的情况(不是未来的愿望)选择"非常不同意"1分；"不同意"2分；"尚可"3分；"同意"4分；"非常同意"5分。

1. 我曾想到要做些事，让自己今天或明天发展得更好。
2. 我认真思考过我将来要做什么样的人。
3. 我为了将来的工作和生活作准备(如选课、收集资料)。
4. 一般在生活中，我能做出相当合情理的决定。
5. 对于自己的未来发展，我能独立自主地作决定。
6. 目前我就读的专业是经过慎重选择的。
7. 我就读的专业与我将来的预定工作、进修、家庭发展方向是很有关的。
8. 我了解自己的能力、专长和限制。
9. 我了解自己的个性、兴趣和重视的事物。
10. 我关心社会和时局的变迁，并考虑它对我目前及将来发展的影响。
11. 我会收集正确的信息，以便作决定时参考。
12. 我能恰当地呈现自己，让别人认识我(如让新朋友、雇主、师长、准岳父或准公婆……认识我)。
13. 我已经计划好将来要发展的方向。
14. 在我待过的学校和环境，我通常适应得很不错。

分数越高，生涯成熟度越高。

一般来说，在人生各个阶段，越具有生涯成熟度的人越关心自己目前和将来的发展；越有自知之明；越能运用信息；越能在环境中适应并且求进步。舒伯提出了衡量个体生涯发展和成熟的标志性原则，如下所述。

原则一：发展是随机、未分化的行为，朝向目标导向的、特定的行为。

原则二：发展是朝向现实感增加的方向。

原则三：发展是从依赖朝向独立性增加的方向。

原则四：成熟个体会选择一个目标。

原则五：成熟个体的行为是目标导向的。

(二)大学生生涯发展的重点

大学生生涯发展的前提是：了解兴趣和能力，进行务实的职业探索，做出合适的职业选择；使早期的职业幻想变为可以实现的目标；同时根据家庭、社会、经济等背景条件，评估可能的限制；获取适当的教育或训练；发展进入工作环境所需的基本技能。生涯发展的重点如下所述。

(1) 认识并接受生涯选择的需要，同时获得有关的数据。
(2) 了解兴趣和能力，以及与工作机会的关系。
(3) 认清与能力和兴趣相一致的工作域和阶层。

(4) 接受训练与培养技能，便于就业，或从事能实现兴趣和能力的职业。

第二节　生涯发展理论

生涯规划理论的发展可以追溯到职业规划理论，以 1908 年美国著名的职业指导先驱弗兰克·帕森斯(F. Parsons)出版的《选择职业》(Choosing a Vocation)一书为标志，至今已有一百多年的历史。经过一百多年的发展，生涯规划理论从职业指导、职业规划发展为职业生涯规划，人们开始认识到职业规划需要对个体的生涯进行整体把握，进而过渡到现在的生涯发展理论，把生涯规划的研究放在了个体的全部生涯。

一、生涯发展论

生涯发展理论主要起源于 20 世纪 50 年代哈维赫斯特的发展阶段理论和金斯伯格(Ginzberg)等人的职业发展理论，舒伯集差异心理学、发展心理学、职业社会学及人格发展理论之大成，进行了长期的研究，系统地提出了有关生涯发展的观点。

(一)舒伯的生涯发展阶段理论

舒伯(1953)将生涯发展阶段划分为成长、探索、建立、维持与衰退五个阶段。

(1) 成长阶段：出生至 14 岁，该阶段从孩童开始发展自我概念，以各种不同的方式来表达自己的需要，且经过对现实世界不断地尝试，修饰自己的角色。该阶段发展的任务是：发展自我形象，发展对工作世界的正确态度，并了解工作的意义。

(2) 探索阶段：15～24 岁，该阶段的青少年，通过学校的活动、社团休闲活动、打零工等机会，对自我能力及角色、职业作一番探索，因此选择职业时有较大的弹性。这个阶段发展的任务是：使职业偏好逐渐具体化、特定化并实现职业偏好。这阶段共包括三个时期：一是试探期(15～17 岁)，考虑需要、兴趣、能力及机会，作暂时的决定，并在幻想、讨论、课业及工作中加以尝试；二是过渡期(18～21 岁)，进入就业市场或专业训练，更重视现实，并力图实现自我观念，将一般性的选择转为特定的选择；三是试验并稍作承诺期(22～24 岁)，生涯初步确定并试验其成为长期职业生活的可能性，若不适合则可能再经历上述各时期以确定方向。

(3) 建立阶段：25～44 岁，由于经过上一阶段的尝试，合适者会谋求变迁或作其他探索，因此该阶段较能确定在整个事业生涯中属于自己的"位子"，并在 31 岁至 40 岁阶段开始考虑如何保住这个"位子"，并固定下来。这个阶段发展的任务是统整、稳固并求上进。这个阶段又可细分为两个时期：一是试验—承诺稳定期(25～30 岁)，个体寻求安定，也可能因生活或工作上的若干变动而尚未感到满意；二是建立期(31～44 岁)，个体致力于工作上的稳固，大部分人处于最具创意的时期，由于资深往往业绩优良。

(4) 维持阶段：45～65 岁，个体仍希望继续维持属于自己的工作"位子"，同时会面对新的人员的挑战。这一阶段发展的任务是维持既有的成就与地位。

(5) 衰退阶段：65 岁以上，由于生理及心理机能日渐衰退，个体不得不面对现实从积极参与到隐退。这一阶段往往注重发展新的角色，寻求不同方式以替代和满足需求。

在舒伯的生涯发展阶段理论中，每一阶段都有一些特定的发展任务需要完成，每一阶段需达到一定的发展水准或成就水准，而且前一阶段发展任务的达成与否关系到后一阶段的发展。

在以后的研究中，舒伯对发展任务的看法又向前跨了一步。他认为在人一生的生涯发展中，每个阶段都同样面对成长、探索、建立、维持和衰退的问题，因而形成"成长—探索—建立—维持—衰退"的小循环。举例来说，如一个大学一年级的新生，必须适应新的角色与学习环境，经过"成长"和"探索"，一旦"建立"了较固定的适应模式，同时"维持"了大学学习生活之后，又要开始面对另一个阶段——准备求职。原有已适应了的习惯会逐渐衰退，继而对新阶段的任务又要进行成长—探索—建立—维持—衰退，如此循环往复。

(二)生涯彩虹图

20 世纪 80 年代，舒伯提出了一个更为广阔的新观念——生活广度、生活空间的生涯发展观(Life-span，Life-space Career Development)，这个生涯发展观除了具有原有的发展阶段理论之外，较为特殊的是加入了角色理论，并根据生涯发展阶段与角色彼此间交互影响的状况，描绘出一个多重角色生涯发展的综合图形。舒伯将这个生活广度、生活空间的生涯发展图形命名为"一生生涯的彩虹图"(Life Career Rainbow)，如图 1-1 所示[1]。

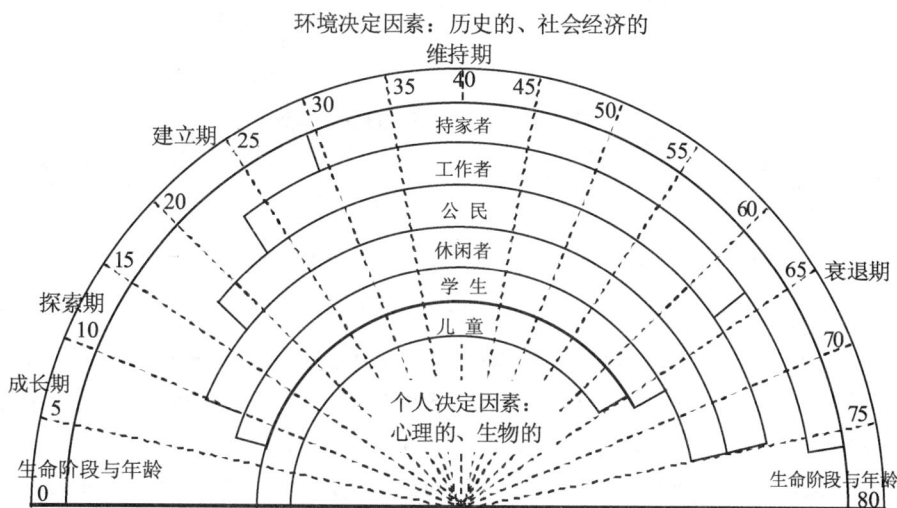

图 1-1 舒伯的 "一生生涯的彩虹图"

1. 横贯一生的彩虹——生活广度

在一生生涯的彩虹图中，横向层面代表的是横跨一生的生活广度。彩虹的外层显示人生主要的发展阶段和大致估算的年龄：成长期(约相当于儿童期)、探索期(约相当于青春期)、建立期(约相当于成人前期)、维持期(约相当于中年期)以及衰退期(约相当于老年期)。在这五个主要的人生发展阶段内，各个阶段还有小的阶段。舒伯特别强调各个时期年龄划分有

---

[1] 金树人. 生计发展与辅导[M]. 台北：天马文化事业发展有限公司，1988：49.

相当大的弹性，应依据个体的不同情况而定。

2. 纵贯上下的彩虹——生活空间

在一生生涯的彩虹图中，纵向层面代表的是纵贯上下的生活空间，是由一组职位和角色所组成。舒伯认为人在一生当中必须扮演九种主要的角色，依次是：儿童、学生、休闲者、公民、工作者、夫妻、家长、父母和退休者。各种角色之间是相互作用的，一个角色的成功，特别是早期的角色如果发展得比较好，将会为其他角色提供良好的关系基础。但是，在一个角色上投入过多的精力，而没有平衡协调各角色的关系，则会导致其他角色的失败。

在每一个阶段对每一个角色投入程度可以用涂颜色来表示，颜色面积越多表示该角色投入的程度越大，空白越多表示该角色投入的程度越小。生涯彩虹图的作用主要是对自身未来的各阶段如何调配做出各种角色的计划和安排，使人成为自己的生涯设计师。生涯彩虹规划图使用实例如图1-2所示。

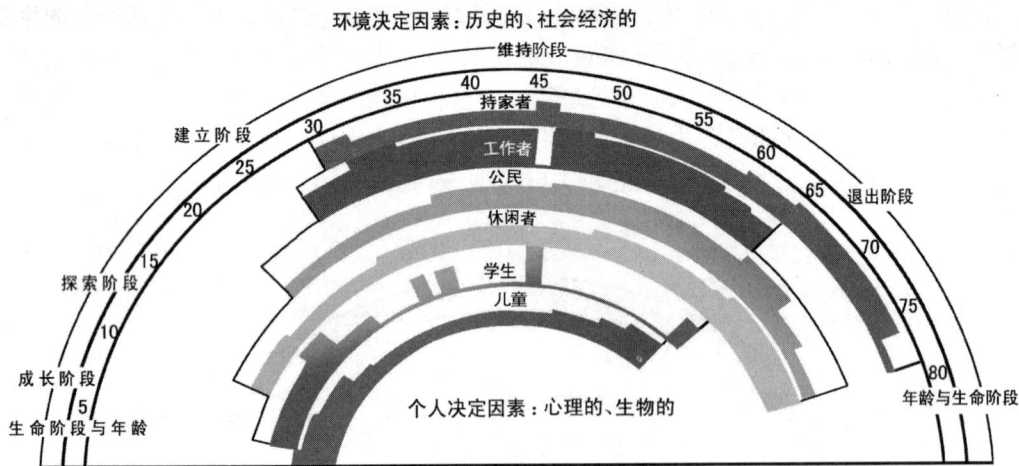

图1-2　生涯的彩虹图实例

图1-2所示为某位当事人为自己所勾画的生涯彩虹图。半圆形最中间一层儿童的角色在5岁以前是涂满颜色的，之后渐渐减少，8岁时大幅减少，一直到45岁时开始迅速增加，此处的儿童角色，其实就是为人子女的角色。因而这个角色一直存在。早期个体享受被父母养育照顾的温暖，随着成长成熟，慢慢开始同父母平起平坐，而在父母年迈之际，则要开始多花费一些心力来陪伴、赡养父母。

第二层是学生角色。在这个案例中，学生角色从四五岁开始，10岁以后进一步增强，20岁以后大幅减少，25岁以后便戛然而止。但30岁以后，学生角色又出现，特别是40岁出头时，学生角色竟然涂满了颜色，但两年后又完全消失，直到65岁以后。这是由于在现代科技发展日新月异、知识爆炸的社会，青年在离开学校、工作一段时间之后，常会感到自身学习已不能满足工作需要，需要重回学校以进修的方式来充实自我。也有一部分人甚至等到中年，儿女长大之后，暂时离开原有的工作，接受更高深的教育，以开创生涯的第二春。学生角色在35岁、40岁、45岁左右凸显，正是这种现象的反映。

第三层是休闲者角色。这一角色在前期较平稳地发展，直到60岁以后迅速增加，也许有人会惊讶于舒伯把休闲者角色列入了生涯规划的考虑之中。其实，平衡工作和休闲是一项非常重要的任务，特别是在如此快节奏、高效率的社会中，正如图 1-2 中的空白也构成画面一样，休闲是我们维持身心健康的一个重要手段。

第四层是公民。本案角色从 20 岁开始，35 岁后得到加强，65～70 岁达到顶峰，之后慢慢减退。公民的角色，就是承担社会责任、关心国家事务的一种责任和义务。

第五层是工作者的角色。该当事人的工作角色从 26 岁左右开始，颜色阴影几乎填满了整个层面，可见当事人对这一角色相当认同。但在 40 多岁时，工作者的角色完全消失。对比其他角色，不难发现，这一阶段，学生角色和家长角色都有不同程度的增强。两三年后，学生角色小时，家长角色的投入程度恢复到平均水平，而工作者的角色又被颜色涂满，直至 60 岁以后开始减少，65 岁终止工作者角色。

第六层是持家者角色，这一角色可以拆分为夫妻、父母、(外)祖父母等角色，然后分别作图。此处家长的角色从 30 岁开始，头几年精力投入较多，之后维持在一个适当水平，一直到退休以后才加强了这一角色。76～80 岁几乎没有了持家者的角色。

虽然个体在生涯过程中还可能承担其他角色，但对于大多数人来说，上述这些是最基本的角色。在使用"生涯彩虹图"时，可根据自身情况，在图 1-2 的基础上进行适当调整。

二、生涯认知发展论

克内菲尔坎姆(Knefelkamp)和斯列皮兹(Slipitza)是任教于美国马里兰大学的两位教授，他们从认知发展的观点出发，综合了多位学者实证研究的结果，于 20 世纪 70 年代提出了认知发展的生涯发展模式。

克内菲尔坎姆和斯列皮兹认为，生涯发展的过程会有一连串的质变现象，概括说共有九项，形成一个系列，由此构成从简单的二分法的观点到复杂的多元化的生涯观点这一连续的认知过程，其发展层次逐渐朝向对于个人的认同、个人的价值以及整体的生涯(即生活计划过程)这三者间关系的全面了解，这样个人就能做出更满意的生涯抉择与承诺[1]。

克内菲尔坎姆和斯列皮兹(1976)根据他们对大学生的实证研究发现，生涯发展历程中有一连串变化，生涯认知发展模式可分为四个时期，九个阶段，通过对发展层次的分析，个体对自我的认定、价值观与整体生活计划历程间的互动关系有更趋整合的了解，因此也就能做出更满意的生涯抉择。四个时期，九个阶段的内容如下所述。

(一)第一时期：二元关系期

这是认知最简单的时期，它可分为两个阶段，其特征是对生涯和生活的计划只有简单、二分的思考形式。处于该时期的学生思考全然由环境的外在控制信念所左右。他们相信所谓正确而唯一的生涯抉择，必须由父母、教师、咨询员、兴趣测验、就业市场、经济景气程度，以及诸如职业愿望、权力和经济报酬等因素来决定。这时学生缺乏对各类信息进行综合与分析的能力，也不太能够处理自己的生涯抉择，对他们来说，生涯抉择的过程就是寻求权威人士提供正确答案的过程，这些权威人士也许是父母、师长、咨询员，也可能是心理测验(如兴趣测验)，或者是任何能解开学生抉择困境的外在因素。

阶段 1 平衡阶段：学生在生涯抉择方面没有认知失调现象，主要是由于绝对顺从外在

[1] 金树人. 生计发展与辅导[M]. 台北：天马文化事业有限公司，1988：78.

权威的建议,自我处理的能力不明显。学生只有一个可能的生涯决定,辅导教师被视为是"权威人物"。

阶段 2 焦虑阶段:到了这个阶段,学生开始领悟生涯抉择也有好坏之分。由于这种认识能力出现,学生伴随着焦虑,产生认知失调的情形。这一阶段只有在辅导人员提出生涯决策的方法时,学生对决策的过程才勉强有些概念。

处于二元关系时期的学生,表现为依赖外在权威的指引,对前途的发展惶恐不安,因而在对其进行生涯辅导时可以引导其了解生涯决策过程,原则上对这类过程的介绍应该是简单、直接与明确的,重点是促使其接纳辅导人员和了解一般生涯决定的过程。

(二)第二时期:多元关系期

在这个时期,学生认知内容趋于复杂,对于只有一个正确选择的可能性有更清楚的认识。认知的复杂程度越高,相对的认知失调的压力也越高。为了消灭或降低做出错误决定的可能性,转而求助于辅导人员所提供的决定历程。自控信念仍倾向于外在控制。稍有进步的是分析能力增强,开始对生涯决定的各种影响因素做认真而细心的分析与考虑,同时可以整理出这些多元因素之间的因果关系。在多元关系期较为成熟的学生,在抉择过程中对不同因素会给予不同程度的加权考虑。这时一个重要的改变是,学生由重视前途决定的结果转变到相信一个正确的前途决定必须基于正确的决定过程。这个时期的学生不再视权威的结论式忠告是完全正确的,开始注意到权威对其决定的过程是否有帮助。

阶段 3 冲突阶段:这个阶段的学生对前途决定的对与错有更多的了解,这种了解增加了个体内心的冲突与焦虑,因而对作一个好的决定的复杂性也有较清楚的知觉。他们渐渐把自我也纳入这个决定的过程中,把自我当作重要的元素来分析。

这时正确的决定,包括教育与职业决定过程以及辅导人员的协助。权威在这个阶段代表的是过程,学生认识到辅导人员的角色是提供这个过程,而参与者是自己,因而对自我层面有关的分析愈加重视。同时,在这个过程中也领会到应纳入更多因素,逐一考虑。

阶段 4 区分阶段:在这个阶段,正确或错误的决定基于对各种影响因素做更复杂的加权考虑。学生仍受外在因素的影响,自我的成分在决策过程中是和其他外因一起加以考虑的。他们的认知发展在这一阶段还无法全然地承担起决定的责任。辅导人员在这一阶段的任务是协助学生排列各种考虑因素的先后次序。

(三)第三时期:相对关系期

个体的发展到了这个时期有着较大而明显的波动,外在各种因素对个人的影响力逐渐消退,个人内在的主宰能力逐渐增加。举例来说,个体的自控信念由外控发展到内控,认定生涯决定的成功或失败应该归因于自己。在前面的二元关系与多元关系时期,学校的教师、辅导人员、家长以及其他权威人物的意见足以左右个人决定方向,到了这一阶段,个人决策的重心转移到自己。由于分析能力的增强,个人已经能以较客观的态度接纳及处理不同的信息。对于自己的生涯发展方向,也能够进一步分析有利与不利的因素,以及各种因素对未来角色的影响。在预期决定献身于某个行业的时候,能够综合各种复杂的因素,同时也能对决定的结果负起责任。

阶段 5 检视阶段:这是一个探索和执行的阶段。在整个生涯决定的过程中,自我成了最主要的推动者。与阶段 4 有所不同的是，他们已知道将决策的过程"剪裁"得更适合自己的需要。辅导人员对于这一阶段的学生而言，不再是绝对的权威角色，而是知识与经验的来源。学生能够客观地分析，并且有系统地检视不同的决策方案。

阶段 6 综合阶段：个体的发展在这一阶段会对前阶段各种决策方案的悬而未决感到厌烦。学生能了解解决这种烦躁不安的策略并作抉择，然而，他们的认知发展又未成熟到足以决定投身于某项事业。因此严格地说，这个阶段是一个深思熟虑的阶段，主要原因是个体必须考虑：①建立自我和事业生涯的联结关系；②选择任何事业生涯方向的后果将会如何；③独自面对各种不同承诺所要承担的责任。对这一阶段的学生，辅导员所扮演的角色是协助他们顺利进行这一思考过程。

(四)第四时期：相对关系承诺期

在这个时期个人开始承担在生涯抉择过程中日益增加的责任感，同时，不仅能够分析在这个过程中的各种复杂问题，也能将不同的因素综合到自己的决定框架内。他们会逐渐认识到，选择一个职业生涯，是个人对自我的承诺。开始时会惧怕外在世界突然缩小，后来发现这种承诺拓展了一个美丽的新世界。最重要的是个体在这个时期找到了一个立足点，能整合个人的价值、目的与同一性(Identity)，这个立足点个人味道非常浓，而且与职业生涯有关。生涯的认同与自我的认同至此结合在一起了，成为一体。

阶段 7 整合阶段：在这个阶段可以体验到自我与生涯角色的整合。初期会因受到角色的限制而惧怕，后期则能体会到角色是自己界定的。这种认识会进一步肯定自我与职业生涯之间的关系，同时，也会渐渐形成自己独特的风格，扮演自己的角色。

阶段 8 承诺阶段：这是一个收获的阶段，可能是一个愉快的结果，也可能是一个不愉快的结果；可能是意料之中的结果，也可能是意料之外的结果。不论收获如何，均具有挑战的意味：对自我重新定义或延续现有的承诺。会肯定"我是谁"、"我到底相信什么"、"我该如何作为"、"我在这个世界中的位置"，同时也会遭遇到新的挑战。这一阶段的个体能体验到生命中各个较高层次的整合过程。

阶段 9 自觉阶段：这个阶段显示出个人自我独特角色的进一步扩展。个体能清楚而肯定地知道自己的存在，以及自己如何去影响周围的事物。这种认知包括了自己对别人的影响，以及别人对自己的影响。处于这一阶段的个体也会不断寻求新的方式、新的行动，积极地进行自我挑战与自我冒险，以求得潜能的充分发挥。换言之，他们对于新的事物、新的挑战、新的行为方式都会显示出高度的兴趣，乐于尝试。有别于盲目的冒险，他们对潜在的有利因素对自己和他人的影响，有较沉着的把握，能在行动上自我节制、收放自如。

第三节 生涯规划概述

一、生涯规划的内涵

生涯规划任务不仅是单一的职业目标的确立，也不仅是单一的生活事件规划，而是对许多生涯角色、生活目标的选择与建立，面临着一系列认知活动与行动的历程。

对于生涯规划的定义很多，本书采用我国台湾地区学者洪凤仪在她的《生涯规划自己来》一书中的定义：生涯规划是一个人尽其可能地规划未来生涯发展历程，在考虑个人的智能、性向、价值观以及阻力、助力的前提下，做好妥善安排，并借此调整、摆正自己在人生中的位置，以期自己能适得其所。

生涯规划就是一个人从生到死的规划。生涯规划不能仅仅限于工作和职业生涯规划，这已经成为人们的共识，恰当的生涯规划的含义必然包含人生在职业之外的更多方面的规划，如家庭生涯规划、社会生涯规划、生活生涯规划、休闲生涯规划等。但我们也要看到职业生涯规划是人生最重要的规划，因为人花在工作上的时间几乎占到人生的一半，职业也是人的最大的生涯，职业生涯规划就是为了实现职业上的规划，并以此来推动其他人生理想的实现。

二、生涯规划的领域与生涯定向

(一)大学生生涯规划的领域

每个人都希望自己的生命有意义，都希望自己的家庭幸福、身体健康、工作满意、人际关系和谐，都希望自己的生命充满喜悦，在各个方面取得成功。

根据生涯和生涯规划的概念，生涯规划的领域应当是个体角色职责所涉及的各项领域，总体上来看，我们可以把这些领域归纳为八个领域，即健康、家庭、工作、人际、理财、心智、休闲以及心灵，如图 1-3 所示。

图 1-3　人生的领域

(1) 健康规划：根据世界卫生组织对健康的定义，一个健康的人要在身体生理上健康、心理上健康、道德健康和社会适应良好。健康规划就是为身心健康而进行的规划。健康是人生事业的基础，没有健康就没有一切。许多人都会忽略健康规划，特别是青年人，总认为青年时期不需要考虑健康问题，可是人生的许多问题常常是年轻时不健康的习惯导致的。

(2) 家庭规划：家庭包括我们的原生家庭和即时家庭。这里说的家庭规划主要是即时家庭，即我们离开原生家庭而组建的家庭。何时组建家庭，担当家长角色也是生涯规划的重要方面。

(3) 工作规划：工作事业规划也可以看成是职业生涯规划。一个人的一生中可能不仅仅从事一种职业；每一种职业也可能不是一种工作。职业成为事业则是更大的升华。工作规划不仅是正式职业规划，还包括我们正式职业之外的兼职。

(4) 人际关系发展规划：主要是指一个人的社会归属。按照马斯洛的需要层次论，爱与归属的需要是人的基本需要之一，每个人总是要处于一定的组织之中。进行人际关系规划就是建立人生的支持系统，营造将来的工作、生活环境。例如有个别家长把自己的孩子送到名牌大学，不要学历，也要与这些未来的精英们成为同学。这种做法未必值得效仿，但这些家长的人际关系规划意识却值得学习。

(5) 理财规划：这是我们赖以生存的重要基础，现今理财的概念已经远远超出从事某项职业挣钱的概念，我们有多种渠道获得财产，例如投资基金、股票，兼职做第二份工作等。

(6) 心智规划：主要是指我们的知识、技能、观念的发展规划。

(7) 休闲规划：多是指工作之外所从事的非谋生活动，主要源自个人的兴趣与爱好。在现代社会，休闲规划是一个亟待加强的课题。

(8) 心灵规划：心灵规划是指思想和道德发展以及人生思想境界、信仰等方面的规划。

(二)大学生的生涯定向

对大学生而言，生涯定向关乎着其今后的发展方向，也决定着大学生的校园生活与学习的重点。生涯不确定的大学生经常会出现焦虑、目标与兴趣模糊不定、缺乏求学动机、学生角色投注不足、学业成绩偏低等现象，进而不能适应今后的发展。但大量的研究发现，大学生中缺乏生涯规划与定向的情形较为普遍和严重，相当一部分大学生并不能自觉地确立自己的生涯发展方向。

心理学家 Marcia(1980)从自我认定的角度，依据面对的选择危机和专注定向，将青年的自我认定归纳为四种不同的形态，就生涯认定角度而言，四种自我认定形态分别如下。

(1) 自我定向者(Identity Achievement，IA)，即在经历抉择危机之后，逐渐确定其生涯方向或职业目标。

(2) 提早定向者(Foreclosure，F)，本身未曾面对抉择危机，但在生涯方向或职业目标上，已接受父母或他人的安排而定型。

(3) 延迟未定者(Moratorium，M)，面对个人的抉择危机，正在寻求定向。

(4) 茫然失措者(Identity Diffusion，ID)，面临抉择危机，因生涯方向或职业目标模糊不定而感到焦虑，甚至逃避抉择。

其中，提早定向者(F)在社会的限制和父母的保护之下，面对生涯抉择之际不致于产生过高的焦虑，但在从事生涯准备或课程学习方面，能避免听天由命、缺乏学习兴趣和动力的状态；延迟未定者(M)和茫然失措者(ID)在面临生涯抉择之际，由于缺乏目标定向，可能会产生焦虑、不安等不良心理，不利于其课程学习和对学校生活的适应。

Marcia 的研究结果说明，生涯确定是青年期主要而关键的发展任务之一；生涯决定的明确与否不但可能阻碍个人的长期发展，更影响其当前的生活调适。

(三)大学生生涯规划的目标

人生的目的是什么？人生的要求是什么？尽管每个人对此看法不一，但大都在寻求个人需求的满足，以达到安身立命和自我价值的实现。对于大学生而言，进行合理的生涯规划，对其内在需要的满足及其人生价值的实现有着重要意义。当然，大学生在进行生涯规划时，应进行一系列的理性、系统性的思考，明确自己的生活目标，并采取积极的行动措施去实现目标。

根据大学生的生涯规划的领域，大学生的生涯发展目标可归纳为以下十项。

(1) 生涯自主与责任意识。

(2) 系统性的自我探索。

(3) 发展暂定生涯目标。

(4) 以暂定生涯目标为主的生涯探索。

(5) 收集生涯资料的主动性。

(6) 整合个人特质与教育职业的关系。

(7) 从环境资源检视暂定生涯目标的可行性。

(8) 生涯决策知能。

(9) 形成在校学习期间的短期目标。

(10) 增进生涯计划与问题解决能力。

大学生的生涯并不是一个单一的静态事件，而是一系列的动态历程。生涯目标并不是一次成型的，而是不断发展的。随着大学生身心的发展，大学生应不断形成数个暂定的长期生涯目标，以不断探究生涯的意义，并为寻求生涯意义而努力。

三、生涯规划的步骤

规划强调的是明确的目标、知性的方法、成效评估与计划的修订。一项完整的生涯规划，应该包含以下步骤[1]。

(一)目标的制定

个人制定生涯目标时，先仔细探索重要的主、客观因素，决定出大致的方向，然后再逐步将自己的目标具体化、阶段化。

(1) 具体化目标。将目标以具体而明确的词汇描述出来，用意是希望将来在执行计划、评估成效时能有客观的依据。

(2) 阶段化目标。阶段化的目标可以分为远程、中程、近程，然后再细分为多个次目标，如此才能按部就班地达到目标。

(二)计划的执行

(1) 考虑各种途径。一个具体的目标可以利用多种途径来达成。在决定何种途径之前，先将所有可能达到目标的途径全部详细地列出。

(2) 选择适合的途径。依据个人的因素与实际的状况，一一评估这些途径的可行性，选择出最适合的途径，朝自己的目标迈进。

(3) 安排执行。目标与执行途径确定后，依照阶段化的各个次目标，拟订执行步骤，

---

[1] 黄天中. 生涯规划理论与实践[M]. 北京：高等教育出版社，2007.

安排执行的进度，付诸实施。

(三)成效评估

(1) 成效评估。生涯规划是个人生活与工作的蓝图。

由于在规划过程中，所考虑的内在与外在、主观与客观的因素繁多，而这些因素又会随着时间而变动，因此为了确保计划内容的可行性与有效性，必须随时对生涯规划的内容加以评估。此外，在实际执行的过程中也会发现当初作规划时未曾想到的缺点与执行后的困扰，所以每过一段时间，就有必要对计划的执行进行评估。

(2) 计划修订。进行生涯规划时，必须为日后可能的计划修改预留弹性，修订的依据是每次的成效评估，至于计划修订的时机必须考虑以下三点。

其一，定期检查预定目标的达成进度。

其二，每一个阶段目标达到时，依据实际达成的状况修订未来可采用的策略。

其三，客观环境的改变足以影响计划的执行。

四、常见的生涯规划方法及误区

(一)生涯规划方法

生活中人们常常使用的生涯规划方法(Wood，1990)有以下几种。

(1) 自然发生法。最常见的情形是学生填写高考志愿时，并未仔细考虑自己的性格、志趣，只是考虑自己分数所能录取的学校、专业，找到差不多吻合的，便草草做了选择。虽然这种选择比较保险，但自己未必喜欢，可能一进到大学就抱怨，因此蹉跎了四年大学光阴，悔恨终身。

(2) 目前趋势法。跟随现在市场的趋势，盲目地投入新兴热门行业，例如高考时追逐热门专业，这可能会暂时使心愿得到满足，但没有考虑到四年以后的变化。应当认识到没有永远的热门和冷门专业，选择时应当考虑社会发展因素，不能一味追逐热门。

(3) 最少努力法。选择最容易的科系或技术，总希望轻松过关。为了容易考取大学，参加小语种、艺术类考试。选择专业也是选择比较容易通过的专业，但祈求最好的结果。需记住，天上不会掉下馅饼，一分耕耘一分收获。

(4) 拜金主义法。盲目选择待遇最好的行业，而忽视了从事该行业会给自己的身心带来的是快乐还是痛苦，不考虑该工作与自己志趣的符合度，结果是得不偿失。

(5) 刻板印象法。以性别、年龄、社会地位等刻板印象来选择，例如女性较适合从事服务业、办公文员等辅助性工作；而男性则应该做大事，不必拘泥于小节。这样的观念早已过时，现在男女的职业差异在逐渐缩小。

(6) 橱窗游走法。到各种工作场所走马观花一番，再选择最顺眼的工作。社会需要全才，但更需要专才。

(7) 假手他人法。由他人替自己做出决定和选择，这些人包括以下几部分。

① 父母或家人，因为过去细枝末节的事是由他们决定的。

② 朋友或同学，因为他们是你最好的朋友，不会害你的。

③ 教师或辅导人员，因为他们是专家，应该能提供更加理性的见解。

④ 权威人士，因为他们事业有成、有智慧，能够洞察先机、把握事态。

⑤ 社会或大众，因为自己是社会的一分子，必须履行公民的责任，造福社会。

这些便捷的生涯规划方法的优点是省时省力、不用花费太多的心神，在短时间内的效率很高。用比喻来说，类似于方便面，又快又简单，还可以暂时填饱肚子。但缺点是无法根据个人的能力、特性做长远的规划。方便面可以暂时充饥，但是营养不足。以自然发生法为例，进入分数能录取的学校、科系，短暂解决烦恼，但这是在完全没有考虑自己志向、能力、个性与就业条件等因素的情况下草率做出的选择，将来所面对的生涯风险就比较高。

(二)大学生生涯规划误区和不合理的信念

误区 1： 作了决定之后，绝对不能后悔！

不合理信念：既然选择了一个专业或职业就不能改变，否则一定会被别人看不起。

合理信念：作抉择是有风险的，就像任何一种投资一样，没有包赚不亏的。生涯规划中的决定可以进行调整。

误区 2： 我一定要马上决定！

不合理信念：迟迟无法决定是懦弱、不成熟的表现。别人都知道自己要做什么，只有我太差劲，我应该立即作决定。

合理信念：不作决定是可以接受的，与我个人是否懦弱无关。只要我能多了解自己，充实和储备人生资源，机会来到时我会做最好的选择。

误区 3： 兴趣是万能的！

不合理信念：只要找到我的兴趣，我就一定能够成功。

合理信念：找到自己的兴趣，不见得一定能成功，但至少做起来快乐。如果培养做自己感兴趣的事情的能力，将会使自己更成功。

兴趣和能力是两码事。有兴趣而无能力，只会增加挫折感；无兴趣而有能力，心中缺乏满足与喜悦。因此，兴趣和能力要同时考虑。兴趣是调料，能力是主菜，所以我们应该了解自己的兴趣，加强自己的能力。

误区 4： 生涯规划没有必要！

不合理信念：船到桥头自然直。这世界变化太快，生涯规划只是一时的流行，很多事情既然无法预测，再规划也是枉然。

合理信念：生涯规划的目的不在于你很快地找到自己的人生目标，很快做出决定，而在于对自我和环境的不断探索。通过生涯探索，更多地了解自己和环境，那就可能作更充分的准备，也更可能有意识地发挥出自己的潜能。以积极准备的态度面对人生，随时知时知势知己，自己才不会被淘汰。正是由于时代变化太快，生涯规划才有必要，计划时代和铁饭碗时代是不用生涯规划的。

误区 5： 对我个人而言，生涯规划没有必要！

不合理信念：生涯规划只属于想成功的人，我只想做个平凡人，用不着生涯规划。

合理信念：生涯规划的目的是突破障碍、激发潜能、自我实现。你可以实现当作家的梦，就如同我可以实现当导游的梦一样。生涯规划是不分贵贱的，是属于每一个踏实的人。

想得到的不一定做得到，想不到的一定做不到。不探索自己和环境的现状与未来，不积极准备人生，就有可能落后于时代，到时可能连平凡人都做不了了。有部分下岗职工为证，他们工作前不是没有知识没有能力，也不是现在就弱智了，而是落后了时代一大截，要补许久的课才能重新上岗。

误区6：现在好好规划，以后就不用了！

不合理信念：现在趁着大学里的空余时间多，多花些时间在生涯规划上，省得以后也要去做。

合理信念：由于时代在变，自我也在变，所以对环境及自我的探索是不可能一劳永逸的。生涯规划除了探索、抉择和行动之外，还有一个重要的环节，那就是生涯反馈与调整。正确的生涯规划是盯紧近期目标，远望长期目标，在必要时及时调整中长期目标。

所以生涯规划的最终目的不在于你找到了多么完美的人生目标，而在于你了解自己和环境多少，实现了多少近期目标，积累了多少人生资源。因而生涯规划不是一劳永逸的。

误区7：我现在很忙，没有时间去规划什么。

不合理信念：生涯规划肯定要花一些时间，而且要静下心来。我现在学习和社会工作都很多，没有时间来顾及它。

合理信念：随波逐流，被动生活也可能成功。就像砍树，不磨刀，也可以砍树。如果事先研究了树的纹理和结构，把刀磨好了，看起来是晚一步砍树，然而更早更好地完成任务的概率增加了许多。

扩 展 阅 读

三文鱼的一生

当我们在饭桌上品尝美味的三文鱼时，也许很少会想到关于它们令人感动的生命故事。

每年的10月份，加拿大佛雷瑟(Fraser)河上游的亚当斯(Adams)河段，平静的水面变得沸腾起来，成千上百万条三文鱼(Sockeye Salmon)从太平洋逆流而上，来到这里繁殖后代。三文鱼银白色的鱼身在逆流而上的过程中变成猩红，整个水面因为有太多的鱼而变成一片红色。

三文鱼的一生令人惊叹！从鱼卵开始——每条雌鱼能够产下大约4 000个鱼卵，并想方设法将其藏在卵石底下，大量的鱼卵还是被其他鱼类和鸟类当作美味吃掉——幸存下来的鱼卵在石头下度过冬天，发育长成幼鱼(Fry)，春天来临时便顺流而下，进入淡水湖中，它们将在湖中度过大约1年的时光，然后再顺流而下进入大海。在湖中它们尽管东躲西藏，但大多数幼鱼依然逃不过被捕食的命运，进入湖中的每4条鱼就有3条被吃掉，只有一条能够进入大海。但危险并没有停止，进入广袤的大海，也就进入了更加危险的领域。在无边无际的北太平洋中，它们一边努力地长大，一边每天要面对鲸鱼、海豹和其他鱼类的进攻；同时还有更加具有危险性的大量的捕鱼船威胁着它们的生命。整整4年，它们经历无数艰险，才能长成3千克左右的成熟三文鱼。

成熟之后，一种内在的召唤使得它们开始了回家的旅程。10月初，所有成熟的三文鱼在佛雷瑟河口集结，浩浩荡荡游向它们的出生地。自进入河口开始，它们就不再吃任何东西，全力赶路，逆流而上将会消耗掉它们几乎所有的能量和体力。它们要不断从水面上跃起以闯过一个个急流和险滩，有些鱼跃到了岸上，变成了其他动物的美食；有些鱼在快要到达目的地之前力竭而亡，和它们一起死去的还有肚子里的几千个鱼卵。最初雌鱼产下的每 4 000 个鱼卵中，只有两个能够活下来长大并最终回到产卵地。到达产卵地后，它们不顾休息开始成双成对挖坑产卵受精。在产卵受精完毕后，三文鱼精疲力竭双双死去，结束了只为繁殖下一代而进行的死亡之旅。冬天来临，白雪覆盖了大地，整个世界变得一片静谧，在寂静的河水下面，新的生命开始成长。

三文鱼的一生，充满了危险和悲壮，它们克服种种困难，躲避无数危险，在生命的最后时刻，逆水搏击，回游产卵，为自己的生命画上句号。也许这样做是遗传和基因的缘故，并不是一种自觉的精神意识。但这一现象在人类看来，依然令人感动，使我们思索和振奋。三文鱼的一生，贯穿着明确的生命主线：成长，不管各种艰难险阻的成长；经历，不管大海多么不可预测，也要从平静的湖水游向大海去经历、去完成生命各个阶段的历程；使命，不管多少险阻都要完成一生的使命，返回出生地来繁衍后代，哪怕以生命为代价。这一生命的主线使得三文鱼的一生变得壮观。

人类生命的过程中，也应该有非常明确的生命主线，我们应该努力成长，不惜一切代价使生命变得成熟；为了成熟我们应该去经历，经历自然、人文、社会和历史，使我们的生命变得完美；我们更需要使命感，活着不仅仅为了活着而已，我们生命的背后有使命存在，这一使命也许各不相同，但从终极意义上来说，应该是一致的，是为我们和我们的后代在和谐自然的世界中更加幸福地生活。也许我们不需要像三文鱼一样以生命为代价，但完成这一使命的神圣，却应该比三文鱼的回游产卵更加严肃和不可动摇。

在现实生活中，有太多的人忘记了自己需要成长，变得懒惰、无聊和平庸；有太多的人忘记了应该去经历，变得胆怯、狭隘和固执；有太多的人忘记了自己承担的使命，变得苍白、迷茫和失落。那些成千上万在三文鱼回游的季节来到河边的人们，在观看三文鱼生与死搏击的同时，是否从它们身上得到一点点感悟，并且重新开始思考自己生命的历程呢？

(资料来源：余敏洪. 生命如一泓清水[M]. 北京：群言出版社，2007.)

探索与练习

【探索1】 案例分析

小李因为工作优秀，新近升为公司的技术经理，可是担任经理期间，小李发现自己工作效率下降，在管理和人际关系方面花费了大量的时间，收效却甚微，而技术没有任何长进。小李考虑自己是否适合做管理？

在和小李深入交流时，发现他已经30岁了却还没有交过女朋友，在谈到将来的梦想时，他希望自己做像IBM那样公司的总裁，却没有谈到任何生活和家庭的因素。

使用彩虹图理论分析小李存在的主要问题。

提示： 小李没有从生涯的角度进行职业规划，因此其最大的问题在于角色缺失——万一做不了IBM公司那样的总裁，给他的打击将是致命的。

请你画出自己的生涯彩虹图。

【探索2】　我的生命曲线

生命线是你我都有的东西，人手一份，不多不少。人间有多少条性命，就有多少条生命线。生命线就是每人生命走过的路线。这个游戏就是画出你人生的路线图。

下面，游戏开始。请备好一张白纸。还请准备一支红蓝铅笔，彩笔也行。需一支较鲜艳，一支较暗淡。要用颜色区分心情。先把白纸摆好，横放最好。

在纸的中部，从左至右画一道长长的横线。多长呢？随意，长短皆可。

然后给这条线加上一个箭头，让它成为一条有方向的线，如图1-4所示。

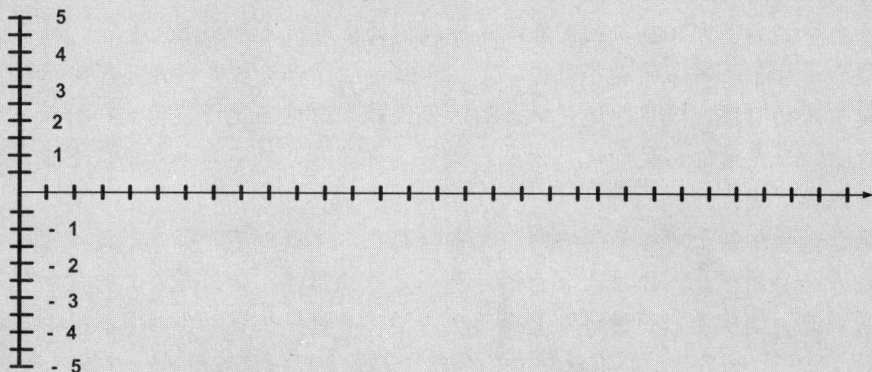

图1-4　生命曲线图

然后，请你在线条的左侧，写上"0"这个数字，在线条右方，箭头旁边，写上你为自己预计的寿数。可以写68，也可以写100。

此刻，请你在这条标线的最上方写上你的名字，再写上"生命线"三个字。游戏的准备工作就基本完成了。

一张洁白的纸，写有"×××的生命线"的字样，其下有一条有方向的线条，代表了你的生命的长度。它有起点，也有终点，你为它规定了具体的时限。

请一寸一寸地抚摸这条线。它就是你脚步的蓝图。无论你走到哪里，都走不出它的坐标系。你是你自己的人生规划设计师，没有人能替代你。没有！

请你按照为自己规定的生命长度，找到你目前所在的那个点。比如你打算活75岁，你现在只有20岁，你就在整个线段的三分之一处留下一个标志。之后，请在你的标志的左边，即代表着过去岁月的那部分，把对你有着重大影响的事件用笔标出来。比如七岁时你上学了，你就找到和7岁相对应的位置，填写上学这件事。注意，如果你觉得是件快乐的事，你就用鲜艳的笔来写，并要写在生命线的上方。如果你觉得快乐非凡，你就把这件事的位置写得更高些。假如，10岁时，你的祖母去世了，她的离世对你造成了极大的创伤，你就在生命线10岁的位置下方，用暗淡的颜色把它记录下来。抑或，十七八岁高考失利……你痛苦非凡，就继续在生命线的相应下方很深的陷落处留下记载。依此操作，你就用不同颜色的彩笔和不同位置的高低，记录了自己在今天之前的生命历程。

过去时的部分已经完成，你要看一看，数一数，在影响你的重大事件中，位于横线之上的部分多，还是位于横线之下的部分多？上升和陷落的幅度怎样？最重要的是看你个人对这件事的感受，而不在于世俗的评判。

完成了过去时，我们进入将来时。既然是一生的规划，你有什么想法就一股脑儿地写出来吧。很多人在这时犯了愁，不是他没有计划，而是他很少将这些计划在时间上固定下来。

在你的坐标线上，把你这一生想干的事，比如挣多少钱、住什么样的别墅、香车美女、职业生涯、个人情趣等都标出来，如果有可能尽量把时间注明。视它们带给你的快乐和期待的程度，标注在线的上方。如果它是你的挚爱，就请用鲜艳的笔墨，高高地填写在你的生命线的最上方。

当然，在将来的生涯中，还有挫折和困难，比如父母的逝去，比如孩子的离家，比如生病等各种意外的发生，比如职场或事业方面可能出现的挫折、失业等，不妨一一用黑笔将它们在生命线的下方大略勾勒出来，这样我们的生命线才称得上完整。

你要看看你亲手写下的这些事件，是位于线的上半部分较多还是下半部分较多？也就是说，是快乐的时候比较多，还是痛苦的时候比较多。这不是评判你选择的正误和你生活质量的优劣，而是看你感受如何。如果你觉得这样还好，就不妨如此继续下去。如果你不甘心，可以尝试变化。

如果你的生命线上所标示的事件，大部分都在水平线以下，那么，是否可以考虑调整一下自己看世界的眼光？你对未来的估计是不是太幽暗了？如果是，你对你的情况是否满意？如果满意，这就是你的性格所选择的生活了。多种价值观和生活方式并存，正是当今世界的特点之一。如果你觉得有改变它们的愿望，那么可以试着用另一种眼光来看待世界。如果你的所有事件都标在了水平线之上，也并非就是一味值得恭贺的事情。

承认自己的局限，承认人生是波澜起伏的过程，接纳自己的悲哀和沮丧，都是正常生活的一部分，犹如黄连和甘草，都是医病的良药。

以前的事已经发生过了，哪怕是再可怕的事件也已过去，你不可改变它，能够改变的是我们看待它的角度。一个人的成熟度，在于这个人治愈自己创伤的程度。过去是重要的，但它再重要，也没有你的此刻重要。

活在当下，活在此时此刻，这是获得幸福百试不爽的诀窍。这不是今朝有酒今朝醉的颓唐和短视，而是脚踏实地的清醒把握。过去已成定局，将来在于努力。真正抓在你手里的只有此时此刻。你的感官向着此时此地开放，你看到的是眼前的事物，听到的是耳边的声响，闻到的是近前的气味，触到的是身旁的温度，摸到的是指尖的感觉，尝到的是口中的滋味……把握当前，更是对生命本体的尊重。

生命最宝贵之处并不在它的长度，而在它的广度和深度。如果我们能很精彩地过好每一分钟，那么这些分钟的总和也必定精彩。

生命线不是掌握在别人手里，它只有一个主人，就是你自己。无论你的生命线是长是短，每一笔都由你来涂画。

有人说，我现在画出了自己的生命线规划蓝图，以后还会不会变化呢？不要把一个游戏看得玄妙，它只是想激起你的警觉，在纷杂的现代生活中，腾出那么一点点时间，眺望远方，拓开一条属于自己的小路。几年以后，你对自己的筹划也许会有改变，但眺望永远是需要的，大方向永远是需要的，改变也是需要的。

不要因为将来的改变而不肯在今天做出决定。如果有人一生都无须改变，那他要么是未卜先知，是具有极高悟性和远见卓识的天才，要么就是僵化和刻板的化石。

游戏总结：生命线只有一条，而且它时时刻刻在你毫无觉察的时候静悄悄地行进着。

你在生命线上的圆点伴随着你的跳动心脏律动，不停地上下跳动着奔向人生的终点。别总盯着树上最丰盈的果子，专心致志地做好你最感兴趣的那件事。

如果你有兴趣，不妨过上个三年五载，再用 10 分钟时间，把这个游戏做一遍。把以前的卷子找出来，比照着看看，也许有碰撞和修正。

(资料来源：毕淑敏. 心灵七游戏[M]. 北京：北京十月文艺出版社，2004.)

【探索3】 好习惯——坚持写日志

日志也称日记或手记。

你还有写日记的习惯吗？魏书生曾经说过：写日记是道德长跑。多数成功的人，都有一个好习惯，就是坚持写日记。如果你好久没有写日记了，那么在这个过程中你看到了什么？是什么没有让你继续这一好习惯？如果你是坚持写日记的，那么翻一翻你的日记，是不是感到很充实？

从今日开始，养成写日志的习惯，每天记录你的计划，记录你的收获，记录你的所做、所思，记录你的成长，让成长看得见。

那么今天你的收获是什么？你的感悟是什么？你想度过怎样的人生？从今天开始你在生涯规划课堂上要有怎样的收获？这些美好的记忆和思想的火花会让你一生受益。

第二章 人 格 认 知

每种性格都成才

19 世纪末，一个男孩降生于布拉格一个贫穷的犹太人家里。随着男孩一天天长大，人们发现他虽生为男儿身，却没有半点男子气概。他的性格内向、敏感、多虑，防范和躲避的心理在他心中根深蒂固。

男孩的父亲竭力想把他培养成一个男子汉，希望他具有刚毅勇敢的性格。在父亲严厉的培养下，男孩的性格不但没有变得刚烈勇敢，反而更加懦弱自卑，以至于生活中的每一个细节、每一件小事对他都是一个不大不小的灾难。他常独自躲在角落里，小心翼翼地猜度着会有怎样的伤害落到他的身上。

父亲对儿子彻底失望了，你能够让他去当兵、去冲锋陷阵吗？不可能，部队还没有开始选拔，他也许就已经当逃兵了。让他去从政？依靠他的智慧、勇气和决断力，要从各种纷杂势力的矛盾冲突中寻找出一种平衡妥当的解决方法，那更是可望而不可即的幻想。他也不可能做律师，内向懦弱的性格怎么可能面对法庭上紧张激烈的法庭辩论。懦弱内向的性格，也许是人生的悲剧，即使想要改变也改变不了。

这个男孩后来成为一位闻名世界的文学家，他就是捷克的作家卡夫卡。

为什么会这样？原因就在于卡夫卡找到了适合自己性格的职业。性格内向、懦弱的人往往有丰富的内心世界，能敏锐地感受到一般人感受不到的东西。他们也许是外部世界的懦夫，却是精神世界的国王。在自己营造的艺术王国中，在这个精神家园里，卡夫卡的懦弱、悲观、消极等性格弱点，反倒使他对世界、生活、人生、命运有了更尖锐、敏感、深刻的认识。他以自己在生活中受到的压抑、苦闷为题材，开创了文学史上一个全新的艺术流派，给我们留下了《变形记》、《城堡》、《审判》、《美国》等不朽的文学巨著。

想象一下，如果卡夫卡当初听从父命去做律师，法律界可能就多了一个失败的律师，更可惜的是世间也就少了这些不朽巨著。

每个人都有自己的性格，每一种性格都有其擅长的职业。无论是哪一种性格，我们都应该接受它，并按照这一性格去寻找适合的职业。如果找对职业，每一种性格都能成功。

本章将与你一起探讨人格的内涵，从认知风格、气质和性格三方面了解人格的差异，探讨自我概念对人格发展的影响；重点介绍目前比较流行的 MBTI 职业性格测量，让你更好地了解自己。

第一节 人 格 概 述

俗话说："人有千面，各有不同。"我们每个人都有比较系统、完整、独特的关于自己以及对接触的人的行为、品行的看法，不论你是否意识到它的存在，这实际上就是一种潜在的"人格理论",这种理论帮助你随时随地地解释和预测他人的行为并控制自己的行为。那么究竟什么是人格?

一、人格的含义

人格是伴随着人的一生不断成长的心理品质。人格(Personality)也称个性,这个概念源于拉丁文 persona,原意指演员在舞台上戴的面具,面具是用来在戏剧中表明人物身份和性格的,后来心理学家借用这个术语,来说明每个人在人生舞台上各自扮演的角色及其不同于他人的精神面貌。

实际上,对于人格的定义可以说是众说纷纭,至今还没有一个是大家公认的。

人格心理学家阿尔波特认为"人格乃是个人适应环境的独特的身心体系";艾森克则说"人格是个体由遗传和环境决定的实际的和潜在的行为模式的总和";卡特尔将人格定义为"一种倾向,可借以预测一个人在给定情境中的行为","是与个体的外显的和内隐的行为联系在一起的";拉扎勒斯说"人格是稳定的心理结构和过程,它组织人的经验,形成人的行为和对环境的反应";米歇尔则认为"人格是个人心理特征的统一,决定(内隐、外显的)行为,同他人的行为有稳定的差异";约翰·桑切可认为"人格是指个体适应社会的过程中特有的不同于他人的思想、情感和行为"[1]。

虽然对人格的定义存在分歧,但众多定义中有一个基本相似的看法,即认为人格是与人的行为风格或行为模式有关的概念。若把诸多解说综合起来,可以概括得出:人格是个体持久的、带有倾向性的性格特征,这些特征概括起来用以解释个体的行为。人格标志着一个人具有的独特性,并反映着人的自然性与社会性。

马克思说:"人的本质并不是单个人所固有的抽象物,实际上,它是一切社会关系的总和。"从这种意义上说,个性的本质就是人的社会性。人若脱离了社会,不与他人交往,也就谈不到个性,初生婴儿只能算是个体,还没有个性。个性乃是个体社会化的结果,人际关系的结晶。所以,人的个性乃是具有不同素质基础的人,在不尽相同的社会环境中所形成的意识倾向性和比较稳定的个性心理特征的总和。

人格具有丰富的内涵,人格的内涵反映了人格的多种本质特征。

(1) 独特性。人格最突出的特点就是独特性,即一个人区别于他人的特征。一个人的人格是在遗传、成熟、环境、教育等先天与后天因素的交互作用下形成的,人格结构多样性的组合,使每个人都具有自己独特的人格特征。尽管不同的人可以有某些相同的个别特征,但他们的整体人格不会是完全相同的。

(2) 整体性。人格是由多种成分构成的一个有机整体,具有内在的一致性,受自我意识的调控。一个人的各种个性倾向、心理过程和个性心理特征都是在其标准比较一致的基础上有机地结合在一起的,绝不是偶然性地随机凑合。它不能被直接观察,但却体现在人的行为之中,使个体表现出带有个人整体倾向的精神风貌。

(3) 稳定性。人格是逐渐形成的,一旦形成某种人格,包括它的组成部分,就相对稳定下来了,改变它则会非常困难。这种稳定性具有跨时空的性质,即通过个体人格,各种情境刺激在作用上获得等值,产生个体行为上广泛的一致性。但是这种稳定性也不是刻板

---

[1] 约翰·桑切可. 教育心理学[M]. 周冠英,王学成,译. 北京:世界图书出版公司,2007.

的，它是可变的、发展的。因为各种人格特征在某个人身上整合的程度(如稳定性)不同，一个人可能具有相反性质的特征，在不同情境中可反映出它们不同的方面；暂时性地受情境的制约，表现出来的并非个人的稳定特性。

(4) 复杂性。人格具有多元化、多层面的特征。个性是由多种心理现象构成的，这些心理现象有些是显而易见的，别人看得清楚，自己也觉察得很明显，如热情、健谈、直爽、脾气急躁等；有些非但别人看不清楚，连自己也感觉到模糊。

(5) 倾向性。个体在形成人格的过程中，时时处处都表现出每个个体对外界事物特有的动机、愿望、定式和亲和力，从而反映为各自的态度体系和内心环境，形成了个人对人、对事、对自己的独特的行为方式和个性倾向。

(6) 功能性。人格是一个人生活成败、喜怒哀乐的根源之一。人格决定一个人的生活方式，甚至有时会决定一个人的命运。它作为一个动力倾向系统的结构，不是被客观环境任意摆布的消极个体。人格具有积极性、能动性，并统率全部心理活动去改造客观世界和主观世界。古希腊有句格言为"性格即命运"，也就是说，性格作为人格的核心，也具有影响命运的功能性，因此了解性格成为个性认知上最为重要的一个环节。

二、人格的差异

人与人之间的差别，不仅表现在能力的高低上，还表现在人格特征的差异上。人格差异是指个人在稳定的心理特征方面的差异。

(一)认知风格的差异

认知风格是指个体所偏爱使用的信息加工方式，也称认知方式。它有两个特点：第一，种类很多，每个人都同时具有多种不同的认知风格，并且以组合的方式加以运用；第二，每一种认知风格都带有两极性。每个人在各种认知风格中都有自己的倾向性，这种倾向性并没有好坏之分，而是各有所长。认知风格有多种，主要有场独立性和场依存性、冲动型和沉思型、同时性和继时性等。

1. 场独立性—场依存性

场独立性是指人在加工信息中对内在参照有较大的依赖倾向，他们的心理分化水平较高，在加工信息时，主要依据内在标准或内在参照，与人交往时，也很少体察入微。场依存性的人在加工信息时，对外在参照有较大的依赖倾向，他们的心理分化水平较低，处理问题时往往依赖于"场"，与别人交往时比较能考虑对方的感受。

2. 冲动型—沉思型

冲动与沉思，它们的差异主要表现在对问题的思考速度上。冲动的特点是反应快，但精确度差。这一类人面对问题时总是急于求成，不能全面细致地分析问题的各种可能性，不管正确与否就急于表达出来。他们使用的信息加工策略多为整体性策略。沉思的特点是反应慢，但精确度高。这一类人总是把问题考虑周全以后再做反应，他们看中解决问题的质量而不是速度。但是当他们回答熟悉的比较简单的问题时，反应比较快。他们在信息加工时多采用细节性策略。

3. 同时性—继时性

继时性认知风格的特点是在解决问题时，能一步一步地分析问题，每一步骤只考虑一种假设或一种属性，解决问题的过程像链条一样，一环扣一环，直到找到问题的答案。语音操作和记忆都属于继时性加工。女性擅长继时性加工，这可能是女孩记忆和语言能力比男孩好的原因之一。同时性认知风格的特点是在解决问题时采用宽视野的方式，同时考虑多种假设，并兼顾到解决问题的各种可能性，其解决问题的方式是发散的。许多数学操作、空间问题的操作都要依赖这种同时性的加工方式，这可能是男孩子在数学能力和空间能力方面优于女孩子的原因之一。

(二)气质的差异

气质是人格的基础之一，是人格结构中比较稳定的并与遗传素质联系密切的成分。在平常生活中，我们常说某人稳重、文静、办事慢条斯理，某人爽快、泼辣、手脚麻利，就是指人的气质表现。气质这种心理活动的特征，主要表现在心理活动的强度、速度、稳定性、灵活性及心理倾向性和指向性上，如感觉与知觉的敏锐度、思维的灵活性、情绪的反应性等，它使个体的心理活动染上一种独特的色彩。

1. 气质类型

现代心理学沿用古希腊医生希波克拉底和古罗马医生盖伦的说法，将气质分为四种类型：胆汁质、多血质、黏液质和抑郁质。一般来说，典型的一种气质的少见，常见的是两种气质类型的混合至多种气质类型的混合。

(1) 胆汁质：日常活动带有强烈的情绪色彩，情绪高时，学习、工作热情高，肯出大力；反之，对什么事都不感兴趣。积极参加各项课外活动，喜欢每一项新的活动，甚至喜欢倡导一些别出心裁的事，尤其喜欢运动量大和场面热烈的活动；完成作业匆匆忙忙，比谁都快，考试交卷争第一；活动效率高，想干的事未完成，饭可不吃，觉可不睡；学习的理解能力和接受能力很快，但不求甚解；说话喜欢与同学争辩，总想抢先发表自己的意见，喜欢在公开场合表现自己，坚信自己的见解；姿态举动强而有力，眼光锐利而富有生气，表情丰富敏捷；喜欢看情节起伏、激动人心的小说和电影，不爱看表现日常生活题材的作品。

(2) 多血质：内心的体验一般会在面部表情和眼神中明显地表现出来；积极参加学校组织的一切活动，但表现散漫，有始无终；学习疲倦时，只要稍休息一下，便会立刻焕发精神重新投入学习；理解问题总比别人快，但学习常会见异思迁，注意力不容易集中；希望做难度大、内容复杂的作业，但不耐心细致，总希望尽快完成作业；容易激动，但情绪表现不强烈；容易产生骄傲情绪，觉得自己比别人要机智和灵敏；变化迅速，遇到稍不如意的事就情绪低落，稍得安慰或又遇到使他高兴的事，马上就会兴高采烈；善于交际，待人亲切，容易交上朋友，但友谊常不巩固，缺少知心好友。

(3) 黏液质：不爱活动，安静沉稳，很少发脾气，情感很少外露，面部表情单一；课堂上守纪律，静坐听讲不打扰别人，生活有规律，很少违反作息制度；理解问题比较慢，希望老师能多重复几遍；学习认真严谨，始终如一，喜欢复习过去学过的知识，对新知识接受能力差，但弄懂之后就很难忘记；沉默寡言，较少主动搭话；交际适度，通常有几个要好的朋友；善于自制，善于忍耐；兴趣爱好稳定专一、有毅力。

(4) 抑郁质：喜欢安静独处，性情孤僻，但是在友爱的集体中，又可能是一个很容易相处的人；办事犹豫不决，优柔寡断，做事情总比别人花费时间多，细心谨慎，稳妥可靠；不爱表现自己，对出头露面的工作尽量摆脱；在陌生人面前害羞，当众讲话常表现出惊慌失措；感情比较脆弱，因为一点小事就会引起情绪波动，容易神经过敏，患得患失；当学习或工作失利时，会感到很大的痛苦；爱看感情细腻、富有描写心理活动的小说和电影。

各种气质类型均有各自的优缺点，我们要正视这种"短"、"长"的客观存在，充分发挥自己的主观能动性，相信气质虽有极大的天赋性，但只要通过努力，就可以在后天得以改造，但要认识到这种改造的长期性、艰苦性。同学们应认识到，气质类型虽然不同，但成才机遇均等，因为不同专业、职业对气质特点有不同要求；个人应该充分发挥个性，改造气质，克服气质弱点，这样才会利于自己将来选择各种不同的职业和专业，实现人尽其才。

2. 气质的现实意义

大学生应正确对待自己的气质特点。气质无好坏之分，每一种气质都有积极方面和消极方面，它们虽然参与各项活动，但是一般不决定智商高低、成就大小。每一种气质类型的人都可以成才。例如，有人研究，俄国著名文学家普希金、赫尔芩、克雷洛夫、果戈理分别属于胆汁质、多血质、黏液质和抑郁质，他们在文学领域都取得了杰出成就。

(1) 气质特征会对学习活动产生影响。胆汁质学生思维敏捷，学习热情高，刚强但粗心、急躁；多血质学生机智灵敏，适应性好，兴趣广泛，但烦躁、不踏实；黏液质者刻苦认真，但迟缓、不灵活；抑郁质者思维深刻，谨慎细心，但迟缓、精力不足。了解自己的气质，可以有的放矢地调整，使学习更上一层楼。

(2) 气质对职业也会产生影响，某些气质特征往往能为个人从事某种职业活动提供有利条件。胆汁质者可以成为出色的导游、推销员、节目主持人、演讲者、外事接待人员、演员、监督员等，他们适应于喧闹、嘈杂的工作环境，而对于需要长期安坐、细心检查的工作则难以胜任。对于多血质者，适宜的工作有外交工作、管理工作、公关人员、驾驶员、医生、律师、运动员、新闻记者、演员、军人、警察等，但他们不适宜做过细的工作，单调机械的工作也难以胜任。外科医生、法官、管理人员、会计、保育员、话务员、播音员等是黏液质者比较能适应的工作，变化、需要灵活的工作使他们感到压力。对于抑郁质者来说，胆汁质者无法胜任的工作他们倒是能干得恰到好处，如校对、打字、检查员、化验员、保管员、机要秘书、艺术工作等都是他们理想的工作。

(3) 了解自己和他人的气质在人际交往中也有重要意义。如向黏液质者提出要求，应让他有时间考虑，对抑郁质者应多给予关心和鼓励，与胆汁质者打交道应避免发生冲突等。当然，这都是从一般意义上来说的，不可有先入之见。

(三)性格的差异

性格是人格的核心。公元前 3 世纪希腊学者提奥夫拉斯塔在《各种各样的人》一书中，把在不同人身上表现的"阿谀奉承"、"吝啬"、"贪婪"、"粗野"、"虚荣"、"自私"等30种特征都用"性格"一词加以概括。若干年来，哲学家、文学家、心理学家等都对性格进行了不同的论述。性格已成为人和人之间个性差异的重要特征。

性格是人在现实的稳定的态度和习惯化了的行为方式中表现出来的个性心理特征，是一种与社会相关最密切的人格特征[1]。人的性格具有稳定性，一旦形成较难改变。但在特殊情况下也不是不可改变的，比如，生活中某些重大打击会使一个人的性格变得判若两人。

1. 性格结构

性格有多种多样的特征，它们的组合形成了复杂的结构特征，性格主要由以下四方面组成。

(1) 性格的态度特征。性格表现了人们对现实和周围世界的态度，并显示在他们的行为举止中。如同情或冷漠、正直或虚伪、勤奋或懒惰、认真或马虎、自信或自卑、开拓创新或墨守成规等。

(2) 性格的意志特征。意志特征就是自觉调节自己的行为方式和个性特点。如目的性或盲目性、纪律性或散漫性、独立性或易受暗示性、自制或任性、果断或犹豫、持之以恒或虎头蛇尾等。坚强的性格体现了意志坚韧性，有坚强的意志就会有坚强的性格。从人们克服困难、不断追求的作为可以看出意志一直是性格力量的主要源泉。养成好的意志，有着坚韧不拔的精神，是塑造性格的一个重要方面。

(3) 性格的情绪特征。情绪状态如果成为经常影响人的活动或受人控制的稳定特点，就可以被视为性格特征的一部分。如热情或低沉、乐观或悲观等情绪，还有集体荣誉感、劳动义务感、责任感以及友爱感等社会道德感。由于性格中带有情感色彩，因此培养美的情感、陶冶高尚情操，也是塑造人的性格的一个方面。

(4) 性格的理智特征。如主动观察或被动观察，偏好分析或偏好综合，富有想象力或想象力被阻抑，富于创造性或好钻牛角尖等。

性格并不是上述特征的简单堆积，而是有机的结合，使性格结构具有动力性。性格的各个特征是相互联系、彼此制约的，人们可以依据某人的某些性格特征来推测其他方面的特征，如急躁多与冲动、粗心、好激动等特征有关。个人的性格会随个人的角色转变、环境和情境的变化以及自我要求的不同而呈现出不同的特征，从而使人的性格表现具有丰富性和复杂性。例如，一个懒散的学生在父母面前懒散的表现较多，而在整洁有序的寝室内可能表现较少。

2. 大学生性格的形成、发展

影响大学生性格形成、发展的因素是多方面的，主要有生物学条件、社会生活环境、家庭教育、学校教育以及自我教育等。在这里着重谈一下自我教育的作用。在性格发展到一定阶段，个人对性格的自我培养具有重要意义。大学生由于自我意识的发展，意识的自我调节功能不断增强，能够通过自我分析，在自我认识、自我评价的基础上，不断运用自我激励、自我暗示、自我反省、自我约束等方式进行自我教育。外部因素的影响都要通过自我调节起作用，因此自我教育对性格形成、发展的作用是很大的。在一定意义上可以说，我们每个人都在塑造自己的性格。

俗话说"江山易改，本性难移"，指的是人的态度和行为方式具有某种稳定性，但并不是不可以改变的，当人们认识到自己的某种性格与要求不符时，通过不懈的努力便可以

---

[1] 张厚粲. 实用心理评估[M]. 北京：中国轻工业出版社，2005.

改变它。

随着青年社会化的加速，大学生的性格也出现了加速发展的现象，对社会、对集体、对他人、对劳动、对学习、对自己的态度和行为方式迅速打破了儿童的模式，向成人模式过渡，经过一段内部的矛盾运动过程，就建立起成体系的对现实的态度和行为方式。一般而言，一、二年级时变化剧烈，三、四年级时则相对稳定、成熟。

大学生性格发展的一个突出特点是他们对性格的自我认识、自我控制水平提高了。大学生常常主动观察自己，自觉地分析、总结和评价自己的态度及行为，并积极做出调整以达到适应环境和完善自我的目的。此外，大学生性格特征的外部表现变得更为丰富复杂了。

第二节　自我概念与人格测评

自我概念是对自我的看法。人们对自我的看法影响着人格的形成和发展。

一、自我概念的内涵与作用

(一)自我

"自我"在心理学中就是指个体对自己存在的觉察。在我们的经验中，觉察(自我觉察、自我觉知)到自己的一切(包括躯体、生理与心理活动)而区别于周围其他的物与其他的人，这就是"自我"。

19世纪末，精神分析学派大师弗洛伊德在探讨人格时提出了构成人格的三个主要部分："本我"、"自我"及"超我"。通过这三种人格结构的交互作用，人类能在面对环境时表现出某种适应行为来。弗洛伊德把"本我"视为像孩童般趋乐避苦、仅做原始历程思维的状态，而"超我"则是像修道士一样以良心、道德原则及理想中的自我为标准的状态，由于这两种极端分歧的状态同时存在，所以会引发某种冲突和矛盾。于是，体察现实、寻求理性思考、逻辑运作的"自我"就扮演居中协调的角色，好让个体能做出适当的行为反应，兼顾身心需求和道德规范。弗洛伊德指出，自我结构功能健全、能充分协调"本我"和"超我"的人，将是健康、适应良好并且能表现出统合行为的人。

(二)自我概念的内涵

罗杰斯认为，自我概念是个人自我知觉的组织系统和看待自身的方式。他认为，对一个人的个性与行为具有重要意义的是自我概念，而不是真实的自我(Real Self)；自我概念控制并综合着对于环境知觉的意义，而且高度决定着个人对环境的反应。在自我认知中，我们不仅要了解"自我"的客观内容，还要了解我们用什么样的态度和方式去认识"自我"。重要的不是自我，而是用什么态度和方式去认识自我，好比选用什么镜子去照自己。

1. 自我概念

罗杰斯把个人从自身方面所得的经验称为自我经验。自我经验代表个人从经验中对自己的一切的知觉、了解与感受，包括"我是谁"、"我是什么样的人"等问题的一切可能答案。把这些答案汇集起来，所得到的总结，称为个人的自我概念(Self-Concept)。这里包含着个体自我的直接性经验和他人的评价性经验，这二者往往是不统一的，这就导致了自我概念形成的困难。

2. 积极关注

积极关注(Positive Regard)是指个体根据直接性经验和评价性经验形成自我概念时，对别人怀有一种强烈的寻求积极关注的心理倾向，简单地说就是"好评"，希望别人以积极的态度支持自己。当获得积极关注时，他的自我概念就日益明确，且能获得持续健康的成长。这种积极关注又可分为无条件积极关注与有条件积极关注，前者利于自我概念的明确和健康发展，他的人格发展也就有利于自我实现的达成。

3. 自我和谐

自我和谐(Self Congruence)是指一个人自我概念中有没有自我冲突的心理现象。造成自我不和谐的情况有两种：其一是在理想我(Ideal Self)与真实我(Real Self)两者不一致时；其二是在有条件积极关注下所得评价性经验与自己的直接性经验不一致时。人生际遇实难如愿，或是为了功利，或是为了亲情，或是屈从于权威，自我和谐的理想实在得之不易。正因为如此，心理冲突的经验是无法完全避免的。对成长中的个体，应尽量提供无条件的积极关注，使他在自然的情境中形成自我和谐的自我概念，从而奠定自我实现的人格基础。

用罗杰斯的人格理论来进行自我分析，如果我们在接受教育(或成长)的过程中，积极关注得不到满足，处处受到苛刻的有条件积极关注，那么就会造成我们激烈的心理冲突，从而会严重阻碍我们积极自我概念的形成和自我实现的人格养成。许多过于自卑的人往往就是在这样的环境中长大的。

(三)自我概念的作用

心理学家伯恩斯 1982 年在《自我概念发展与教育》一书中，系统地论述了自我概念的心理作用，提出自我概念的三种功能：保持内在一致性，决定个人对经验怎样解释，并决定人们的期望。

1. 保持自我看法一致性(自我引导作用)

个人需要按照保持自我看法一致性的方式行动。自我概念在引导一致行为方面发挥着重要的作用。自我胜任概念积极的学生，成就动机和学习投入及成绩明显优于自我胜任概念消极的学生。有关品德不良学生的研究也证明，学生有关自己名声与品德状况的自我概念直接与其行为的自律特征有关。当学生认为自己名声不佳，被别人认为品德不良时，他们也就放松了对行为的自我约束，甚至破罐子破摔。很显然，通过保持内在一致性的机制，自我概念实际上起着引导个人行为的作用。在这个意义上，在儿童青少年的发展过程中，引导他们形成积极的自我概念，对于"学会做人"有着非常重要的意义。

2. 经验解释系统的作用(自我解释作用)

一定的经验对于个人具有怎样的意义，是由个人的自我概念决定的。每一种经验对于特定个人的意义也是特定的。不同的人可能会获得完全相同的经验，但他们对于这种经验的解释却可能很不同。例如，某次考试，学生 A 和学生 B 都考了 95 分。学生 A 平时认为自己能力一般，对这门功课学习有些困难，对于这次考 95 分感到欣喜，鼓舞他继续努力争取更好的成绩。而学生 B 平时对这门功课很感兴趣，学习也很有信心，一般都取得好成绩，这次考试却由于粗心只考 95 分，认为是失败和挫折，感到懊恼、沮丧，决心再努力，决不再考这样的成绩。

詹姆斯(William James)于 1890 年提出一个自尊的经典公式：自尊=成功÷抱负水平。这个公式说的是个人的自我满足水平并不简单地取决于他获得多大的成功，还取决于他的抱负水平，以及个人如何解释成功对于个人的意义。这个公式阐明了如何才能通过降低期望值，以增强自尊心。用詹姆斯的话说，"放弃自己的抱负就像减轻负担一样，要使它们得到满足"。不幸的是，你不能仅仅放弃抱负，因为它们永远伴随着你。

自我概念就像一个过滤器，进入心理世界的每一种知觉都必须通过这一过滤器。知觉通过这一过滤器时，它会被赋予意义，而所赋予的意义高度则取决于个人已经形成的自我概念。

3. 自我概念决定着人们的期望(自我期望作用)

心理学家伯恩斯曾指出，儿童对于自己的期望是在自我概念基础上发展起来，并与自我概念相一致的，其后继的行为也决定于自我概念的性质。

在生活中，自我概念会产生循环现象：即有积极自我概念的人，由于信心足、自我期望高，因此表现比较优异；而优异的结果是增强了自我概念，使一个人觉得自己的确是好的、优异的，自我概念就更积极。如此周而复始、良性循环下去，导致这个人很能适应环境，并能获得比较高的成就。反之，一个与上述获得成功能力相当的人，如果具有消极的自我概念，常常认为自己不够好、不行，则可能因为信心不够、自我期望又低，而导致比较差的表现；结果，表现不佳成为他自己的评价参考，进而认为自己的确不好，于是自我概念越来越消极，周而复始，恶性循环，导致这个人适应能力差，成就也每况愈下。

(四)自我实现的人的特征

所谓自我实现，是指个体在成长中，其身心各方面的潜力获得充分发展的历程与结果，即个体生而具有但潜藏未露的良好品质，得以在现实生活环境中充分展现出来。在个体的人格发展与形成过程中，自我实现就是个体发展的过程，就是促使个体发展与导向个体发展的过程。换言之，个体之所以存在，之所以有生命意义，就是为了自我实现。马斯洛的人格发展理论中，把自我实现视为发展的最高境界，也可以说是人生追求的最高境界，因此是最高层次的需求。

1. 成功人格的特征

马斯洛列举了近代史上 38 位最成功的名人，从他们的人生历程中归纳出 16 点人格特征，认为这是他们自我实现的主客观条件。

(1) 了解并认识现实，持有较为实际的人生观。

(2) 悦纳自己、别人以及周围的世界。

(3) 在情绪与思想表达上较为自然。

(4) 有较广的视野，就事论事，较少考虑个人利害。

(5) 能享受自己的私人生活。

(6) 有独立自主的性格。

(7) 对平凡事物不觉厌烦，对日常生活永感新鲜。

(8) 在生命中曾有过引起心灵震动的高峰经验。

(9) 爱人类并认同自己为全人类之一员。

(10) 具有至深的知交，有亲密的家人。

(11) 具有民主风范，尊重别人意见。

(12) 有伦理观念，能区别手段和目的，绝不为达到目的而不择手段。

(13) 带有哲学气质，有幽默感。

(14) 有创见，不墨守成规。

(15) 对世俗合而不同。

(16) 对生活环境有时时改进的意见与能力。

这16条人格特征大多是从正面陈述的，如果我们找一找其中一些关键词的反义词，从反面来否定一些不良的人格特征，也许我们的感受会更深刻一些。

2. 马斯洛对自我实现者的建议

马斯洛对"希望自我实现者"提出下列七条建议，这也是十分深刻且引人反思的。

(1) 把自己的感情出口放宽，莫使心胸像个瓶颈。

(2) 在任何情境中，都尝试从积极乐观的角度看问题，从长远的利害作决定。

(3) 对生活环境中的一切，多欣赏，少抱怨；有不如意之处，设法改善；坐而空谈，不如起而实行。

(4) 设定积极而有可行性的生活目标，然后全力以赴求其实现；但却不能期望未来的结果一定不会失败。

(5) 对是非之争辩，只要自己认清真理正义之所在，纵使违反众议，也应挺身而出，站在正义一边，坚持到底。

(6) 莫使自己的生活僵化，为自己在思想和行动上留一点弹性空间；偶尔放松一下身心，将有助于自己潜力的发挥。

(7) 与人坦率相处，让别人看见你的长处和短处，也让别人分享你的快乐与痛苦。

在进行生涯规划时，一定要明白良好的、适切的自我概念可以使我们在人生的起跑点上能与他人平等，并且在而后的竞争中充分表现自己的能力，从而为自己生命的发展、生涯的成就，谱出胜利的乐章。

二、人格测评

(一)人格测评的含义

人格测评是人格研究中的一个重要组成部分，它不仅具有理论意义，而且有很大的应用价值。从理论上说，人格测评是我们了解人格本质、结构的重要手段；从实践上看，人格测评是医疗诊治、职业咨询、人事甄选等方面需运用的重要工具。

人格测评通常是把一些问题通过文字或图形或交谈的形式呈现给被试来进行的。一般来说，对这样的问题的回答，本身并没有好坏、优劣之分，也没有绝对的答案可言，只是通过这些回答间接地判断人的人格。需要说明的是，人格测评乃至所有的心理测评，其精确度都是相对的，没有绝对准确的测评。

(二)人格测评的方法

现有的人格测评技术有很多种，大致来说可以分为三大类：观察法、自陈法和投射法。

1. 观察法

观察法可以说是了解一个人的人格特性的最简单易行的方法。这种方法可以在自然情景中进行，也可以在实验室的人为情境中进行。在观察过程中，观察者可以与被观察者进行直接的接触，也可以在被观察者毫无觉察的情况下与其进行间接接触。比如，招募雇员的人事主管常常要同求职者面谈，目的就是想要在交谈过程中考察、了解求职者的基本情况，包括其主要的人格特征。

2. 自陈法

自陈法通常以让被试者填写问卷的形式进行。问卷都是事先编制好的，由一系列问题或条目组成，要求被试者报告自己在给定情境中可能有的行为、情绪感受和想法。这种问卷都有指定的回答方式，如"是—否"，"同意—不同意"，或是用一定的评分尺度评定某一情形在多大程度上适合自己。这种方法对被试的行为具有高度的规定性，记分也就比较简单、容易、明确。常见的自陈量表有如下几种。

1) 爱德华个人兴趣量表

爱德华个人兴趣量表(EPPS)由美国心理学家爱德华于1953年编制，是以美国心理学家莫瑞所列举的人类15种需求为基础的，全表共225个题目，其中15个是重复性的，用来测试被考察者的认真程度。每个题目通常包括两个以"我"开头的陈述句，用"强迫选择法"要求被试者从两者中按照自己的喜好选出其中的一个。

2) 艾森克个性问卷

艾森克个性问卷(EPQ)是由艾森克夫妇编制的一种常用的人格结构自陈问卷。相对于其他因素分析的人格问卷而言，它所涉及的概念较少。它测量了三个基本的人格纬度：神经质(N)、内—外倾(E)和精神质(P)。这一量表被大量施测者不断修订，具有较好的信度和效度。1982年以后，北京大学心理系和湖南医学院先后修订出版了其中文版。

3) 卡特尔16人格因素调查表

卡特尔16人格因素调查表(16PF)是目前世界上最完善的个性心理测验之一[1]，适合16岁以上的成年人。该测验的设计者是美国的心理学家卡特尔(R. B. Cattell)。它的理论研究特点是，用因素分析来进行特质的筛选和分类。卡特尔通过对各种生活情景、行为事件进行观察和测查，抽取出了16种个性因素，如表2-1所示。

用16种人格因素的测验对每一因素的水平进行测定，得分能用图表表示出(一个人或一个组的)人格轮廓。卡特尔认为在每个人身上都具备这16种人格特质，只是在不同人身上的表现有程度上的差异。

---

[1] 张厚粲. 实用心理评估[M]. 北京：中国轻工业出版社，2005.

表 2-1　卡特尔 16 性格维量

人格特质	低分特征	高分特征	人格特质	低分特征	高分特征
开朗性	缄默，孤独	乐群，外向	怀疑性	信赖，随和	怀疑，刚愎
聪慧性	迟钝，学识浅薄	智慧，富有才识	幻想性	现实，合乎成规	幻想，狂放不羁
稳定性	情绪激动	情绪稳定	机敏性	坦白直率，天真	精明能干，世故
支配性	谦虚，顺从	好强，固执	忧虑性	安详沉着，有自信心	忧虑抑郁，烦恼多端
兴奋性	严肃，谨慎	轻松，兴奋	实验性	保守，服膺传统	自由，批评激进
有恒性	权宜，敷衍	有恒，负责	独立性	依赖，随群附众	自主，当机立断
勇敢性	畏缩，退怯	冒险，敢为	自律性	矛盾冲突，不明大体	知彼知己，自律严谨
敏感性	理智，着重实际	敏感，感情用事	紧张性	心气和平	紧张，困扰

4)　"大五"人格调查表

"大五"人格调查表是一种较新的人格测验，人格结构五因素后来被称为"大五"(Big Five)，这五个维度因素是情绪稳定性(N)、外倾性(E)、经验开放性(O)、宜人性(A)和责任感(C)。有关人格大五特质因素和相关特征如表 2-2 所示。

表 2-2　人格五因素各维度描述表

正面表现特征	特质量表	负面表现特征
平静、放松、不情绪化、果敢、安全、满足感、与别人相处愉快	情绪稳定性(N) 评鉴顺应与情绪不稳定，识别那些容易有心理烦恼、不现实的想法、过分的奢望式要求以及不良反应的个体	烦恼、紧张、情绪化、不安全、不准确、忧郁、自我防卫、情绪易波动，在压力状态下表现比别人差
好社交、活跃、健谈、乐群、乐观、好玩乐、重感情	外倾性(E) 评鉴人际间互动的数量和强度、活动水平、刺激需求程度和快乐的容量	谨慎、冷静、无精打采、冷淡、厌于做事、退让、话少
好奇、兴趣广泛、有创造力、有创新性、富于想象、非传统的	经验开放性(O) 评鉴对经验本身的积极寻求和欣赏、喜欢接受并探索不熟悉的经验	习俗化、讲实际、兴趣少、无艺术性、非分析性
心肠软、脾气好、信任人、助人、宽宏大量、易轻信、直率	宜人性(A) 评鉴某人思想、感情和行为方面在同情至敌对这一连续体上的人际取向的性质	愤世嫉俗、粗鲁、多疑、不合作、报复心重、残忍、易怒、好操纵别人
有条理、可靠、勤奋、自律、准时、细心、整洁、有抱负、有毅力	责任感(C) 评鉴个体在目标取向行为上的组织性、持久性和动力性的程度，把可靠的、严谨的人与那些懒散的、邋遢的人作对照	无目标、不可靠、懒惰、粗心、松懈、不检点、意志弱、享乐

人格结构五因素模型仍未得到心理学家们一致性的认同，但从目前的研究来看，人格结构五因素模型更接近于人格的真实维度，这对于心理辅导来说是一个有力的支持，也为发展性辅导制定干预措施提供了理论依据。通过对人格结构五因素模型的概述可知，在人

格结构五个维度中，宜人性和认真性属人际维度，外倾性属气质维度，神经质属情绪维度，而开放性则与认知紧密相关，所以这就为人格发展和整合明确了具体内容。

3. 投射法

投射测验是基于这样一种心理分析假定的，即人的思想、态度、情感、愿望等个人特征会不自觉地投射到外界事物上，通过对特定投射物的投射反应，便可了解被试的人格特征。因此，投射法以一些意义模棱两可，甚至本身可能毫无意义的图形或墨迹为刺激，让被试者无拘无束地对这些刺激进行自由反应，测验者通过分析这些反应分析被试者的人格特性。著名的是罗夏墨渍测验。

投射法有三种反应方式：联想法，被试者根据刺激报告出自己自由联想到的内容；构造法，被试者根据所看到的图片刺激自由编出一段有关图中人或物的故事；表达法，通常是让被试者用非言语方式自由表现，借此分析其人格。表达方法有：让被试者画画，捏泥塑，用玩具或图片构造一些情境，或是扮演一个社会角色。

投射法的优点是，它没有对被试者的反应方式进行硬性规定，被试者相对较少拘束，甚至不知测查的意图，不了解反应方式同评定方式之间的关系，测验目的具有很大的隐蔽性，因此被试者的反应偏差较小。然而，有得必有失。由于被试者的反应可以相当自由随意，也就没有标准的反应可言，对反应内容的评定也就很难标准化，致使结果的分析十分困难。因此，这种方法在很大程度上依赖于测验者的技术、经验、对测验结果的解释能力。

第三节　MBTI 性格分析

性格集中体现了一个人的处事方式，了解自己的性格才能知道自己适合做什么样的事情。迈尔斯-布瑞格斯类型诊断量表(MBTI)是通过辨别个体在性格各方面的不同偏好，找出适合个体所从事的职业。

一、迈尔斯-布里格斯类型诊断简介

MBTI 的全称是 Myers-Briggs Type Indicator，是以瑞士心理学家卡尔·荣格的性格理论为基础，由美国的 Katherine C Briggs 和 Isabel Briggs Myers 母女共同研制开发。MBIT 是当前比较流行的心理测试。

(一)MBTI 的基本观点

MBTI 向我们揭示了性格类型的多样性和由此导致的不同个体之间行为模式、价值取向的差异性：性格类型深刻影响着我们观察事物的角度、思考问题的方式、决策的动机、工作中的行事风格，乃至人际交往中的习惯与喜好。

MBTI 把个人在性格(E 内向型与 I 外向型)、信息收集(S 感觉型与 N 直觉型)、决策(T 思维型与 F 情感型)、生活方式(J 判断型与 P 知觉型)方面的不同偏好，分析出可以分成四大类的 16 种倾向组合。这四大类分别是情感主导型、思维主导型、直觉主导型和感觉主导型，每一大类都包含着四个性格类型。

(1) 情感主导者以富有人情味的方式考虑自己的决定对他人的影响，它们包括：内向+

感觉+情感+知觉；内向+直觉+情感+知觉；外向+感觉+情感+判断；外向+直觉+情感+判断。

(2) 思维主导者一般很有逻辑性，善于分析，作决定非常有条理，它们包括：内向+直觉+思维+知觉；内向+感觉+思维+知觉；外向+感觉+思维+判断；外向+直觉+思维+判断。

(3) 直觉主导者是高度直觉型的人，可以在任何地方发现隐藏的信息，它们包括：内向+直觉+思维+知觉；内向+直觉+情感+判断；外向+直觉+思维+知觉；外向+直觉+情感+知觉。

(4) 感觉主导者相信事实和具体情况胜于其他任何方面，它们包括：内向+感觉+思维+判断；内向+感觉+情感+判断；外向+感觉+思维+知觉；外向+感觉+情感+知觉。

(二)MBTI 的测评体系[1]

1. 个性第一层：外向型(Extraversion)—内向型(Introversion)

个性类型的第一个层面与我们对周围世界的互动有关，解释能量释放到何处，其描述如表 2-3 所示。

表 2-3　个性类型的第一个层面

E 外向型的人	I 内向型的人
与他人在一起感到振奋	独自一人时感到兴奋
希望能成为注意的焦点	避免成为注意的焦点
先行动，再思考	先思考，再行动
喜欢边想边说出声，易于被了解，愿与人共享	个人信息注重隐私，只与少数人共享信息
说的比听的多	听的比说的多
热情地交流，精神抖擞	不把热情表现出来，显得矜持
反应迅速，喜欢快节奏	思考后再反应，喜欢慢节奏
较之精深更喜欢广博	较之广博更喜欢精深

E 外向 ←————————————————————→ I 内向

> 请在上面的连续尺度上判断你的偏好。
> 你偏向于：

2. 个性第二层：感觉型(Sensing)—直觉型(iNtuition)

个性类型的第二个层面与我们平时注意的信息有关。有一些人注重事实，其他人则注重愿望。个性类型的第二个层面如表 2-4 所示。

3. 个性第三层：思维型(Thinking judgment)—情感型(Feeling judgment)

个性类型的第三个层面涉及我们作决定和结论的方式，如表 2-5 所示。

---

[1] 邵志伟，田彩虹. 性格决定职业[M]. 北京：中华工商联合出版社，2005.

表2-4　个性类型的第二个层面

S 感觉型的人	N 直觉型的人
相信确定而有形的事物，相信看到的、听到的	相信灵感和推理，相信"第六感"(直觉)
喜欢具有实际意义的新主意	喜欢新主意和新概念，只出于自己的意愿
崇尚现实主义与常识	崇尚想象力和新事物
喜欢运用和琢磨已有的技能	喜欢学习新技能，但掌握之后容易厌倦
留心特殊的和具体的，喜欢细节	留心普遍和有象征性的，使用隐喻和类比
循序渐进地给出信息	跳跃式地以一种绕圈的方式给出信息
着眼于现在	着眼于将来
只相信可以测量、能够记录下来的	相信字面之外的信息

S 感觉　←—————————————————→　N 直觉

> 请在上面的连续尺度上判断你的偏好。
> 你偏向于：

表2-5　个性类型的第三个层面

T 思维型的人	F 情感型的人
后退一步，客观分析问题	向前看，关心行动给他人带来的影响
崇尚逻辑、公正和公平，有统一标准	注重情感与和睦，看到规则的例外性
自然地发现缺点，有吹毛求疵的倾向	自然地想让别人快乐，易于理解别人
可能被视为无情、麻木、漠不关心	可能被视为过于感情化、无逻辑、脆弱
认为诚实比机敏更重要	认为诚实与机敏同样重要
认为合乎逻辑的感情才是正确的	认为所有感情都是正确的，无论是否有意义
受获得成就欲望的驱使	受驱使与被人理解的驱使
按逻辑作决定	按爱好和感觉作决定

T 思维　←—————————————————→　F 情感

> 请在上面的连续尺度上判断你的偏好。
> 你偏向于：

4. 个性第四层：判断型(Judgment)—知觉型(Perception)

个性类型的第四个层面所关注的，是一个人更愿意有条理还是随意地生活，如表 2-6 所示。

经过以上四个纬度的分析，你得到四个比较偏向的特性，这四个特性就代表了你的性格特征和职业偏好。你的性格组合"四字母"是怎样的？＿＿＿＿＿＿

如果你对自己的分析没有把握，可以通过互联网查询相应的量表测量。

表 2-6　个性类型的第四个层面

J 判断型的人	P 知觉型的人
作完决定后感到快乐	因保留选择的余地而快乐
具有"工作原则"：先工作再玩(有时间的话)	具有"玩的原则"：先玩再工作(有时间的话)
确立目标并按时完成任务	当有新的情况时便改变目标
想知道自己的处境	喜欢适应新环境
着重过程	着重结果
通过完成任务获得满足	通过着手新事物而获得满足
把时间看成有限的资源，认真对待时间	把时间看成无限的资源，认为时间期限是活的
重条理性、计划性	重机动性、自由变通

J 判断　◀━━━━━━━━━━━━━━━━━━━━━━━━━━━▶　P 知觉

> 请在上面的连续尺度上判断你的偏好。
>
> 你偏向于：

关于 MBIT 的效度、信度及效果的研究，目前还未形成定论。MBIT 的参与者认为它能有效地改变自身的行为，MBIT 的分数值与所从事的职业有关。对美、英、拉美、日本的管理人员 MBIT 分数的分析表明，大多数管理人员具有某些共同的个性类型(ISTJ、INTI、ESTJ 或 ENTJ)[1]。

二、16 种性格类型特征及适合职业

(一)ISTJ 型：内向+实感+思维+判断

1. 基本特征

沉静、认真、贯彻始终、得人信赖而取得成功。讲求实际，注重事实和有责任感。能够合情合理地去决定应做的事情，而且坚定不移地把它完成，不会因外界事物而分散精神。以做事有次序、有条理为乐——不论在工作上、家庭上或者生活上。重视传统和忠诚。

ISTJ 型的人是严肃的、有责任心的和通情达理的社会坚定分子。他们值得信赖，他们重视承诺，对他们来说，言语就是庄严的宣誓。ISTJ 型的人工作缜密，讲求实际，很有头脑也很现实。他们具有很强的集中力、条理性和准确性。无论他们做什么，都相当有条理和可靠。他们具有坚定不移、深思熟虑的思想，一旦他们着手自己相信是最好的行动方法时，就很难转变或变得沮丧。ISTJ 型的人特别安静和勤奋，对于细节有很强的记忆和判断。他们能够引证准确的事实支持自己的观点，把过去的经历运用到现在的决策中。他们重视和利用符合逻辑、客观的分析，以坚持不懈的态度准时地完成工作，并且总是安排有序，很有条理。他们重视必要的理论体系和传统惯例，对于那些不是如此做事的人则很不耐烦。ISTJ 型的人总是很传统、谨小慎微。他们聆听和喜欢确实、清晰地陈述事物。ISTJ 型的人

---

[1] 雷蒙德·A. 诺伊. 雇员培训与开发[M]. 徐芳，译. 北京：中国人民大学出版社，2007.

天生不喜欢显露，即使危机之时也显得很平静。他们总是显得责无旁贷、坚定不变，但是在他们冷静的外表之下，也许有强烈却很少表露的反应。

2. 可能存在的盲点

ISTJ 型的人有一个缺点，就是他们常常会迷失在一件工作中的细节和日常操作中，一旦沉浸进去，他们就会变得顽固，而且对其他的观点置之不理。收集更广泛的信息，并且理智地评估一下自己的行为可能带来的后果，可以让 ISTJ 型的人在所有的领域中更有影响力。ISTJ 型的人有时不能明白别人的需求，因此可能被看成是冷酷无情的人。他们应该把对别人的欣赏表达出来，而不是留在心里。

3. 适合的领域与职业

ISTJ 型的人适合的领域有：工商业领域、金融银行业、政府机构、技术领域、医务领域。

ISTJ 型的人适合的职业有：审计员、后勤经理、信息总监、预算分析员、工程师、计算机程序员、证券经纪人、地质学者、医学研究者、会计、文字处理专业人士等。

(二)ESTJ 型：外向+实感+思维+判断

1. 基本特征

讲求实际，注重现实，注重事实。果断，很快做出实际可行的决定。善于将项目和人组织起来将事情完成，并尽可能以最有效率的方法达到目的。能够注意日常例行工作的细节。有一套清晰的逻辑标准，系统性地遵循，并希望他人也同样遵循。会以较强硬的态度去执行计划。

ESTJ 型的人高效率地工作，自我负责，监督他人工作，合理分配和处置资源，主次分明，井井有条；能制定和遵守规则，多喜欢在制度健全、等级分明、比较稳定的企业工作；倾向于选择较为务实的业务，以有形产品为主；喜欢工作中带有和人接触、交流的成分，但不以态度取胜；不特别强调工作的行业或兴趣，多以职业角度看待每一份工作。ESTJ 型的人很善于完成任务；他们喜欢操纵局势和促使事情发生；他们具有责任感，信守他们的承诺。他们喜欢条理性并且能记住和组织安排许多细节。他们及时和尽可能高效率地、系统地开始达到目标。ESTJ 型的人被迫作决定。他们常常以自己过去的经历为基础得出结论。他们很客观，有条理性和分析能力，以及很强的推理能力。事实上，除了符合逻辑外，其他没有什么可以使他们信服。同时，ESTJ 型的人又很现实、有头脑、讲求实际。他们更感兴趣的是"真实的事物"，而不是诸如抽象的想法和理论等无形的东西。他们往往对那些认为没有实用价值的东西不感兴趣。他们知道自己周围将要发生的事情，而首要关心的则是目前。因为 ESTJ 型的人依照一套固定的规则生活，所以他们坚持不懈和值得依赖。他们往往很传统，有兴趣维护现存的制度。虽然对于他们来说，感情生活和社会活动并不像生活的其他方面那样重要，但是对于亲情关系，他们却固守不变。他们不但能很轻松地判断别人，而且还是条理分明的纪律执行者。ESTJ 型的人直爽坦率，友善合群。通常他们会很容易地了解事物，这是因为他们相信"你看到的便是你得到的"。

2. 可能存在的盲点

ESTJ 型的人很冷淡而且漠不关心，因此他们通常需要对自己的感情以及别人的反应和情感更加留心和尊重。他们天生是批判性的人，ESTJ 型的人经常不能对别人的才能和努力给予赞同和表扬。ESTJ 型的人经常在还没有集齐所有必要的信息，或还没有花足够的时间了解情况的时候就跳到结果上。他们需要学会有意识地推迟作决定的时间，直到他们考虑过所有的信息，特别是他们可能会忽视的其他选择。ESTJ 型的人如果放弃一些他们追求的控制权，并且懂得生活中有一些灰色的区域，那么，他们一定会更好地适应社会并获得成功。

3. 适合的领域与职业

ESTJ 型的人适合的领域有：无明显领域特征。

ESTJ 型的人适合的职业有：银行官员、项目经理、数据库经理、信息总监、后勤与供应经理、业务运作经理、证券经纪人、电脑分析人员、保险代理、普通承包商、工厂主管等。

(三)ISFJ 型：内向+实感+情感+判断

1. 基本特征

沉静，友善，有责任感，谨慎。能坚定不移地承担责任。做事贯彻始终、不辞劳苦、准确无误。忠诚，替人着想，细心；往往记着他所重视的人的种种微小事情，关心别人的感受。努力创造一个有秩序、和谐的工作和家居环境。

ISFJ 型的人忠诚、有奉献精神和同情心，理解别人的感受。他们意志清醒而有责任心，乐于为人所需。ISFJ 型的人十分务实，他们喜欢平和谦逊的人。他们喜欢利用大量的事实情况，对于细节则有很强的记忆力。他们耐心地对待任务的整个阶段，喜欢事情能够清晰明确。ISFJ 型的人具有强烈的职业道德，所以他们如果知道自己的行为真正有用时，会对需要完成之事承担责任。他们准确系统地完成任务。他们具有传统的价值观，十分保守。他们利用符合实际的判断标准作决定，通过出色的注重实际的态度增加了稳定性。ISFJ 型的人平和谦虚、勤奋严肃。他们温和、圆通，支持朋友和同伴。他们乐于协助别人，喜欢实际可行地帮助他人。他们利用个人热情与人交往，在困难中与他人和睦相处。ISFJ 型的人不喜欢表达个人情感，但实际上对于大多数的情况和事件都具有强烈的个人反应。他们关心、保护朋友，愿意为朋友献身，他们有为他人服务的意识，愿意完成他们的责任和义务。

2. 可能存在的盲点

他们生活得过于现实，很难全面地观察问题，也很难预见情况的可能性，尤其是他们不熟悉的情况。他们需要往前看而且设想一下如果换个法儿做，事情能变成什么样。他们做每一件事都会小心翼翼地从头做到尾，这使他们很容易劳累过度。他们需要将心中埋藏许久的愤怒发泄出来，这样才能摆脱这种不利的地位。他们也需要让别人知道他们的需求和理想。他们总是过度地计划，因此他们需要制定一些策略来调整自己专注的焦点。他们需要找到途径来给自己安排必要的娱乐和放松。

3. 适合的领域与职业

ISFJ 型的人适合的领域有：领域特征不明显，较相关的如医护领域、消费类商业、服务业领域。

ISFJ 型的人适合的职业有：人事管理人员、电脑操作员、顾客服务代表、信贷顾问、零售业主、房地产代理或经纪人、艺术人员、室内装潢师、商品规划师、语言病理学者等。

(四)ESFJ 型：外向+实感+情感+判断

1. 基本特征

有爱心，有责任心，合作。希望周边的环境温馨而和谐，并为此果断地营造这样的环境。喜欢和他人一起精确并及时地完成任务。忠诚，即使在细微的事情上也如此。能体察到他人在日常生活中的所需并竭尽全力帮助。希望自己和自己的所为能受到他人的认可和赏识。

ESFJ 型的人通过直接的行动和合作积极地以真实、实际的方法帮助别人。他们友好、富有同情心和责任感。ESFJ 型的人把他们和别人的关系放在十分重要的位置，所以他们往往具有和睦的人际关系，并且通过很大的努力以获得和维持这种关系。事实上，他们常常理想化自己欣赏的人或物。ESFJ 型的人往往对自己以及自己的成绩十分欣赏，因而他们对于批评或者别人的漠视很敏感。通常他们很果断，表达自己坚定的主张，乐于事情能很快得到解决。ESFJ 型的人很现实，他们讲求实际、实事求是和安排有序。他们参与并能记住重要的事情和细节，乐于帮助别人也能对自己的事情很确信。他们在自己的个人经历或在他们所信赖之人的经验之上制订计划或得出见解。他们知道并参与周围的物质世界，并喜欢具有主动性和创造性。ESFJ 型的人十分小心谨慎，也非常传统化，因而他们能恪守自己的责任与承诺。他们支持现存制度，往往是委员会或组织机构中积极主动和乐于合作的成员，他们重视并能保持很好的社交关系。他们不辞劳苦地帮助他人，尤其在遇到困难或取得成功时，他们都很积极活跃。

2. 可能存在的盲点

在紧张而痛苦的时候，他们会对现实情况熟视无睹。他们需要学会直接而诚实地处理矛盾冲突。ESFJ 型的人总是由于想取悦或帮助他人而忽视自己的需求。当他们不能找到改变自己生活的途径的时候，他们就可能变得消极和郁闷。从问题中跳出来更客观地对待它，常常可以给他们带来全新的视野。他们不愿意寻找解决问题的新方法，表现得不知变通。因此延迟作判断的时间，并对处理问题的新途径持开放态度，可以使他们获得更丰富的指示并帮助他们更好地做出决定。

3. 适合的领域与职业

ESFJ 型的人适合的领域有：领域特征不明显。

ESFJ 型的人适合的职业有：公关客户经理、个人银行业务员、销售代表、人力资源顾问、零售业主、餐饮业者、房地产经纪人、营销经理、电信营销员、接待员、信贷顾问、簿记员等。

(五)ISFP 型：内向+实感+情感+知觉

1. 基本特征

沉静，友善，敏感和仁慈。欣赏目前和他们周遭所发生的事情。喜欢有自己的空间，做事能把握自己的时间。忠于自己的价值观，忠于自己所重视的人。不喜欢争论和冲突，不会强迫别人接受自己的意见或价值观。

ISFP 型的人平和、敏感，他们保持着许多强烈的个人理想和自己的价值观念。他们更多的是通过行为而不是言辞表达自己深沉的情感。ISFP 型的人谦虚而缄默，但实际上他们是具有巨大的友爱和热情之人，但是除了与他们相知和信赖的人在一起外，他们不经常表现出自我的另一面。因为 ISFP 型的人不喜欢直接地自我表达，所以常常被误解。ISFP 型的人耐心、灵活，很容易与他人相处，很少支配或控制别人。他们很客观，以一种相当实事求是的方式接受他人的行为。他们善于观察周围的人和物，却不寻求发现动机和含义。ISFP 型的人完全生活在现在，所以他们的准备或计划往往不会多于必需，他们是很好的短期计划制订者。因为他们喜欢享受目前的经历，而不继续向下一个目标兑现，所以他们对完成工作感到很放松。ISFP 型的人对于从经历中直接了解和感受的东西很感兴趣，常常富有艺术天赋和审美感，力求为自己创造一个美丽而隐蔽的环境。ISFP 型的人没有想要成为领导者，他们经常是忠诚的追随者和团体成员。因为他们利用个人的价值标准去判断生活中的每一件事，所以他们喜欢那些花费时间去认识他们和理解他们内心的忠诚之人。他们需要最基本的信任和理解，在生活中需要和睦的人际关系，对于冲突和分歧很敏感。

2. 可能存在的盲点

ISFP 型的人天生具有高度的敏感，这使他们可以很清楚地看到他人的需要，并且他们有时会为了满足这些需要而拼命地工作以至于在此过程中忽视了自己。他们需要花些时间来像关心别人一样关心自己。ISFP 型的人必须努力控制自己的冲动，并偶尔享受一下安静的生活。他们对别人的批评相当敏感，而且会因受到批评而生气或气馁。在分析中加入一些客观和怀疑的态度会让他们更准确地判断人的性格。

3. 适合的领域与职业

ISFP 型的人适合的领域有：手工艺、艺术领域、医护领域、商业、服务业领域等。

ISFP 型的人适合的职业有：优先客户销售代表、行政人员、商品规划师、测量师、海洋生物学者、厨师、室内/风景设计师、旅游销售经理、职业病理专业人员等。

(六)ESFP 型：外向+实感+情感+知觉

1. 基本特征

外向，友善，包容。热爱生活、人类和物质上的享受(那也要建立在金钱的基础上)。喜欢与别人共事。在工作上，讲究常识和实用性，注意现实的情况，使工作富趣味性。富灵活性、即兴性，自然不做作，易接受新朋友和适应新环境。与别人一起学习新技能可以达到最佳的学习效果。

ESFP 型的人乐意与人相处，有一种真正的生活热情。他们顽皮活泼，通过真诚和玩笑使别人感到事情更加有趣。ESFP 型的人脾气随和、适应性强，热情友好和慷慨大方。他们擅长交际，常常是别人的"注意中心"。他们热情而乐于合作地参加各种活动和节目，而且通常同时能应对几种活动。ESFP 型的人是现实的观察者，他们按照事物的本身去对待并接受它们。他们往往信任自己听到、闻到、触摸和看到的事物，而不是依赖于理论上的解释。因为他们喜欢具体的事实，对于细节有很好的记忆力，所以他们能从亲身的经历中学到最好的东西。共同的感觉给予他们与人和物相处的实际能力。他们喜欢收集信息，从中观察可能自然出现的解决方法。ESFP 型的人对于自我和他人都能容忍和接受，往往不会试图把自己的愿望强加于他人。ESFP 型的人通融、有同情心，通常许多人都真心地喜欢他们。他们能够让别人采纳他们的建议，所以他们很善于帮助冲突的各方重归于好。他们寻求他人的陪伴，是很好的交谈者。他们乐于帮助旁人，偏好以真实有形的方式给予协助。ESFP 型的人天真率直，很有魅力和说服力。他们喜欢意料不到的事情，喜欢寻找给他人带来愉快和意外惊喜的方法。

2. 可能存在的盲点

ESFP 型的人把体验和享受生活放在第一位，这常常使他们不是那么尽职尽责。他们喜欢交际的特点可能会令他们多管闲事并使自己陷入麻烦之中。ESFP 型的人易受干扰而分心，以至于不能完成工作的毛病使他们变得懒惰。ESFP 型的人应该对将来有所预料，并作两手准备，一旦结果不尽如人意，也不至于损失太大。ESFP 型的人经常在作决定时不考虑后果，而习惯相信自己的感觉，排斥更客观的事实。因此，他们需要后退一步，考虑一下事情的起因和结果，并努力让自己在工作中变得坚强。拒绝并不像做不做决定那样困难。

3. 适合的领域与职业

ESFP 型的人适合的领域有：消费类行业、服务业、广告业、娱乐业、旅游业、社区服务等。

ESFP 型的人适合的职业有：公关专业人士、劳工关系调解人、零售经理、商品规划师、团队培训人员、旅游项目经营者、表演人员、特别事件协调人、社会工作者、旅游销售经理、融资者、保险代理/ 经纪人等。

(七)ISTP 型：内向+实感+思维+知觉

1. 基本特征

容忍，有弹性；是冷静的观察者，但当有问题出现时，便迅速行动，找出可行的解决方法。能够分析哪些东西可以使事情进行顺利，又能够从大量资料中找出实际问题的重心。很重视事件的前因后果，能够以理性的原则把事实组织起来，重视效率。

ISTP 型的人坦率、诚实、讲求实效，他们喜欢行动而非漫谈。他们很谦逊，对于完成工作的方法有很好的理解力。ISTP 型的人擅长分析，所以他们对客观含蓄的原则很有兴趣。他们对于技巧性的事物有天生的理解力，通常精于使用工具和进行手工劳动。他们往往做出有条理而保密的决定。他们仅仅是按照自己所看到的，有条理而直接地陈述事实。ISTP型的人好奇心强，而且善于观察，只有理性、可靠的事实才能使他们信服。他们是现实主义者，所以能够很好地利用可获得的资源，同时他们善于把握时机，这使他们变得很讲求实效。ISTP 型的人平和而寡言，往往显得冷酷而清高，而且容易害羞，除了与好朋友在一起时。他们平等、公正。他们往往受冲动的驱使，对于即刻的挑战和问题具有相当的适应性和反应能力。因为他们喜欢行动和兴奋的事情，所以他们乐于户外活动和运动。

2. 可能存在的盲点

总是独自做出判断，这使周围的人对 ISTP 型的人一无所知。这类人不喜欢与别人分享自己的反应、情感和担忧。过度向往空闲时间使他们有时会偷工减料。对刺激的追求也使他们变得鲁莽、轻率，而且容易厌烦。设计一个目标可以帮助他们克服自己主动性的缺乏，避免频繁的失望和无规律的生活习惯带来的危害。

3. 适合的领域与职业

ISTP 型的人适合的领域有：技术领域证券、金融业、贸易、商业领域、户外运动、艺术等。

ISTP 型的人适合的职业有：证券分析员、银行职员、管理顾问、电子专业人士、技术培训人员、信息服务开发人员、软件开发商、海洋生物学者、后勤与供应经理、经济学者等。

(八)ESTP 型：外向+实感+思维+知觉

1. 基本特征

灵活、忍耐力强，实际，注重结果。觉得理论和抽象的解释非常无趣。喜欢积极地采取行动解决问题。注重当前，自然不做作，享受和他人在一起的时刻。喜欢物质享受和时尚。学习新事物最有效的方式是通过亲身感受和练习。

ESTP 型的人不会焦虑，因为他们是快乐的。ESTP 型的人活跃、随遇而安、天真率直。他们乐于享受现在的一切而不是为将来计划什么。ESTP 型的人很现实，他们信任和依赖于自己对这个世界的感受。他们是好奇而热心的观察者。因为他们接受现在的一切，所以他们思维开阔，能够容忍自我和他人。ESTP 型的人喜欢处理、分解与恢复原状的真实事物。ESTP 型的人喜欢行动而不是漫谈，当问题出现时，他们乐于去处理。他们是优秀的解决问题的人，这是因为他们能够掌握必要的事实情况，然后找到符合逻辑的明智的解决途径，而无须浪费大量的努力或精力。他们会成为适宜外交谈判的人，他们乐于尝试非传统的方法，而且常常能够说服别人给他们一个妥协的机会。他们能够理解晦涩的原则，在符合逻辑的基础上，而不是基于他们对事物的感受之上做出决定。因此，他们讲求实效，在情况必须时非常强硬。在大多数的社交场合中，ESTP 型的人很友善，富有魅力、轻松自如而受人欢迎。在任何有他们的场合中，他们总是爽直、多才多艺和有趣，总有没完没了的笑话和故事。他们善于通过缓和气氛来使冲突的双方相互协调，从而化解紧张的局势。

2. 可能存在的盲点

ESTP 型的人只着眼于现在的偏好以及在危机发生时采用的那种"紧急"的反应。常常一次着手很多事，到最后发现不能履行诺言了。他们需要把眼光放得远一点。ESTP 型的人在力求诚实时往往会忽视他人的情感，变得迟钝，只有把自己的观察能力用在周围的人群中，才能更有影响力。他们还需要掌握时间观念和长远规划的技巧，以帮助他们准备并完成他们的责任。

3. 适合的领域与职业

ESTP 型的人适合的领域有：贸易、商业、某些特殊领域、服务业、金融证券业、娱乐、体育、艺术。

ESTP 型的人适合的职业有：企业家、业务运作顾问、个人理财专家、证券经纪人、银行职员、预算分析者、技术培训人员、综合网络专业人士、旅游代理、促销商、手工艺人、新闻记者、土木/工业/机械工程师等。

(九)INFJ 型：内向+直觉+情感+判断

1. 基本特征

寻求思想、关系、物质等之间的意义和联系。希望了解什么能够激励人，对人有很强的洞察力。有责任心，坚持自己的价值观。对于怎样更好地服务大众有清晰的远景。在目标的实现过程中有计划而且果断坚定。

INFJ 型的人生活在思想的世界里。他们是独立的、有独创性的思想家，具有强烈的感情、坚定的原则和正直的人性。即使面对怀疑，INFJ 型的人仍相信自己的看法与决定。他们对自己的评价高于其他的一切，包括流行观点和存在的权威，这种内在的观念激发着他们的积极性。通常 INFJ 型的人具有本能的洞察力，能够看到事物更深层的含义。即使他人无法分享他们的热情，但灵感对于他们依然重要而且令人信服。INFJ 型的人忠诚、坚定、富有理想。他们珍视正直，十分坚定以至达到倔强的地步。因为他们的说服能力，以及对于什么对公共利益最有利有清楚的看法，所以 INFJ 型的人会成为伟大的领导者。由于他们的贡献，他们通常会受到尊重或敬佩。因为珍视友谊与和睦，INFJ 型的人喜欢说服别人，使之相信他们的观点是正确的。通过运用嘉许和赞扬，而不是争吵和威胁，他们赢得了他人的合作。他们愿意毫无保留地激励同伴，避免争吵。通常 INFJ 型的人是深思熟虑的决策者，他们觉得问题使人兴奋，在行动之前他们通常要仔细地考虑。他们喜欢每次全神贯注于一件事情，这会造成一段时期的专心致志。INFJ 型的人满怀热情与同情心，强烈地渴望为他人的幸福做贡献。他们注意其他人的情感和利益，能够很好地处理复杂的人和事。INFJ 型的人本身具有深厚复杂的性格，既敏感又热切。他们内向，很难被人了解，但是愿意同自己信任的人分享内在的自我。他们往往有一个交往深厚、持久的小规模的朋友圈，在合适的氛围中能产生充分的个人热情和激情。

2. 可能存在的盲点

因为太专注于"想法"，INFJ 型的人有时会显得不实际，而且会忽视一些细节。留意一下周围的情况，并且善于运用已被证实的信息会帮助他们更好地运用自己的创造性思维。他们时刻受到自己原则的约束，没有远见，不知变通，抵制与他们相冲突的想法，因为对他们来说自己的地位是不容置疑的。INFJ 型的人有顽固的倾向，对任何批评都会过度敏感，当矛盾升级时，他们会感到失望和绝望。总之他们要客观地认识自己和自己的人际关系。

3. 适合的领域与职业

INFJ 型的人适合的领域有：咨询、教育、科研等领域。

INFJ 型的人适合的职业有：人力资源经理、事业发展顾问、营销人员、企业组织发展顾问、职业分析人员、企业培训人员、媒体特约规划师、编辑、艺术指导、口译人员、社会科学工作者。

(十)ENFJ 型：外向+直觉+情感+判断

1. 基本特征

温情，有同情心，反应敏捷，有责任感。非常关注别人的情绪、需要和动机。善于发现他人的潜能，并希望能帮助他们实现。能够成为个人或群体成长和进步的催化剂。忠诚，对赞美和批评都能做出积极的回应。友善、好社交。在团体中能很好地帮助他人，并有鼓舞他人的领导能力。

ENFJ 型的人热爱人类，他们认为人的感情是最重要的。而且他们很自然地关心别人，以热情的态度对待生命，感受与个人相关的所有事物。由于他们很理想化，按照自己的价值观生活，因此 ENFJ 型的人对于他们所尊重和敬佩的人、事业和机构非常忠诚。他们精力充沛、满腔热情、富有责任感、勤勤恳恳、锲而不舍。ENFJ 型的人具有自我批评的自然倾向。然而，他们对他人的情感具有责任心，所以 ENFJ 型的人很少在公共场合批评人。他们敏锐地意识到什么是(或不是)合适的行为。他们彬彬有礼、富有魅力、讨人喜欢、深谙社会。ENFJ 型的人具有平和的性格与忍耐力，他们长于外交，擅长在自己的周围激发幽默感。他们是天然的领导者，受人欢迎而有魅力。他们常常得益于自己口头表达的天分，愿意成为出色的传播工作者。ENFJ 型的人在自己对情况感受的基础上作决定，而不是基于事实本身。他们对显而易见的事物之外的可能性，以及这些可能性以怎样的方式影响他人感兴趣。ENFJ 型的人天生具有条理性，他们喜欢一种有安排的世界，并且希望别人也是如此。即使其他人正在作决定，他们还是喜欢把问题解决了。ENFJ 型的人富有同情心和理解力，愿意培养和支持他人。他们能很好地理解别人，有责任感和关心他人。由于他们是理想主义者，因此他们通常能看到别人身上的优点。

2. 可能存在的盲点

ENFJ 型的人过于认真和动感情，以至于有时会过度地陷于别人的问题或感情中。当事情没有期望的那样成功时，他们会感到失落、失望或绝望。这会使他们退缩，感到自己不被欣赏。ENFJ 的人需要学会接受他们自己的以及他们所关心的人的能力的限度，学会挑选战场并保持现实的期望。由于对和睦的强烈要求，他们会忽视自己的需求和忽略实际的问题，有时会保持一种不够诚实和公平的关系。而对别人的情感过于关心又让他们无视那些可能带来批评和伤感情的重要事实。因为他们热情很高，又急于迎接新的挑战，所以有时会做出错误的假设或草率的决定。他们需要放慢脚步，获得足够多的信息之后再行动。

ENFJ 型的人很爱接受赞扬，但对于批评却很脆弱，对无害和好意的批评都很难接受，通常对此的反应是慌乱、伤心或愤怒，甚至完全丧失理性。试着不那么敏感，可以让他们从积极的批评中获得许多重要的信息。他们相信理想的人际关系，对与自己的信念相抵触的事实视而不见，所以他们更需要心明眼亮。

3. 适合的领域与职业

ENFJ 型的人适合的领域有：培训、咨询、教育、新闻传播、公共关系、文化艺术。

ENFJ 型的人适合的职业有：人力资源开发培训人员、销售经理、小企业经理、程序设计员、生态旅游业专家、广告客户经理、公关专业人士、协调人、交流总裁、作家、记者、非营利机构总裁等。

(十一)INTJ 型：内向+直觉+思维+判断

1. 基本特征

在实现自己的想法和达成自己的目标时有创新的想法和非凡的动力。能很快洞察到外界事物间的规律并形成长期的远景计划。一旦决定做一件事就会开始规划并直到完成。多疑、独立，对于自己和他人能力和表现的要求都非常高。

INTJ 型的人是完美主义者。他们强烈地要求个人自由和能力，同时在他们独创的思想中，不可动摇的信仰促使他们达到目标。INTJ 型的人思维严谨、有逻辑性、足智多谋，他们能够看到新计划实行后的结果。他们对自己和别人都很苛刻，往往几乎同样强硬地逼迫别人和自己。他们并不十分受冷漠与批评的干扰，作为所有性格类型中最独立的，INTJ 型的人更喜欢以自己的方式行事。面对相反意见，他们通常持怀疑态度，十分坚定和坚决。权威本身不能强制他们，只有他们认为这些规则对自己的更重要的目标有用时，才会去遵守。INTJ 型的人是天生的谋略家，具有独特的思想、伟大的远见和梦想。他们天生精于理论，对于复杂而综合的概念运转灵活。他们是优秀的战略思想家，通常能清楚地看到任何局势的利处和缺陷。对于感兴趣的问题，他们是出色的、具有远见和见解的组织者。如果是他们自己形成的看法和计划，他们会投入不可思议的注意力、能量和积极性。领先到达或超过自己的高标准的决心和坚韧不拔，使他们获得许多成就。

2. 可能存在的盲点

由于有时给自己定了不切实际的高标准，INTJ 型的人可能对自己和他人期望过高。实际上，他们不关心自己的标准是否会影响到其他人，只注重自己。他们常常不希望别人对抗自己的意愿，也不愿听取别人的观点。他们需要学习对别人所谓的"不合逻辑"的想法加以了解，并且接受那些合理有效的。INTJ 型的人需要简化他们那些理论化的复杂难懂的想法，以便可以很好地与他人交流。对向他人请教可以帮他们提早发现一些不合实际的想法，或者帮助他们避免在大量投入之前做出必要的修正和改进的想法予以接受。INTJ 型的人要想变得更加有效率，就得学会放弃一些不重要的主意，而成功地抓住那些重要的。当他们努力地去接受生活并学会与他人相处后，INTJ 型的人会获得更多平衡和能力，并让自己的新观念为世界所接受。

3. 适合的领域与职业

INTJ 型的人适合的领域有：科研、科技应用、技术咨询、管理咨询、金融、投资领域、创造性行业。

INTJ 型的人适合的职业有：管理顾问、经济学者、国际银行业务职员、金融规划师、运作研究分析人员、信息系统开发商、综合网络专业人员等。

(十二)ENTJ型：外向+直觉+思维+判断

1. 基本特征

坦诚、果断，有天生的领导能力。能很快看到公司/组织程序和政策中的不合理性和低效能性，发展并实施有效和全面的系统来解决问题。善于做长期的计划和目标的设定。通常见多识广、博览群书，喜欢拓宽自己的知识面并将此分享给他人。在陈述自己的想法时非常强而有力。

ENTJ型的人是伟大的领导者和决策人。他们能轻易地看出事物具有的可能性，很高兴指导别人，使他们的想象成为现实。他们是头脑灵活的思想家和伟大的长远规划者。因为ENTJ型的人很有条理和分析能力，所以他们通常对要求推理和才智的任何事情都很擅长。为了在完成工作中称职，他们通常会很自然地看出所处情况中可能存在的缺陷，并且立刻知道如何改进。他们力求精通整个体系，而不是简单地把它们作为现存的接受而已。ENTJ型的人乐于完成一些需要解决的复杂问题，他们大胆地力求掌握使他们感兴趣的任何事情。ENTJ型的人把事实看得高于一切，只有通过逻辑的推理才会确信。ENTJ型的人渴望不断增加自己的知识基础，他们系统地计划和研究新情况。他们乐于钻研复杂的理论性问题，力求精通任何他们认为有趣的事物。他们对于行为的未来结果更感兴趣，而不是事物现存的状况。ENTJ型的人是热心而真诚的天生领导者，他们往往能够控制他们所处的任何环境。因为他们具有预见能力，并且向别人传播他们的观点，所以他们是出色的群众组织者。他们往往按照一套相当严格的规律生活，并且希望别人也如此。因此他们往往具有挑战性，同样艰难地推动自我和他人前进。

2. 可能存在的盲点

ENTJ型的人有时会急于作决定。偶尔放慢脚步可以给他们机会来收集所有相关的数据，并可以将实际情况与自身立场仔细地考虑清楚。但ENTJ型的人比较粗心直率，无耐心并且不敏感，不妥协并且很难接近。所以他们需要倾听周围人的心声，并对他们的贡献表示赞赏。他们过于客观地对待生活，结果没有时间去体会感情。当他们的感情被忽视或没有表达出来的时候，他们是非常敏感的。若对他们的能力表示怀疑的是他们尊敬的人，这种表现尤为强烈。他们会在一些小事上大发雷霆，而这种爆发会伤害与他们亲近的人。如果他们留给自己一点儿时间来体会和了解自己的真实感情，他们会非常开心，效果也很好。正确地释放自己的情感，而不是爆发，会使他们更好地控制自己，并获得自己期望和为之努力的地位。ENTJ型的人实际上并没有他们自己想象的那么有经验，有能力。只有接受他人实际而有价值的协助，他们才能增长能力并获得成功。

3. 适合的领域与职业

ENTJ型的人适合的领域有：工商业、政界、金融和投资领域、管理咨询、培训、专业性领域。

ENTJ型的人适合的职业有：人事/销售/营销经理、技术培训人员、后勤/电脑信息服务和组织重建顾问、国际销售经理、特许经营业主、程序设计员、环保工程师等。

(十三)INFP 型：内向+直觉+情感+知觉

1. 基本特征

理想主义者，忠于自己的价值观及自己所重视的人。外在的生活与内在的价值观配合，有好奇心，很快看到事情的可能与否，能够加速对理念的实践。试图了解别人、协助别人发展潜能。适应力强，有弹性；如果和他们的价值观没有抵触，往往能包容他人。

INFP 型的人把内在的和谐视为高于其他一切。他们敏感、理想化、忠诚，对于个人价值具有一种强烈的荣誉感。他们个人信仰坚定，有为自认为有价值的事业献身的精神。INFP 型的人对于已知事物之外的可能性很感兴趣，精力集中于他们的梦想和想象。他们思维开阔，有好奇心和洞察力，常常具有出色的长远眼光。在日常事务中，他们通常灵活多变，具有忍耐力和适应性，但是他们非常坚定地对待内心的忠诚，为自己设定了事实上几乎是不可能的标准。INFP 型的人具有许多使他们忙碌的理想和忠诚。他们十分坚定地完成自己所选择的事情，他们往往承担得太多，但不管怎样总要完成每件事。虽然对外部世界他们显得冷淡缄默，但 INFP 型的人很关心内在。他们富有同情心、理解力，对于别人的情感很敏感。除了他们的价值观受到威胁外，他们总是避免冲突，没有兴趣强迫或支配别人。INFP 型的人常常喜欢通过书写而不是口头来表达自己的感情。当 INFP 型的人劝说别人相信他们的想法的重要性时，可能是最有说服力的。INFP 很少显露强烈的感情，常常显得沉默而冷静。然而，一旦他们与你认识了，就会变得热情友好，但往往会避免肤浅的交往。他们珍视那些花费时间去思考目标与价值的人。

2. 可能存在的盲点

因为 INFP 型的人不太在意逻辑，所以有时他们会犯错误。如果他们能够听取更实际的建议，对他们是很有好处的。他们总是用不切实际的高标准来要求自己，这会导致他们感到自己是不胜任的。试着更客观地看待自己的事情可以增加 INFP 型的人对批评和失望的承受力。

3. 适合的领域与职业

INFP 型的人适合的领域有：创作性、艺术类教育、研究、咨询类等。

INFP 型的人适合的职业有：人力资源开发专业人员、社会科学工作者、团队建设顾问、编辑、艺术指导、记者、口译人员、娱乐业人士、建筑师、研究工作者、顾问、心理学专家等。

(十四)ENFP 型：外向+直觉+情感+知觉

1. 基本特征

热情洋溢、富有想象力。认为生活充满很多可能性。能很快地将事情和信息联系起来，然后很自信地根据自己的判断解决问题。很需要别人的肯定，又乐于欣赏和支持别人。灵活、自然不做作，有很强的即兴发挥的能力，言语流畅。

ENFP 型的人充满热情和新思想。他们乐观、自然、富有创造性和自信，具有独创性的思想和对可能性的强烈感受。对于 ENFP 型的人来说，生活是激动人生的戏剧。ENFP

型的人对可能性很感兴趣，所以他们了解所有事物中的深远意义。他们具有洞察力，是热情的观察者，注意常规以外的任何事物。ENFP 型的人好奇，喜欢理解而不是判断。ENFP 型的人具有想象力、适应性和可变性，他们视灵感高于一切，常常是足智多谋的发明人。ENFP 型的人不墨守成规，善于发现做事情的新方法，为思想或行为开辟新道路，并保持它们的开放。在完成新颖想法的过程中，ENFP 型的人依赖冲动的能量。他们有大量的主动性，认为问题令人兴奋。他们也从周围其他人中得到能量，把自己的才能与别人的力量成功地结合在一起。ENFP 型的人具有魅力、充满生机。他们待人热情、彬彬有礼、富有同情心，愿意帮助别人解决问题。他们具有出色的洞察力和观察力，常常关心他人的发展。ENFP 型的人避免冲突，喜欢和睦。他们把更多的精力倾注于维持个人关系而不是客观事物，喜欢保持一种广泛的关系。

2. 可能存在的盲点

因为觉得想出新主意是很容易的，ENFP 型的人经常无法在一段时间里专注于一件事，而且他们也不善于作决定。他们往往会失去兴趣而缺少一种完成任务的自制力。ENFP 型的人应该学会尽可能地努力去完成那些沉闷却是必需的部分，掌握良好的时间观念和自我控制能力。当 ENFP 型的人记得考虑客观情况时，他们是很有作为的，而且他们应该收集更切合实际的想法来使自己的新思路得以施展。

3. 适合的领域与职业

ENFP 型的人适合的领域有：未有明显的限定领域。

ENFP 型的人适合的职业有：人力资源经理、变革管理顾问、营销经理、企业/团队培训人员、广告客户经理、战略规划人员、宣传人员、事业发展顾问、环保律师、研究助理、广告撰稿员、播音员、开发总裁等。

(十五)INTP 型：内向+直觉+思维+知觉

1. 基本特征

对任何感兴趣的事物，都要探索一个合理的解释。喜欢理论和抽象的事情，喜欢理念思维多于社交活动。沉静，满足，有弹性，适应力强。在他们感兴趣的范畴内，有非凡的能力去专注而深入地解决问题。有怀疑精神，有时喜欢批判，常常善于分析。

INTP 型的人是解决理性问题者。他们很有才智和条理性，以及创造才华的突出表现。INTP 型的人外表平静、缄默、超然，内心却专心致志于分析问题。他们苛求精细、惯于怀疑。他们努力寻找和利用原则以理解许多想法。他们喜欢有条理和有目的的交谈，而且可能会仅仅为了高兴，争论一些无益而琐细的问题。只有有条理的推理才会使他们信服。通常 INTP 型的人是足智多谋、有独立见解的思考者。他们重视才智，对于个人能力有强烈的欲望，有能力也很感兴趣向他人挑战。INTP 型的人最主要的兴趣在于理解明显的事物之外的可能性。他们乐于为了改进事物的目前状况或解决难题而进行思考。他们的思考方式极端复杂，而且他们能很好地组织概念和想法。偶尔，他们的想法非常复杂，以至于很难向别人表达和被他人理解。INTP 型的人十分独立，喜欢冒险和富有想象力的活动。他们灵活易变、思维开阔，更感兴趣的是发现有创见而且合理的解决方法，而不是仅仅看到成为事实的解决方式。

2. 可能存在的盲点

由于 INTP 型的人注重他们的逻辑分析，他们可能不会考虑别人怎么样。如果某件事不合逻辑，INTP 型的人很可能放弃它，就算它对他们很重要。INTP 型的人极其善于发现一个想法中的缺陷，但却很难把它们表达出来。他们可能对常规的细节没有耐心。把能量释放出来可以使他们获得大量的实际知识，以便使自己的想法得以实施，并被他人接受。与他人谈谈自己的这些感受可以帮助他们更客观、更实际地认识自己。他们还喜欢操纵局势和促进事情发生。他们有责任感，尽职而且有自我约束力。

3. 适合的领域与职业

INTP 型的人适合的领域有：计算机技术理论研究、学术领域、专业领域、创造性领域等。

INTP 型的人适合的职业有：电脑软件设计师、系统分析人员、研究开发人员、战略规划师、金融规划师、信息服务开发商、变革管理顾问、企业金融律师等。

(十六)ENTP 型：外向+直觉+思维+知觉

1. 基本特征

反应快、睿智，有激励别人的能力，警觉性强、直言不讳。在解决新的、具有挑战性的问题时机智而有策略。善于找出理论上的可能性，然后再用战略的眼光分析。善于理解别人。不喜欢例行公事，很少会用相同的方法做相同的事情，倾向于一个接一个地发展新的爱好。

ENTP 型的人喜欢兴奋与挑战。他们热情开放、足智多谋、健谈而聪明，擅长许多事情，不断追求增加能力和个人权力。ENTP 型的人天生富有想象力，他们深深地喜欢新思想，留心一切可能性。他们有很强的首创精神，善于运用创造冲动。ENTP 型的人视灵感高于其他的一切，力求使他们的新颖想法转变为现实。他们好奇、多才多艺、适应性强，在解决挑战性和理论性问题时善于随机应变。ENTP 型的人灵活而率直，能够轻易地看出任何情况中的缺点，乐于出于兴趣争论问题的某方面。他们有极好的分析能力，是出色的策略谋划者。他们几乎一直能够为他们所希望的事情找出符合逻辑的推理。大多数的 ENTP 型人喜欢审视周围的环境，认为多数的规则和章程如果不被打破，便意味着屈从。有时他们的态度不从习俗，乐于帮助别人超出可被接受和被期望的事情。他们喜欢自在的生活，在每天的生活中寻找快乐和变化。ENTP 型的人富有想象力地处理社会关系，常常有许多的朋友和熟人。他们表现得很乐观，具有幽默感。ENTP 型的人吸引和鼓励同伴，通过他们富有感染力的热情，鼓舞别人加入他们的行动中。他们喜欢努力理解和回应他人，而不是判断他人。

2. 可能存在的盲点

由于 ENTP 型的人注重创造力和革新胜过一切，他们的热情促使他们寻找新鲜事物，以至于会忽视必要的准备，而草率地陷入其中。他们需要不过多地着手有关事务。他们有时会太过直率而不够圆滑，因此，他们应该经常体会一下自己的真实情感。ENTP 型的人天生的那种快速的预知能力使他们有时错误地以为他们已经知道了别人想要说的话，并插进来接下话茬。他们应该避免表现得自大而粗鲁。

3. 适合的领域与职业

ENTP 型的人适合的领域有：投资顾问、项目策划、投资银行、自我创业、市场营销、创造性领域、公共关系、政治等。

ENTP 型的人适合的职业有：人事系统开发人员、投资经纪人、工业设计经理、后勤顾问、金融规划师、投资银行职员、营销策划人员、广告创意指导、国际营销商等。

扩 展 阅 读

个 性 新 说

扉言：当一个内向的人试图变得外向的时候，他可能失去了自我内心的安宁，也失去了命运的眷顾！

经验上人们判断一个人的内向性格或者外向性格是从行为与情绪类型来判断的。这个判断不太可靠，因为人的行为是可以通过后天的学习与强化得到的，人的情绪也可以因为经验和年龄变得和谐。在心理学含义上内向、外向主要指人的精神指向，比较关注内心的是偏内向，比较关注外部世界的是偏外向。关注内心的人着力发展自我感，首要面对的是如何喜欢自己；关注外在的人着力发展能力，首要面对的是被人喜欢与被环境认同。两种力量对每个人都会是必不可少的。

经常遇到内向的人为自己的个性烦恼，其实这样的人应该感谢上帝让他获得如此重要的个性倾向。仔细想想，没有内在肯定和自我认同的人，不可能有持续的力量去发展朝外的进取与奋斗，一个只关注外界从不自省内心的人也不可能获得成功。我们的文化对个性的描述一直存在着一种无意识的割裂，以为这两种个性是恰好相反的，二者只能选择其一。其实这可能是人类二律背反得出的最荒诞的偏见。内向的力量是树根与树干，外向的力量是枝叶、花蕾与果实。这两种心理力量恰好是并存相依的。

文化习惯把外向的人想象为乐观、开朗、热情、自信、进取，把内向者联想为保守、压抑、退缩、不安、胆怯、不合群。差不多会识字的人都会说外向是受社会欢迎的，内向却不那么好。当然，内向的人很自我，内省，另类，不按常规出牌，自然难得文化的喜欢。外向的人不坚持己见，从众，随同，喜欢分享，依赖规则，服从环境，追求社会认同，自然容易成为文化价值导向下的可爱一族。

区别内向与外向的一个简单可信的依据是问问自己的快乐从哪里来。内向把心理能量指向自己，因此快乐也主要由心而生，不那么依靠外部世界的认同与赞许；外向把心理能量指向外部世界，喜欢人际接触，好奇，富于冒险精神，对主流文化比较认同。内向为主的人比较有意志、理想和个性追求，有特色的美感、兴趣、爱学习，喜欢没事偷着乐，外界不管有多大的变化、干扰，甚至打击都妨碍不了他生活的目的与信念。他们为了一个梦想或观点常常会独自坚持，不达目的誓不罢休。外向为主的人比较灵活、顺从，不给别人和自己找麻烦，审时度势，喜欢顺水推舟，不好逆水行船。很多人陷入社交的烦恼，害怕人际关系，胆怯，退缩，自认为是内向的。其实他正好缺少内在的精神指向，内心根本就没有快乐，期待被别人喜欢、认同来快乐，这样的人恰好是外向的，也恰好缺乏内向的心理能力。

人的一生两种个性力量是同时存在的，不夸张地说，内向的个性能力是获得外向个性能力的前提。正如埃里克森在《同一性：青少年的危机》中说的，自我认同是一种精神朝内的灌注。其实，人的个性是复杂的，不可能像文化标定那样是单一的。社会是个舞台，只要喜欢，人可以表演出不同的个性色彩。如果真能单一，我猜单一的内向还是比单一的外向好。很多科学家、哲学家、伟人、艺术家、创业者都因为发展了很好的内向能力而让自己能在浮躁的社会里沉静下来，独立思考，富于创意，最终获得成就。

被文化描述的个性其实是人的社会性格，而非人内心本质的心理性格。要让偏内向的人喜欢自己，就要思考我们的文化定义给内向人带来的观念困境。如果社会把内向与外向等同起来看，并给不同性格的人相同的笑脸，那么内向的人可能更容易找到适合自己存在的方式。强迫内向的人按照文化导向的外向模式去生活可能产生很大的不适应。

人只有发展好内向的力量，让心灵成为快乐的源泉，外向的个性才能慢慢有根基，既沉静得下来，也能放得开去。不喜欢自己，不接纳自己，你的灵魂会远离你，终身漂泊。自己爱自己，从内心世界去找到存在的意义，这样的快乐是随时可以自给自足的。

(李子勋/文)

探索与练习

20个我是怎样的人

该探索的目的是强化自我认识，促进自我接纳，操作办法如下。

1. 写出20句"我是怎样的人"，要求尽量选择一些能反映个人风格的语句，避免出现类似"我是一个男生"这样的句子。

我是一个_____的人。

我是一个_____的人。

……

2. 将陈述的20项内容作下列归类。

(1) 身体状况(体貌特征，如年龄、身高、体形、是否健康等)。

编号：_____

(2) 情绪状况(常持有的情绪情感，如乐观开朗、振奋人心、烦恼沮丧等)。

编号：_____

(3) 才智状况(智力、能力情况，如聪明、灵活、迟钝、能干等)。

编号：_____

(4) 社会关系状况(与他人的关系，如何和别人应对进退，对他人常持有的态度、原则，如乐于助人的、爱交朋友的、坦诚的、孤独的等)。

编号：_____

(5) 其他。

编号：_____

分类是为了了解自己对自己各方面的关注和了解程度，某一类项目多，说明你对这方面的关注和了解多；某一类项目少或没有，说明你对这方面关注和了解少或根本就没关注、不了解。健全的自我意识应能较为全面地关注和了解自己。

3. 评估你对自己的陈述是积极的还是消极的。在你列出的每句话的后面加上正号(+)或负号(-)。正号表示"这句话表达了你对自己肯定满意的态度"；负号的意义则相反，表示"这句话表达了你对自己不满意、否定的态度"。看看你的正号与负号的数量各是多少。

如果你正号的数量大于负号的，说明你的自我接纳状况良好。相反，你的负号将近一半甚至超过一半，则表明你不能很好地接纳自己，你的自尊程度较低，这时你需要内省一番，寻找问题的根源，比如是否过低地评价了自己？是什么原因使你成为这样？有没有改善的可能？

4. 分组交流。将团体成员分成4~6人的小组，在组内进行交流。交流对自己的认识，以及对活动的感受。

5. 团体内分享。每组派一名代表在团体内进行小组情况交流或个人体会的发言，供大家分享。

第三章 能力发展

【导引个案】

谁都能当老师吗

李华，华中某名牌师范大学中文系本科毕业，性格文静，有较强的中文写作能力，但不善于口头表达，不善于人际交往，现在一所中学担任语文教师。在近两年的教学过程中，她发现自己并不适合做老师，虽具备相应的学历，但不具备老师应有的管理学生的能力。课堂上不能调动学生的积极性，所带班级成绩不理想，学校对她的工作表现不是很满意，她自己也很苦恼。因此想转行从事其他能够发挥自己文字特长的工作，但是具体向哪一个行业转，还需要慎重考虑。

师范类毕业生做中学教师似乎是理所当然、顺理成章的事。然而实践中有太多例子表明，一个师范类毕业生并不一定就是一个称职的教师。根据职业生涯发展理论，要想职业成功必须具备专业知识、学历资质、良好综合素质三方面因素。根据这个标准，李华在教师岗位上可以说很难成功。眼前的教师工作的确能给李华带来稳定的收入和不错的福利，但凭李华的表现，这个"稳定"还能维持多久？所以，李华必须果断做出选择，重新择业，找一份真正适合自己发展的职业。

文静不善于表达的李华虽具备了教师专业的学历资质，但显然不具备教师应有的教学技能。当初，李华没有全面评估衡量自己的能力，导致错误择业，不能发挥自己的特长。那么根据她的能力，她适合什么样的工作呢？我们来分析一下：李华虽然不擅长管理学生、口头表达能力差，但她文笔优美、文字能力强，其内心职业倾向也是希望发挥自身的文字能力，因此，李华可以从事广告文案或媒体的文字编辑类工作。这些岗位对工作人员的管理能力、口头表达能力要求不高，相对重视个人的文字创作能力，无须过多地与人打交道，对于李华来说，正好扬长避短、发挥优势。

由此可见，在择业时，不清楚自己能做什么，只是根据专业对口或随大流的原则是不可取的。"能做什么"就是我们平时所说的能力，它是我们择业的重要依据。

本章将探讨能力的内涵和分类，分析职业所需要的能力以及自我效能感对个人发展的影响，介绍能力评价的方法和能力培养的途径。

第一节 能 力 概 述

一、能力的概念

能力就是指顺利完成某一活动所必需的心理条件，是直接影响活动效率，并使活动顺利完成的个性心理特征。

　　能力总是和人完成一定的活动联系在一起，人的能力是在活动中形成、发展和表现出来的。比如在绘画活动中，一个学生在色彩鉴别、空间比例关系的估计等方面都很强，画得特别逼真，我们就说他具有绘画能力。在音乐活动中，一个学生的曲调感、节奏感和听觉表象等都很强，歌声优雅动听，我们就说他具有音乐能力。倘若一个人不参加某种活动，就难以确定他具有什么能力。离开了具体活动既不能表现人的能力，也不能发展人的能力。同时，能力也是从事某种活动必需的前提。能力影响活动的效果，能力的大小只有在活动中才能比较。比如在其他条件(知识、技能、花费的时间)相同的情况下，做数学运算时，甲比乙能更快地了解题意、采用简捷的方法、准确地进行计算，于是，我们说甲的数学能力强于乙的数学能力。但是影响活动效率的因素是多种多样的，在活动中表现出来的心理特征并不都是能力。如在解决数学难题时，如果一个人过于紧张，他的解题效率就会受到影响，但这种心理特征对解决问题的影响不是直接的，而是间接的，故不能称为能力；而观察的精确性、记忆的准确性、思维的敏捷性等则是完成许多任务所不可缺少的，这些心理品质就应该称为能力。

　　能力和兴趣是两个截然不同、相互独立的概念，兴趣表明你喜欢某事，表达了你的偏好，而能力表明能做某事，指出了你胜任与否的资格。你或许很喜欢周杰伦的音乐，但这不意味着你能和他一样弹奏演唱、填词谱曲。

二、能力的个体差异

　　人与人之间在能力上存在着明显的个体差异，这种差异主要表现在以下三个方面。

　　(1) 能力水平上的差异，就是我们通常讲的人的能力有大小：有的人聪明，有的人愚笨，而大多数人属于中等。

　　(2) 能力表现早晚上的差异，是指人的能力充分发展有早有晚。有些人在少年儿童时期就表现出优异的能力、聪慧超群，这叫"人才早熟"；有些人的能力表现较晚，甚至到了晚年，能力才充分发挥出来，这叫"大器晚成"。

　　(3) 能力结构类型上的差异，是指能力中的各种成分的构成方式不同。例如，在智力中，有的人观察能力和记忆能力强，而思维能力和想象能力弱；有的人模仿能力强，但却缺乏创造能力，而有的人既富于模仿能力又富于创造能力。更具体地说，在观察能力、记忆能力和思维能力等方面，也有结构上的差异。比如在记忆方面，有的人主要是形象记忆，有的人主要是语词的抽象逻辑记忆，有的人则居中；形象记忆为主的人对人物、图画、颜色、声音等材料的记忆效果较好，语词逻辑记忆为主的人则对概念、数字一类材料的记忆效果较好。

三、影响能力发展的因素

　　能力的形成受多方面因素的影响，基本上包括以下四个方面。

(一)遗传因素

　　研究表明，遗传因素的作用是重要的：同卵双生子之间的智商相关联是最高的，无血缘关系者之间的智商相关联最低。遗传因素是能力发展的自然基础，决定着能力发展的可能性。每个人都有一定的遗传优势和不足，你可以发现你的优势并好好地利用它，同时发现自己的不足，通过努力去克服或者通过其他方式补偿改变。

(二)环境因素

环境是指客观现实，包括自然环境和社会环境。心理学认为，每个人从遗传基因中所得的潜在能力不同，但这种潜能开发到何种程度取决于环境。越来越多的心理学研究都证明：早期环境，对能力的形成和发展具有重要影响。胎儿的产前环境(即在母体内的环境)对胎儿的生长发育和出生后的智力发展有着重要的影响。父母在儿童 1～3 岁时期采用的教养方式会决定孩子一生的主要性格特征，从而影响孩子能力的发展。学校教育对能力形成和发展所起的作用是系统性的，学生通过系统地接受教育，能力也不断得到发展。

(三)实践活动

人的各种能力是在社会实践活动中最终形成和发展起来的。虽然掌握知识对于能力发展是重要的，但越来越多的科学家认识到，个人直接经验的积累在人的能力发展中有着不可替代的重要作用。我国古代思想家王充指出"施用累能"，即指能力是在使用中积累的。

(四)个性品质

在实践活动中优良的个性品质对能力的形成和发展具有重要的意义，如勤奋、谦虚和坚强的毅力等都有助于能力的形成和发展。有些人虽然天资聪慧，但由于缺乏勤奋，最终事业无成；有些人虽然天生智力并不优越，但通过勤学苦练，也会取得事业的成功。

四、能力结构

能力是由多种心理品质所构成的系统，具有复杂的结构。分析能力的结构，对于深入理解能力的本质，合理地设计出能力的测量手段，科学地拟订出能力培养计划，都有重要的意义。心理学家对人类能力的结构提出了许多假设，大体上可分为三种理论模型：因素说、结构说和信息加工理论。其中影响比较大的是美国著名生理学家、教育家，哈佛大学教授霍华德•加德纳提出的多元智能理论。多元智能理论否定了线性的、单一的智能观，揭示了一个更为宽广的智能体系，明确了多元智能的存在。加德纳提出每个人都至少拥有八项智能，分别介绍如下。

(1) 语言智能：是指阅读、写作以及日常会话的能力。主持人、记者、律师、教师、文学擅长者、推销员等都具有突出的语言智能。

(2) 数理逻辑智能：是指数学运算与逻辑思考的能力。科学家、工程师、统计人员、财会人员、电脑软体研发人员等都具有很强的逻辑智能。

(3) 音乐智能：是指对声音、韵律的辨别与表达能力。比如作曲家、歌唱家、指挥家、调琴师、音乐欣赏水平较高的听众等。

(4) 空间智能：是指用三维空间的方式进行思维，并能以图画的形式表达出来的能力。比如航海家、飞行员辨别方向的能力比较强；画家、摄影师、建筑设计人员空间表达能力比较强。

(5) 身体运动智能：是指能巧妙地操作物体和调整身体的能力。运动员、影视演员、舞蹈演员、外科医生、机械师、手艺人等都有这方面的智能。

(6) 人际交往智能：是指理解别人和与人交往的能力。外交家、领导者、心理咨询师、公关人员、推销员等具有较强的人际智能。

(7) 自省智能：是指善于自我反思、自我认识，并据此做出适当行为的能力。心理学家、哲学家和作家就有高度的自省智能。

(8) 自然观察智能：是指善于观察自然界中的各种形态，对物体进行辨别和分类的能力。如天文学家、生物学家、地质学家、考古学家、环境设计师、农艺师等。

每个人都具备八项智能，但智能的组成是独特的，即每项智能在个体身上表现的强弱不同，有的人多项智能都具有较高的水平，而多数人在一两项智能上有出色的表现，所以说"人无全才，人人是才"。

第二节　自我效能感

你有相应的能力，并不代表你一定能很好地完成一项任务，比如有两位同学甲和乙，他们的学习能力水平差不多，但是甲总能取得好成绩，而乙却不行。原因就是自我效能感。在有了相应的能力时，自我效能感就成了行为的决定因素。自我效能感高的人，能积极采取行动，取得预想的结果。而自我效能感低的人，则会产生消极的情绪，采取回避或消极的行为，最终与好的结果无缘。那什么是自我效能感呢？它真的有这么大的影响作用吗？

一、自我效能感概述

(一)自我效能感的概念

自我效能感(Self Efficacy)是指人们对自己控制环境、达到个人目标的胜任能力的相信程度[1]。一个人在进行某一活动前，对自己能否有效地做出某一行为会有所判断。当人们确信自己有能力进行某一活动时，他就会产生高度的"自我效能感"，并会去进行那一活动。自我效能感可以通过直接经验、我们对他人经验的理解、别人告诉我们能够去做和我们对自身情绪动机状态的评价等方面获取。如果自我效能感程度高，我们将更可能达到所期望的结果。例如，学生不仅知道注意听讲可以带来理想的成绩，而且还感到自己有能力听懂教师所讲的内容时，才会认真听课。它是预测个人行为的重要指标。一个相信自己能处理好各种事情的人，在生活中会更积极、更主动。这种"能做什么"的认知反映了一种个体对环境的控制感。人的自我效能感在外在表现上，常常等同于自信感，也就是一个人自信心的高低。自我效能感强的人，自信心就会高，也更有信心处理生活中的各种压力。

(二)自我效能感的重要作用

1. 自我效能感对人们认识过程的调节

自我效能水平影响着我们自我认识的程度。一个人对自己实现目标的能力所具有的信

---

[1] 罗伯特·J. 斯滕博格. 心理学：探索人类的心灵[M]. 李锐，译. 南京：江苏教育出版社，2005.

心影响到对自我目标的设定。自我效能感越强的人，为自己设定的目标挑战性越强，对目标的承诺也越坚定。大多数行为过程首先是在思想中进行组织的，在进入现实以前，人们会在心里构想预期中的脚本，并常常有意无意地在心里进行演练。自我效能感高的人更倾向于构造成功者的剧情，并将其在心里形象化，其注意的焦点是怎样更好地解决问题，从而为随后的行动提供积极的指导和支持，使一个心理成功导致另一个实际成功。自我效能感低的人更容易在心里勾画一幅失败的景象，其注意的焦点是那些可能出错的事情，他不得不分出相当的精力与自我怀疑做斗争，在这种情况下要取得很好的成绩是很难的。

在面对有压力的环境、失败和挫折时，一个人需要具有很强的自我效能感，以保证其将注意力集中于所要完成的任务上。在这种情况下自我怀疑的人，其思维的有效性会受到影响，难以把握自己的思路，于是他们会降低自己的抱负水平和行动质量。

2. 自我效能感对人们行为动机的调节

我们大部分行为动机都是在认知的基础上产生的，人们通过对未来的预见和期待来激励和指导自己的行动。他们形成有关自己能干什么的信念，预见自己行为的结果，按照对未来的设想设置有价值的目标，并策划行动方案。现实中有无数可选择的目标，但每个人只会选择那些自认为有能力实现的目标，而放弃自以为没有能力去实现的目标。

自我效能感不但决定着个人的目标设置，还影响着一个人为目标所付出的努力程度、面对困难的持久力以及失败后的恢复能力。面对困难或失败时，那些怀疑自己能力的人会松懈或很快放弃；而自我效能感强的人则会投入更大的努力去实现目标。

3. 自我效能感对人们情绪的调节

在受到威胁或是困难的情况下，一个人能承受多大的压力，关键取决于其对自己应对能力的信念。自我效能感对焦虑感有很大的影响，那些相信自己能够应付可能出现的威胁的人很少把精力用来想象各种消极的可能性；而那些觉得自己在高焦虑唤醒时难以应付的人，会过低地估计自己的自控能力，并在头脑中充满了各种想象的危险，夸大事实的严重性，不断被那些极少可能发生的事所烦扰。这一方面会使其备受折磨；另一方面也损害了其心理功能的正常发挥。所以自我效能感调节着人的回避行为和焦虑唤醒。

4. 自我效能感对人们选择过程的影响

人在一定程度上是环境的产物，但人并非完全被动于环境。事实上，每个人都在不同程度上选择着自己的环境。比如那些不满意目前处境的人们，有的会继续待下去，另一些则会重新做出选择。不过无论选择了什么环境，一旦选定之后，该环境就会对人产生影响。所以人们通过选择环境，反过来影响自己。

研究表明，人们会选择那些自认为能应付得了的环境，回避自以为力所不能及的环境。进而，由于这种不同的选择，人们培养了不同的胜任能力、兴趣和社会关系网，这些又进一步影响了其生活过程。能够影响个人选择的任何因素都会深刻地影响一个人的发展，这是因为在自我效能感产生其最初效果之后，一个人所选择的特定环境所产生的特定社会影响会进一步提高其在该环境中的胜任力、价值感和兴趣。

(三)影响自我效能感的因素

1. 行为或业绩经验

成功或失败的经验是影响自我效能感最有力的信息源。在某件工作、行为或技能上的成功会增强一个人在该工作、行为或技能方面的自我效能感；而失败，尤其是连续多次的失败，则会降低其在相应方面的自我效能感。这就是"成功是成功之母"的原因。另外，在一项行动刚刚开始时的失败，因其不能反映出努力的不足或不利的环境因素，容易使人归因于自己能力的不足。但不同的人受影响的程度并不一样，对于先前已经具备很强自我效能感的人而言，偶然的失败不会影响其对自己能力的判断。他更有可能寻找环境因素、努力不足或策略方面的原因。这样，失败反而能提高其信念：改进后的策略会带来将来的成功。

2. 替代性经验

人们从观察别人所得到的替代性经验对自我效能感影响也很大。看到与自己相近的人成功能促进自我效能感的提高，增加实现同样目标的信心；但看到与自己相近的人失败，尤其是付出很大努力后的失败，则会降低自我效能感，觉得自己成功的希望也不大。尤其是，当一个人对自己某方面的能力缺乏现实的判断依据或知识时，这种间接经验的影响力最大。不过，比之直接的成败经历，替代性经验对自我效能感的影响要相对弱一些。

3. 想象性经验

社会认知理论认为，人类具有符号认知能力，这使其有可能在头脑中，把未来可能出现的情境和事件、他们相应的行为和情感反应以及他们行为的可能后果想象出来，加以视觉化。通过这种对其在未来情境中实现特定行为能力的想象，可以建立起相应的自我效能感。这种想象来源于过去参与过的，与目前相近情境下的直接经验或替代经验，也可能来自于他人的劝导。心理治疗专家让患者进行想象训练，如系统脱敏之类的症状，可作为这方面的例证。不过，想象的作用比直接经验要弱。

4. 语言劝导

影响自我效能感的信息源还包括他人的评价劝说及自我规劝。缺乏事实基础的言语劝告对形成自我效能感效果不大。在直接经验或替代经验的基础上进行劝说、鼓励，效果最大。另外，其效果还受到信息来源的专业性、权威性和吸引力的影响。

二、自我效能感的测量

自我效能感量表(GSES)中文版由王才康等人翻译修订。

请仔细阅读表 3-1 中的一些描述，每个描述后有四个选项，请根据真实情况，在最符合你的情况的一项上打 √。

表 3-1　自我效能感量表

描　述	完全不正确	尚算正确	多数正确	完全正确
(1) 如果我尽力去做，我总是能够解决问题的				
(2) 即使别人反对我，我仍有办法取得我所要的				
(3) 对我来说，坚持理想和达成目标是轻而易举的				
(4) 我自信能有效地应付任何突如其来的事情				
(5) 以我的才智，我定能应付意料之外的情况				
(6) 如果我付出必要的努力，我一定能解决大多数的问题				
(7) 我能冷静地面对困难，因为我信赖自己处理问题的能力				
(8) 面对一个难题时，我通常能找到几个解决的方法				
(9) 有麻烦的时候，我通常能想到一些应付的方法				
(10) 无论什么事在我身上发生，我都能够应付自如				

评分标准：

完全不正确 1 分；尚算正确 2 分；多数正确 3 分；完全正确 4 分。

分数越高说明自我效能感越强，表现出来就是自信心越高。

1～10 分：你的自信心很低，甚至有点自卑，建议经常鼓励自己，相信自己的能力，正确对待自己的优点和缺点，学会欣赏自己。

10～20 分：你的自信心偏低，有时候会感到信心不足，找出自己的优点，承认它们，欣赏自己。

20～30 分：你的自信心较高。

30～40 分：你的自信心非常高，但要注意正确看待自己的缺点。

三、自我效能感的培养

(一)创造成功机会

自我效能感不足的人，常常过分夸大生活和学习中的困难，过低估计自己的能力，这就需要个体为自己创造更多的成功机会。比如，在实践活动中通过成功地完成任务、解决困难，可以体验到成功，认识自己的能力，因此就增强了自我效能感。从这个意义上来说，成功是成功之"母"。我们可以经常为自己设立"适当"的行为目标，只是要注意，目标的确立要具体，尤其是近期目标，要尽可能地细致。

(二)自我鼓励，自我心理暗示

通过积极的心理暗示可以明显增进人的自我效能感，暗示的惊人魅力就在于，它使暗示的信息以"下意识状态"零阻力地、完全地被暗示者所接受。要善于发现并捕捉自己在生活中的创新之处，及时地予以鼓励。当然，言语鼓励的效能价值取决于语言的真实性，那些不切实际、缺乏说服力的言语鼓励很难在活动中奏效，而且还会挫伤自身的自我效能感。不断对自己进行正面心理强化，避免对自己进行负面心理强化。一旦自己有所进步，不论大小，都对自己说："我能行"、"我很棒"、"我能做得更好"，等等，这将不断提升自我效能感。这里推荐一种自我激励方法——"60 秒 PR 法"。PR 是英语"自豪"的缩写。这个方法的含义是：每天花 60 秒，以讲演的形式简洁地描述自己的天赋和能力，以及自己所要达到的目标。这个方法非常有助于形成及强化个人的自我效能感。"60 秒 PR 法"的操作步骤为：首先找出自己的优点或强项及所能完成的任务；其次阐述自己将如何完成这些目标；再次把这些内容用朗朗上口的语言形成 60 秒读完的材料；最后每天起床后、睡觉前都反复地大声朗读。其内容可根据实际实施更新，制成卡片放在口袋、书包内，贴在床头、盥洗室，还可以制成录音、光盘，随时吟诵，以不断强化自我效能感，激励斗志。

(三)寻找榜样，与自信的人多接触

"近朱者赤，近墨者黑"这一点对增强自信同样有效。这个方法是最容易获得的，老师、家长、同学、朋友以及我们身边其他所有的人都可能在我们的生活中成为我们良好的榜样。观察周围人良好的示范行为，模仿他们的思维与行为方式，让自己从替代经验中获得自我效能。阅读名人传记，因为很多知名人士成名前的自身资质、外部环境并不好，实际上在许多方面他们和我们一样或差不多，只是由于他们有较强的自信和肯努力才使他们脱颖而出，取得了成功，实现了心愿。其实，如果我们也能像他们那样去想、去思考、去行动，我们也会成为自己所希望的人。

(四)加强交流与合作

活动的组织形式是合作性还是竞争性的，也影响个体对自我能力的判断，以及对自己和同伴的尊重，尤其是才能不强的个体，在成功合作的系统中比竞争情况下的结果要好许多。研究表明，合作学习与经验交流可大大提升自我效能感。和周围的人多交流，可以丰富自己的知识和经验，学习到不同的解决问题的方法，提高自我效能感。

第三节 职业能力

一、职业能力及其分类

职业能力是在职业活动中需要具备的能力。职业能力直接影响职业活动效率和职业活动能否顺利完成。职业能力可分为专业技能和可迁移技能。

(一)专业技能

专业技能是指具体的、专业化的、针对某一特定工作的基本技能。例如会计记账、教师讲课、IT 工程师编程、医疗专业人员解释心电图等。这些技能涉及学科的主题，如历史学、政治学、经济学、汽车制造、机械设计、医学等。专业技能最显著的特点是：它们需要经过有意识的、专门的学习培训，在通过记忆掌握特殊的词汇、程序和学科的基础上获得。专业技能可迁移的可能性比较小，专业技能是一个人成为职业化人士的基本条件。

(二)可迁移技能

可迁移技能就是可迁移的通用技能。可迁移技能指的是在某一种环境中获得，并可以有效地移用到其他不同的环境中去的技能，是个人能够持续运用和最能够依靠的技能。如某人从事保险推销员工作时练就的善于同人们沟通交往的技巧，在其当上公司的销售经理后，也极有可能移用这些技巧去同客户打交道，建立良好的关系。可迁移技能主要在日常生活活动中获得并能不断得到改善，并且在许多领域里都可以得到进一步的完善和增强。

美国著名的心理学家和职业专家赫伍德·斐格勒在 1988 年对可迁移技能进行了 10 类划分，并对这些技能在职业竞争中的作用给予了高度的评价，这 10 种技能如下所述。

(1) 预算管理技能：表现为对现有资源的最佳运用。

(2) 督导他人技能：表现为执行、实现能力。

(3) 公共关系技能：表现为良好的营造氛围能力。

(4) 应对最后期限的压力技能：表现出强烈的攻坚能力。

(5) 磋商和仲裁技能：表现出合理适当的妥协共存能力。

(6) 公共演讲技能：表现出公共引导和宣传方面的潜力。

(7) 公共评论协作技能：也是公共引导和宣传的表现。

(8) 组织、管理、调整能力：是领导和资源协调能力的综合体现。

(9) 与他人面谈的技巧和能力：个体交往潜力的集中表现区域。

(10) 教学和教导能力：传授、散布方面的潜质。

剑桥大学认为，可迁移技能是在生活中的各种活动中获得的技能，即研究技能、数字技能(如统计技能、数据处理)、计算机基本技能和外语技能。所有本科生都应该被给予机会(通过正式教学或其他活动)来发展这些技能，如果这些技能不构成学科的必要组成，那么技能可通过自愿学习、课外活动或工作体验等活动来获得。无论学生打算从事什么工作，有四种关键技能对他们的未来成功至关重要。这四种技能是：交流技能、数字技能、使用通信信息技术的技能和学会如何学习的技能。

总体上看，可迁移技能具有可迁移性、普遍性和实用性。具体可分成以下几类。

(1) 交流表达能力：通过口头或者书面语言形式，以及其他适当形式，准确清晰地表达主体意图，和他人进行双向(或者多向)信息传递，以达到相互了解、沟通和影响的能力。包括倾听提问的技巧、提供信息、让别人接受自己的观点、自信独特地表达自我等。

(2) 数字运算能力：运用数字工具，获取、采集、理解和运算数字符号信息，以解决实际工作中问题的能力。

(3) 创新能力：在前人发现或者发明的基础上，通过自身努力，创造性地提出新的发现、发明或者改进革新方案的能力。

(4) 自我提高能力：在学习和工作中自我归纳、总结，找出自己的强项和弱项，扬长避短，不断加以自我调整改进的能力。

(5) 与人合作能力：在实际工作中，充分理解团队目标、组织结构、个人职责，在此基础上，与他人相互协调配合、互相帮助的能力。包括正确认识自我，能尊重与关心别人，能对他人的意见、观点、做法采取正确的态度。

(6) 解决问题能力：在工作中把理想、方案、认识转化为操作或工作过程和行为，并最终解决实际问题、实现工作目标的能力。包括分析问题；处理抽象问题；对于一个问题提出多种解决方法并挑选出最合适的一种；运用批判性的思考方式来看待各种因果关系；设置并达到目标；创造性思考。

    (7) 组织策划能力：计划、决策、指挥、协调、交往。

    (8) 信息处理能力：运用计算机技术处理各种形式的信息资源的能力。

    (9) 外语应用能力：在工作和交往活动中实际运用外语语言的能力。

    (10) 学习能力：善于发现并记录，坚持不懈克服困难、继续学习的能力。

    (11) 管理能力：包括管自己、信息、他人和任务的能力。

这些技能可增强个人竞争力，对就业和终身发展都具有重要作用和深远的影响。

二、大学生应具备的职业能力

现代社会还是一个重能力的社会，任何一种机构在选人、用人的时候，都不会忽视能力的价值，因为能力是完成一切工作、创造效益的基础。当今的社会究竟需要走出校门的大学生具备什么样的职业能力？我们先来看看用人单位的回答。

企业要求的人才不是应试人才，而是做事人才——北大青鸟公司负责人才资源管理的副总郑彤这样说。

中国普天信息产业集团公司人力资源副总刘建军说，我们比较看重的是人才的协调能力和沟通能力，所以招聘时在面试、笔试之外还要进行一些测试，只有这些全部都能通过，才有可能被录用。

某网络通信股份有限公司的人力资源部某人表示，我们公司不苛求名校和专业对口，只要学生综合素质好，学习能力和适应能力强，遇到问题能及时看到问题的症结所在，并能及时调动自己的能力和所学的知识，迅速制定出可操作的方案，同样会受到欢迎。

某国企人力资源部经理介绍说，专业技能是我们对员工最基本的素质要求，IT 行业招人时更注重应聘者的技术能力。应聘者如果是同等能力，也许会优先录取学历高的一方。但是，进入公司后学历高低就不是主要的衡量标准了，会更看重实际操作技术。

某科技集团人事部的负责人说，我们公司认为，大学生最需要提高的能力是沟通能力。企业需要的是能够运用自己良好的沟通能力与企业内外有关人员接触，能够合作无间、同心同德、完成组织的使命和目的的人。

某软件股份有限公司人力资源管理人士说，我们特别欣赏有团队精神的员工，因为在软件开发和使用过程中，如果有一名员工在一个环节上出现问题，将会影响整个项目的进程。

虽然用人单位对人才的要求各有不同，但很多因素是相同的，主要体现在以下几个方面。

(一)合理的知识结构

合理的知识结构不仅包括精深的专业知识，还包括广博的基础知识。专业知识是知识结构的核心部分，是人才知识结构的特色。大学生对自己所学专业的知识和技术的学习，不仅要达到高数量，还应该达到高质量，有一定的深度，而不是蜻蜓点水、不求甚解。基础知识是知识结构的根基，是知识更新的原动力。专业知识与基础知识的有机结合，是担任现代社会职业岗位的必要条件，是人才成长的基础。古代，科学处于萌芽时期，人才曾以"通才为主"；近代，科学不断分化，人才则以"专才为主"；今天，科学高度分化与高度综合,人才以"通才取胜"。专博相济、专深博广,成为当前人才素质的重要要求。

(二)动手操作能力

在一切社会活动中,尤其是教学、科研、生产第一线,没有熟练的动手操作能力是很难胜任的。动手操作能力至少包含两个方面:一是拿起来能干,二是干得好。正如用人单位所说:企业要求的人才不是应试人才,而是做事人才。大学生有了一定的知识积累,并不等于有了各类岗位所需要的实际应用能力。一些大学毕业生只是懂得一些理论知识,只会纸上谈兵,缺乏必要的动手操作能力,因此常常被用人单位拒之门外。

(三)社会交往能力

人际交往是交流信息、获取知识的重要途径。人际交往是个体认识自我、完善自我的重要手段。孔子曾说过:"独学而无友,则孤陋而寡闻。"在人际交往的过程中,彼此从对方的言谈举止中认识了对方。同时,又从对方对自己的反应和评价中认识了自己。交往面越宽,交往越深,对对方的认识越完整,对自己的认识也就越深刻。通过人际交往,我们可以相互传递、交流信息和成果,丰富自己的经验、增长见识、开阔视野、活跃思维、启迪思想。对个人如此,对企业组织也同样如此,一些企业负责人表示,员工的交际与沟通合作能力越来越成为企业在市场竞争中获胜的主要动力,现在已经不是单枪匹马打天下的时代了,必须懂得并善于与他人合作,要发挥团队战斗力。大学生培养自己的人际交往能力不仅是自我发展完善的需要,也是未来工作环境的需要,关系到工作效能的高低和事业的成败。

(四)社会适应能力

现在的社会千变万化,大学生要保证自己从学校到社会的顺利过渡,能很快地适应新的学习、生活、工作环境,与人交往轻松、大方,对各种情况能应付自如、左右逢源,就需要提高自己的社会适应能力。

(五)创新能力

联合国教科文组织在其《学会生存》的报告中指出:"人们对付当今世界性问题和挑战的能力,归根结底取决于人们能够激发和调动的创造力的潜力。"只有那些思维敏锐、能在自然和社会发展中的新问题面前充分地发挥其创造才能,以新颖的创造去解决问题的人,才能更多地得到企业单位和社会的重视,为企业单位和社会的发展做出更大的贡献。在学习的过程中,应着意不断培养和强化自己的开拓创新能力。

(六)组织管理能力

组织管理水平的高低,已经成为一项工作、一个单位工作好坏的重要因素。大学生毕业后不可能人人都走上领导岗位从事管理工作,但每个人在将来的工作中都会不同程度地运用到组织管理才能。近几年来,在毕业生就业过程中,用人单位选聘毕业生的首选对象是学生党员和学生干部,这表明他们很看重毕业生的组织管理能力。管理能力包括以下几个方面。

(1) 管理自己即有效地管理时间,设置目标和标准,为自己的学习承担责任,主动有目的地倾听，运用一系列学术技能(分析综合记忆)，开发和改进学习策略，显示智力上的灵活性，在新的或不同的情境中进行学习，制订面向长期目的和目标的计划，有目的地反思自己的学习，批评性地阐明立场，应付压力。

(2) 管理信息即使用恰当的信息资源，使用恰当的技术和媒体，有效掌握各种信息和资料，在活动中使用恰当的语言和形式，解释多种信息格式，提供有说服力的信息或观点，对不同的目的环境或观念做出反应，批判性使用信息，以革新或创新方法使用信息。

(3) 管理他人即执行共同任务，尊重他人观点和价值，在合作环境中有效工作，适应群体要求，说明观点或行动，发挥带头作用领导他人，委派任务，协商，提供建设性批评，担当重要角色，在合作环境中学习和帮助他人。

(4) 管理任务即确认关键特征，把问题概念化，提出坚持重点，确定战略性选择，计划或执行行动的路线，组织子任务，开发利用适合的策略，评价结果。

其实仔细归纳一下，用人单位越来越重视大学生的可迁移能力。如果我们仅仅拥有精湛的专业能力，可能会在专业技术领域取得一时的成就，可是随着时间的推移，可迁移能力的缺乏必然会成为我们职业发展的瓶颈问题。

三、职业能力探索

下面我们选用一套职业能力自评表，可供读者对自己的职业能力进行评价。该测试的评定用 5 级量表：A 强、B 较强、C 一般、D 较弱、E 弱。

测试分为 9 组，每组均相应测试一项职业能力。每组均有 6 题，按上述 5 个等级为各题打分。能力 A 强的打 1 分，B 较强的为 2 分，C 一般为 3 分，D 较弱为 4 分，E 弱为 5 分。累计各项得分之后，合计总分。题目如表 3-2 所示。

表 3-2　职业能力自评表

(a) 第一组能力

项　　目	A 强	B 较强	C 一般	D 较弱	E 弱
善于表达自己的观点					
阅读速度快，并能抓住中心内容					
清楚地向别人解释难懂的概念					
对文章中的字词段落和篇章的理解分析和综合的能力					
掌握词汇量的程度					
中学时你的语文成绩					
小计分数					
合计					

(b) 第二组能力

项　　目	A 强	B 较强	C 一般	D 较弱	E 弱
做出精确的测量(如测长、宽、高等)					
解算术应用题					

项　目	A 强	B 较强	C 一般	D 较弱	E 弱
笔算能力					
心算能力					
使用工具(如计算器)的计算能力					
中学时你的数学成绩					
小计分数					
合计					

(c) 第三组能力

项　目	A 强	B 较强	C 一般	D 较弱	E 弱
美术素描画的水平					
画三维度的立体图形					
看几何图形的立体感					
想象盒子展开后的平面形状					
玩拼板(图)游戏					
中学时你的美术成绩					
小计分数					
合计					

(d) 第四组能力

项　目	A 强	B 较强	C 一般	D 较弱	E 弱
发现相似图形中的细微差异					
识别物体的形状差异					
注意到多数人忽视的物体的细节部分					
检查物体的细节					
观察图案是否正确					
中学时善于找出数学作业的细小错误					
小计分数					
合计					

(e) 第五组能力

项　目	A 强	B 较强	C 一般	D 较弱	E 弱
快而正确地抄写资料(如姓名、数字等)					
阅读中发现错别字					
发现计算错误					
在图书馆很快地查找编码卡					
发现图表中的细小错误					

续表

项　目	A 强	B 较强	C 一般	D 较弱	E 弱
自我控制能力(如较长时间做抄写工作)					
小计分数					
合计					

(f) 第六组能力

项　目	A 强	B 较强	C 一般	D 较弱	E 弱
劳动技术课中做操作机器一类的活动					
玩电子游戏或瞄准打靶					
在体操、广播操一类活动中身体的协调灵活性					
打球姿势的平衡度					
打字比赛或算盘比赛					
闭眼单腿站立的平衡能力					
小计分数					
合计					

(g) 第七组能力

项　目	A 强	B 较强	C 一般	D 较弱	E 弱
灵巧地使用手工工具(如榔头、锤子)					
灵巧地使用很小的工具(如镊子、缝衣针等)					
弹乐器时手指的灵活度					
动手做一件小手工品					
很快地削水果(如苹果、梨子)					
修理、装配、拆卸、编织、缝补等一类的活动					
小计分数					
合计					

(h) 第八组能力

项　目	A 强	B 较强	C 一般	D 较弱	E 弱
善于在陌生的场合发表自己的意见					
善于在新场所结交新朋友					
口头表达能力					
善于与人友好交往，并协同工作					
善于帮助别人					
擅长做别人的思想工作					
小计分数					
合计					

(i) 第九组能力

项 目	A 强	B 较强	C 一般	D 较弱	E 弱
善于组织单位或班级的集体活动					
在集体活动或学习中,时常关心他人的情况					
在日常生活中能经常动脑筋,想出别人想不到的好点子					
冷静果断地处理突然发生的事情					
在你曾做过的组织工作中,你认为自己的能力属于哪级					
善于解决同事或同学之间的矛盾					
小计分数					
合计					

1. 你的职业能力等级评定

能力等级评定办法:以各组总计得分除以 6 可得该组所测职业能力最后得分。把每一组的评定等级填入表 3-3 中。

根据你的能力等级评定得分,可以判断你的能力属于哪个等级。5 个等级含义:"1"为强;"2"为较强;"3"为一般;"4"为较弱;"5"为弱。评定等级可能有小数点,如等级 2.2,表示此种能力水平稍低于较强水平,高于一般水平。

表 3-3　能力等级评定表

组　别	相应职业能力	合计分数	能力等级评定分 (合计分数÷6)	您的能力等级 属于
第一组	语言能力			
第二组	数理能力			
第三组	空间判断能力			
第四组	察觉细节能力			
第五组	书写能力			
第六组	运动协调能力			
第七组	动手能力			
第八组	社会交往能力			
第九组	组织管理能力			

2. 各种职业能力的特点

(1) 言语能力:是指对词及其含义的理解和使用能力,对词、句子、段落、篇章的理解能力,以及善于清楚正确地表达自己的观念和向别人介绍信息的能力。

(2) 数理能力:是指迅速而准确地运算并能推理、解决应用问题的能力。

(3) 空间判断能力:是指对立体图形以及平面图形与立体图形之间的关系的理解能力,包括能看懂几何图形,对立体图形的三个面的理解力,识别物体在空间运动中的联系,解决几何问题。

(4) 察觉细节能力：是指对物体或图形的有关细节具有正确的知觉能力，对于图形的明暗、线的宽度和长度做出区别和比较，看出其细微的差异。

(5) 书写能力：对词、印刷物、账目、表格等材料的细微部分具有正确的知觉能力，善于发现错字和正确地校对数字的能力。

(6) 运动协调能力：是指眼、手、脚、身体能迅速、准确地随活动的动作做出精确的动作和运动反应，手能跟随所看到的东西迅速行动，进行正确控制的能力。

(7) 动手能力：是指手、手指、手腕能迅速而准确地活动和操作小的物体，在拿取、放置、翻转物体时，手能做出精巧运动和腕的自由运动的能力。

(8) 社会交往能力：是指善于人与人之间的相互交往、相互联系、相互帮助、相互影响，从而协同工作或建立良好的人际关系。

(9) 组织管理能力：是指擅长组织和安排各种活动，以及协调活动中的人际关系的能力。

第四节 能力培养

在飞蛾的世界里，有一种双翼长达几十厘米的飞蛾，叫"帝王蛾"。这种飞蛾的幼虫期在一个洞口极其狭小的茧中度过。当它要变成蛾时，弱小的身躯必须拼尽全力从那个狭小的洞口破茧而出，而这个狭小的洞口是帮助幼虫两翼成长的关键所在。原来，幼虫在穿越洞口的时候，身体受到挤压，血液被送到蛾翼，只有两翼充血，幼虫才能振翅飞翔！

在破茧过程中，穿越狭小的洞口是十分痛苦的，如果无法承受痛苦，退缩则只能死在茧里，或者依靠其他成年蛾的帮助破茧，但由于双翼没有接受考验则只能终身爬行。幼虫只有依靠自己的努力奋勇破茧，才能飞翔，"帝王蛾"之所以称为"帝王蛾"，源自它们幼虫时就有一颗勇敢的心，勇者才能展翅高飞！

人们都知道，能力是可以通过锻炼而获得、提高的。但是，能力是如何通过锻炼而获得的呢？也许人们没有意识到，能力是在克服种种困难、遭遇种种磨难、跨越种种挫折而练就的。"帝王蛾"的破茧能力是在破茧过程中练就的，展翅高飞的能力也是在破茧过程中练就的，从而"破茧重生"，正所谓"吃得苦中苦，方为人上人"！我们在对能力的探索中，做到了知己知彼，下面的问题就是如何发挥或者进一步锻炼我们的能力，为丰富自己的大学生活和适应未来的社会生活做好充分的准备。

一、大学不同阶段的准备

从试探期到分化期，大学四个年级侧重各有不同。

一年级——试探期：要初步了解职业，特别是自己未来想从事的职业或与自己所学专业对口的职业，提高人际沟通能力。具体活动可包括多和师哥、师姐们交流，尤其是大四的毕业生，询问就业情况，大一学习任务不重，多参加学校的活动，增加交流技巧，学习计算机知识，争取可以通过计算机和网络辅助自己的学习。为可能的转系、获得双学位、留学计划做好资料收集及课程准备，多利用学生手册，了解相关规定。

二年级——定向期：应考虑清楚未来是否深造或就业，了解相关的职业活动，并以提高自身的基本素质为主，通过参加学生会或社团等组织，锻炼自己的各种能力，同时检验自己的知识技能；可以开始尝试兼职、社会实践活动，并要具有坚持性，最好能在课余时间经常从事与自己未来职业或本专业有关的工作，提高自己的责任感、主动性和受挫能力，增强英语口语能力，增强计算机应用能力，通过英语和计算机的相关证书考试，并开始有选择地辅修其他专业的知识充实自己。

三年级——冲刺期：因为临近毕业，所以目标应锁定在提高求职技能、搜集公司信息、并确定自己是否要考研。在撰写专业学术论文时，可大胆提出自己的见解，锻炼自己独立解决问题的能力和创造性；参加和专业有关的暑期工作，和同学交流求职工作心得体会，学习写简历、求职信，了解搜集工作信息的渠道，并积极尝试，加入校友网络，和已经毕业的校友、师哥、师姐谈话了解往年的求职情况；希望出国留学的学生，可多接触留学顾问，参与留学系列活动，准备 TOEFL、GRE 考试，注意留学考试资讯，向相关教育部门索取简章参考。这样一方面提高了信息收集能力；另一方面也进一步加强了人际交往能力。

四年级——分化期：这一时期，找工作的找工作、考研的考研、出国留学的出国留学，不能再犹豫不决，大部分学生的目标应该锁定在工作申请及成功就业上。这时，可先对前三年的准备做一个总结：首先检验自己已确立的职业目标是否明确，前三年的准备是否已充分；然后，开始毕业后工作的申请，积极参加招聘活动，在实践中检验自己的积累和能力；最后，预习或模拟面试。积极利用学校提供的条件，了解就业指导中心提供的用人公司资料信息，强化求职技巧，进行模拟面试等训练，尽可能地在做出较为充分准备的情况下进行实战演练。

二、不同的渠道获得各种能力

(一)勤工俭学

在校生可利用平时课余时间以及双休日，走出校门，走向社会，勤工俭学，既锻炼自己、积累工作经验，又增加收入、增强独立自主的能力。一般来说，每所高校都会提供很多勤工俭学的机会给广大的学生，尤其是针对一些家境贫困的学生提供了合适的岗位。勤工俭学的内容多种多样：比如家教，可以锻炼一个人的耐心以及表达能力；比如学生超市的收银员，可以培养一个人的细心以及与人交往的能力；比如网络维护，可以很好地运用计算机方面的一技之长，获得实战经验；又如有些学校设定的"助管"岗位，帮助学校、系领导做一些办公室的管理工作，如文件管理，这些工作大多与你所学的专业没有关系或关系不大，但是你能通过这些工作尝试到一些工作的基本能力，在积累工作经验的同时体会到自食其力、自力更生的愉悦；而那些和专业知识关系密切的工作，比如计算机专业的学生制作网页、系统维护，这就能让你在实践中进一步强化所学的知识，真正地"学以致用"。

勤工俭学一方面可以在学校内进行，学生在学校安排的各个岗位上寻求自我的锻炼和发展。在学校内部勤工俭学的好处：一是方便，能很好地配合自己的上课学习时间；二是安全，学校内的各个岗位都具有相当的可靠性，能确保学生作为劳动者的各项权益。相比之下，学校外面的勤工俭学机会就利弊兼具了。社会上的各种兼职机会往往更具有专业性，也更具挑战性。比如电话销售、财务助理、程序开发、市场调查等，这些职位都需要一定的专业知识作背景，同时对个人的能力也提出了更高的要求，个人可以根据自己的专业和特长选择适合自己的类型。在社会兼职的过程中，需要付出更多的精力和成本，比如上下班路上的时间成本、紧张的工作带来的压力、激烈的竞争要求等，相应地，所得到的回报，无论是金钱上的报酬还是能力和阅历上的积累都会有所增加。然而，重要的是，学生在勤工俭学的过程中，不要本末倒置，为了兼职完全忽视了专业知识的积累，否则就与我们"理论联系实际"的本意背道而驰了。同时，注意不要受骗上当，要保护好自身的合法权益。

(二)社团活动

社团是校园里的同学为了某一个共同的兴趣、某一个共同的目的所组织起来的业余团体。它可以分为学术类社团，如马克思主义理论研究会、世界经济研究会等；体育类社团，如篮球协会、轮滑协会等；文艺类社团，如书法协会、戏剧社、记者团等。这些社团有的历史悠久、自成特色，有的虽成立不久，但发展迅速，不管怎样，每一个社团都会围绕社团自身的主体，定期组织社团活动。学生可以根据自己的喜好和特长选择合适的社团，或是丰富自己的课余生活，或是培养自己的兴趣特长，或是加深和拓宽专业知识的掌握。总之，广大学生要根据自身的特点和兴趣，充分利用学校的有利条件，不要浪费自己宝贵的青春，为自己内涵的积淀、能力的培养而努力。如果你对某社团兴趣浓厚，又表现出色，你可以成为某社团的骨干，不仅参与各种活动，还策划组织各种活动，这就更进一步锻炼了人际交往能力和组织管理能力。值得指出的是，现在用人单位在选择毕业生的时候对社团的骨干分子也是比较青睐的。

(三)社会实践

社会实践，顾名思义，是指身体力行，学生利用寒暑假或双休日走出校园，在社会生活中树立理想、拓展视野、增长才干、服务社会。在各所高校中，为了帮助学生走向社会、学以致用，实现学生的实践意愿，学校会为学生提供包括寒暑假期和双休日的实践机会，并在组织、宣传、资金等方面给予一定的指导和帮助。当前大学生的社会实践引起了社会的关注，有些地区和单位专门组织和设定社会实践的岗位和课题，欢迎学生积极参与并给予一定的资助，对一些好的、有发展前景的课题，主办者可以帮助孵化甚至进一步发展。每个学生要切实把握住这样的机会，从中锻炼自己各方面的能力。

社会实践与前面两类活动相比，与专业知识的关系更密切。它要求学生将平时所学和社会问题、社会现象相结合，有创意地提出问题，通过实践分析问题、研究问题，最终解决问题。由于学校通常会资助社会实践，所以，申报社会实践的学生必须精心准备和策划，构思出实践方案，通过学校组织评审和公开答辩，才能获得被资助的资格。在项目实施的过程中，必须接受学校有关组织的监督，并将实践的最终成果上报和展示。整个社会实践的过程需要花费一定的时间和精力，并需要一定的专业知识作支持。因此，时间充裕的暑期通常是社会实践开展的高峰。

一个好的社会实践将会使你受益无穷，甚至影响你的职业生涯发展。前期准备时，你必须有专业知识功底，参阅大量的资料，才能有一个好的理论框架；与赞助单位和实践单位联系，寻求帮助，你必须懂得人情世故，具备和人交往的技巧；带领团队出去，你必须有很强的组织、协调、自理的能力；最后结项整理时，你必须有表达能力、文字功底和研究能力……

(四)各类竞赛

大学校园是一个供青年才子一展身手的大舞台,在这里你可以找到许多志同道合的朋友,一展你心中的理想,发挥你过人的才能。校园里时常举办的各类竞赛便成为展现自我风采、培养个人能力的绝好契机。

比如"挑战杯"全国大学生创业计划大赛之类的赛事,受到了高校学生的普遍关注和参与。这些赛事激励大学生将所学专业知识与日新月异的社会实践相结合,要求参赛者组成优势互补的创业团队,提出一个具有市场前景的技术、产品、服务,并围绕这一技术、产品或服务完成一份包括执行总结,产业背景和公司情况、市场调查和分析、公司战略的总体进度安排,风险问题和假定,团队、企业经济状况,财务预测假定等几个方面的完整、具体、深入的创业计划,以描述公司的创业机会,以及把握这一机会的过程。这些必然激发和培养青年学生的创业意识和创业能力。

此外,一些企业为了吸引更多的优秀人才,提前做好人才储备工作,会以企业名义在校园中举办各类竞赛,如"欧莱雅"商业策划大赛、"联合利华"商业夏令营等。这些比赛往往能使参赛者体验到更真实的企业环境,帮助他们提前进入工作角色,发掘他们各方面的潜能。相对于社会实践来说,这样的比赛更具有竞争性,也更以职业为导向,许多比赛中的佼佼者往往有很大的机会进入该企业工作,成为该企业的后备人才。

(五)课程实习

实习是每位学生在跨出校门、走向社会之前必须经历的阶段,是学生了解社会、了解工作的窗口。因此,几乎所有的高校都会在本科阶段三年级时安排实习,并把它作为课程和学分的一部分来要求学生。首先要明确实习的价值和意义:实习不等于写一份实习报告,不等于拿几个学分的成绩,不要为了这些表象自欺欺人。要混个实习成绩并不难,但对于一个有事业追求的人,想要真正从中学习和积累的人而言,实习是一个非常好的接触社会、了解行业、了解职业的机会,因此请不要马虎对待,否则是在浪费时间。

对于不同生涯规划的学生,实习有着不同的特殊意义。对于以后想工作的同学,实习常常能帮助你认清自己的能力、特点,了解行业和职位的具体情况,有助于今后的选择。有时候,一份好的实习还可能会直接带给你一份工作。对于继续深造、致力研究的学生,实习往往能让你认清现实与书本上的不同,对你以后的研究更有启发,也许通过实习能让你真正发现自己感兴趣和想学的领域,改变你的人生道路。总之,实习对你的人际交往能力、专业知识的积累、组织协调能力、表达能力等会有一个综合的提高。

寻找实习的途径有很多:学校内的 BBS、就业指导中心发布的信息、各大求职网站上的信息、师长学长亲友推荐、同学互相推荐,或自己与公司主动联系等。总之,在实习的过程中要注意调整自己的心态,不要害怕困难和受挫,多虚心向他人求教,并注意保护自己的合法权益。通过实习,积累自己的经验,增加自己的阅历,提高自己的能力,为自己今后职业生涯的发展添加筹码。

(六)担任学生干部

大学生活中,锻炼的机会其实随处可见,关键就在于你是否是个"有心人"。你可以通过毛遂自荐的方式担任学生干部,从学生会干部到学生团委干事,从班长到寝室长,任何一个职位都可以是你发挥自身才干、为同学服务的机会。

不要认为担任学生干部是浪费时间，所谓"一分耕耘，一分收获"，你付出了多少，相应地就能得到多少回报。首先，当学生干部能锻炼你的组织管理能力、决策能力。无论是召开班会、传达通知，还是统计信息，都需要你能协调各方、组织人员参与，并对行为做出决断和选择。这些能力的养成在今后的工作中有着重要的影响，往往成为企业选拔人才的标准之一。其次，当学生干部要与方方面面、众多的同学、老师打交道，能很好地培养你待人接物的技巧，并为你打下良好的人际关系基础，扩大社交圈子，获得众多的朋友。这其实是一笔宝贵的资源和财富。再者，当学生干部能培养良好的品德。为人民服务的奉献精神、为他人着想的合作态度、勤恳踏实的工作作风、迎难而上的顽强斗志……这些都能够在学生工作中得到培养和锻炼。需要指出的是，担任学生干部不能仅看重干部头衔的光环，要更加注意对自我的锻炼，即使你没有机会担任干部，只要有一颗为同学服务的爱心，只要善于观察、取他人之长补自己之短，仍然可以使这些能力得到提高。

扩 展 阅 读

经理人的 12 项自我管理能力

1. 自我心态管理能力——积极心态

在人们不断塑造自我的过程中，影响最大的是选择积极的态度还是消极的态度。自我心态管理是个人为要达到人生目标进行心态调整以达到实现自我人生目标、实现最大化优化自我目的的一种行为。成功的经理人善于进行自我心态管理，随时调整自我心态，持续地保持积极的心态。

2. 自我心智管理能力——开放思维

主观偏见是禁锢心灵的罪魁祸首，经理人的见识和行为总是受制于它。心智模式是人们在成长的过程中受环境、教育、经历的影响，而逐渐形成的一套思维和行为的模式。每个经理人都有自己的心智模式，但每个经理人的心智都会存在一定的障碍。经理人要善于突破自我，要善于审视自我心智，要善于塑造正确的心智模式。

3. 自我形象管理能力——魅力行销

作为经理人，你的身上吸引了许多人的目光，所以，形象很重要。经理人懂得如何更加得体地着装，如何适应社会对商务礼仪的要求，可以让经理人更有魅力！加强自身形象、自身修养、举止、谈吐等方面的形象管理，是每一个经理人都应该重视的。

4. 自我激励管理能力——激发动力

在我们每个人的生命里，潜藏着一种神秘而有趣的力量，那就是自我激励。人的一切行为都是受到激励而产生的，善于自我激励的经理人，通过不断地自我激励使自己永远具有前进的动力。自我激励是一个人事业成功的推动力，其实质则是一个人把握自己命运的能力，经理人要有健康的心理，善于运用一定方法自我激励。

5. 自我角色认知能力——演好角色

经理人的角色夹插于公司、上级、同级及部属、客户之间，若在定位上没有一套正确的认知能力，往往会落到上下难做人、里外不是人的地步。如何正确认知自己的角色，是经理人走向成功的重要环节。

6. 自我时间管理能力——时间分配

每个经理人都同样地享有每年 365 天、每天 24 小时。可是，为什么有的经理人在有限的时间里既完成了辉煌事业又能充分享受到亲情和友情，还能使自己的业余生活多姿多彩呢？他有三头六臂吗？他们会分身术吗？时间老人过多地偏爱他们吗？都不是，关键的秘诀就在于成功的经理人善于进行自我时间管理。

7. 自我人际管理能力——人脉运营

有人说"成功 = 30%知识 + 70%人脉"；更有人说"人际关系与人力技能才是真正的第一生产力"。人的生命永远不孤立，我们和所有的东西都会发生关系，而生命中最主要的也就是这种人际关系。由此看来，经理人要想成功，就应该加强自我人际管理能力。

8. 自我目标管理能力——目标设定

生命的悲剧不在于目标没有达成，而在于没有目标。目标有多远，我们就能走多远。目标指引经理人工作的总方向。经理人每天的生活与工作，其实都可以理解为：一个不断地提出目标，不断追求目标并实现目标的过程。

9. 自我情绪管理能力——情感掌控

情绪能改变人的生活，有助于改善人际关系和说服他人，情商高的人可以控制、化解不良情绪。在成功的路上，最大的敌人其实并不是缺少机会，或是资历浅薄，而是缺乏对自我情绪的控制。愤怒时，不能遏制这种愤怒的情绪，使周围的合作者望而却步；消沉时，放纵自己的萎靡，把许多稍纵即逝的机会白白浪费。成功的经理人必须善于管理自我情绪。

10. 自我行为管理能力——职业素养

根据社会伦理和组织所要求的行为规范，每个人的行为都可以分为正确的行为和错误的行为。经理人职业行为就是经理人要坚守的正确行事规范。经理人如何具有职业化的行为，如何对自我行为进行管理并达到职业化行为规范的要求？这是每个经理人都应该重视的事情。因为只有进行自我行为管理，坚守职业行为，才是经理人职业化素质的成熟表现。

11. 自我学习管理能力——为学日益

学习是人类生存与发展的推动力。人不是生而知之，而是学而知之，知识和能力不是天上掉下来的，而是从学习和实践中来的。经理人最重要的能力是什么？是学习能力，经理人的竞争力就表现在学习能力上。我们处在一个激烈竞争的时代，具备"比他人学得快的能力"是经理人唯一能保持竞争优势的方法。

12. 自我反省管理能力——为道日损

反省是成功的加速器。经理人经常反省自己，可以去除心中的杂念，可以理性地认识自己，对事物有清晰的判断；也可以提醒自己改正过失。经理人只有全面地反省，才能真正认识自己，只有真正认识了自己并付出了相应的行动，才能不断完善自己。因此，每日反省自己是不可或缺的。"反省自己"就应该成为经理人工作的一个重要组成部分。不断地检查自己行为中的不足，及时地反思自己失误的原因，就一定能够不断地完善自我。

探索与练习

【探索1】社会适应能力诊断量表

社会适应能力，指的是一个人在心理上适应社会生活和社会环境的能力。社会适应能力的高低，从某种意义上说，表明一个人的成熟程度。表3-4中的问题能帮助你进行社会适应能力的自我判别(把答案填在括号内)。

表3-4　社会适应能力诊断量表

描　述	是	?	否
(1) 我最怕转学或转班级，每到一个新环境，我总要经过很长一段时间才能适应			
(2) 每到一个新的地方，我很容易同别人接近			
(3) 在陌生人面前，我经常无话可说，以致感到尴尬			
(4) 我最喜欢学习新知识或新学科，它给我一种新鲜感，能调动我的积极性			
(5) 每到一个新地方，我第一天总是睡不好，就是在家里，只要换一张床，有时也会失眠			
(6) 不管生活条件有多大变化，我也能很快习惯			
(7) 越是人多的地方，我越感到紧张			
(8) 在正式比赛或考试时，我的成绩多半不会比平时练习差			
(9) 我最怕在班上发言，全班同学都看着我，心都快跳出来了			
(10) 即使有的同学对我有看法，我仍能同他(她)交往			
(11) 老师在场的时候，我做事情总有些不自在			
(12) 和同学、家人相处，我很少固执己见，乐于采纳别人的建议			
(13) 同别人争论时我常常感到语塞，事后才想起该怎样反驳对方，可惜已经太迟了			
(14) 我对生活条件要求不高，即使生活条件很艰苦，我也能过得很愉快			
(15) 有时自己明明把课文背得滚瓜烂熟，可在课堂上背的时候，还是会出差错			
(16) 在决定胜负成败的关键时刻，我虽然很紧张，但总能很快使自己镇定下来			
(17) 我不喜欢的东西，不管怎么学也学不会			
(18) 在嘈杂混乱的环境里，我仍然能集中精力学习，并且效率较高			
(19) 我不喜欢陌生人来家里做客，每逢这种情况，我就有意回避			
(20) 我很喜欢参加社交活动，我感到这是交朋友的好机会			
合计			

评分办法

(1) 凡是单数号题(1，3，5，7……)，"是"得-2分；"?"得0分；"否"得2分。

(2) 凡是双数号题(2，4，6，8……)，"是"得2分；"？"得0分；"否"得-2分。将各题的得分相加，即得总分。

35～40分：社会适应能力很强，能很快地适应新的学习、生活环境，与人交往轻松、大方，给人的印象极好，无论进入什么样的环境，都能应付自如、左右逢源。

29～34分：社会适应能力良好。

17～28分：社会适应能力一般，当进入一个新环境，经过一段时间的努力，基本上能适应。

6～16分：社会适应能力较差，依赖于较好的学习和生活环境，一旦遇到困难则易怨天尤人，甚至消沉。

5分以下：社会适应能力很差，在各种新环境中，即使经过一段相当长时间的努力，也不一定能够适应，常常感到困惑而与周围事物格格不入。在与他人的交往中，总是显得拘谨、羞怯、手足无措。

如果你在这个测试中得分较高，说明你的社会适应能力较强。但是，如果你得分较低，也不必忧心忡忡。因为一个人的社会适应能力是随着年龄的增长、知识经验的积累而不断增强的。只要你充满信心、刻苦学习、虚心求教、加强锻炼，你一定会成为适应社会的成功者。

【探索2】 自我回顾：成就经历

当你声称自己具有某一项能力时，你的听众马上会想让你证明一下。什么方式是最好的证明呢？向他们提供你的成就经历来支持自己拥有某项能力是最好的方式。下面回顾一下你的过去，写出3～4个你认为最重要的成就经历，这些成就可以来源于生活的各个方面，比如，工作经历、活动经历、生活中的奖励和回报等。为每一项成就经历取一个名字，然后，尽可能多地写出成就的细节。不要只是简单地写一个句子、给出最后的结果，而要说出什么时间，在哪里发生，发生了什么事，你如何做的，为什么会这样做。还要描述当时你对这段经历的感受(好或坏)，以及从中学到了什么。你的故事越详细，揭示你的能力就越多。详细地描述完你的成就经历之后，再自己重新读一遍，圈出给你带来成就的能力，并在纸的右边列出。

成就经历1：_____
细节　　　　　　　　　　　　　所识别的能力
_____　　　　　_____
_____　　　　　_____

成就经历2：_____
细节　　　　　　　　　　　　　所识别的能力
_____　　　　　_____
_____　　　　　_____

成就经历3：_____
成就经历4：_____
细节描述同上。

下面根据你的成就经历列出你现有的能力:

_____

上述哪些能力需要拓展:

_____

怎样去拓展这些能力:

_____

当你取得成就时,要养成记录相关细节的习惯。坚持记录细节将是非常有价值的,特别是在写简历和求职信或准备面试时。给出成就的相关细节,也就是为你所声称具有的能力提供了依据。雇主们都希望你能提供依据来支持你的资历。

第四章　价值澄清

【导引个案】

这是我想要的生活吗

秀慧在银行工作了10年,三十出头的她,猛然发现自己常常在算还有几年就可以退休。当初,她专科毕业考进银行,同学们都很羡慕,父母高兴地到处炫耀,上菜市场还不忘带着她去光宗耀祖一番。考进银行,是对自己能力的一种肯定,但是到银行上班却是自己始料未及的。秀慧知道自己一直喜欢和人接触的工作,喜欢扮演大姐的角色,帮大家解决问题,虽然银行的文书事务工作是她可以做的,且做得不错,可是她并不感兴趣,她常常问自己:"这是我想要的生活吗?"

她喜欢慈善家的精神,希望从助人的过程中得到快乐。银行的工作和自己的价值观不相符,她早就心知肚明,这半年来升迁上的不如意,让她更加怀疑这份工作的意义。仔细思量,她很清楚离职是现实上最不明智、经济上最不划算的决定(理想与现实的冲突),但是情感上她真的很想换一换工作环境,去当修女或义工人员都不错。有一天,她从广播上得知台北生命线在招募义工,有一连串助人的辅导训练,包括一阶段、二阶段的训练课程……秀慧想通了,为了现实,她继续待在银行,为了理想,她到生命线当义工,两全其美,对自己、对家人都有交代。对于过程的辛苦,她相信自己撑得过来。

(资料来源: 洪凤仪. 一生的职业规划[M]. 广州: 南京日报出版社, 2007.)

许多时候,我们也像秀慧一样满足于有着一份体面的工作和不菲的收入的白领生活,可是在内心深处,我们却忽略了许多其他有价值的事物,例如家庭、友谊、爱情、休闲、帮助他人、健康等,在我们的价值观体系里,这些也很重要。工作可以让我们获得金钱、地位、权力,但也常常让我们觉得拼命工作是不值得的。值不值得关键取决于人的价值观。

从以上的案例中我们可以察觉秀慧有哪些价值观呢?这些价值观是如何影响我们的工作与心情的呢?如果你是秀慧,你还有更好的选择吗?为什么我们面临选择的时候犹豫不决?你清楚自己的价值观吗?

本章将与你一道探索我们的价值体系——指引我们方向的明灯。在这一章里,你将了解价值观对人生的意义,通过价值澄清,明确自己到底想要什么,分清终极价值与工具价值,通过改变价值规则来调整价值观,走出价值困惑,树立正确全面的价值观。

第一节　价值观概述

一、价值观的定义

什么是价值观,为什么大公司很重视个人的价值观,其实在平时的言语、行为中,我们都可以看到价值观的影子，它无处不在。当你说"我要努力奋斗，成为一个亿万富翁，过富足的生活"，"这个是我人生中最重要的，任何东西都无法取代的"，"我被他的勇敢和正直深深吸引"时，你都是在陈述自己的一种价值观。

从理论上讲，价值观是指一个人对周围的客观事物(包括人、事、物)的意义、重要性的总体评价和看法。价值观不回答客观对象的本来面目是什么，也不具体揭示客观对象的本质规律，更不预测客观对象的未来趋势，而是反映某类客观事物对人和人类的意义或价值。它是人们行为的内部驱动力，它支配和调节一切社会行为，涉及社会生活的各个领域。从其实质来看，价值观体现了实施主体的根本地位，反映了实施主体的需要、利益、情感、愿望和追求，以及实施主体实现自己利益和满足自己需要的能力、活动方式等方面的主观特征，是以"信什么、要什么、坚持什么和实现什么"的方式存在的人的精神目标系统。从其功能来看，价值观是人们心目中用于衡量事物轻重、权衡得失的天平和尺子。就社会整体的角度而言，它是人和社会精神文化系统中深层的、相对稳定的、起主导作用的部分；就生命个体而言，它是每个人生活和事业中最重要的精神追求、精神支柱和动力所在。

简单地说，价值观就是你认为什么是你最重要的，什么是你真正追求的。

二、价值观的来源和特点

一个人的价值观是从出生开始，在家庭和社会的影响下，随着知识的增长和生活经验的积累而逐步确立起来的，一个人所处的社会生产方式及其所处的经济地位，对其价值观的形成有决定性的影响。我们所持的价值观中很大一部分是在早年形成的，是从我们与周围环境的接触和体验中获得的，从与父母、兄弟姐妹、亲戚、邻居、老师、朋友等人的交往中形成的。回顾一下我们小时候关于政治、经济、教育的观点，大多都和父母的观点相同。事实上，我们孩童时的价值观多半是通过赏罚的措施而形成的。父母就他们的价值观立场，不断地告诉我们什么该做，什么不该做，什么该看，什么不该看，什么该相信，什么不该相信。如果我们遵照了他们的话，就会得到赞赏；如果我们没听他们的话，就会遭到训斥，甚至于责罚。在逐渐成长的过程中，我们接受家庭之外的学校、社会教育，受到父母之外的更多的人的影响，从自己所接触到的书报杂志、电影电视等媒体中吸取各种各样的价值观，在这种情况下，我们早年形成的一些价值观就会有所改变和调整。

从价值观的形成过程，我们可以看出它的特点，如下所述。

(一)价值观是因人而异的

由于每个人的先天条件和后天环境不同，人生经历也不尽相同，每个人的价值观的形成就会受到不同的影响。因此，每个人都有自己独一无二的价值观和价值观体系。

(二)价值观是相对稳定和持久的

它是随着人们认知能力的发展，在环境、教育的影响下逐步培养而成的，一旦形成，便是相对稳定的，具有持久性。

(三)价值观在特定的环境下又是可以改变的

由于环境的改变、经验的积累、知识的增长，人们的价值观有可能发生变化。

三、价值观的分类

1. 斯普朗格分类

德国著名哲学家斯普朗格在《人的类型》一书中提出了六种类型的价值取向。

(1) 经济型：强调有效和实用，追求财富，具有务实的特点。

(2) 政治型：追求权力、影响和声望，喜欢支配和控制他人。

(3) 理论型：重视用批判和理性的方法去寻求真理，求知欲强，富于幻想。

(4) 审美型：重视外形与和谐匀称，以美的原则，如对称、均衡、和谐等评价事物。

(5) 社会型：强调对人的热爱，热心社会活动，尊重他人价值，注重人文关怀。

(6) 宗教型：关心对宇宙整体的理解和体验的融合，寻求把自己与宇宙联系起来。

通过这种方法，人们发现不同工作环境下这六种价值观对人有不同的重要性。如对项目经理人来说，经济价值观是最重要的；而对政客来说，政治价值观是最重要的；对牧师来说，宗教价值观是最重要的。

2. 米尔顿·洛克奇分类

美国社会心理学家米尔顿·洛克奇(Milton Rokeach)于 1973 年在《人类价值观的本质》中提出：价值观是个人或社会偏好某种行为方式或生存目标的持久性信念。他总结了 13 种价值观偏好。

(1) 成就感：提升社会地位，得到社会认同；希望工作能受到他人的认可，对工作的完成和挑战成功感到满足。

(2) 美感的追求：能有机会多方面地欣赏周遭的人、事、物，或任何自己觉得重要且有意义的事物。

(3) 挑战：能有机会运用聪明才智来解决困难；舍弃传统的方法，而选择创新的方法处理事物。

(4) 健康，包括身体和心理健康：工作能够免于焦虑、紧张和恐惧；希望能够心平气和地处理事物。

(5) 收入与财富：工作能够明显、有效地改变自己的财务状况；希望能够得到金钱所能买到的东西。

(6) 独立性：在工作中能有弹性，可以充分掌握自己的时间和行动，自由度高。

(7) 爱、家庭、人际关系：关心他人，与别人分享，协助别人解决问题；体贴、关爱，对周遭的人慷慨。

(8) 道德感：与组织的目标、价值观、宗教观和工作使命能够不相冲突，紧密结合。

(9) 欢乐：享受生命，结交新朋友，与别人共处，一同享受美好时光。

(10) 权力：能够影响或控制他人，使他人照着自己的意思去行动。

(11) 安全感：能够满足基本的需求，有安全感，远离突如其来的变动。

(12) 自我成长：能够追求知性上的刺激，寻求更圆融的人生，在指挥、知识与人生的体会上有所提升。

(13) 协助他人：认识到自己的付出对团体是有帮助的，别人因为你的行为而收获颇多。

洛克奇还认为：人所拥有的价值观可分为终极型价值观和工具型价值观。终极型价值观，指的是一种期望存在的终极状况，它是一个人希望通过一生而实现的目标，偏重人对于生命意义及生活目标的信念，也就是关于成为什么样的人、过什么样的生活之类的想法；工具型价值观，指的是偏爱的行为方式或实现终极价值观的手段，偏重人对生活手段及行为方法的信念，也就是关于何种特质或条件较佳、如何实现生活目标之类的想法。

洛克奇编制的"价值调查表"用来测量工具型价值观和终极型价值观中诸因素的相对强度，每一类型各有 18 项具体内容，如表 4-1 所示。

表 4-1　终极型价值观与工具型价值观对照表

终极型价值观	工具型价值观
舒适的生活(富足的生活)	雄心勃勃(辛勤工作、奋发向上)
振奋的生活(刺激的、积极的生活)	心胸开阔(开放)
成就感(持续的贡献)	能干(有能力、有效率)
和平的世界(没有冲突和战争)	欢乐(轻松愉快)
美丽的世界(艺术和自然的美)	清洁(卫生、整洁)
平等(兄弟情谊、机会均等)	勇敢(坚持自己的信仰)
家庭安全(照顾自己所爱的人)	宽容(谅解他人)
自由(独立、自主地选择)	助人为乐(为他人的福利工作)
幸福(满足)	正直(真挚、诚实)
内在和谐(没有内心冲突)	富于想象(大胆、有创造性)
成熟的爱(性和精神上的亲密)	独立(自力更生、自给自足)
国家的安全(免遭攻击)	智慧(有知识、善思考)
快乐(快乐的、休闲的生活)	符合逻辑(理性的)
救世(救世的、永恒的生活)	博爱(温情的、温柔的)
自尊(自重)	顺从(有责任感、尊重的)
社会承认(尊重、赞赏)	礼貌(有礼的、性情好)
真挚的友谊(亲密关系)	负责(可靠的)
睿智(对生活有成熟的理解)	自我控制(自律的、约束的)

终极型价值观和工具型价值观常常被人们混淆，许多人会把工具型价值观当成一生的追求。

第二节　价值观澄清

价值观无论在我们的人生还是职业生涯发展中都起着极其重要的、决定方向的作用，甚至超过了兴趣和性格对我们的影响。那么，现在请想一想并且回答：什么是你生命中最重要的，你自己的真正追求是什么？

真正回答的时候，很多人又有些茫然，我们每天在校园里忙忙碌碌，要么根据学校的教学计划按部就班，要么和大多数人一样随波逐流，要么睡懒觉、逃课、上网、打工、谈恋爱……有时也躺在床上思索人生的意义，但是绕来绕去总觉得很累，迟迟得不到答案。

根本的原因在于他们不知道自己真正追求的是什么，不知道自己忙来忙去究竟要到哪里去，因此无法做出正确的决定，无法制定出明确的目标和采取有效的行动。

一、价值观澄清的步骤

价值观澄清理论的主要代表人物拉斯思等人认为：个体在转折关头或处理事务时都面临选择，选择的依据是人们已有的价值观，但实际上常常不清楚所持价值观是什么就已做出了选择。这种现象不仅年长者有，年轻人也有，对青少年来说表现更为突出。因此，要了解自己的价值观，就需要在做出人生选择的过程中，仔细觉察自己选择时所依据的内心价值观。

进行价值观澄清可分为三个阶段，即选择、赞赏和行动，具体有七个步骤。

(一)选择阶段

(1) 完全自由地选择，不存在任何人强迫你这样做，进而思考："我是从什么时候第一次产生这种想法的。"

(2) 在尽可能广泛的范围内自由选择。具体做法：①辨别与问题有关的价值观；②辨别其他可能有关的价值观；③整理上述每一种价值观及其可能对选择产生的后果。如思考"在产生这一想法之前，我经常考虑什么事情"。如果给你一个机会扮演好莱坞电影中的主角，或是向你提供哈佛大学工商管理学院的全额奖学金，你会选择哪一个？选前者突显某些如创造性、声望、荣耀、金钱和冒风险的价值；选后者则显示你更看重声望、金钱、教育、智力的刺激和财务上的稳定性。

(3) 对各种途径产生的后果三思后进行选择。我们一般都会在做出重大决定前考虑到后果，如当你面对下列情形，你的第一感觉是什么？"我得到一份工作邀请，但公司距我生活的城市很远。"从你的选择中反映出哪些价值观，这些选择会引起什么样的后果？

(二)赞赏阶段

(1) 重视和喜爱做出的选择并感到满足；只有我们所珍惜重视的价值观，才有可能成为我们价值观真正的一部分。请考虑"我为这一选择感到高兴吗"。

(2) 乐于向公众公布自己的选择。请回答"我会把我的选择告诉同学吗"。

(三)行动阶段

(1) 按做出的选择行事。如提问"我现在准备做些什么呢"，再次强调你的价值观，是通过你如何使用你的时间和你如何生活反映出来的，这绝不仅仅是空想或理想化浪漫地想象你的一生将如何度过。

(2) 重复一贯的行动和确定的模式。如果个人的某种观念上升为他的价值观，那么，他就会在各种不同的时间和场合一而再、再而三地表现在行为上。

二、自我价值观澄清

下面我们应用上面的价值观澄清方法来明确自己的价值观，为自己的生涯找准方向。

(一)生活中注重的价值观澄清

1. 自我陈述法澄清价值观

在你的生命历程中，影响最深的事情有哪些？你最想做的事情是什么？请完成下面 12 个句子，你便可以找到一些答案来帮助你发现你的价值观，让你进一步看清什么是你生活中最重要的。注意：回答时，不需要考虑任何的客观因素(有利或不利因素)。

(1) 列出 5 件你最爱做的事：

_____　　_____

_____　　_____

_____

(2) 在这个世界中，你想要改变哪一件事？你想改变你居住的城市中的哪一件事？关于你自己有哪件事想改变？

_____

_____

(3) 如果你还有三个月的生命，你特别想学会的是什么？

_____

_____

(4) 如果你有无限的财富，你根本就不必工作：
① 你会如何使用你的时间(不要仅仅局限在一个暑假，把视野扩大到一种生活方式)？

_____

_____

② 你会参与哪类慈善事业或公益事业？

_____

_____

(5) 我听过、读过最好的观念是_____

(6) 我最关心的事是_____

(7) 我幻想最多的事是_____

(8) 我的父母最希望我能_____

(9) 我生命中最大的喜悦是_____

(10) 我是怎样的人_____

(11) 熟知我的人认为我是_____

(12) 从上面的回答中，能反映出你最重要的哪些价值观(比如，教育、独立、自由、健康、家庭、声望、财富等)？

_____

_____

2. 自我评价法澄清价值观

我们的生活涉及方方面面，有不同的维度，包括吃、穿、住、行、家庭、事业、婚姻等，我们在其中扮演着不同的角色，那么在这些维度里，你最看重的是哪一个方面？下面的 16 个题目，根据每个题目对你的重要程度，按照从 0(不重要)～100(非常重要)的评分方法给每个题目打分，把分数写在每个题号后面的横线上。

(1) 一个令人快乐、满意的工作_____。

(2) 高收入的工作_____。

(3) 美满的婚姻_____。

(4) 认识新人_____。

(5) 参加社区活动_____。

(6) 自己的政治信仰_____。

(7) 锻炼，参加体育运动_____。

(8) 智力开发_____。

(9) 具有挑战机会的职业_____。

(10) 好车、衣服、房子等_____。

(11) 与家人共度好时光_____。

(12) 有几个亲密的朋友_____。

(13) 自愿给一些非营利性组织工作，如癌症协会_____。

(14) 沉思、安静地思考问题、祈祷等_____。

(15) 健康、平衡的饮食_____。

(16) 教育读物、电视、自我提高计划等_____。

将这16道题目的得分按照标明的题号填入表4-2中适当的位置，然后纵向汇总每两项得分。

表4-2　自我评价得分

事　业		财　务		家　庭		社　会		社　区		精　神		身　体		智　力	
1		2		3		4		5		6		7		8	
9		10		11		12		13		14		15		16	

哪一项得分高，说明你比较看重这个维度，它是你的一般价值观在生活中的反映。如果8个项目得分均比较接近，说明你在生活中是一个比较追求平衡的人。

(二)职业中注重的价值观澄清

1. WVI 工作价值观问卷

工作价值观问卷是用来测量和工作满意状况有关的价值观。其实在一般价值观中已经包含工作价值观，只是不够具体细化。工作价值观是人生目标和人生态度在职业选择方面的具体体现。它对一个人的职业目标和择业动机起着决定性的作用。对工作价值的研究是职业生涯规划的基础。

WVI 工作价值观量表是美国心理学家舒伯于 1970 年编制的，用来衡量价值观——工作中和工作以外的——以及激励人们确立工作目标。量表将职业价值分为三个维度：一是内在价值观，即与职业本身性质有关的因素；二是外在价值观，即与职业性质有关的外部因素；三是外在报酬，共计 15 个因素。

(1) 智力刺激：能让你独立思考，了解事物是怎样运行和作用的工作。

(2) 利他主义：让你能为了他人的福利做出贡献的职业。

(3) 审美：是你能够制作美丽的物品并将美带给世界的职业。

(4) 创造力：能使你发明新事物，设计新产品或产生新思想的工作。

(5) 成就：能让你有一种做好工作的成就感。重视成就的人喜欢能给人现实可见的结果的工作。

(6) 独立：能让你以自己的方式去做事，或快或慢随你所愿的工作。

(7) 声望：让你在别人眼里有地位、受尊重、能引发敬意的工作。

(8) 管理：允许你计划并给别人安排任务的工作。

(9) 经济回报：报酬高，使你能够拥有想要的事物的工作。

(10) 保障：不太可能失业，即使在经济困难的时候也有工作。

(11) 环境：在怡人的环境里工作，环境或工作的物质环境对某些工作者来说是很重要的，他们对于相应的工作条件比工作本身更感兴趣。

(12) 上下级关系：在一个公平并且能与之相处融洽的管理者手下工作，和老板相处融洽。

(13) 同事关系：能与你喜欢的人接触并共事。对某些人来说，工作中的社交生活比工作本身重要得多。

(14) 生活方式：工作能让你按照自己所选择的生活方式生活，并成为自己所希望成为的人。

(15) 多样性：在同一份工作中有机会尝试不同种类的职能。

该量表由 15 个项目构成。要求被试者采用五级评尺对每个项目进行评定。分值越高，表明对此项目越看重。中国心理学者黄希庭等对此量表进行了修订，用于测查中国青年的职业价值观。

WVI 工作价值观量表有 52 道题目(见表 4-3)，每个题目都有 5 个备选答案，请根据自己的实际情况或想法，在题目后面圈出相应字母，每题只能选择一个答案。

A——非常重要；B——比较重要；C—— 一般；D——较不重要；E——很不重要。

表 4-3 WVI 工作价值观量表

题　　目	A	B	C	D	E
(1)你的工作必须经常解决新的问题					
(2)你的工作能为社会福利带来看得见的效果					
(3)你的工作奖金很高					
(4)你的工作内容经常变换					
(5)你能在你的工作范围内自由发挥					
(6)工作能使你的同学、朋友非常羡慕你					
(7)工作带有艺术性					
(8)你的工作能使人感觉到你是团体中的一分子					
(9)不论你怎么干，你总能和大多数人一样晋级和长工资					

题　目	A	B	C	D	E
(10)你的工作使你有可能经常变换工作地点、场所或方式					
(11)在工作中你能接触到各种不同的人					
(12)你的工作上下班时间比较随便、自由					
(13)你的工作使你不断获得成功的感觉					
(14)你的工作赋予你高于别人的权力					
(15)在工作中，你能试行一些自己的新想法					
(16)在工作中你不会因为身体或能力等因素，被人瞧不起					
(17)你能从工作的成果中，知道自己做得不错					
(18)你的工作经常要外出、参加各种集会和活动					
(19)只要干上这份工作，你不再被调到其他意想不到的工作上					
(20)你的工作能使世界更美丽					
(21)在你的工作中，不会有人常来打扰你					
(22)只要努力，你的工资会高于其他同年龄的人，升级或涨工资的可能性比干其他工作大得多					
(23)你的工作是一项对智力的挑战					
(24)你的工作要求你把一些事务管理得井井有条					
(25)你的工作单位有舒适的休息室、更衣室、浴室及其他设备					
(26)你的工作有可能结识各行各业的知名人物					
(27)在你的工作中，能和同事建立良好的关系					
(28)在别人眼中，你的工作是很重要的					
(29)在工作中你经常接触到新鲜的事物					
(30)你的工作使你能常常帮助别人					
(31)你在工作单位中，有可能经常变换工作					
(32)你的作风使你被别人尊重					
(33)同事和领导人品较好，相处比较随便					
(34)你的工作会使许多人认识你					
(35)你的工作场所很好，比如有适度的灯光，安静、清洁的工作环境，甚至恒温、恒湿等优越的条件					
(36)在工作中，你为他人服务，使他人感到很满意，你自己也很高兴					
(37)你的工作需要计划和组织别人的工作					
(38)你的工作需要敏锐的思考					
(39)你的工作可以使你获得较多的额外收入，比如，常发实物、常购买打折扣的商品、常发商品的提货券、有机会购买进口货等					
(40)在工作中你是不受别人差遣的					
(41)你的工作结果应该是一种艺术而不是一般的产品					

大学生就业指导与职业生涯规划（修订版）

续表

题　目	A	B	C	D	E
(42)在工作中不必担心会因为所做的事情领导不满意，而受到训斥或经济惩罚					
(43)在你的工作中能和领导有融洽的关系					
(44)你可以看见努力工作的成果					
(45)在工作中常常要你提出许多新的想法					
(46)由于你的工作，经常有许多人来感谢你					
(47)你的工作成果常常能得到上级、同事或社会的肯定					
(48)在工作中，你可能做一个负责人，虽然可能只领导很少几个人，你信奉"宁做兵头，不做将尾"的俗语					
(49)你从事的那种工作，经常在报刊、电视中被提到，因而在人们的心目中很有地位					
(50)你的工作有数量可观的夜班费、加班费、保健费或营养费					
(51)你的工作比较轻松，精神上也不紧张					
(52)你的工作需要和影视、戏剧、音乐、美术、文学等艺术打交道					

评分与评价：

上面的52道题目分别代表13项工作价值观。每个A得5分、B得4分、C得3分、D得2分、E得1分。请你根据表4-4中每一项前面的题号，计算一下每一项的得分总数，并把它填在每一项的得分栏上，然后在表格下面依次列出得分最高的三项。

表4-4　价值观说明

题　号	得　分	价值观	说　明
1，23，38，45		智力刺激	不断进行智力的操作，动脑思考，学习及探索新事物，解决新问题
2，30，36，46		利他主义	工作能够体会到自己的付出对团体是有帮助的，别人因为你的行为而受惠，工作的目的或意义在于直接为大众的幸福和利益尽一份力
3，22，39，50		经济报酬	获得优厚的报酬，使自己有足够的财力去获得自己想要的东西，使生活过得较为富足
4，10，29，31		变异性或追求新意	希望工作的内容经常变换，使工作和生活显得丰富多彩，不单调枯燥
5，15，21，40		独立性	能充分发挥自己的独立性和主动性，按自己的方式、步调或想法去做，不受他人的干扰
6，28，32，49		社会地位	所从事的工作在人们的心目中有较高的社会地位，从而使自己得到他人的重视与尊敬
7，20，41，52		审美追求	能不断地追求美的东西，得到美的享受。工作的目的或意义在于致力于使这个世界更加具有艺术上的美感

续表

题 号	得 分	价值观	说 明
8，27，33，43		人际关系	希望一起工作的大多数同事和领导人品较好，相处在一起感到愉快、自然，认为这就是很有价值的事，是一种极大的满足
9，16，19，42		安全感	不管自己能力怎样，希望在工作中有一个安稳局面，不会因为奖金、涨工资、调动工作或领导训斥等经常提心吊胆、心烦意乱
11，18，26，34		社会交际	能和各种人交往，建立比较广泛的社会联系和关系，甚至能和知名人物结识
12，25，35，51		舒适	希望能将工作作为一种消遣、休息或享受的形式，追求比较舒适、轻松、自由、优越的工作条件和环境
13，17，44，47		成就感	不断创新，不断取得成就，不断得到领导与同事的赞扬，或不断实现自己想要做的事
14，24，37，48		管理	获得对他人或某事物的管理支配权，能指挥和调遣一定范围内的人或事物

得分最高的三项是：① _____；② _____；③ _____。

得分最高的三项，就代表你工作中最看重的东西，在选择职业时就可以加以考虑。

2. 职业声望排序

一个职业的声望指的是它的声誉、对它的评价、它受尊重的程度及重要性。一项职业在众多职业中的位置，通常取决于个人的价值观和社会共同的价值观，如金钱收入、受教育的程度、工作条件及工作的性质等。

下面请根据所列职业进行排序(如表 4-5 所示)，列表的左侧是"我个人的排序"的专栏，在你认为具有最高声望的职业旁边上数字 1，在仅次于第一之后的职业旁边上数字 2，依次类推。列表的右侧是一个名为"我印象中社会的排序"的专栏，按印象中各类职业在社会的排序标上序号。根据你所认为的全社会对这些职业的声望的认可程度来排列它们的顺序。最后比较一下，你个人的排列顺序和你印象中的社会排列顺序是否一致。

表 4-5　职业排序表

我个人的排序	职 业	我印象中社会的排序
	会计	
	汽车修理工	
	美容美发师	
	医生	
	模特	
	建筑设计师	
	工程师	
	农民	
	机械操作员	

续表

我个人的排序	职 业	我印象中社会的排序
	管道工	
	警务人员	
	专业运动员	
	企业管理人员	
	销售人员	
	文秘	
	新闻记者、编辑	
	科学家	
	店主	
	大学教师	
	中小学教师	
	司机	
	律师	
	服务员	
	政府官员	
	演艺明星	
	作家	

下面是一项社会数据统计，做完上面的排序后，你可以和自己的两项排序作一下比较。

2001 年我国公众科学素养调查数据显示，在我国公众的心目中，科学研究人员的职业声望最高，得分为 20.1，而在 1996 年的相关调查中，得分最高的是企业管理人员，科学家仅排在第 3 位，得分为 12.5。其他声望排名前几位的职业和得分排序是：医生 18.7；律师 9.0；中小学教师 8.9；政府官员 8.6；新闻记者、编辑 8.2；大学教师 7.9。而前几年排名前列的企业管理人员仅列第 9 位，得分为 4.0。

思考：在你个人的排序中和在你印象中的社会排名里，你是用什么价值标准来衡量这些职业的呢？可能的因素包括：收入的多少，所需的教育水平，工作中的衣着类型，工作环境，工作性质、权力、创造性、独立性、晋升机会和从其他人那里获得的认可，等等。在这里用的价值衡量标准和前面你用的工作价值观测量得出的结论比较一下，是否存在偏差？如果存在偏差，你需要重新考虑一下，到底哪一个是你最看重的？

第三节 价值观调整

通过价值观探索澄清，每个人对自己的价值观都逐渐清晰起来，但你可能会发现你列表上的一些价值观与你真正仔细考虑后的一些价值观存在矛盾冲突，而且在选择其中的一些价值观的过程中，你有过很多徘徊不定、难以取舍的经历。为什么会这样，我们如何解决这些矛盾冲突？

一、当代大学生的价值观困惑

当代大学生的价值观总体上是乐观的、积极进取的，并且向多元化发展，自我意识普遍增强，大学生的成才意识、竞争意识也明显增强。从校园里相继出现的"英语热"、"计算机热"、"考证热"及大家争先恐后地竞争干部、参与社团等现象来看，大学生有提高自身素质、实现自身价值的要求，这是一个较高的需求层次。但是大学生的价值观也存在一些矛盾困惑，主要表现在以下几个方面。

(1) 在生活价值观上，一方面强调自立、自强，要走自己的生活道路，另一方面又屈从于环境，把人际关系和家庭看得比什么都重要；一方面普遍地追求个性化的生活，另一方面往往只限于表面的与众不同，结果还是陷入雷同化、赶时尚的生活。

(2) 在职业价值观上，大学生在职业选择上，一方面，重视所选职业与所学专业是否对口，希望个人的兴趣爱好得到满足，实现个人的价值；另一方面，择业方向又高度集中，绝大部分择业者选择外资企业、政府机关和国有大企业事业单位。

(3) 在道德价值观上，一方面，大学生有着强烈的爱国主义、集体主义意识，并崇尚自强进取、勤奋敬业、质朴俭约、诚信交往的道德价值观；另一方面，他们对作为社会主义道德核心的集体主义、大公无私和全心全意为人民服务等行为规范缺乏深刻的认识，有崇洋媚外、拜金主义、享乐主义和个人主义的倾向。 在一定意义上，大学生的价值困惑是社会成员价值困惑的折射，集中体现在对物质、功利、享乐的崇拜，对精神世界、意义世界的漠视。大学生价值困惑的实质是理想信念的疑惑、道德的迷失与存在的迷失。德国哲学家黑格尔说，一个民族有一些关注天空的人，这个民族才有希望。如果一个民族只是关心眼下脚下的事情，这个民族是没有未来的。如何重建逐渐消失的大学精神家园，让大学生走出价值困惑已成为一个亟待解决的问题。

二、调整价值观，走出价值观的困惑

(一)分清终极型价值观和工具型价值观

工具型价值观和终极型价值观是有巨大区别的，金钱、工具、汽车、房子、工作……都属于工具型价值观，而快乐、幸福、成就感、尊重、被信任……都属于终极型价值观。比如说，我要开"奔驰"，住别墅，吃山珍海味，穿世界顶级名牌的衣服，其实仔细想想，你真正想要的并不是你所说的奔驰、别墅，你真正想要的是开"奔驰"、住别墅的那种自豪美好的感觉，这种感觉才是你最终想要的，而奔驰、别墅、山珍海味和衣服只不过是帮助你达到自豪美好感觉的工具而已。但是很多时候，我们总是像故事里的老大和老二一样忙于追求工具价值，而渐渐忘记了我们当初真正想要的价值，而最终成为工具价值的牺牲品。

许多人之所以在生活中走偏了路，是因为没有弄清楚"终极价值" 和"工具价值"这两者间的差异，常常费心于那些并非真正想要的工具价值上，因此才会遭受那么多的痛苦。任何人一生中所追求或逃避的都只是一种感觉，我们真正所要的并不是诸如上大学、工作、娶媳妇、生孩子等这些外在的表象事物，而是这些事物给我们带来的感觉。我们要的可能是考上大学带来的自信、快乐，工作带来的成就感，婚姻家庭带来的幸福、安全和温馨……

唯有终极型价值观才能使你的心灵得到满足,让你的人生更丰盛、收获更多。我们要记住:人生最重要的价值是心灵的幸福与快乐,而不是任何身外之物。

请根据你追求的工具型价值观,想想你到底追求它们背后的什么感觉,即你的终极型价值观。

我的清单:

我的工具型价值观:　　　　　　　　　　　　我的终极型价值观:

_____　　　　　　_____

_____　　　　　　_____

_____　　　　　　_____

_____　　　　　　_____

(二)分清追求型价值观和逃避型价值观

1. 选择

弗洛伊德认为:人类行为的动机,都在于追求快乐、逃离痛苦。人的一生想要追求的感觉可以称为追求型价值观,而你不愿意触碰或不愿意拥有的感觉可以称为逃避型价值观。

(1) 追求型价值观,例如:爱、关怀、快乐、有趣、幸福、舒适、安全感、自由、尊重、和谐、成功、健康、挑战或刺激、创造性、智慧、贡献、影响力、幽默、诚实、信任、自信心、成就感、受欢迎、责任感……

(2) 逃避型价值观,例如:孤独、无聊、沮丧、压力、忧虑、生气或愤怒、挫折、失败、被拒绝、可怜、恐惧、不安、不确定、束缚、自私、嫉妒、不被信任、被欺骗、无知、愚笨、无能、绝望、懦弱、优柔寡断、拖延……

请从以上两类描述价值观的词汇中,分别选出 5 种并排出先后顺序,填入"我的价值清单"。

2. 我的价值清单

我的追求型价值观:　　　　　　　　　　　我的逃避型价值观:

(1)_____　　　　　(1)_____

(2)_____　　　　　(2)_____

(3)_____　　　　　(3)_____

(4)_____　　　　　(4)_____

(5)_____　　　　　(5)_____

(三)改变价值规则

价值规则是我们对所持价值观的定义。例如一个人追求的价值观是"成功",那么它对于成功的定义是什么,也就是他认为什么样的事情发生时才觉得成功,这就是"成功"这一价值观的规则。两个人拥有一样的价值观,但是他们对这一价值观的定义及价值规则未必一致。比如对于"成功",有的人的规则是要挣到 1 000 万元才等于成功,而有的人却认为每天都活得健康、快乐就等于成功。这是对同一价值观的两种不同的定义，也可以说是不同的信念。

事件本身并没有多少意义，意义是我们怎样定义它。我们不是按照事物的本来面目来看待它，而是按照自己的观点来看待它。也就是说，无论你的价值规则是否真正反映现实，是否真正恰当，但在你的心中它已经是绝对正确的了，所以问题就出现了，当你按照自己的价值观行事时，你发现结果却没有如愿，你仍然陷在痛苦里，得不到快乐。原因是你制定的价值规则出现了问题。

下面的方法有助于澄清你的价值规则。

1. 请定义你的价值观(写出你的价值规则)

根据前面所选的追求型价值观和逃避型价值观，分别按先后顺序排列，并在每一条的后面写出两个你对于所列价值观定义的规则。价值观的规则的格式可以是："当×××(具体事)发生的时候，我就会有某种(价值观)感觉"。

我追求的价值观：　　　　我对它的定义规则：

(1)＿＿＿＿＿＿＿＿　①＿＿＿＿＿＿＿＿＿＿＿＿＿＿＿＿＿＿＿＿＿＿＿＿

②＿＿＿＿＿＿＿＿＿＿＿＿＿＿＿＿＿＿＿＿＿＿＿＿

(2)＿＿＿＿＿＿＿＿　①＿＿＿＿＿＿＿＿＿＿＿＿＿＿＿＿＿＿＿＿＿＿＿＿

②＿＿＿＿＿＿＿＿＿＿＿＿＿＿＿＿＿＿＿＿＿＿＿＿

(3)＿＿＿＿＿＿＿＿　①＿＿＿＿＿＿＿＿＿＿＿＿＿＿＿＿＿＿＿＿＿＿＿＿

②＿＿＿＿＿＿＿＿＿＿＿＿＿＿＿＿＿＿＿＿＿＿＿＿

(4)＿＿＿＿＿＿＿＿　①＿＿＿＿＿＿＿＿＿＿＿＿＿＿＿＿＿＿＿＿＿＿＿＿

②＿＿＿＿＿＿＿＿＿＿＿＿＿＿＿＿＿＿＿＿＿＿＿＿

(5)＿＿＿＿＿＿＿＿　①＿＿＿＿＿＿＿＿＿＿＿＿＿＿＿＿＿＿＿＿＿＿＿＿

②＿＿＿＿＿＿＿＿＿＿＿＿＿＿＿＿＿＿＿＿＿＿＿＿

我逃避的价值观：　　　　我对它的定义规则：

(1)＿＿＿＿＿＿＿＿　①＿＿＿＿＿＿＿＿＿＿＿＿＿＿＿＿＿＿＿＿＿＿＿＿

②＿＿＿＿＿＿＿＿＿＿＿＿＿＿＿＿＿＿＿＿＿＿＿＿

(2)＿＿＿＿＿＿＿＿　①＿＿＿＿＿＿＿＿＿＿＿＿＿＿＿＿＿＿＿＿＿＿＿＿

②＿＿＿＿＿＿＿＿＿＿＿＿＿＿＿＿＿＿＿＿＿＿＿＿

(3)＿＿＿＿＿＿＿＿　①＿＿＿＿＿＿＿＿＿＿＿＿＿＿＿＿＿＿＿＿＿＿＿＿

②＿＿＿＿＿＿＿＿＿＿＿＿＿＿＿＿＿＿＿＿＿＿＿＿

(4)＿＿＿＿＿＿＿＿　①＿＿＿＿＿＿＿＿＿＿＿＿＿＿＿＿＿＿＿＿＿＿＿＿

②＿＿＿＿＿＿＿＿＿＿＿＿＿＿＿＿＿＿＿＿＿＿＿＿

(5)_____   ①_____

②_____

以上的价值规则可能有许多是不恰当的。对于不恰当的价值规则，就要进行调整。因为这些价值规则影响了我们对事物的判断和行为选择。

2. 价值规则的调整

价值规则调整就是纠正我们对价值观不合理的定义。例如某人对自己所选的追求型价值观的定义如下。

(1) 受欢迎：如果别人能够接受我的观点，喜欢我，并且认为我是好人，那么我就觉得自己是一个受欢迎的人。

(2) 成功：当我在40岁之前赚到人生第一个200万元时，我就成功了。

(3) 爱：当我伤心难过时，我的爱人能够安慰我，我就体会到了爱。

(4) 健康：当我没有任何疾病，而且身体状况比其他朋友好时，就说明是健康的。

(5) 成就感：当我付出的努力能够得到别人的肯定，并且达到自己的目标时，就会有成就感。

这些价值规则的主要问题如下所述。

(1) 规则太严格而没有弹性。例如"在40岁以前赚到200万元"、"没有任何疾病，而且身体状况比其他朋友好"等。我们所处的环境常常充满了变化，一个人持有的价值规则不宜太过严格而没有弹性，需要有变通的思维。

(2) 受制于他人。例如"当我伤心难过时，我的爱人能够安慰我"、"能够得到别人的肯定"等。外界的事物常常不受我们人为的控制，如果我们的幸福和成功等评价标准完全取决于他人的反应或评价，那么很多时候我们会无所适从，也很难感觉到幸福和成功。

(3) 不能在过程中拥有，只有等到有了结果才感觉到。例如"赚到200万元的时候我就成功了"，赚钱的过程就体会不到成功，而挣到200万元需要很长的时间，整个过程都充满了痛苦和艰辛，毫无成功的感觉。

3. 定义价值观的基本原则

(1) 定义追求型价值观的原则。

① 避免托付思想，完全自己掌控。

② 要完全能在过程中拥有。

③ 达成的规则不要太严格。

④ 要能容易地时常达到。

(2) 定义逃避型价值观的原则。

① 完全自己掌控。

② 避免在过程中拥有。

③ 达成的规则要严格，使之不容易达到。

④ 避免经常达到的可能性。

根据以上规则，对前面所列价值观进行如下调整。

(1) 受欢迎：我想受到别人的欢迎，就要随时去关心、帮助别人，要对别人付出爱心。

(2) 成功：当我每天都能完成计划内的工作，并且每天都能有所进步时，就算成功了。

(3) 爱：当我付出了爱，而不求回报时，就感觉到了爱。

(4) 健康：当我看起来精力充沛、神清气爽时，就表示身体健康。

(5) 成就感：当我能够为别人创造更大的价值时，我就体会到了成就感。

调整前后的价值规则区别是很明显的，同时也是很重要的。比如调整前对成功的定义，你能很快、很容易地赚到人生的第一个 200 万元吗？很显然非常难，除非你买彩票中了大奖，这是最快、最容易的方法，但是，这种概率很小。你可能要奋斗 20 年，甚至 30 年才能实现，或者可能一生都无法实现。那么，按你的定义，在这 20 年或是 30 年的时间里，你没有成功感可言，你会为迟迟得不到 200 万元而痛苦挣扎奋斗。而修改后的定义，则能时常达到，你将在快乐和实现一个个小成功中得到最大的成功。

仔细看一下调整前的价值规则，你会发现，这样的价值规则很难使自己体会到快乐，反而更容易感到痛苦，因为它将自己快乐的控制权交给了外界，很难达到，使自己无法控制内心的感受。所以，制定价值规则要遵循的最重要原则就是：所制定的规则要能够帮助你，而不是阻碍你达到目标；它必须是你所能掌握的，这样外界就无法控制你的感受；它要让你能很容易地感到快乐，而很难感到痛苦。

三、树立多元的成功观

中国社会有个通病，就是希望每个人都照一个模式发展，衡量每个人是否"成功"采用的也是一元化的标准：在学校看成绩，进入社会看名利。尤其是在今天的中国，人们对财富的追求首当其冲，各行各业，对一个人的成功的评价，更多的是以个人财富为指标。"我最想要的是挣大钱，如果实现了，那是成功"，"我最想要的是成为比尔·盖茨似的人物——事业有成，如果我实现了，那也是成功"。但是，有了最好的成绩就能对社会有所贡献吗？有名利就一定能快乐吗？成功这个词可以涵盖很多东西，它凝结着许多人的梦想和追求，但成功的内涵到底是什么，不同的人可能会有不同的诠释。

(一)从几位名人的观点看成功[1]

李开复：成功就是做最好的自己。曾任微软公司全球副总裁的李开复，把成功定义为——成功就是做最好的自己。真正的成功应是多元化的。成功可能是你创造了新的财富或技术，可能是你为他人带来了快乐，可能是你在工作岗位上得到了别人的信任，也可能是你找到了回归自我、与世无争的生活方式。每个人的成功都是独一无二的。成功不是要和别人相比，而是要了解自己，发掘自己的目标和兴趣，努力不懈地追求进步，让自己的每一天都比昨天更好。

李开复曾给莘莘学子总结出七条选择智慧："用中庸拒绝极端；用理智反对片面；用务实发挥影响；用冷静掌控抉择；用学习累积经验；用自觉端正态度；用真心追随智慧。"他说："人生最遗憾的莫过于轻易放弃了不该放弃的东西，或者是固执地坚持不该坚持的。所以要有勇气改变可以改变的事情，有胸怀来接受不可改变的事情，用智慧来分辨两者的不同。成功说白了就是做最好的自己。"

---

[1] 北京人才市场报，2006-09-29.

俞敏洪：价值观缺失难获成功。"没有完整的价值观，掌握再多的工具也无法真正获得成功"，俞敏洪说。他认为，如果一个人缺少对社会的理解、缺少对自己清晰的定位、缺少面对挑战的信心和决心、缺少与社会相融的能力、缺少接受失败和挫折的良好心理准备，那么这个人难以成功。"有两种人的成功是必然的——一种是经历过生活考验和成功与失败的反复交替，最后终成大器；一种是没有经过生活的大起大落，但在技术方面达到了顶尖地步，比如学化学的人最后成为著名的化学家，这也是成功。"(从提着糨糊瓶满街贴招生广告的穷民办教师，到公司在纽约证交所上市的亿万富豪，新东方教育科技集团创始人俞敏洪的传奇人生转变用了 13 年。)

唐骏：自己是衡量成功的标尺。从微软的一名普通技术员到微软中国区总裁，唐骏用了 7 年时间。他说："我如果循规蹈矩地做一名技术人员，肯定没有机会成功。我的执行力很强，一个方案拿到我这里，我能在这个方案之上做出更大的东西出来。很多人讲到执行力时，是指让你去做一你就做好一，而我是做到二或三，这是我在微软最成功的地方。"

唐骏的成功观是：成功要和自己比，千万不要和别人比。"论成功，如果与盖茨和陈天桥比，我可能永远比不上。但我和自己 5 年前、10 年前比，我是成功的。成功没有可比性，千万不要与自己的偶像比，自己才是衡量成功与否的标尺。"

(二)多元的成功观

什么是多元的成功观？回答这个问题之前，我们先读一个关于蒂姆的故事。

蒂姆小时候，是个无忧无虑的孩子。但自打上小学那天起，他忙碌奔波的人生就开始了。父母和老师总告诫他，上学的目的就是取得好成绩，这样长大后才能找到好工作。没人告诉他，学校可以是个获得快乐的地方，学习可以是件令人开心的事。因为害怕考试考不好，担心作文写错字，蒂姆背负着焦虑和压力。他天天盼望的，就是下课和放学。他的精神寄托就是每年的假期。

渐渐地，蒂姆接受了大人的价值观。虽然他不喜欢学校，但还是努力学习。成绩好时，父母和老师都夸他，同学们也羡慕他。到高中时，蒂姆已对此深信不疑：牺牲现在，是为了换取未来的幸福；没有痛苦，就不会有收获。当压力大到无法承受时，他安慰自己：一旦上了大学，一切就会变好。

收到大学录取通知书时，蒂姆激动得落泪。他长长舒了一口气：现在，可以开心地生活了。但没过几天，那熟悉的焦虑又卷土重来。他担心在和大学同学的竞争中，自己不能取胜。如果不能打败他们，自己将来就找不到好工作。

大学 4 年，蒂姆依旧奔忙着，极力为自己的履历表增光添彩。他成立学生社团、做义工，参加多种运动项目，小心翼翼地选修课程，但这一切完全不是出于兴趣，而是这些科目可以保证他获得好成绩。

大四那年，蒂姆被一家著名的公司录用了。他又一次兴奋地告诉自己，这回终于可以享受生活了。可他很快就感觉到，这份每周需要工作 84 小时的高薪工作充满压力。他又说服自己：没关系，这样干，今后的职位才会更稳固，才能更快地升职。当然，他也有开心的时刻，在加薪、拿到奖金或升职时。但这些满足感很快就消退了。

经过多年的打拼，蒂姆成了公司合伙人。他曾多么渴望这一天。可是，当这一天真的到来时，他却没觉得多快乐。蒂姆拥有了豪宅、名牌跑车。他的存款一辈子都用不完。

他被身边的人认定为成功的典型。朋友拿他当偶像，来教育自己的小孩。可是蒂姆呢，由于无法在盲目的追求中找到幸福，他干脆把注意力集中在了眼下，用酗酒、吸毒来麻醉自己。他尽可能延长假期，在阳光下的海滩一待就是几个钟头，享受着毫无目的的人生，再也不去担心明天的事。起初，他快活极了，但很快，他又感到了厌倦。

做"忙碌奔波型"并不快乐，做"享乐主义型"也不开心，因为找不到出路，蒂姆决定向命运投降，听天由命。但他的孩子们怎么办呢？他该引导他们过怎样的一种人生呢？蒂姆为此深感痛苦。

其实很多人在这个故事中看到了自己的影子，在身边人的眼里，他是一个成功的典型，可在他的眼里，他的一生没有成功可言。为什么有如此大的反差？一切源于对成功的评价标准截然不同。众人的标准是名利双收，而他的潜在标准是幸福快乐。上述众人的标准几乎是当今社会衡量一个人是否成功的唯一标准，在学校看成绩，在社会看名利。这种完全用物化的"硬件"来衡量的狭隘的一元化成功观限制了人的全面发展，使大多数人与成功无缘，也使大多数人为名利所累，为名利所伤，一生失去平衡。

对成功的评价应当是多元的。当丧失了多元化的成功观，成功只能用一种评判标准来衡量的时候，也许有人成功了，整个社会却只能充斥着压抑和失败。每个时代有每个时代的成功学。曾经一度，下海是成功的，考公务员是成功的，出国是成功的，读大学是成功的，海归是成功的，在如今买楼也是成功的，炒股更是成功的……在狂热面前，只有一个成功出口，其他都是失败。

《纽约时报》前著名记者亚历山德拉·罗宾斯出版了《过度追求成就者：身不由己学子的秘密生活》一书提醒人们：现在全世界的学生处在比以前更为强大的成功压力之下。她以中学母校的优秀学生为个案，"他们承认自己已经努力到了极限，感到孤独、无奈、惶恐、无法形容的痛苦和心力交瘁；有的学生为了弥补精力上的不足，甚至用毒品来提神，而这也得到了父母的默许"。罗宾斯认为："如果孩子们过度追求成功，那么，无论他们取得多大成就都感到远远不够。"

成功观应当是多元的。英国政论家、历史学家埃米尔·莱希(Emil Reich)在《生命中的成功》中谈道："要树立全面的成功观，要在个人、事业和家庭之间建立起坚固的平衡"；"生命中的成功，不仅包括你的职业和收入，而且包括你的家庭、友谊、个人健康，还有精神的、智力的及情感的发展"。他认为"成功的三个常量"是"健康的身体"、"健康的道德情操"和"健康的经济状况"。这是科学的成功观。

成功，包括事业的进步、人际的和谐、家庭的幸福、友谊的长久、身心的健康等，使人生达到一种平衡的状态。有调查显示，九成香港专业女性认为成功的定义是拥有快乐家庭，其余依次为能够发展个人兴趣、经济独立和健康；多数受访者并未将子女成绩优异、到了某特定年龄要在工作上达至某个薪酬或级别，看作主要的成功指标。

有人提出了成功的人生应当在八个方面取得平衡，即家庭、事业、健康、财富、人际关系、学习、快乐和自我实现，如图4-1所示。

我们所要树立的成功观应该是全面的、多元化的、

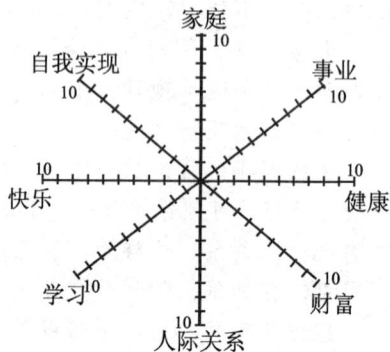

图4-1　人生平衡八向图

平衡式的成功观，在人生的关键要素之间建立起坚固的平衡。而不幸的是，很多人沉浸在所从事的工作和学习的专业氛围中，忽视了真正的自我和家庭等要素。当然人生成功也不是在所有的方面都达到圆满，成功的人生也不见得面面俱到。每个人都有自己的价值偏向和取舍，关键是要取得内心认可的平衡，不可过分追求单一的成功。对于图4-1，每个方向都有10个刻度，从圆心往外越远表示越重视该要素，请在每一个方向上选出一个你认可的点，然后连成一个圈，看一看你的现状和重视的要素。

(三)树立多元成功观的方法

1. 区别你的需要与你的欲望

奥修说，需要能够满足，但欲望不能。欲望是一种发了疯的需要。需要是简单的，它们来自自然，它们是由生命本身造成的。欲望是非常复杂的，它们不来自自然，它们是由意念造成的。需要是此时此刻的，欲望不是此时此刻，它们总是向着未来。如果你渴，你是此时此地渴，你必须找水。它必须被满足——所以这是一种生命的需要。欲望是营造物，它们不是真正的需要，它们是无法满足的，因为它们的本质就是趋向未来。欲望就像你看见的地平线，看上去就在附近的某处大地上与天空相接。它是那么明显！你可以走到那里去！但你会不停地永永远远地走下去，那个距离始终是一样的，总是在前方的某处大地上与天空相接，但你永远到不了那个地方——那个大地与天空的汇合处。

然而现实中，我们常常把欲望与需要混为一谈，把永远无法被满足的追求金钱、名望、奢侈等欲望当作需要，而把真正的健康、快乐、责任等需要给忽略了。比如，现在一些大学生痴迷于网络聊天、游戏，一天除了睡觉吃饭的五六个小时外，其余所有的时间都沉浸在虚拟的网络世界里，他们的心里只有在虚拟世界里才能满足征服一切的欲望，而其行为对自己身心是否有害已经全然不在考虑之列了。为了真正的成功，我们必须满足金字塔的第一层需要。是否继续追求上一层的欲望是个人的选择。我们要明白一点：欲望不是我们人生成功和幸福的真正基础。在自我理性的良好控制下，我们可以处理好我们的欲望，不让它们无限扩张。可是很多时候，人总是越过需要，而仅仅追求欲望，那我们就有可能把人生的平衡打破，置自己于危险的境地。

2. 不要盲目和别人攀比，做你自己

俗话说：人比人，气死人。然而，现实中总是有很多人生活在别人的标准里。别人穿名牌，我也应该穿；别人大学里谈恋爱，我也应该谈；别人一毕业就找到了一份薪水很高的工作，我也应该和他一样；别人的老公(妻子)很有能力，为什么我的这么差；别人的爸爸那么有钱，为什么我爸爸那么没本事、那么穷。仿佛别人的风光是自己心头的痛，别人得意之时就是自己挫败之日。如果这样比下去，你只会乱了方寸，活得很累，永无成功快乐之日。需要明白一点：生活中很多东西是没有可比性的，找到属于自己的精彩，自己的生活才是最重要的，尊重自己的生活行为方式，做自己真正想做的事、想做的人，才会快乐自在。其实我们每个人都有旁人无法替代的优势，扬长避短，专心经营好自己和自己的家庭、工作就是成功。成功更多时候是一种精神上的成功，是人的一种心灵感受，比如为自己既定的目标每天都有一小步的前进而欣喜。

3. 注重过程而不仅是结果

无论做人还是做事，人们都渴望成功，这是一种积极的心态。成功需要奋斗和创造，需要不断地抓住机遇、克服困难、努力进取、最终实现。然而很多人看重的是最终的实现结果，而忽略了奋斗的过程，忽略了奋斗的路上美丽的风景和可以收获的快乐。事情的结果尽管重要，但是做事情的过程更加重要，在这个过程中虽然有艰辛，但是也有奋斗和创造的乐趣。它使我们的生命充实而又有意义。如果把人的一生看作是一条轨迹，那么做一件事的结果只是轨迹上不显著的几个点，而做一件事的过程则构成了这条轨迹上的绝大部分，所以人应该看重过程，这更是值得我们追求的，也是我们一生中最容易享受到的。

扩 展 阅 读

真正的财富

真正的财富到底是什么呢？商人毫不犹豫地说："当然是钱啰！"医生胸有成竹地回答："还用说吗？健康最重要！"学生想了想说："应该是成绩吧！"议员自信满满地回答："名声才是最重要的。"其实，那些都只是外在的享受，而不是真正的"财富"。那么，真正的财富到底是什么呢？真正的财富，就是你那纯真的心灵。为什么呢？难道钱财、健康、成绩、名声都不比一颗纯真的心灵来的有价值吗？到底什么才是财富的真谛呢？

钱，或许是你生活在这个现实社会中必需的物质，但是钱只能满足一个人外在的欲望，不是什么都能用金钱做到的。有一首歌就唱到"金钱不能买一切"，请仔细想想，友情能用金钱买吗？亲情能用金钱买吗？爱情能用金钱买吗？当然不行啰！富有的人不一定快乐，但平庸的人或许很满足。再说，钱也不是我们能够掌控的，钱说来就来，说走就走，也不比一颗纯真的心灵来得稳固。

健康，或许是你外在所不可或缺的粮食，虽然有人说"健全的心灵寓于健全的身体"，但是，健康的人不一定快乐，不健康的人也不一定就整天垂头丧气的啊！或许，如果没有了健康，真的无法出人头地；或许，如果没有了健康，真的得不到满足。但是，虽然如此，依然会有人在病魔的折磨下展露笑脸：前些年有一个癌症病童患者叫周大观，他虽然失去了健康，但仍然幸福地活着，你能说他没有财富吗？他临死都仍然灿烂地笑着——他拥有那颗纯真的心灵，所以他快乐；他懂得珍惜自己的财富，所以他快乐。

成绩，或许是你这辈子最不想失去的东西。如果没有了成绩，你的钱财可能一贫如洗；如果没有了成绩，你的幸福可能遥不可及；如果没有了成绩，你的生活可能家徒四壁，但是，没有了成绩，并不代表你就失去了真正的财富。有一本书描写一个小学生，成绩总是垫底，但是仍然快乐似神仙，并且服务热心、多才多艺，仍然博得许多老师家长的认同，这样的人，你能说他是个不完美的人吗？真正有一颗纯真心灵的人，不会为了成绩的差距而感到抱怨，只会因为拥有的财富而感到骄傲。

名声，或许是每个人心中最大的梦想，想要永垂不朽、万世流芳。但是，名声不见得是好东西，像秦始皇，或许我们中国人永远都不会忘记他的名字，他是个有名声的人，但这样得到的名声，如果送你，你要吗？真正有名声的人，他要的名声，绝对不是他自己努力去追求的，而是他那颗纯真的心灵影响了大家，使大家永远都忘不了他的名字。真正伟大的人，绝对不是因为它的功绩而使大家永世难忘，而是他的德行、行为感动了大家，使大家为他表彰。像我们的至圣先师——孔子，他从来不夸耀自己的功劳，也不追求名利，但是，他的为人处世态度，我们颂扬、我们学习。像这种拥有一颗纯真心灵的人，他的财富才是最丰满的。

那么要如何才能保有一颗纯真的心灵呢？其实做法十分简单，只要"真、善、美"。美丽会随着年龄增加而改变，想法会随着心境不同而改变，学问会随着见识多寡而不同。但唯一你可以控制的、能拥有的，就是你纯洁的心灵。只要你对周围的人都很纯真，不戴假面具、不掺有谎言，那么，你就做到了"真"；只要你时时为善，多体谅人，多帮助人，淬炼你善良的本性，那么，你就做到了"善"；如果你做到了真实和善良，你的"美"自然就呈现了出来。当你做到了真、善、美，一颗纯真的心灵自然形成，如果你有了一颗纯真的心灵，你便拥有了真正的财富。

财富就像水一样，可以载舟，也可以覆舟。它是一样很现实的东西，当你好好利用它，你的身心便得以舒畅，生活自然快乐；当你任意糟蹋它、过度利用它，你的做人便失败，不仅失去了你原本拥有的，连你最想要得到的也得不到了。所以只要好好利用它，并且把它好好发挥，你的生活必将更美好；如果每个人都有一颗纯真的心灵，这个世界必将更美好、更幸福。

（资料来源：台湾．李晓蓉）

探索与练习

【探索1】游戏：我最重要的五样[1]

请参考毕淑敏的《心灵七游戏》。

【探索2】 道德困境

你有什么样的道德价值观？先阅读下面的小故事，再做出选择。

小约翰和罗宾汉一起被诺定汉郡长抓住并关在地牢里，少女玛丽恩恳求郡长释放他们，因为她深爱着罗宾汉。郡长提出，除非玛丽恩和他共度一夜良宵，他才可能释放罗宾汉。玛丽恩同意了。

第二天早上，罗宾汉和小约翰被释放，他追问玛丽恩是如何说服郡长还他们自由的。玛丽恩告诉了他真相，但是罗宾汉辱骂她，说她是个荡妇，并称再也不要看到她，玛丽恩非常伤心。

就在这时，小约翰表达了他的爱意，承诺会一生一世地爱着玛丽恩，并表示要带她离开。玛丽恩接受了小约翰，他们一起离开了诺定汉。

提问： 考虑到现实生活中的行为标准，你认为谁是最道德的，谁是第二道德的？

1. 小约翰最道德，玛丽恩第二道德。　　2. 小约翰最道德，罗宾汉第二道德。
3. 小约翰最道德，州长第二道德。　　4. 玛丽恩最道德，小约翰第二道德。

---

[1] 毕淑敏. 心灵七游戏[M]. 北京：北京十月文艺出版社，2004.

---

5. 玛丽恩最道德，罗宾汉第二道德。　6. 玛丽恩最道德，州长第二道德。

7. 罗宾汉最道德，小约翰第二道德。　8. 罗宾汉最道德，玛丽恩第二道德。

9. 罗宾汉最道德，州长第二道德。　10. 州长最道德，小约翰第二道德。

11. 州长最道德，玛丽恩第二道德。　12. 州长最道德，罗宾汉第二道德。

1. 你是心胸相当开阔的浪漫型，又能自得其乐。你认为人性本善，并试图生活在自己的理想中。你强烈地需要安全感，不管是情感上还是物质上。你尊重事实，又处事灵活，你喜欢和人打交道，因此别人也很容易和你交上朋友。你不是太喜欢冒险，但这不会困扰你。

2. 你是谨慎类型，中庸，而且内心充满不安全感。你认为每个人都有他的价值，但你给自己的分数并不高。你为自卑情结所左右，并且很难自我评估。你在现实生活中，也许是个理性主义者，道德至上者。

3. 你认为道德就是常识和行为得当的代名词。对你来说，道德并不是普遍正确或宗教般的真理，你会把可靠性作为自己的一大优点。另外，你又是传统而无趣的，你总是有些假装正经，在你的爱情生活上很容易出现问题。

4. 你是快乐的、高度自我平衡的类型，你喜欢别人，也容易为别人所接纳。你质疑是否传统的道德观无论如何总是正确的。你本质上是一个容易满足的人。有时候，你把自己当作一个小上级，你信奉自己的道德标准，认为最合时宜的就是道德。

5. 你比较可能是一个不快乐的人，你倾向于为自己的情感感到羞耻，总体来说，你对自己的观点缺乏信心。你了解所谓的生活真相，但无法享受生活本身。你不是一个现实主义者，而且有些顽固，你对异性并没有高度评价。

6. 你强烈抵制传统观念，认为诚实是第一重要的。对你来说，道德就是真相。你讨厌被看作软弱或缺乏安全感的人，你憎恨伪善，很难向权威取得认同。你有些冲动，而且行为有点难以预测。

7. 你是一个传统的道德主义者，有时会被别人称为老古董。你很可能认为大部分事物违背了你的道德标准，你通过压抑自己和羞耻感来获得快乐。你认为人们常常把性像武器一样，用于邪恶的用途，你的父母很可能在你羞耻感的形成过程中扮演着重要角色。你的内心被压抑得太深了，现在是你适当解放它的时候了。

8. 你的生活哲学是社会惯例、自己的罪恶判断标准和浪漫主义融合成的悲观的大杂烩。你并非无情，只是个性沉静而无趣。你认为女人很软弱，而男人很自大。你感到很难接受别人的许可意见；你试图使他们相信你自己的标准。你不太容易相信别人，而且生活也不太开心。

9. 你对生活有些沙文主义的、过时的看法。你的价值和原则是过时的信仰，你把女性看成所有物。你不开心，虽然你也许不愿意承认这一点。作为一个无情的独裁者，道德再适合你不过了。你对女性有歧视态度。

10. 你的价值观很混乱，而且不够成熟。你是古怪而顽固的，当你无法按自己意志行事时，你会感到愤怒、生气。你认为女人在男人之下，即使你自己也是个女性。你认为女人是变化无常的古怪动物。你的生活观大部分从你父亲处沿袭而来。

11. 你声称是个现实主义者，甚至是愤世嫉俗者。事实上，你更多地表现为情绪化、浪漫主义的和诚实的。你生活在白日梦的世界里，而且逃避事实。如果你活得不开心，原因在你自己。你像一个被宠坏的小孩一样不停地叛逆。你认为真相高于道德，但对不同意你的人们你也能够相当宽容。

12. 虽然你总是勇于表现得过于自信，但内心里你是不快乐而且相当困惑的。你不知道什么是爱，你很可能会吸引错误的爱人。很难想象你会过上完美的、快乐的人生，爱的温暖和交流你是无法享受的，你从不理解或欣赏异性。

第五章 兴趣探索

追寻兴趣

时间追溯到 1984 年夏天，刚刚参加完高考，唐时进便马上着手填报大学志愿。对唐时进而言，这是他在人生道路上的第一次重要选择，教学楼前的墙上贴满了全国各大学校的招生宣传画。伫立画前，唐时进一片迷茫，不知所措。他咨询了一直支持他的父母。唐时进的父母都是地地道道的农民，每天日出而作，日落而息，对外面的世界知之甚少，他们心有余而力不足，无法给孩子一个具体的建议。面对儿子求助的眼神，慈祥的母亲只对儿子说了一句话："孩子，妈妈没什么文化，我觉得你自己喜欢什么(专业)就选报什么吧。"唐时进说："我喜欢学医。"就这样，他决定把所有志愿都填上医学院校。这时唐时进的大伯听说侄儿高考要填报志愿，也赶来出主意。大伯是唐时进家族中最有知识的人，他是新中国成立早期的大学生，当时又在当地市政府经济部门供职，所以他的建议在唐时进眼里具有绝对的权威性。大伯根据自己多年的社会经验，并从国际国内的经济形势分析入手，建议唐时进选择"纺织材料检验"专业，理由有三：一是当时(指在 20 世纪 80 年代初期)正是中国棉花产量持续高产的时期；二是在我国的经济出口创汇中，纺织材料的出口份额始终是名列榜首；三是外国人特别喜欢中国的纺织品，尤其是棉纺织品。听了大伯有理有据的具有权威性的分析，唐时进最终决定接受大伯的建议。不久，唐时进接到了大学录取通知书，从此踏上了纺织材料之路。

在跨入大学校园后的第一学期，唐时进很快就发现，他的兴趣不在纺织材料方面。从此以后，唐时进便利用大量课余时间到学校图书馆借书阅读各种书籍，寻找自己兴趣的闪光点。

不久，唐时进在图书馆中借阅到一本普及心理学知识的《心理学》教材，在翻过此书的目录后，他就有一种感觉：对心理规律的探索，将是他内心兴趣所在。唐时进一口气把此书看完，并且做了非常详细的笔记。

心理学不仅唤起了唐时进浓厚的学习热情，而且也使他高考时的自我潜在兴趣得到了满足。在心理学知识的进一步深化过程中，唐时进发现心理现象与身体生理等要素关系密切，要学好心理学，还必须学习相应的解剖学、生理学等方面的知识。而解剖学与生理学等学科内容的补充正好迎合了唐时进对医学专业的酷爱。正如唐时进所说："高考志愿的选择使我偏离了从医的轨道，但对心理学这门学科的发现与学习却使我找回了原来的路线，纠正了偏离的道路。今后虽不能成为医学方面的大夫，但完全可以成为心理方面的医生。"

大学四年是重要的职业探索和定向期，唐时进能在广泛拓展各方面知识的基础上，结合自己的兴趣爱好、特长等实际情况来选定自己未来就业的方向。想一想你高考之后填报志愿的情景，有过像唐时进这样的情景吗？想一想在大学里，你学习的专业是你喜欢的吗？你怎样处理？

兴趣是人们最好的老师，它可以使人集中精力做事情。如果可以从事自己感兴趣的职业，人们就更能够全身心地投入工作、探索工作，在自己的工作岗位上取得更大的成绩。

在本章你可以了解兴趣的内涵，探索自己的兴趣所在，通过职业兴趣测量找到自己适合的和喜欢的职业。

第一节　兴 趣 概 述

一、什么是兴趣

(一)兴趣的定义

兴趣，是人对客观事物的选择性态度，是人对需要的情绪表现，或者说是指一个人认识和掌握某种事物，并经常参与该活动的心理倾向。当一个人对某一个事物产生浓厚的兴趣时，他一定会对这个事物保持充分的注意，并进行积极的探索活动。

每个人都会对他感兴趣的事物给予优先注意和积极地探索，并表现出心驰神往。例如，对美术感兴趣的人，对各种油画、美展、摄影都会认真观赏、评点，对好的作品进行收藏、模仿；对钱币感兴趣的人，会想尽办法对古今中外的各种钱币进行收集、珍藏、研究。

兴趣不只是对事物的表面的关心，任何一种兴趣都是由于获得这方面的知识或参与这种活动而使人体验到情绪上的满足而产生的。例如，一个人对跳舞感兴趣，他就会主动地、积极地寻找机会去参加，而且在跳舞时感到愉悦、放松和快乐，表现出积极而自觉自愿。

兴趣不足是和个人的认识和情感密切联系着的。如果一个人对某项事物没有认识，也就不会产生情感，因而也就不会对它发生兴趣。相反，认识越深刻，情感越丰富，兴趣也就越深厚。例如，有的人对集邮很入迷，认为集邮既有收藏价值，又有观赏价值，它既能丰富知识，又能陶冶情操，而且收藏越多，越丰富，就越投入，越情感专注，越有兴趣，于是就会发展成为一种爱好。兴趣是爱好的前提，爱好是兴趣的发展和行动，爱好不仅是对事物优先注意和向往的心情，而且表现为某种实际行动。例如，对绘画感兴趣，而且由喜欢观赏发展到自己动手学绘画，那么就对绘画有了爱好。

兴趣和爱好是受社会性制约的，不同的环境、不同的职业、不同的文化层次的人，兴趣和爱好都不一样。有的人兴趣和爱好的品位比较高，有的人兴趣和爱好的品位比较低，兴趣和爱好品味的高低会直接影响和表现一个人的个性特征的优劣。例如，对公益活动感兴趣，乐于助人，对高雅的音乐、美术有兴趣和爱好，反映了一个人个性品质的高雅；反之，对占小便宜感兴趣，对低级、庸俗的文艺作品有兴趣和爱好，则表现了一个人个性的低级。

兴趣和爱好有时也受遗传的影响，父母的兴趣和爱好也会对孩子有直接的影响。

年龄的变化和时代的变化也会对人的兴趣产生直接影响。就年龄方面来说，少儿时期往往对图画、歌舞感兴趣，青年时期对文学、艺术感兴趣，成年时期往往对某种职业、某种工作感兴趣。它反映了一个人兴趣的中心随着年龄的增长、知识的积累在转移。就时代来讲，不同的时代，不同的物质和文化条件，也会对人兴趣的变化产生很大的影响。

但不管人的兴趣是什么,都是以需要为前提和基础的,人们需要什么也就会对什么产生兴趣。由于人们的需要包括生理需要和社会需要或物质需要和精神需要,因此人的兴趣也同样表现在这两个方面。人的生理需要或物质需要一般来说是暂时的,容易满足。例如,人对某一种食物、衣服感兴趣,吃饱了、穿上了也就满足了;而人的社会需要或精神需要却是持久的、稳定的、不断增长的,例如人际交往、对文学和艺术的兴趣、对社会生活的参与则是长期的、终生的,并且不断追求的。兴趣是在需要的基础上产生的,也是在需要的基础上发展的。大学生需要知识,他的知识越多,他的兴趣也就越广泛、越浓厚。

(二)兴趣分类

人的兴趣是多种多样的,但概括起来又可以分为以下两大类。

第一,物质兴趣和精神兴趣。物质兴趣主要指人们对舒适的物质生活(如衣、食、住、行方面)的兴趣和追求;精神兴趣主要指人们对精神生活(如学习、研究、文学艺术)的兴趣和追求。就大学生来说,由于人生观和世界观尚未完全形成,无论物质兴趣和精神兴趣都需要师长进行积极的引导,以防止在物质兴趣方面的畸形发展,在精神兴趣方面的消极发展和追求。

第二,直接兴趣和间接兴趣。直接兴趣是指对活动过程的兴趣。例如,有的大学生想象力丰富,富于创造性,喜欢制作各种模型,在制作过程中,全神贯注,表现出浓厚的兴趣。间接兴趣主要指对活动过程所产生的结果的兴趣。有的大学生业余喜欢绘画,每当完成一幅画,他都会对自己取得的成果表现出极大的兴趣。直接兴趣和间接兴趣是相互联系、相互促进的,如果没有直接兴趣,制作各种模型的过程就很乏味、枯燥;而没有间接兴趣的支持,也就没有目标,过程就很难持久下去。因此,只有把直接兴趣和间接兴趣有机地结合起来,才能充分发挥一个人的积极性和创造性,才能持之以恒,目标明确,取得成功。

(三)兴趣的特性

人的兴趣具有倾向性、广阔性、持久性等品质。兴趣的倾向性是指个体对什么感兴趣。人与人,由于年龄、环境、层次属性不一样,兴趣的指向也不同。就大学生来说,有人喜欢文科,有人喜欢理科、工科,他们的兴趣倾向就不一样。兴趣的广阔性主要指兴趣的范围。兴趣的范围因人而异,有的人兴趣广泛,有的人兴趣狭窄。一般来说,兴趣广泛的人知识面也就越宽,在事业上会更有作为。但也要防止兴趣太广,什么都喜欢,而什么又不深入、不专注,结果也会一事无成。兴趣的持久性主要指兴趣的稳定程度。兴趣的稳定性,对一个人的学习、工作很重要,只有稳定的兴趣,才能促使人系统地学习某一门知识,把某一项工作坚持到底,并取得成就。

就当代大学生来说,兴趣的倾向性、广阔性和稳定性显得很重要,它将直接关系到一个大学生未来的方向和能否取得成就。

(四)兴趣与其他个性特征的关系

兴趣在我们的各种心理特征中起着非常重要的基础作用。在人格特征、能力和潜能、价值观、需求和动机中,都可以看到兴趣在其中的作用和表现。但是,兴趣和它们不总是统一的,甚至有时会发生冲突,因为其他那些心理特征的形成,除了兴趣的影响外,还有很多另外的促成因素。你所喜欢的，却又不擅长的事情会很多；现在最需要的东西与自身兴趣不符合的情况也时有发生。所以，我们在认识自己的兴趣时，也要清醒地认识到，这是我自己的兴趣，但它并不代表我已经拥有了这样的能力，不代表一定适合。

二、职业兴趣及类型

职业兴趣是一个人想从事某种职业的愿望。在生涯规划中我们最为关心的当然可以联系到职业的兴趣。虽然兴趣本身并不是为了从事什么职业而产生和形成的，但它可以根据职业的种类来进行分类，这样就出现了职业兴趣类型。通过这种分类，我们可以比较容易地发现自己的兴趣与未来职业之间的联系。

(一)职业兴趣类型

根据职业的种类，可以将职业兴趣分为很多类型，如表 5-1[1]所示。

表 5-1　职业兴趣类型

类 型	特点描述
农业兴趣	喜欢播种、耕地、观察庄稼生长、收割谷物，喜欢饲养牲畜和家禽
艺术兴趣	喜欢用颜料、黏土、织物、家具、服装等来表达美和色彩的协调
运动兴趣	喜欢体育活动，如跑步、跳跃和团队运动，通过运动保持身材，喜欢看体育节目等
商业/经济兴趣	喜欢参加买卖、销售、贸易产品和服务等商业活动，喜欢拥有企业或在企业里从事管理或工作，喜欢参与财政事务，关注经济结果
档案/办公室工作兴趣	喜欢从事作商业记录、整理资料、打字、撰写报告、为计算程序准备数据等注重细节、准确和整洁性的工作
沟通兴趣	喜欢通过写作、演讲或抽象的形式来表达自己的思想和学识的活动，喜欢向别人讲述故事或提供信息
电子兴趣	喜欢电子方面的工作，如电报、拆收音机或电视机、组装或修理计算机等
工程兴趣	喜欢进行工程、机械、建筑、桥梁和化工厂等方面的设计
家务兴趣	喜欢家务活动，如打扫屋子、看管孩子、做饭、缝补衣服和管理家务等
文学兴趣	喜欢阅读小说、诗词、文章、论文等，喜欢读书、看杂志并讨论其中的观点
管理兴趣	喜欢为自己和别人制订计划、组织事务和监督他人
机械兴趣	喜欢用机械和工具进行工作、修理物品、在学校选修实践研讨课
医学/保健兴趣	喜欢能帮助人和动物的活动，喜欢诊治疾病和保健工作
音乐兴趣	喜欢拨弄乐器，喜欢参加音乐活动，如音乐会、唱歌、教音乐等
数学兴趣	喜欢与数字打交道，喜欢数学、代数、几何、微积分和统计等课程
团队兴趣	愿意作为团体或小组的一分子，并会为了自己所在的公司、机构、部门的进展而牺牲个人的一些爱好
户外/自然兴趣	大多数时间都喜欢待在户外，喜欢露营和户外活动，喜欢饲养动物和培育植物

---

[1] Robert D. lock. 把握你的职业发展方向[M]. 第 5 版. 钟谷兰，等，译. 北京：中国轻工业出版社，2006.

续表

类 型	特点描述
表演兴趣	喜欢在人前活动、在聚会中给人娱乐、在戏剧中扮演角色或表演话剧等
政治兴趣	喜欢参加政治活动或选举，希望拥有权力、进行决策、制定政策来影响自我和他人
科学兴趣	喜欢对自然界进行研究和调查，喜欢学习生物、化学、地理、宇航和物理等课程，喜欢用理性、科学的方法寻求真理
手工操作兴趣	喜欢安装或操作机器、装备和工具，喜欢使用木制品或铁器，喜欢驾驶小轿车、大卡车和重型设备，愿意当木匠、机械维修工、管道工、汽车修理工、焊工、工具或金属模型加工师
社交兴趣	喜欢与人打交道，关心他人的福利，愿意为大众解决问题、教人技术、为人们提供服务(如环保、保健和交通等方面的服务)
技术兴趣	喜欢兼具管理和责任于一身的服务于人的工作(如当工程师)，喜欢承接汽车、电子、工业和产品工业等技术性的项目

(二)兴趣与职业匹配理论

广义地说，兴趣是一种人格特征。舒伯曾一再主张职业的选择是自我观念的延伸及完成。现在越来越多的研究指出，不同的职业团体具有其特有的性格特征。例如，人们已经发现，具有科学兴趣的被试者，性格明显内倾；而与推销兴趣有关的则是攻击性。有人还证明，被试者在斯特朗—坎贝尔兴趣问卷(SGII)上的分数与人格问卷的分数(如爱德华个性偏好量表)之间有显著的相关性。很多心理学家认为，职业选择反映出个体基本的情绪需求，职业的调整一般是生活步调调整的主要成分。因此对职业兴趣的测量——或更精确地说，找出与个体的态度及兴趣最贴近的职业团体——就成了了解不同人格的一个焦点。

美国学者霍兰德(John. L. Holland)就是持这种观点的人之一。他把职业爱好作为一种生活方式的选择——一种反映出个体自我观念和主要性格特征的选择。另外心理学家罗(A.Roe)也是持这种观点的人。本章重点介绍霍兰德的人格与职业类型说。

霍兰德是著名的职业指导专家，他的类型论源自人格心理学的概念，进一步完善了人格与职业匹配理论，把人格和职业划分为不同的类型，并且提出了具体的测量方法，有很强的科学性和预测力。霍兰德认为：

(1) 职业选择是个人人格的延伸，个人的行为是人格与环境交互作用的结果，职业选择也是人格的表现。

(2) 个人的兴趣组型(即人格组型)。人的兴趣也可以是多种兴趣的组合，比如一个人喜欢研究，但研究的是社会问题，他可能就是一个社会科学研究人员，社会科学研究人员就是研究型和社会型的组合。

(3) 人格形态与行为形态影响人的择业及其对生活的适应，同一职业团体内的人有相似的人格，因此他们对很多情境与问题会有相类似的反应方式，从而产生类似的人际环境。

(4) 人可区分为六种人格类型(即兴趣组型)：现实型(Realistic Type，R)、研究型(Investigative Type，I)、艺术型(Artistic Type，A)、社会型(Social Type，S)、企业型(Enterprising Type，E)和传统型(Conventional Type，C)。每个人的人格属于其中的一种。这六种类型按照

一个固定的顺序可排成一个六角形(RIASEC)，如图5-1所示。

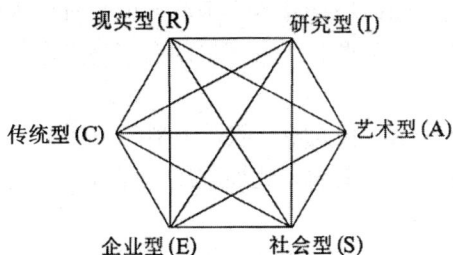

图 5-1　六种人格类型

(5) 人所处的环境也可相应分为六种类型，即现实型、研究型、艺术型、社会型、企业型和传统型。六种人格类型与职业对应表如表5-2所示。

表 5-2　人格(兴趣)类型与职业对应表

类　型	人格特点与兴趣倾向	典型职业
R 现实型	此类型的人具有顺从、坦率、谦虚、自然、实际、有礼、害羞、稳健、节俭、物质主义的特征 行为表现上：爱劳动，有机械操作的能力。喜欢做和物体、机械、工作、动物、植物有关的工作，是勤奋的技术家	人际要求不高的技术性工作，如劳工、机械员、工程师、电工、飞机机械师
I 研究型	此类型的人具有分析、谨慎、批评、好奇、独立、聪明、内向、条理、谦逊、精确、理性、保守的特征 行为表现上：有数理能力和科学研究精神。喜欢观察、学习、思考、分析和解决问题，是重视客观的科学家	要求具备思考和创造，社交要求不高，如科研工作者，从事生物、医学、化学、物理、地质、天文、人类等研究的科学家、工程师
A 艺术型	此类型的人具有复杂、想象、冲动、独立、直觉、无秩序、情绪化、理想化、不顺从、有创意、富有表情、不重实际的特征 行为表现上：有艺术、直觉、创作的能力。喜欢用想象力和创造力，从事美感的创作，是表现美的艺术家	艺术性的，直觉独创性的，从事艺术创作的，如作家、音乐家、画家、设计师、演员、舞蹈家、诗人
S 社会型	此类型的人具有合作、友善、慷慨、助人、仁慈、负责、圆滑、善社交、善解人意、说服他人、理想主义、富洞察力的特征 行为表现上：有教导、宽容，以及与人温暖相处的能力。喜欢与人接触，以教学或协助的方式，增加他人的知识、自尊心、幸福感，是温暖的助人者	与人打交道的，具备高水平沟通技能，热情助人的，如教师、心理师、辅导人员、教士工作者
E 企业型	此类型的人具有冒险、野心、独断、冲动、乐观、自信、追求享受、精力充沛、善于社交、获取注意、知名度高等特征 行为表现上：有领导和说服他人的能力。喜欢以影响力、说服力和人群互动，追求政治或经济上的成就，是有自信的领导者	管理、督导，具有领导力的，善于言行，有说服力的，如企业经理、政治家、法学家、推销员
C 传统型	此类型的人具有顺从、谨慎、保守、自抑、顺从、规律、坚毅、实际、稳重、有效率、缺乏想象力等特征 行为表现上：有敏捷的文书和计算能力。喜欢处理文书或数字数据，注意细节，按指示完成琐碎的事，是谨慎的事务家	注重细节讲究精确的，办公、事务性的，如银行人员、财税专家、文书处理、秘书、数据处理人员

(6) 霍兰德认为：环境造就了人格，反过来人格又影响着个体对职业环境的选择与适应；人们总是寻找能够施展其能力与技能、表现其态度与价值观的职业；职业满意感、稳定性和职业成就取决于个体人格类型和职业环境的匹配与融合；职业行为是人格与环境相互作用的结果。

霍兰德用六边形模型来表示六种人格、职业类型的相互关系(见图 5-1)，边和对角线的长度反映了六种人格类型之间心理上的一致性程度，同时也代表着六种职业类型之间的相似与相容程度。

在六角形模型中，任何两种职业类型之间的距离越近，其职业环境及人格特质的相似程度就越高，例如企业型和社会型距离最近，它们的相似性也最高，比如社会型和企业型的人都较其他类型的人更喜欢与人打交道。而企业型和研究型则具有最低程度的相似性。

六角形模型也表明了六种人格特质类型之间的一致性，一种人格(兴趣)类型与其相邻的类型组成了一个最一致的模型如"RIC"。而人格特质类型相反的模型如"企业型与研究型"、"传统型与艺术型"等，分别距离最远，其一致性最低。传统型的人多墨守成规，而艺术型的人则富有创新精神；传统型的人擅长自控，而艺术型的人则擅长表达等。

人与所选职业的适应与匹配也可从该模型中得以体现。六角形模型可以帮助我们对人格(兴趣)类型与职业环境类型之间的适配性进行评估，例如一个社会型人格特质占主导地位的人在一个社会型的职业环境中工作会感到更舒畅，但如果让他在一个现实型的工作环境中工作，他可能会感到不舒服、不满意。

大多数人都属于六种职业类型中的一种或两种以上类型的不同组合，某种人格(兴趣)类型或类型组合的个体在与之相对应的职业类型或类型组合中最能满足其职业需求，表现职业兴趣，发挥职业能力。

一种职业有它的主要兴趣类型，一个人会同时有几种职业兴趣，关键是要弄清自己哪些职业兴趣是强项，从社会需要和自己的能力优势方面选择和确定一种主要的职业兴趣。同学们在选择学业或进行人生职业规划时，应把自己的职业兴趣与个人的职业能力、人格特征结合起来。

第二节　职业性向探索

在本章的最后，我们总结前面几章的分析，利用霍兰德职业性向量表与大家一起进行职业性向探索。本测验量表将帮助你发现和确定自己的职业兴趣和能力特长，从而更好地做出求职择业的决策。如果你已经考虑好或选择好了自己的职业，本测验将使你的这种考虑或选择具有理论基础，或向你展示其他合适的职业；如果你至今尚未确定职业方向，本测验将帮助你根据自己的情况选择一个恰当的职业目标。本测验共有七个部分，每部分测验都没有时间限制，但请你尽快按要求完成。

第1部分　你心目中的理想职业(专业)

对于未来的职业(或升学进修的专业)你也许早有考虑，它可能很抽象、很朦胧，也可能很具体、很清晰。不管是哪种情况，现在都请你把你最想干的 3 种工作或最想读的 3 种专业，按顺序写下来。

1._____

2._____

3._____

第 2 部分　你所感兴趣的活动

下面列举了一些十分具体的活动。这些活动无所谓好坏，如果你喜欢去参加(包括过去、现在或将来)，就请在答题卷的相应题号上的"是"一栏的方框内画个"√"；如果不喜欢就请在"否"一栏的方框内画"√"。注意，这一部分测验主要是想确定你的职业兴趣，而不是让你选择工作，你喜欢某种活动并不意味着你一定要从事这种活动。答题时不必考虑过去是否干过和是否擅长这种活动，只根据你的兴趣直接判断即可。请务必做完每一题目。

一、R 型(现实型活动)你喜欢做下列事情吗

1. 装配修理电器	是□　否□	7. 开摩托车　　　　　　　　　是□　否□
2. 修理自行车	是□　否□	8. 上金属工艺课　　　　　　　是□　否□
3. 装修机器或机器零件	是□　否□	9. 上机械制图课　　　　　　　是□　否□
4. 做木工活	是□　否□	10. 上木工手艺课　　　　　　　是□　否□
5. 驾驶卡车或拖拉机	是□　否□	11. 上电气自动化技术课　　　是□　否□
6. 开机床	是□　否□	"是"的总数:_____

二、I 型(研究型活动)你喜欢做下列事情吗

1. 阅读科技书刊	是□　否□	7. 解一道数学或棋艺难题　　是□　否□
2. 在实验室工作	是□　否□	8. 上物理课　　　　　　　　　是□　否□
3. 研究某个科研项目	是□　否□	9. 上化学课　　　　　　　　　是□　否□
4. 制作飞机、汽车模型	是□　否□	10. 上几何课　　　　　　　　　是□　否□
5. 做化学实验	是□　否□	11. 上生物课　　　　　　　　　是□　否□
6. 阅读专业性论文	是□　否□	"是"的总数:_____

三、A 型(艺术性活动)你喜欢做下列事情吗

1. 素描、制图或绘画	是□　否□	7. 听音乐会　　　　　　　　　是□　否□
2. 表演戏剧小品或相声节目	是□　否□	8. 从事摄影创作　　　　　　　是□　否□
3. 设计家具或房屋	是□　否□	9. 阅读电影、电视剧本　　　是□　否□
4. 在舞台上演唱或跳舞	是□　否□	10. 读诗写诗　　　　　　　　　是□　否□
5. 演奏一种乐器	是□　否□	11. 上书法美术课　　　　　　　是□　否□
6. 阅读流行小说	是□　否□	"是"的总数:_____

四、S 型(社会型活动)你喜欢做下列事情吗

1. 给朋友们写信	是□　否□	3. 加入某个社会团体或俱乐部
2. 参加学校、单位组织的正式活动		是□　否□
	是□　否□	4. 帮助别人解决困难　　　　是□　否□

5. 照看小孩　　　　　　　　是□　否□
6. 参加宴会、茶话会或联欢晚会
　　　　　　　　　　　　　是□　否□
7. 跳交谊舞　　　　　　　　是□　否□
8. 参加讨论会或辩论会　　　是□　否□

9. 观看运动会或体育比赛　　是□　否□
10. 寻亲访友　　　　　　　　是□　否□
11. 阅读与人际交往有关的书刊
　　　　　　　　　　　　　是□　否□

　　　　　　　　　　　"是"的总数：＿＿＿＿

五、E 型(企/事业型活动)你喜欢做下列事情吗

1. 对他人做劝说工作　　　　是□　否□
2. 买东西与人讨价还价　　　是□　否□
3. 讨论政治问题　　　　　　是□　否□
4. 从事个体或独立的经营活动 是□　否□
5. 出席正式会议　　　　　　是□　否□
6. 做演讲　　　　　　　　　是□　否□
7. 在社会团体中做一名理事　是□　否□

8. 检查与评价别人的工作　　是□　否□
9. 结识名流　　　　　　　　是□　否□
10. 带领一群人去完成某项任务
　　　　　　　　　　　　　是□　否□
11. 参与政治活动　　　　　　是□　否□

　　　　　　　　　　　"是"的总数：＿＿＿＿

六、C 型(传统型(常规型)活动)你喜欢做下列事情吗

1. 保持桌子和房间整洁　　　是□　否□
2. 抄写文章或信件　　　　　是□　否□
3. 开发票、写收据或打回条　是□　否□
4. 打算盘或用计算机计算　　是□　否□
5. 记流水账或备忘录　　　　是□　否□
6. 上打字课或学速记法　　　是□　否□
7. 上会计课　　　　　　　　是□　否□

8. 上商业统计课　　　　　　是□　否□
9. 将文件、报告、记录分类与归档
　　　　　　　　　　　　　是□　否□
10. 为领导写公务信函与报告　是□　否□
11. 检查个人收支情况　　　　是□　否□

　　　　　　　　　　　"是"的总数：＿＿＿＿

第 3 部分　你所擅长或胜任的活动

　　下面从 6 个方面分别列举一些十分具体的活动，以确定你具备哪一方面的工作特长。回答时，只需考虑你过去或现在对所列活动是否擅长、胜任，不必考虑你是否喜欢这种活动。如果你认为你擅长从事某一活动，就请在答题卷的相应题号上的"是"一栏的方框内画"√"；如果不擅长，就请在"否"一栏的方框内画"√"。注意，你如果从未从事过某一活动，那就请考虑你将来是否会擅长从事该项活动。请你务必做完每一个题目。

一、R 型(现实型能力)你擅长做或胜任下列事情吗

1. 使用锯子、钳子、车床等工具 是□　否□
2. 使用万能电表　　　　　　是□　否□
3. 给自行车或机器加油以正常运转
　　　　　　　　　　　　　是□　否□
4. 使用钻床、研磨机、缝纫机等
　　　　　　　　　　　　　是□　否□
5. 修整木器家具表面　　　　是□　否□
6. 看机械、建筑设计图纸　　是□　否□

7. 修理结构简单的家用电器　是□　否□
8. 制作简单的家具　　　　　是□　否□
9. 绘制机械设计图纸　　　　是□　否□
10. 修理收录音机的简单部件　是□　否□
11. 疏通、修理自来水管或下水道
　　　　　　　　　　　　　是□　否□

　　　　　　　　　　　"是"的总数：＿＿＿＿

二、I 型(研究型能力)你擅长做或胜任下列事情吗

1. 了解真空管的工作原理　　是□　否□
2. 知道 3 种以上蛋白质含量高的食物
　　　　　　　　　　　　　是□　否□
3. 知道一种放射性元素的"半衰期"
　　　　　　　　　　　　　是□　否□
4. 使用对数表　　　　　　是□　否□
5. 使用计算器或计算尺　　是□　否□
6. 使用显微镜　　　　　　是□　否□

7. 辨认 3 个星座　　　　　是□　否□
8. 说明白血球的功能　　　是□　否□
9. 解释简单的化学分子式　是□　否□
10. 理解人造卫星不会落地的道理
　　　　　　　　　　　　　是□　否□
11. 参加科技竞赛或科研成果交流会
　　　　　　　　　　　　　是□　否□

　　"是"的总数：＿＿＿

三、A 型(艺术型能力)你擅长做或胜任下列事情吗

1. 演奏一种乐器　　　　　是□　否□
2. 参加二重唱或四重唱表演　是□　否□
3. 独奏或独唱　　　　　　是□　否□
4. 扮演剧中角色　　　　　是□　否□
5. 说书或讲故事　　　　　是□　否□
6. 表演现代舞或芭蕾舞　　是□　否□

7. 人物素描　　　　　　　是□　否□
8. 油画或雕塑　　　　　　是□　否□
9. 制造陶器、捏泥塑或剪纸　是□　否□
10. 设计服装、海报或家具　是□　否□
11. 写得一手好文章　　　　是□　否□

　　"是"的总数：＿＿＿

四、S 型(社会型能力)你擅长做或胜任下列事情吗

1. 善于向别人解释问题　　是□　否□
2. 参加慰问或救济活动　　是□　否□
3. 善与人合作、配合默契　是□　否□
4. 殷勤待客　　　　　　　是□　否□
5. 能深入浅出地教育儿童　是□　否□
6. 为一次宴会安排娱乐活动　是□　否□
7. 帮助他人解决困难　　　是□　否□

8. 帮助护理患者或伤员　　是□　否□
9. 安排社团组织的各种集体事务
　　　　　　　　　　　　　是□　否□
10. 善察人心或善于判断人的性格
　　　　　　　　　　　　　是□　否□
11. 善与年长者相处　　　　是□　否□

　　"是"的总数：＿＿＿

五、E 型(企业型能力)你擅长做或胜任下列事情吗

1. 在学校里当过班干部并且干得不错
　　　　　　　　　　　　　是□　否□
2. 善于督促他人工作　　　是□　否□
3. 善于使他人按你的习惯做事　是□　否□
4. 做事具有超常的经历和热情　是□　否□
5. 能做一个称职的推销员　是□　否□
6. 代表某团体向有关部门提建议或意见
　　　　　　　　　　　　　是□　否□
7. 担任某种领导职务期间获奖或受表扬

8. 说服别人加入你的团体(俱乐部、研究组)
　　　　　　　　　　　　　是□　否□
9. 创办一家商店或企业　　是□　否□
10. 知道如何做一位成功的领导人
　　　　　　　　　　　　　是□　否□
11. 有很好的口才　　　　　是□　否□

　　"是"的总数：＿＿＿

六、C 型(传统型能力)你擅长做或胜任下列事情吗

1. 一天能誊抄近一万字　　是□ 否□
2. 能熟练地使用算盘或计算器 是□ 否□
3. 能够熟练地使用中文打字机 是□ 否□
4. 善于将书信、文件迅速归档 是□ 否□
5. 做过办公室职员工作且干得不错
　　　　　　　　　　　　是□ 否□
6. 核对数据或文章时既快又准确
　　　　　　　　　　　　是□ 否□
7. 会使用外文打字机或复印机 是□ 否□

8. 善于在短时间内分类和处理大量文件
　　　　　　　　　　　　是□ 否□
9. 记账或开发票时既快又准确 是□ 否□
10. 善于为自己或集体作财务预算(表)
　　　　　　　　　　　　是□ 否□
11. 能迅速誊清贷方和借方的账目
　　　　　　　　　　　　是□ 否□
　　　　　　"是"的总数：_____

第 4 部分　你所喜欢的职业

下面列举了许多职业，对这些职业的基本情况你或多或少都有所了解，并在此基础上形成了自己的评价态度。如果你对某项职业喜欢的话，请在答题卷的相应题号上的"是"一栏中画"√"；如果不喜欢，则请在"否"一栏中画"√"。这一部分测验也要求每题必做。

一、R 型(现实型职业)你喜欢做下列职业吗

1. 飞行机械技术人员　　是□ 否□
2. 鱼类和野生动物专家　是□ 否□
3. 自动化工程技术人员　是□ 否□
4. 木工　　　　　　　　是□ 否□
5. 机床安装工或钳工　　是□ 否□
6. 电工　　　　　　　　是□ 否□

7. 无线电报务员　　　　是□ 否□
8. 长途汽车司机　　　　是□ 否□
9. 火车司机　　　　　　是□ 否□
10. 机械师　　　　　　　是□ 否□
11. 测绘、水文技术人员　是□ 否□
　　　　"是"的总数：_____

二、I 型(研究型职业)你喜欢做下列事情吗

1. 气象研究人员　　　　是□ 否□
2. 生物学研究人员　　　是□ 否□
3. 天文学研究人员　　　是□ 否□
4. 药剂师　　　　　　　是□ 否□
5. 人类学研究人员　　　是□ 否□
6. 化学研究人员　　　　是□ 否□

7. 科学杂志编辑　　　　是□ 否□
8. 植物学研究人员　　　是□ 否□
9. 物理学研究人员　　　是□ 否□
10. 科普工作者　　　　　是□ 否□
11. 地质学研究人员　　　是□ 否□
　　　　"是"的总数：_____

三、A 型(艺术型职业)你喜欢下列职业吗

1. 诗人　　　　　　　　是□ 否□
2. 文学艺术评论家　　　是□ 否□
3. 作家　　　　　　　　是□ 否□
4. 记者　　　　　　　　是□ 否□
5. 歌唱家或歌手　　　　是□ 否□
6. 作曲家　　　　　　　是□ 否□

7. 剧本写作人员　　　　是□ 否□
8. 画家　　　　　　　　是□ 否□
9. 相声演员　　　　　　是□ 否□
10. 乐团指挥　　　　　　是□ 否□
11. 电影演员　　　　　　是□ 否□
　　　　"是"的总数：_____

四、S 型(社会型职业)你喜欢下列职业吗

1. 街道、工会或妇联负责人	是☐	否☐		7. 职业介绍所工作人员	是☐	否☐
2. 中学教师	是☐	否☐		8. 导游	是☐	否☐
3. 青少年犯罪问题专家	是☐	否☐		9. 青年团负责人	是☐	否☐
4. 中学校长	是☐	否☐		10. 福利机构负责人	是☐	否☐
5. 心理咨询人员	是☐	否☐		11. 婚姻介绍所工作人员	是☐	否☐
6. 精神病医生	是☐	否☐		"是"的总数：_____		

五、E 型(企业型职业)你喜欢下列职业吗

1. 供销科长	是☐	否☐		7. 电视剧制作人	是☐	否☐
2. 推销员	是☐	否☐		8. 饭店或饮食店经理	是☐	否☐
3. 旅馆经理	是☐	否☐		9. 人民代表	是☐	否☐
4. 商店管理费用人员	是☐	否☐		10. 服装批发商	是☐	否☐
5. 厂长	是☐	否☐		11. 企业管理咨询人员	是☐	否☐
6. 律师或法官	是☐	否☐		"是"的总数：_____		

六、C 型(传统型职业)你喜欢下列职业吗

1. 簿记员	是☐	否☐		7. 税务工作者	是☐	否☐
2. 会计师	是☐	否☐		8. 校对员	是☐	否☐
3. 银行出纳员	是☐	否☐		9. 打字员	是☐	否☐
4. 法庭书记员	是☐	否☐		10. 办公室秘书	是☐	否☐
5. 人口普查登记员	是☐	否☐		11. 质量检查员	是☐	否☐
6. 成本核算员	是☐	否☐		"是"的总数：_____		

第 5 部分　你的能力类型简评

表 5-3 和表 5-4 是你在 6 个职业能力方面的自我评分表。你可以先与同龄人比较一下自己在每一方面的能力，然后通过斟酌对自己的能力做出评价。评分时请在表中适当的数字上画圈。数字越大表示你的能力越强。

注意，请勿全部圈画同样的数字，因为人的每项能力不可能完全一样。

表 5-3　自我评分表 A

	R 型	I 型	A 型	S 型	E 型	C 型
	机械操作能力	科学研究能力	艺术创造能力	解释表达能力	商业洽谈能力	事务执行能力
高	7	7	7	7	7	7
	6	6	6	6	6	6
	5	5	5	5	5	5
中	4	4	4	4	4	4
	3	3	3	3	3	3
低	2	2	2	2	2	2
	1	1	1	1	1	1

表5-4 自我评分表B

	R型	I型	A型	S型	E型	C型
	体力技能	数学技能	音乐技能	交际技能	领导技能	办公技能
高	7	7	7	7	7	7
	6	6	6	6	6	6
	5	5	5	5	5	5
中	4	4	4	4	4	4
	3	3	3	3	3	3
低	2	2	2	2	2	2
	1	1	1	1	1	1

第6部分 你所看重的东西——职业价值观

这一部分测验列出了人们在选择工作时通常会考虑的要素(见所附工作价值标准)。现在请你在其中选出你认为最重要的两项因素,以及最不重要的两项因素,并将序号填在下边相应的空格上。

最重要: _____   最不重要: _____

次重要: _____   次不重要: _____

附: 工作价值标准

1. 工资高、福利好。

2. 工作环境(物质方面)舒适。

3. 人际关系良好。

4. 工作稳定有保障。

5. 能提供较好的受教育机会。

6. 有较高的社会地位。

7. 工作不太紧张、外部压力少。

8. 能充分发挥自己的能力特长。

9. 社会需要与社会贡献较大。

10. 能从事自己感兴趣的工作。

第7部分 统计和确定你的职业倾向

请将第2～5部分的全部测验分数按前面已统计好的6种职业倾向(R型、I型、A型、S型、E型和C型)得分填入表5-5,并作纵向累加。

表5-5 测验结果

测 验	R型	I型	A型	S型	E型	C型
第2部分						
第3部分						
第4部分						
第5部分						
第6部分						
总分						

请将表5-5中的6种职业倾向总分按大小顺序依次从左到右重新排列:

_____型、_____型、_____型、_____型、_____型、_____型。

选出你的职业三字母(前3位顺序):_____。

得分最高的职业类型意味着最适合你的职业。比方说，假如你在 I 型上得分最高，说明你适合做自然科学方面的研究工作，如气象研究、生物学研究、天文学研究等，或科学杂志编辑，其余类推。

如果最适合你的工作和你在第 1 部分所写的理想工作之间不太一致，或者在各种类型的职业上你的能力和兴趣不相匹配，那么请你参照第 6 部分——你的职业价值观来做出最佳选择。

比方说，假如第 2 部分你在 I 型上得分最高，但第 3 部分你在 A 型上得分高，那么请参考你最看重的因素。假如你最看重能充分发挥自己的能力特长或工作环境舒适，那么 A 型工作最适合你；假如你最看重能从事自己感兴趣的工作或工作稳定有保障，那么 I 型工作最适合你；假如你最看重的是其他因素，那么请向 A 型职业方面的专家咨询，选择和你的职业价值观最接近的工作。

以上全部测验完毕。现在，将你测验得分居第一位的职业类型找出来，然后对应你的职业"三字母"对照本章后附的"扩展阅读"，判断一下自己适合的职业类型。

第三节 兴 趣 培 养

孔子说："知之者不如好之者，好之者不如乐之者。"如果你对某个领域充满激情，你就有可能在该领域中发挥自己所有的潜力，学习就成为一种享受。当我们还不了解某一领域的时候，就要尝试培养自己的兴趣。

一、兴趣在职业活动中的作用

有关资料表明，一个人如果从事自己感兴趣的职业，则能发挥全部才能的80%~90%，而且长时间保持高效率而不感到疲劳；如果从事不感兴趣的职业，只能发挥全部才能的20%~30%。古今中外在事业上取得成功的人，往往是在强烈的兴趣推动下而取得成功的。可以说，谁找到了自己最感兴趣的职业，谁就有可能踏上通向成功的路。

(一)兴趣是职业生涯选择的重要依据

兴趣是最好的老师，是一种强大的精神力量。兴趣可以使人集中精力去获得你所喜欢的职业知识，启迪智慧并创造性地开展工作。当一个人对某种职业发生兴趣时，他就能发挥整个身心的积极性；就能积极地感知和关注该职业的知识、动态，并且积极思考，大胆探索；就能情绪高涨、想象丰富；就能增强记忆效果，增强克服困难的意志。反之，"强按牛头不喝水"，是不会取得良好效果的，当然也就很难在该职业上发挥个人的优势、做出巨大贡献。

(二)兴趣可以提高你的工作效率，充分发挥你的才能

一个人对某一方面的工作有兴趣时，即使枯燥的工作也会变得丰富多彩、趣味无穷。兴趣使工作不再是一种负担，而是一种享受。爱迪生就是个很好的例子。他几乎每天都在实验室里辛苦工作十几个小时，在那里吃饭、睡觉，但丝毫不以为苦，"我一生中从未间

断过一天工作"。他宣称:"我每天都其乐无穷。"难怪他会成功。

(三)兴趣是保证职业稳定、职场成功的重要因素

香港著名实业家李嘉诚说过:"对创业者自身成就事业至关重要的是培养自己对所从事职业的浓厚兴趣。"对某一职业有浓厚的兴趣,是智力开发的"孵化器"。兴趣是工作动力的主要源泉之一。在其他条件相似的情况下,从事自己感兴趣的职业不但让你感到满意,而且能够让你的工作单位感到满意,并由此导致工作的长期性和稳定性。

此外,多方面的兴趣可以使人善于应付多变的环境。如需变换工作,只要自己感兴趣,就能够很快地学会这门工作,求职成功,并能够在新的岗位很快地熟悉和适应新的工作。

二、影响职业兴趣形成的因素

职业兴趣不是天生的,它的形成与人们所处的历史条件、实践活动和自身能力有着密切的关系,因此,有关职业兴趣的研究不能孤立进行,应当结合家庭的、社会的、自身的因素开展系统性的研究,那么影响职业兴趣的因素主要有哪些呢?

(一)家庭环境

家庭作为最基本的社会单元,对每个人的心理发展都产生重要的影响,因此求职者职业心理发展具有很强的社会化特征,家庭环境的熏陶对其职业兴趣的形成具有十分明显的导向作用。大多数人从幼年起就在家庭的环境中感受其父母的职业活动,随着年龄的增长,逐步形成自己对职业价值的认识,使得求职者在选择职业时不可避免地带有家庭教育的印迹。家庭因素对职业取向的影响主要体现在择业趋同性与协商性等方面,一般情况下,求职者对于家庭成员特别是长辈的职业比较熟悉,在职业兴趣和职业选择上产生一定的趋同性影响;同时受家庭群体职业活动的影响,个人的择业决策或多或少产生于家庭成员共同协商的基础上。

(二)社会舆论

社会舆论对求职者职业兴趣的影响主要体现在政府政策导向、传统文化、社会时尚等方面。政府就业政策的宣传是主导的影响因素,传统的就业观念和就业模式也往往制约个人的职业选择,而社会时尚职业则始终是求职者特别是青年人追求的目标。如当前计算机技术和旅游事业都得到较大发展,对这两个职业有兴趣的人也增加得很快。

(三)受教育程度

求职者自身接受教育的程度是影响其职业兴趣的重要因素。任何一种社会职业从客观上对从业人员都有知识与技能等方面的要求,而求职者本人的知识与技能水平的高低在很大程度上取决于其受教育的程度。一般意义上,求职者学历层次越高,接受职业培训范围越广,其职业取向领域就越宽。

(四)职业需求

职业需求是一定时期内用人单位可提供的不同职业岗位对从业人员的总需求量,它是影响求职者职业兴趣的客观因素。职业需求越多、类别越广,求职者选择职业的余地就越

大。职业需求对求职者的职业兴趣具有一定的导向性，在一定条件下，它可强化求职者的职业选择，或抑制求职者不切实际的职业取向，也可引导求职者产生新的职业取向。

三、兴趣的发生和发展

兴趣的发生和发展一般要经历这样一个过程：有趣—乐趣—志趣。

有趣是兴趣的低级阶段，常常与一个人对某一事物的新奇感相联系。比如有人今天想当一名导游，明天又想当服装设计师，后天又对网络管理感兴趣，这种兴趣往往是短暂的，通常是一时心血来潮。

乐趣是兴趣的第二个阶段，又称为爱好。它在有趣的基础上定向发展而成，比较稳定、专一和深入。比如一个人对计算机维修感兴趣，他不但会主动学习这方面的知识，还会寻找一切机会进行装配和修理实践。

志趣是兴趣的高级阶段，当人的爱好和社会责任、理想结合起来时，他就会为之而奋斗。

爱因斯坦说："兴趣是最好的老师"。初中阶段是兴趣形成、发展的关键时期，每个学生都要注意发现、培养、巩固和发展自己积极向上的个人兴趣，使之成为开启知识大门的金钥匙，为自主学习提供动力。

四、兴趣的培养方法

(一)职业兴趣的培养方法

虽然职业兴趣一旦形成，便具有一定的稳定性，但根据实际需要，还是可以通过多种途径，加上自己的努力去改变、发展和培养的。在培养职业兴趣时，可从以下几个方面努力。

1. 培养广泛的兴趣

具有广泛兴趣的人，不仅对自己职业领域的东西有浓厚的兴趣，而且对其他方面也有一定的兴趣。这种人眼界比较开阔，解决问题时也可以从多方面得到启发，在职业选择上有较大的余地。如一个电视节目主持人，利用闲暇时间搜集古玩和旧家具。当他失去主持人的工作后，他原来的"业余爱好"使他能靠鉴定古玩、修复旧物继续他的职业生活。兴趣范围狭窄、涉足面小的人，对新事物的适应性就要差些，在职业选择上所受的限制也多些。

2. 重视培养间接兴趣

直接兴趣是由于对事物本身感到需要而引起的兴趣，间接兴趣则不是对事物本身的兴趣，而是对于这种事物未来的结果感到需要而产生的兴趣。人在最初接触某种职业时，往往对职业本身缺乏强烈的兴趣，必须要从间接兴趣着手培养直接兴趣。可以通过了解职业兴趣在社会活动中的意义、对人类活动的贡献等以引起兴趣，也可以通过了解某项职业的发展机会引起兴趣，还可以通过实践逐步提高间接兴趣。

3. 要有中心兴趣

人的兴趣应广泛，但不能浮泛，还要有一定的集中爱好。既广泛又有重点，才能学有所长，获得更多的知识。如果只具广泛性而无中心职业兴趣，人往往会知识肤浅，没有确定的职业方向，心猿意马，这样难以有所成就。所以，还应着意培养自己在某一方面的职业兴趣，促进自己的发展和成才。

4. 积极参加职业实践

只有通过职业实践，才能对职业本身有深刻的认识和了解，才能激发自己的职业兴趣。职业实践活动内容十分丰富，包括生产实习、社会调查、参观访问以及组织兴趣小组等。每一个人都可以通过参加各种职业实践活动调节和培养兴趣，根据社会和自我需要，有意识地去培养和发展兴趣，为事业的成功创造条件。

5. 客观评价自己的能力来确定职业兴趣

对某项职业有浓厚的兴趣是成功的前提，但事业要取得成功也必须具备该职业所要求的能力。因此在培养职业兴趣的同时也要客观评价自己的能力，看自己是否适合某种职业，在此基础上形成的职业兴趣才是长久的。

6. 保持稳定的职业兴趣

应在某一方面有持久稳定的兴趣，不能朝三暮四、见异思迁，这样才能投入更多的热情和精力，深入钻研相关内容，在事业上才能有所发展和成就。

7. 培养切实的职业兴趣

兴趣的培养不能为追求清高而不考虑外界为其展开和深入所提供的客观现实条件。否则，过分清高，只能是画地为牢，自缚手脚。

(二)大学生职业兴趣培养

就大学生来说，除了以上的方法外，在就业前还需做到以下几个方面。

1. 就业前拓宽职业认识面

首先要客观地评估和寻找自己的兴趣所在，不要把社会、家人或朋友认可和看重的事当作自己的爱好；不要以为有趣的事就是自己的兴趣所在，而是要亲身体验它并用自己的头脑做出判断；不要以为有兴趣就意味着自己有这方面的天赋，不过，你可以尽量寻找天赋和兴趣的最佳结合点，例如，如果你对数学有天赋但又喜欢计算机专业，那么你完全可以做计算机理论方面的研究工作。

在就业前，认识的职业种类越多，对职业的性质了解得越细致，你的职业兴趣就会越广泛。职业兴趣越广泛，你的择业动机就越强，择业余地也会相对宽广。

最好的寻找兴趣点的方法是开拓自己的视野，接触众多的领域。唯有接触你才能尝试，唯有尝试你才能找到自己最喜欢的东西。大学正是这样一个可以让你接触并尝试众多领域的独一无二的场所。因此，在大学学习中要充分利用学校的资源，通过使用图书馆资源、旁听课程、搜索网络、听讲座、打工、参加社团活动、与朋友交流、使用电子邮件和电子论坛等不同方式接触更多的领域、更多的工作类型和更多的专家学者，找寻自己感兴趣的领域。

2. 珍惜你的专业

我们要学习在理想与现实之间找到自己的平衡点。有的同学认为一旦学了自己不太喜欢的专业，眼前的路也似乎只剩下两条：换专业或者漆黑一片的前途。在大学中，换专业并不容易，但前途也并不是想象中的那样渺茫。

在这种情况下，除了"选你所爱"，大家也不妨试试"爱你所选"。首先，大家应该尽力试着把本专业读好，并在学习过程中逐渐培养自己对本专业的兴趣。此外，一个专业里可能有很多不同的领域，也许你对专业里的某一个领域会有兴趣。现在，有很多专业发展了交叉学科，两个专业的结合往往是新的增长点。多接触、多尝试，也许就会碰到自己真正感兴趣的方向。

其实一个专业的学习需要一个人的很多能力，一个专业所包含的课程也能够培养一个学生多方面的能力，这些能力对个人职业发展的方向都会起到一定的帮助。另外，当我们学习自己不喜欢的专业时，我们还可以安排自己的业余时间，从事我们真正感兴趣的事情。我们可以尝试课外学习、选修或旁听相关课程；也可以去找一些打工或假期实习的机会，进一步理解相关行业的工作性质；或者，努力去考自己感兴趣专业的研究生，重新进行一次专业选择。其实，本科读什么专业并不能完全决定毕业后的工作方向，大学期间的学习过程培养的是你的学习能力，只要具备了这种能力，即使从事的是全新的工作，你也能在边做边学的过程中获取足够的知识和经验。

3. 培养社会责任心

当就业环境和自身素质决定你必须做自己不喜欢的工作时，你应该拿出必要的对社会负责的态度，培养自己的职业兴趣，即所谓"干一行，爱一行"。事实上，在就业时，多数人并不总是能够挑选到自己的理想职业。当你还不能选择到自己满意的职业时，就必须尽快调整职业期望值，适应就业环境，在不理想的职位上，培养职业兴趣，干出一番理想的事业来。"把没有意思的工作很有意思地去完成"，美国钢铁大王卡内基这样告诫人们。

4. 先就业，后择业

多数人的择业实践表明，走上职位的方法多种多样，有被别人安排的，有自己找到的，有撞上的，有捡来的。除去自己找到的职业外，其他几种就业方法都是被动的。被动得到的职业，你也会对它产生兴趣，其方法是"先就业，后择业"。不少职业，你刚开始从事它的时候，可能对之毫无兴趣。但是随着你从业时间的延长和职业技能的提高，加之对职业生涯意义的全面了解，特别是当你能够在这些职位上取得一定成绩的时候，你的职业兴趣就会大大增加。只要你专心地、深入地去从事某种职业，你会发现它有一种使你倾心的魅力。

5. 量体裁衣

陶行知先生曾讲过一段发人深省的话："我觉得大学生有一个大问题，即择业问题。我以为择业时要根据个人的才干和兴趣，做事要有快乐，所以我们要根据个人的兴趣择业。"但是我们要成功，就必须要有那样的才干。才干，一般是指你最擅长的某些知识或技能。在通常情况下，才干与兴趣有着互相推动的效应，即兴趣产生才干，才干有助于兴趣；同时才干也能产生兴趣，兴趣又会强化才干。但在你初次择业时，应以自己所拥有的才干，即擅长的知识和技能去选择职业。因为根据自己的才干适应职业的状况择业，往往更趋向于职得其人、人适其职的最佳状态。在这种最佳状态下，你的工作才能越做越有兴趣，最后的结果可能使你成为某一职业生涯领域内的才干。

扩 展 阅 读

职业索引——职业兴趣代号与其相应的职业对照表

R(现实型)：木匠、农民、操作X光的技师、工程师、飞机机械师、鱼类和野生动物专家、自动化技师、机械工(车工、钳工等)、电工、无线电报务员、火车司机、长途公共汽车司机、机械制图员、修理机器工作者、电器师。

I(研究型)：气象学者、生物学者、天文学家、药剂师、动物学者、化学家、科学报刊编辑、地质学者、植物学者、物理学者、数学家、实验员、科研人员、科技作者。

A(艺术型)：室内装饰专家、图书管理专家、摄影师、音乐教师、作家、演员、记者、诗人、作曲家、编剧、雕刻家、漫画家。

S(社会型)：社会学者、导游、福利机构工作者、咨询人员、社会工作者、社会科学教师、学校领导、精神病工作者、公共保健护士。

E(企业型)：推销员、进货员、商品批发员、旅馆经理、饭店经理、广告宣传员、调度员、律师、政治家、零售商。

C(传统型)：记账员、会计、银行出纳、法庭速记员、成本估算员、税务员、核算员、打字员、办公室职员、统计员、计算机操作员、秘书。

下面介绍与你的职业"三字母"3个代号的职业兴趣类型一致的职业表，对照的方法如下。

首先根据你的职业兴趣代号，在下面找出相应的职业，例如你的职业兴趣代号是RIA，那么牙科技术人员、陶工等是适合你兴趣的职业。然后寻找与你职业兴趣代号相近的职业，如你的职业兴趣代号是RIA，那么，其他由这3个字母组合成的编号(如IRA、IAR、ARI等)对应的职业，也较适合你的兴趣。

RIA：牙科技术员、陶工、建筑设计员、模型工、细木工、制作链条人员。

RIS：厨师、林务员、跳水员、潜水员、染色员、电器修理、眼镜制作、电工、纺织机器装配工、服务员、装玻璃工人、发电厂工人、焊接工。

RIE：建筑和桥梁工程、环境工程、航空工程、公路工程、电力工程、信号工程、电话工程、一般机械工程、自动工程、矿业工程、海洋工程、交通工程技术人员、制图员、家政经济人员、计量员、农民、农场工人、农业机器操作、清洁工、无线电修理、汽车修理、手表修理、管子工、线路装配工、工具仓库管理员。

RIC：船上工作人员、接待员、杂志保管员、牙医助手、制帽工、磨坊工、石匠、机器制造、机车(火车头)制造、农业机器装配、汽车装配工、缝纫机装配工、钟表装配和检验、电动器具装配、鞋匠、锁匠、货物检验员、电梯机修工、托儿所所长、钢琴调音员、装配工、印刷工、建筑钢铁工人、卡车司机。

RAI：手工雕刻、玻璃雕刻、制作模型人员、家具木工、制作皮革品、手工绣花、手工钩针编织、排字工人、印刷工人、图画雕刻、装订工。

RSE：消防员、交通巡警、警察、门卫、理发师、房间清洁工、屠夫、锻工、开凿工人、管道安装工、出租汽车驾驶员、货物搬运工、送报员、勘探员、娱乐场所的服务员、起卸机操作工、灭害虫者、电梯操作工、厨房助手。

RSI：纺织工、编织工、农业学校教师、某些职业课程教师(如艺术、商业、技术、工艺课程)、雨衣上胶工。

REC：抄水表员、保姆、实验室动物饲养员、动物管理员。

REI：轮船船长、航海领航员、大副、试管实验员。

RES：旅馆服务员、家畜饲养员、渔民、渔网修补工、水手长、收割机操作工、搬运行李工人、公园服务员、救生员、登山导游、火车工程技术员、建筑工人、铺轨工人。

RCI：测量员、勘测员、仪表操作者、农业工程技术、化学工程技师、民用工程技师、石油工程技师、资料室管理员、探矿工、煅烧工、烧窑工、矿工、保养工、磨床工、取样工、样品检验员、纺纱工、炮手、漂洗工、电焊工、锯木工、刨床工、制帽工、手工缝纫工、油漆工、染色工、按摩工、木匠、农民建筑工人、电影放映员、勘测员助手。

RCS：公共汽车驾驶员、一等水手、游泳池服务员、裁缝、建筑工人、石匠、烟囱修建工、混凝土工、电话修理工、爆炸手、邮递员、矿工、裱糊工人、纺纱工。

RCE：打井工、吊车驾驶员、农场工人、邮件分类员、铲车司机、拖拉机司机。

IAS：普通经济学家、农场经济学家、财政经济学家、国际贸易经济学家、实验心理学家、工程心理学家、心理学家、哲学家、内科医生、数学家。

IAR：人类学家、天文学家、化学家、物理学家、医学病理学家、动物标本剥制者、化石修复者、艺术品管理员。

ISE：营养学家、饮食顾问、火灾检查员、邮政服务检查员。

ISC：侦察员、电视播音室修理员、电视修理服务员、验尸室人员、编目录者、医学实验室技师、调查研究者。

ISR：水生生物学者、昆虫学者、微生物学家、配镜师、矫正视力者、细菌学家、牙科医生、骨科医生。

ISA：实验心理学家、普通心理学家、发展心理学家、教育心理学家、社会心理学家、临床心理学家、目录学家、皮肤病学家、精神病学家、妇产科医生、眼科医生、五官科医生、医学实验室技术专家、民航医务人员、护士。

IES：细菌学家、生理学家、化学专家、地质专家、地理物理学专家、纺织技术专家、医院药剂师、工业药剂师、药房营业员。

IEC：档案保管员、保险统计员。

ICR：质量检验技术员、地质学技师、工程师、法官、图书馆技术辅导员、计算机操作员、医院听诊员、家禽检查员。

IRA：地理学家、地质学家、水文学家、矿物学家、古生物学家、石油学家、地震学家、声学物理学家、原子和分子物理学家、电学和磁学物理学家、气象学家、设计审核员、人口统计学家、数学统计学家、外科医生、城市规划员、气象员。

IRS：流体物理学家、物理海洋学家、等离子体物理学家、农业科学家、动物学家、食品科学家、园艺学家、植物学家、细菌学家、解剖学家、动物病理学家、作物病理学家、药物学家、化学家、生物物理学家、细胞生物学家、临床化学家、遗传学家、分子生物学家、质量控制工程师、地理学家、兽医、放射治疗技师。

IRE: 化验员、化学工程师、纺织工程师、食品技师、渔业技术专家、材料和测试工程师、电气工程师、土木工程师、航空工程师、行政官员、冶金专家、原子核工程师、陶瓷工程师、地质工程师、电力工程师、口腔科医生、牙科医生。

IRC: 飞机领航员、飞行员、物理实验室技师、文献检查员、农业技术专家、动植物技术专家、生物技师、油管检查员、工商业规划者、矿藏安全检查员、纺织品检验员、照相机修理者、工程技术员、编计算机程序者、工具设计者、仪器维修工。

CRI: 簿记员、会计、记时员、铸造机操作工、打字员、按键操作工、复印机操作工。

CRS: 仓库保管员、档案管理员、缝纫工、讲述员、收款人。

CRE: 标价员、实验室工作者、广告管理员、自动打字机操作员、电动机装配工、缝纫机操作工。

CIS: 记账员、顾客服务员、报刊发行员、土地测量员、保险公司职员、会计师、估价员、邮政检查员、外贸检查员。

CIE: 打字员、统计员、支票记录员、订货员、校对员、办公室工作人员。

CIR: 校对员、工程职员、海底电报员、检修计划员、发报员。

CSE: 接待员、通讯员、电话接线员、卖票员、旅馆服务员、私人职员、商学教师、旅游办事员。

CSR: 运货代理商、铁路职员、交通检查员、办公室通信员、簿记员、出纳员、银行财务职员。

CSA: 秘书、图书管理员、办公室办事员。

CER: 邮递员、数据处理员、航空邮件检查员。

CEI: 推销员、经济分析家。

CES: 银行会计、记账员、法人秘书、速记员、法院报告人。

ECI: 银行行长、审记员、信用管理员、地产管理员、商业管理员。

ECS: 信用办事员、保险人员、各类进货员、海关服务经理、售货员、购买员、会计。

ERI: 建筑物管理员、工业工程师、农场管理员、护士长、农业经营管理人员。

ERS: 仓库管理员、房屋管理员、货栈监督管理员。

ERC: 邮政局长、渔船船长、机械操作领班、木工领班、瓦工领班、驾驶员领班。

EIR: 科学、技术和有关周期出版物的管理员。

EIC: 专利代理人、鉴定人、运输服务检查员、安全检查员、废品收购人员。

EIS: 警官、侦察员、交通检验员、安全咨询员、合同管理者、商人。

EAS: 法官、律师、公证人。

FAR: 展览室管理员、舞台管理员、播音员、驯兽员。

ESC: 理发师、裁判员、政府行政管理员、财政管理员、工程管理员、职业病防治、售货员、商业经理、办公室主任、人事负责人、调度员。

ESR: 家具售货员、书店售货员、公共汽车的驾驶员、日用品售货员、护士长、自然科学和工程的行政领导。

ESI: 博物馆管理员、图书馆管理员、古迹管理员、饮食业经理、地区安全服务管理员、技术服务咨询者、超级市场管理员、零售商品店店员、批发商、出租汽车服务站调度。

ESA: 博物馆馆长、报刊管理员、音乐器材售货员、广告商售画营业员、导游(轮船或班机上的)事务长、飞机上的服务员、船员、法官、律师。

ASE: 戏剧导演、舞蹈教师、广告撰稿人、报刊专栏作者、记者、演员、英语翻译。

ASI: 音乐教师、乐器教师、美术教师、管弦乐指挥、合唱队指挥、歌星、演奏家、哲学家、作家、广告经理、时装模特。

AER: 新闻摄影师、电视摄像师、艺术指导、录音指导、丑角演员、魔术师、木偶戏演员、骑士、跳水员。

AEI: 音乐指挥、舞台指导、电影导演。

AES: 流行歌手、舞蹈演员、电影导演、广播节目主持人、舞蹈教师、口技表演者、喜剧演员、模特。

AIS: 画家、剧作家、编辑、评论家、时装艺术大师、新闻摄影师、男演员、文学作者。

AIE: 花匠、皮衣设计师、工业产品设计师、剪影艺术家、复制雕刻品大师。

AIR: 建筑师、画家、摄影师、绘图员、环境美化工、雕刻家、包装设计师、陶器设计师、绣花工、漫画工。

SEC: 社会活动家、退伍军人服务官员、工商会事务代表、教育咨询者、宿舍管理员、旅馆经理、饮食服务管理员。

SER: 体育教练、游泳指导。

SEI: 大学校长、学院院长、医院行政管理员、历史学家、家政经济学家、职业学校教师、资料员。

SEA: 娱乐活动管理员、国外服务办事员、社会服务助理、一般咨询者、宗教教育工作者。

SCE: 部长助理、福利机构职员、生产协调人、环境卫生管理人员、戏院经理、餐馆经理、售票员。

SRI: 外科医师助手、医院服务员。

SRE: 体育教师、职业病治疗者、体育教练、专业运动员、房管员、儿童家庭教师、警察、引座员、传达员、保姆。

SRC: 护理员、护理助理、医院勤杂工、理发师、学校儿童服务人员。

SIA: 社会学家，心理咨询者，学校心理学家，政治科学家，大学或学院的系主任，大学或学院的教育学教师，大学农业教师，大学工程和建筑课程的教师，大学法律教师，大学数学、医学、物理、社会科学和生命科学的教师，研究生助教，成人教育教师。

SIE: 营养学家、饮食学家、海关检查员、安全检查员、税务稽查员、校长。

SIC: 描图员、兽医助手、诊所助理、体检检查员、监督缓刑犯的工作者、娱乐指导者、咨询人员、社会科学教师。

SIR: 理疗员、救护队工作人员、手足病医生、职业病治疗助手。

SAC: 理发师、指甲修剪师、包装艺术家、美容师、整容专家、发式设计师。

SAE: 听觉病治疗者、演讲矫正者。

SAE: 图书馆管理员、小学教师、幼儿园教师、学前儿童教师、中学教师、师范学院教师、盲人教师、智力障碍人的教师、聋哑人的教师、学校护士、牙科助理、飞行指导员。

探索与练习

【探索1】 兴趣与职业

在这项活动里，请你思考一下自己喜欢的七件事当中，哪些可能与将来的职业有关，请把它们写在下面的空格中。

和职业有关并且喜欢做的事：   有关的职业：

(1)_____   _____

(2)_____   _____

(3)_____   _____

(4)_____   _____

(5)_____   _____

(6)_____   _____

(7)_____   _____

【探索2】 兴趣与休闲生活

或许你会发现，自己喜欢做的事情中，有些和职业并没有多大的关系，但对我们日常生活却非常重要，可以当作我们工作之余的一种很好的休闲生活。请把它们找出来，写在下面的空格中。

(1)_____

(2)_____

(3)_____

(4)_____

(5)_____

【探索3】 兴趣的发展计划

自己喜欢的七件事中，有的可进一步发展成为未来的职业，有的则可以发展为调剂生活的休闲活动，所以它们和自己未来生涯发展的关系非常密切。请回想一下，你在平常一般采取什么样的方式来满足这些兴趣？或者你将计划用什么样的途径来培养这些兴趣？现在请你从喜欢的七件事中，挑出三项最喜欢的，然后针对每一项写出未来你将进一步发展该项兴趣的方式或计划。例如喜欢研究电脑的人，会通过如下的方式来满足这项兴趣：不断地通过自觉学习来充实电脑知识；尽量选修学校所开的各种电脑课程；参加校内电脑培训班；参加校外电脑俱乐部；参观每年举办的IT产品展示会等。

(1) 兴趣名称：_____

满足此项兴趣的方法：① _____

② _____

③ _____

(2) 兴趣名称：_____

满足此项兴趣的方法：① _____
　　　　　　　　　② _____
　　　　　　　　　③ _____
(3) 兴趣名称：_____
满足此项兴趣的方法：① _____
　　　　　　　　　② _____
　　　　　　　　　③ _____

第二篇　生涯规划篇

第六章　人　与　社　会

【导引个案】

潘菽的心理学之路

潘菽是我国现代心理学的奠基人之一，执教30年，培养了许多心理学人才。1955年以后，担任中国心理学会理事长和中科院心理研究所所长，对我国心理学发展做出了重要贡献。

1917年潘菽中学毕业后，报考了北京大学哲学系。他在北京大学读书的几年正是蔡元培当校长的时候，又值五四运动时期，他怀着满腔爱国之情积极参加了这场反帝反封建的革命运动，是被捕的32名爱国青年之一。这场运动使他明白了一个道理：帝国主义之所以总欺负我们，一个重要原因就是我们的国家太弱、太落后了。而要使国家强盛起来，就必须大力发展教育。1920年大学毕业后，他考取了官费留学。基于"教育救国"的思想，加之杜威来华讲学使他对教育产生了兴趣，他决定去美国学教育。1921年到美国，不久，他思想上产生了一个变化，感到美国的教育不一定适合我国国情，用美国式的教育未必能解决中国的问题。而心理学作为研究人的基础科学，既与教育有密切关系，又比教育更具有根本的性质。于是他决定改学心理学，并由此踏上了献身心理学的道路。

潘菽开始接触心理学是在北京大学求学时期，他的第一位心理学老师是陈大齐教授。那时，中国心理学尚处于初创阶段。20世纪20年代，当他决定迈入心理学科学殿堂的门槛时，正是国际上许多心理学派别激烈纷争的时期，众说纷纭，莫衷一是。这种情况使他感到，心理学还不大像一门真正的科学。然而，这不但没有动摇他献身于这一门科学的意向，反而更促使他立志要致力于改变这种状况，使心理学成为一门真正的、名实相符的科学。潘菽在美国学习6年，1927年学成回国，被第四中山大学(前身是东南大学，后来改称中央大学)聘为心理学副教授、教授、兼心理系主任。

20世纪30年代中国历经内忧外患，国内一些大学纷纷取消心理系，一些很有才干的年轻心理学者被迫纷纷改行。面对中国心理学可能夭折的厄运，潘菽在报刊上以"为心理学辩护"等为题，接连发表文章，竭力争取社会对心理学的了解、重视和支持，并鼓励心理学的同仁知所奋勉，在当时特定的环境下仍要认清心理学的价值所在，并要敢于知难而进，有所作为，共同来开垦中国科学领域中的这一"半荒区"。

抗日战争期间，潘菽随中央大学内迁重庆。在重庆的八九年中，他以很多精力积极投入抗日民主爱国斗争，同时一直坚守着心理学这块科学阵地。在此期间，他与中央大学、重庆大学的十几位进步教授自动组织起来，自觉地学习马列主义和毛泽东同志的著作，从中受到很大教益。他以自己学习、研究所得，为心理系的学生开设了一门新课——理论心理学，试图用刚接触到的新的哲学思想来解释心理学中的基本理论问题，为心理学探索新的发展道路。

潘菽的心理学之路与中国社会发展和心理学学科建设息息相关。影响个人生涯的因素是多种多样的，除了个人的生理、心理等因素外，个体所处的家庭背景与社会环境等因素也至关重要。一个成功的人生必然要积极了解社会、融入社会、承担社会责任，践行志向。

现代社会为我们提供了良好的成长环境，也使我们面临许多新问题。本章将与大家一同探索大学生与社会的关系，站在社会发展的角度探讨生涯发展。

第一节　大学生与社会

大学是青年时期的一个重要阶段，也是人生的黄金时段。如何在大学里进行科学有效的生涯规划，是每个大学生将来走向社会、获得事业成功的重要课题。因此，每一个在校大学生从步入大学的那一刻开始，就应该提前了解社会，进行必要的社会启蒙教育。那么什么是社会？存在着的社会是个什么样子？我们每个人与社会的关系如何？大学阶段的社会化过程有哪些？大学生应该具有怎样的社会责任？这些都是每一个大学生应该知晓的基本社会问题。

一、社会唯实论与社会唯名论之争

什么是社会？社会到底存在与否？对于许多大学生而言，这两个问题都是非常模糊的。对于第二个问题，很多大学生都会做出十分肯定的回答，但问及社会是什么样子时，很多大学生就只能抓耳挠腮、不知所以了。在中国汉语里，"社会"一词连起来使用最早见于唐代典籍《旧唐书·玄宗上》："礼部奏请千秋节休假三日，及村闾社会，并就千秋节先赛白帝，报田租。然后坐饮，散之。"此处的"社会"意思是：村民集会。此处的"社会"是"社"和"会"两个古词联合而成。《孝经·纬》中说："社，土地之主也。土地阔不可尽敬，故封地位社，以报功也。"此处的"社"指祭神的地方；"会"是指集会、聚会。社与会连用基本上是指志同道合的人的聚会或由此结成的或紧密或松散的团体。在古籍中，"社会"一词基本上是指民间的、有一定联系的人形成的社会活动的形式。

在西方，汉语"社会"一词由英文 Society 翻译而来。日本学者在明治年间最早将英文 Society 一词翻译为汉字"社会"。近代中国学者在翻译日本社会学著作时，沿袭该词。西方古典社会学者对社会的解释种类繁多，概括起来有两大流派：社会唯实派和社会唯名派。社会唯实派认为社会不仅是个体的集合，它是一个客观存在的东西，是真实存在的实体。社会具有超个人的品性。这一派的主要代表人物有德国的齐美尔、法国的涂尔干等人。而社会唯名派则正好相反，该派认为社会是代表具有一定特征的许多人的名称，是空名，而非实体，真正存在的、有意义的是一个个活生生的个人。唯名派的主要代表有法国心理学家塔德等人。

二、历史唯物论的社会观

历史唯物主义认为，社会是人类生活的共同体，是人们相互交往的产物，首先是物质生产过程中相互交往的产物。因为，无论什么人，要维持自己的生存发展，都要以不同的方式从事物质生产活动，而要从事物质生产活动，就必然与他人交往，建立起一定的生产关系和相应的其他交互关系。这种相互关系的总体就是社会。

具体来说，历史唯物论的社会观包含以下一些内容。

(一)社会是人的社会

人与社会的形成实际上是同一个过程，如果将社会看作一个"有机体"，那么它的产生、构成、发展等全部内容的有机性，仅仅在于人的有机性，在于它是人存在和发展的形式。

(二)人是社会的人

既然社会是人的存在形式，那么，只有物质结构和功能的生命个体并不是真正意义上的人。"现实的人"总是历史的、具体的、处于一定的生产关系中的。离开一定的社会条件，人不可能有语言，不会有思维及人的情感和创造，充其量只是生物学意义上的偶然存在。

(三)社会基本矛盾是社会发展的动力

历史唯物主义认为，生产力、生产关系和经济基础、上层建筑之间的相互关系和相互作用，构成整个社会的基本矛盾，即生产力和生产关系的矛盾、经济基础和上层建筑的矛盾。社会基本矛盾贯穿整个人类社会发展过程的始终，推动人类社会由低级形态向高级形态发展，这是不以人的主观意志为转移的客观历史过程。

三、大学生与社会的关系

大学生作为社会的一个特殊的群体，是社会重要的组成部分。因此每一个大学生作为社会的个体，都应该清楚个体同社会的辩证关系。

(一)个人与社会的统一性与矛盾性

马克思唯物辩证法认为，个人与社会具有相互依存、相互制约、相互促进的辩证关系。个人是社会产生与存在的现实前提和基础，社会是个人交互作用的产物。个人与社会既是矛盾的，又是统一的。个人与社会的矛盾性在于人的个体性。现实中的每一个人都有着自己独特的个性，每个人的年龄、高矮、胖瘦、相貌、志趣、爱好、气质、能力、信仰、信念都是不相同的，找不到完全相同、绝对一样的两个人。每个人都有着区别于社会上其他个人的特征。社会正是由这些千差万别的人所组成的整体。

个人与社会的统一性在于人的社会性。一方面，任何个体都必然以一定的社会及其关系作为自己存在的前提。当一个人呱呱坠地之时，他就来到了社会之中，面临着既定的家庭关系，面临着既定的文化环境，面临着既定的时代氛围。张三的儿子必然称张三为父亲，这种社会关系是先赋的，个人无法选择。另一方面，个人的发展必然以社会为基础。古人"学而优则仕"，书读得好可以做状元，现代的读书人不管成绩多好，都封不了状元，因为现代社会已经废除科举制度了。再如，几十年前，如果你出生在农村，那你的发展就只能在农村种地，因为你是农村户口，除非你能上大学或参军。因为当时社会的户籍制度为我们规定了这样一个发展空间：要是哪个人想进城找点事做，一定会作为无业游民被遣还。现在就不存在这个问题了，个人的发展离不开社会。

(二)个体对社会的依赖性与能动性

个人对社会的依赖性：①个人的生存依赖于社会生产。人要生存，必须有衣食住行等物质生活，假如离开了社会生产，柴米油盐酱醋茶从哪里来？穿的衣服、住的房子、行走的交通工具从哪里来？至于精神生活，要有人写书、有人出版书，你才能读书；要看戏、看电影，也是要有人编、有人演，人们才能看。②个人的生活依赖于社会规范。正是法律、道德、职业规范和乡规民俗等规范了人们的生活，为人的生活提供了安全和保障，使人能生活在一个有序的社会中。③个人的发展依赖于社会进步。如果在过去的社会，一个人连基本的人身自由都没有，是谈不上发展的。

个人对社会的能动性：人是有意识的动物，具有认识社会、改造社会的能力。社会正是在一代又一代人的努力下才不断走向进步的。①个人通过参加社会劳动创造一定的生产力，促进社会物质文明的发展；②个人通过参加变革生产关系的实践，促进社会制度的变化；③个人通过参与政治和精神生活，促进社会上层建筑和意识形态的发展和变化，促进社会精神文明的发展。

全面地认识个人对社会的这种关系对当代大学生来说具有重要的意义。现在很多大学生相信这样一种说法："社会上存在什么，个人就会怎样"。比如谈到腐败问题，很多人都会说现在的社会风气就是这样，谁到了那个位置上都会贪污腐败。在学校里也有类似的说法，"近朱者赤，近墨者黑"、"学校学习风气不好，所以我的学习也不好"、"宿舍同学都不爱学习，所以我想学也没法学"等。这是一种认识上的偏差。人对社会是有依赖性，社会环境会影响个人。但与此同时，人更有主观能动性。换言之，环境会改变个人，同时，个人也在改变着环境。所以强调说"自己学习不好是因为学校风气不好"，其实只是为自己学习上放任自流的行为作辩护。这是十分有害的。

(三)社会对个人的促进作用与制约作用

人是社会化的人，个人是一粒种子，只有在社会的土壤上才能生根、开花、结果。社会的物质文明、精神文明直接为个人的生存与发展提供必要的条件。社会给个人提供舞台和条件，使个人得以积累知识、施展才能、发挥潜力，人生价值得以充分地体现。而个人的利益、需要也不可能脱离社会的现实，要受到社会条件、社会需要的制约。我们必须认识到人是生活在各种社会关系中的，你的发展要受到自己主观条件和客观条件的制约；你同对方的关系同样也受到其自身主观条件和客观条件的制约，他也有他的想法和要求。能理解到这一点，当代的大学生就能理智地、客观地、心平气和地处理各种关系，很多烦恼和问题也就能得到很好的解决。

四、大学生的社会化

社会是人的社会，社会由人组成。这里的"人"并非纯粹生物学上的"人"，而是指社会的"人"，即经过了社会化的人。大学阶段是每个大学生一生之中一个非常关键的阶段，同时也是个人社会化过程中最重要的一个链条，这个阶段社会化程度的质量如何将直接决定着大学生将来事业的成功与否。

什么是人的社会化？"化"是一个动词，社会化就是说融入社会系统，成为被社会所接受的人，也就是说成为一个社会合格的人。一个人刚生下来时，心灵几乎是一片空白，对人类的法律、道德、风俗习惯、善恶羞耻观念等都一无所知，近乎一个"自然人"。随着年龄的增长，他会慢慢学会遵循人类的社会规范，掌握一定的社会文化，具备善恶荣辱观念，形成自身的思想品德等。这一过程就叫做人的社会化过程。人的成长与人的社会化程度息息相关。比如，一个婴儿吃、喝、拉、撒是无意识的，可是一个正常的成人就不会随地大小便，因为社会化的过程使他有了荣辱观念。如果有人这么做，人们会说其素质很差，其实就表明其社会化程度很低。

(一)大学生社会化的基本内容

1. 形成健全独立的人格

人格是个外来词，英文是 Personality，产生于欧洲文艺复兴时期。这里所说的人格，是指社会人格，是个人在长期的社会化过程中所形成的具有内在统一性和相对稳定性的个人特质结构，是个人的品德、心理和行为的综合。大学生经过四年的大学教育，必须努力培养自己健全的人格，德智体美全面发展，心理与生理双重健康，同时还要养成独立的人格特征。所谓"独立人格"就是指人的自由性和创造性，是人独立思考、独立选择的权利，是个体的自主性和对社会负责的精神，是对真理的追求、自我价值的追求，也就是自己做自己的主人，具有"独立之思想和自由之精神"，不屈服于外界的压力和不屈从于权威，坚持自己独立的品格，最大限度地实现自我价值。

2. 政治社会化

人的政治社会化的含义是指一个社会中的政治文化通过某种方式而得以传播、普及和延续的过程。大学是正式、有效和系统地进行政治社会化的最重要的场所。我们每个人都生活在一个政治社会中，不管你愿不愿意，政治都直接与你发生关系。我们国家的政治制度、国家体制、国家建设的方针政策等，都对我们每个人的学习、工作，乃至生活产生巨大影响，想要避开是不可能的。大学生思维活跃，对政治异常敏感，对社会问题特别关注，也比较热心评论。大学生的社会政治化程度如何，对大学生以后的人生道路起着决定性的作用，对国家和社会的稳定也具有重大意义。

3. 法律社会化

法律社会化是指个体遵循他所在社会的法律制度并以此来指导自己的行为。法律社会化在中国是一个亟待加强的方面。当代大学生应树立强烈的法律意识，培养自己遵纪守法的行为，学会运用法律武器保护自己。概括地说，就是要懂法、知法、守法、用法、护法。

大学生由于法律意识淡薄,假期打工被骗的事件屡屡发生,而且日常生活维权意识也不强,自己的合法权益遭到非法侵犯而不知道运用法律武器进行维权。法律社会化就是要求大学生在校期间认真学习社会的法律制度,培养自己的法律意识,并在社会中切实实践,维护作为一个公民应有的合法权益。这是每个身在法制社会中的公民应该具有的素质。

4. 道德社会化

道德社会化是指一个人把社会道德即社会对一个人的行为要求内化为自己的要求,自觉或比较自觉地按社会道德要求去做。只有这样,才能被社会接纳和尊重。目前,受经济利益等多种因素的影响,我国公民的道德意识呈下滑趋势,见死不救、落井下石、坑蒙拐骗、包"二奶"等不道德的社会现象屡屡发生。大学涯是道德社会化最为关键的一个时期。大学生通过四年的系统学习,务必培养起自己应有的道德意识,做一个有道德的社会人,这一点比知识能力的学习更重要。

5. 性别角色社会化

性别角色社会化,就是按照社会上规定的男女性别角色的要求和规范来支配自己的行动。如在服饰打扮上,社会习惯上比较认同女生留长发、穿裙子,可是如果哪个男生经常留着披肩长发、穿着裙子上街,恐怕就不太容易被人接受。虽然这样做并不违法,也谈不上不道德,可总让人感觉很别扭。或者说一个女生剃个光头,穿着背心短裤来上课,同样会让人感到惊讶。这都不符合社会对性别角色的要求。但随着观念的变化,现在许多年轻人性别角色已经发生了很大变化:时尚男青年开始流行留长发,戴耳环,穿鲜艳的衣服;女孩子则喜欢留短发,穿一些男性化的衣服。

6. 职业社会化

任何人要在社会上生存,都必须要有一定的职业。职业是个人实现社会价值的必要条件,是个人通过职业获取社会报酬的一种必要手段。职业社会化包括职业选择、职业技能训练、职业道德培养等各个方面。大学生处于走向职业生活的前夕,其职业化程度、对职业知识技能的掌握程度,直接影响到对职业的选择及今后在所从事的职业生涯中职业成就的大小。大学生的职业社会化的基本要求是:精学专业知识,同时博览群书;认识职业的意义;切实掌握专业技能;了解所学专业及未来要从事的职业的前沿状况;熟知自己将要仿效的职业角色模式;掌握将要从事的职业道德规范,并尽可能地内化,以使自己走上社会时能够尽快地适应职业角色,在职业生活中做一个成功者。

(二)大学生的社会化目的与过程

大学生的社会化目的就是使大学生与社会达成一致,使大学生个人的发展与社会的发展协调一致、和谐发展。大学生良好的社会化要经历以下三个过程。

1. 明确社会和群体对当代大学生的期待

社会化是使一个自然人变成一个社会人,变成某个群体或某个组织的一员。个体要成功地成为这个组织的一员,首先要知道这个群体对它的成员有什么期待。一个成员如果不能明确地知道群体对自己的要求、期待,就不可能做出相应的反应而成为符合群体要求的成员。作为一名当代大学生,在校期间必须要明确社会对自己的期望,自觉地遵守校纪、校规，为祖国实现社会主义现代化而努力学习；大学毕业走上工作岗位后，必须要了解所在岗位对岗位成员的具体要求和期待，使自己恰到好处地进入所扮演的社会角色，做一个成功的社会人、职场人。

2. 具备实现社会和群体期待的能力

社会是一个在历史过程中形成的有文化的群体。人要生活在这样一个有规范的社会中，要与这个社会相融洽，就必须要接受一定的训练，掌握一定的文化基础，学习并掌握社会所要求的行为规范。对当代大学生而言，社会化不仅要求其具备生活自理能力，而且要求其具备能适应并推动社会发展的素质、技能和能力，只有在学业上有所成，才可能在事业上有所成。

3. 努力做到个人与社会的和谐发展

人生的最高境界是个人与社会的充分和谐发展。作为一名当代大学生，应该养成和谐的理念，做到个人与学业和谐发展、个人与师生和谐发展、个人与学校和谐发展、个人与社会和谐发展。这是中国社会对于当代大学生最鲜明的时代要求。

第二节　社会发展与就业

随着我国大学毕业生就业制度改革的深入，就业市场的建立与逐渐规范化，我国已经逐步形成较为完善、规范的市场就业机制。当代大学生要想及时、顺利就业，那么清楚地认识我国当前高等教育的发展现状，以及目前大学生就业的形势和未来趋势，是其首先要解决的根本问题。

一、我国高等教育发展现状

目前，中国的高等教育已经进入由"精英化教育"向"大众化教育"转型的新时期。自 20 世纪 90 年代末，我国的高等教育开始扩招，且每年扩招比例呈逐年上升趋势。1998 年普通高校招生 108 万人，高等教育毛入学率不足 8%；1999 年 7 月，我国国民经济和社会发展计划做出了一项重大发展战略调整——高校扩招，原定 130 万人再扩招 30 万人。经过几年的连续扩招，2000 年普通高校招生 220.6 万人，2001 年全国招生 268 万人，与 1998 年相比，净增长 520 万人，年度递增幅度分别为 38% 和 13.3%，高等教育毛入学率为 13%。2004 年，高等教育在学人数达 2 000 万人，在校生规模世界第一。按此增长比例计算，我国在"十五"期间就已经实现了高等教育入学率达到并超过 15%，2007 年我国高等教育毛入学率达 19%。按照美国学者马丁·特罗的观点，中国高等教育正由"精英化教育"向"大众化教育"转型。与此同时，中国还进行了与之配套的高等教育管理体制改革，基本形成中央和省级两级管理、以省级政府管理为主的新型办学体制。在教育部直属高校工作咨询委员会第十五次全体会议上，教育部部长周济提出了高等教育重心转移的工作思路，我国高等教育要将工作重心由前一阶段重视规模发展，转向更加注重提高质量。

中国高等教育尽管取得了举世瞩目的成就，但也应清醒地认识到我国高等教育还面临着诸多困难与挑战。目前，我国高校招生规模不断扩大，但对高等教育的经费投入还严重不足，教育投入不足是实现我国教育事业和谐发展的瓶颈之一；在持续扩招的大背景下，高校教育质量呈现下滑的危险；教育资源分布不均，最突出的表现是高考移民；大规模扩招之后出现的严峻的大学生就业压力日益凸显等一系列新问题、新情况。

二、高校大学生就业形势分析

(一)我国大学生就业政策的演变

我国大学生就业政策的演变可划分为以下三个主要阶段。

1. 计划经济体制下"统包统分"模式的就业政策

从建国初期到 20 世纪 80 年代中期，在计划经济体制下，我国的高等教育是一种高度集中的计划管理模式，从招生到就业，无不打着"计划"经济的烙印。学校按计划招生，毕业生按计划分配，用人单位按计划接收毕业生，即"统包统分"模式的就业政策。其特点是由国家包分配工作，负责到底。这种单一的国家统一分配政策，实质上是一种零失业、充分的就业政策。

2. 教育体制改革下的"双向选择"为目标的就业政策

1985 年中共中央颁布的《中共中央关于教育体制改革的决定》是我国对高校毕业生就业政策改革的重要标志。这项决策为毕业生就业制度的改革奠定了基础，国家有关部门开始对传统的"统包统分"政策逐步改革，形成了以"供需见面"为主要形式、以"双向选择"为指导目标的就业政策。它顺应了教育体制改革对毕业生就业制度的新要求，适应并促进了当时我国的经济发展，促进了用人单位尊重知识、尊重人才风尚的形成，促进了学校的教学改革，增强其适应社会需要的主动性和积极性，也促使学生转变思想观念，提高学习积极性和竞争意识，努力成才。

3. 社会主义市场经济下以"自主择业"为主要特征的毕业生就业政策

1993 年由中共中央、国务院颁布的《中国教育改革和发展纲要》成为高校就业制度改革正式跨入市场经济体制下自主择业阶段的重要标志。它明确规定："除对师范学科和某些艰苦行业、边远地区的毕业生，实行在一定范围内定向就业外，大部分毕业生实行在国家方针、政策指导下，通过人才劳务市场，采取自主择业的就业办法"。与此相适应的毕业生就业政策的改革目标是：改革高校毕业生"统包统分"的就业制度，实行少数毕业生由国家安排就业，多数学生自主择业的就业制度。在这种情况下，大部分毕业生都只能按照自己的条件、水平、能力参与人才市场竞争，优胜劣汰，而不再靠行政手段由国家、地方政府、高校保证就业；用人单位也只能用工作条件及福利待遇吸引毕业生，不能等待国家用行政命令的办法给予保证。市场导向、政府调控、学校推荐、学生与用人单位双向选择的就业机制是我国目前大学生就业的基本政策。

(二)我国大学生就业政策的具体类型

正是由于我国的国情，使得目前大学生的就业政策主要有以下几种类型。

1. 就业市场政策

毕业生就业市场是在国家有关方针政策的指导下，运用市场机制和必要的宏观调控手段，通过双向选择、自主择业等途径，优化毕业生人力资源配置的一种方式，是利用市场规律调节大学毕业生人才供求的一种机制。它由毕业生、用人单位及其服务机构、交流洽谈场所、社会保障制度等组成。

2. 就业准入政策

就业准入政策是指大学生就业被获准进入某些地区、职业等的相关政策，它包含以下两方面：①地区准入政策。一些地区会根据本地区的情况出台一些具体的准入政策，特别是大城市如上海、北京、深圳等，每年都会出台接收非本地生源的大学毕业生有关问题的通知和政策。②职业方面的就业准入。职业方面的就业准入是指根据《中华人民共和国劳动法》和《中华人民共和国职业教育法》的有关规定，对从事技术复杂、通用性广、涉及国家财产、人民生命安全和消费者利益的职业(工种)的劳动者，必须经过培训，并取得职业资格证书后，方可就业上岗。

3. 宏观调控政策

宏观调控政策是指政府为了促进人才结构的平衡而出台的一系列关于大学生到基层、到中小城市企业、到农村、到西部等地区去就业的鼓励性措施。例如：中共中央办公厅、国务院办公厅于 2005 年 6 月颁发的《关于引导和鼓励高校毕业生面向基层就业的意见》(以下简称《意见》)等政策。值得强调的是这次出台的《意见》通过政策，积极引导和鼓励高校毕业生面向基层，在户籍迁移、偿还助学贷款、考录公务员、报考研究生等诸多方面都提出了优惠措施。另外，人事部也将研究制定促进非公有制单位和中小企业接收高校毕业生、鼓励和支持毕业生自主创业和灵活就业的有关政策规定。

4. 派遣接收政策

派遣与接收政策是指在大学毕业生到就业单位报到的过程中，国家所制定的一系列原则。调配派遣对象为：国家计划招收的普通高等学校毕业生和结业生及国家计划招收的为地方培养的军队院校毕业生；地方上主管毕业生调配的部门和高等院校按照国家下达的就业计划派遣的毕业生。学校根据毕业生就业计划、协议，结合毕业生的具体情况，拟订毕业生派遣方案，经上级部门批准后实施。

5. 招考录用政策

招考录用政策主要指在选拔毕业生的过程中的一系列关于招考上的规定，是国家在大学毕业生入口上所制定的一系列限制性原则和措施。在招考国家公务员层面主要是公务员招考的相关制度，在企事业单位录用大学生方面主要表现为政府和企业制定的在招考程序上的一系列规范。

6. 创业扶持政策

创业扶持政策是积极劳动政策体系中最直接、最积极的政策，也是现阶段效果比较显著、作用比较持久的措施。我国人事部规定，为适应多种所有制经济的发展，各级人事部门鼓励毕业生多种渠道、多种形式就业，支持毕业生自主创业。各级人事部门已经出台各种政策和措施积极为自主创业的毕业生提供所需的社会化服务，解除其后顾之忧。近几年来，国内对大学生创业的态度非常积极，政府出台了一系列大学生创业优惠政策。除了国家法律和政策方针以外，地方政府和高校也出台了一些创业扶持政策。

7. 社会保障政策

国家出台了一些有关的社会保障政策，以解除就业困难的大学生的后顾之忧，以便更好地支持和服务大学毕业生就业。劳动保障部门关于大学生社会保障的相关政策主要有以下内容：将高校毕业生就业工作纳入当地就业工作整体规划，在宏观调控和增加就业岗位等方面进行统筹安排；积极组织实施"毕业生职业资格培训工程"和多种形式的创业培训，为毕业生自主就业创造条件；发挥公共职业介绍机构的作用，加强职业指导和就业信息服务，为高校毕业生择业提供更多帮助；加强失业登记和组织管理，对未就业和生活困难的高校毕业生在失业、求职期间给予生活和就业方面的帮助；加强劳动力市场的管理，为高校毕业生就业创造良好的环境。

8. 指导服务政策

就业指导也可称择业指导或职业指导，它是为求职者选择职业、准备就业，以及在职业中求进步、求发展，而提供知识、经验和技能的指导。在《普通高等学校毕业生就业工作暂行规定》中明文规定了高等学校的主要职责，其中第五条规定"开展毕业教育和就业指导工作"，在第四章中提出了具体的要求。目前有的省市还出台了相关政策，对高校的就业指导服务课程、服务场地、服务经费上都提出了具体要求，使大学生的就业指导有了行政资源上的充分保障。

9. 权利维护政策

权利维护政策是指在就业过程中对就业者本人和就业单位权利维护的一系列原则、规范。对于就业者本人，主要是维护其平等的就业权，对于用人单位主要是保护用人单位的一系列利益，权利维护政策有利于就业过程的规范化和秩序化。权利维护政策最主要的是对毕业生的保护政策。毕业生作为毕业生就业的一个重要主体，在就业过程中享有多方面的权益，根据目前就业规范的有关规定，毕业生主要享有获取信息权、接受就业指导权、被推荐权、选择单位权、公平待遇权、违约及求偿权等。

(三)目前大学生就业困境

近几年全国高校毕业生的基本情况是：2002年高校毕业生为145万，比2001年增加了30万；2003年高校毕业生为212万，比2002年增加了67万；2004年高校毕业生为280万；2005年为338万，比2002年翻了一番还多；2006年为413万；2007年全国普通高校毕业生人数495万，2008年559万人，2009年611万人，2010年631万人，2011年660万，2012年680万，2013年699万，2014年727万。每年以20%左右的速度增长。社会对高校毕业生的有效需求仅占新增岗位的22%，而社会对高校毕业生的需求却降低22%。社会有效需求赶不上毕业生规模增长的速度的现实问题凸显，高校毕业生供需矛盾空前严重。

世界银行于2007年3月22日在中国人民大学公布了2007年世界发展报告《发展与下一代》，这份报告显示：现在中国大学生普遍关心的就业难早已是全球性问题，目前青年已占全世界失业大军的一半。

当前大学生就业形势用一句话来概括就是：就业难度增大，就业形势不容乐观。

1. 大的经济环境发展态势不容乐观

中国加入WTO，标志着中国经济朝着全球经济一体化迈出了关键性的一步，但与此同时，中国经济受全球经济的冲击和影响将更为直接和猛烈。2007年全球第一大经济强国美国由于受次债危机及9·11事件、伊拉克战争后遗症、原油价格持续上扬的影响，经济增长势头放缓；作为中国主要出口国的韩国、日本等亚洲近邻经济长期处于低迷状态。全球经济增长势头缓慢对中国经济的发展带来不可估量的负面影响。

2. 社会对毕业生的需求增长缓慢

经济发展势头放缓必然导致社会对人才需求的减少。受全球经济不景气的影响，在华外资企业竞相裁员，如2006年英特尔全球万人大裁员、雅虎公司全球裁员20%等。今年外资裁员风潮更是越吹越烈，外资企业大裁员势必影响其在华接收中国大学生的数量；中国留学生大量回国，众多的实力型"海归派"挤占了大量的校园招聘名额；再加上以前作为接受大学生大户的国有企业招收大学生的比例呈逐年下降趋势，因此，从总体上看，近几年，社会对毕业生的需求量很难与日渐庞大的毕业生队伍同步增长，大学生就业形势将进一步恶化。

3. 大学生就业供需结构性矛盾进一步凸显

大学生就业上的供需结构性矛盾主要体现在：学历结构供需矛盾突出，目前高校毕业生就业的大趋势是高学历大学生就业形势整体平稳发展，低学历大学生就业形势不容乐观，尤其是专科、高职学生整体供过于求。学科专业供需矛盾明显，社会对计算机、外语、土建、机械、医药等专业需求较大，而对哲学、历史、农学、林学、水利等冷门专业的需求量不大。大学生就业供需上的结构性矛盾还表现在地区差异、单位所有制性质的不同上。

4. 大学生非理性的就业期望

现在的大学生普遍存在着一种非理性的就业期望：都想去那些工资水平高、福利待遇好、工作稳定、有发展前途的单位，而且都想着大城市、大型国有企业集团、行政事业单位，而不想到基层、农村、西部边远山区等欠发达地区。这种非理性的就业期望脱离了中国的社会现实，造成大量的大学生高不成低不就从而延误自身就业的困境。

针对目前大学生就业形势严峻的现状，大学生应辩证地看待这个问题，既看到不利的一面，同时也应该看到其有利的一面，实事求是地分析自己的优势和劣势，转变就业观念，调整好就业心态，适当降低就业期望值，抓住机会，实现就业目标。

(四)当代大学生面临的历史机遇

尽管近几年大学生的就业形势日趋严峻，但也不必过于惊慌，毕竟中国经济乃至全球经济的可持续发展还是一个大的趋势，依旧存在着许多可预期的就业增长机会。

1. 中国经济可持续增长是大势所趋

尽管2007年中国经济出现了小的波折，但中国经济可持续平稳增长是大势所趋。据国家权威机构预计，今后 5 年中国经济将以 7% 的速度平稳增长。由于经济的增长而带来的新的就业机会，每年至少在 560 万个以上。

2. 中国"入世"所带来的前所未有的发展机遇

中国已经成功加入世贸组织，中国经济参与全球经济一体化的进程步伐加快，产业结构进一步优化升级，国际资金、技术融通加剧，这些因素都加大了对国内高校毕业生的吸纳，由此而产生的新的就业机会对未来的毕业大学生而言，都是有利因素。

3. 我国已初步建立完善规范的大学生就业市场机制

经过多年的探索试验，我国已初步建立了较为完善、规范、系统的大学生就业市场体制和高校大学生就业指导服务体系。目前，我国高校大都建立了专业化的毕业生就业指导机制，能够有效地指导毕业生转变思想、看准机会，顺利完成就业。

4. 高校资源大整合提升了毕业生的综合素质

近年来，全国铺天盖地刮起的高校合并飓风，无疑成了世纪之初我国教育界最亮丽的一道风景线。高校合并实现了对教育资源的重组与改进，使许多高校的规模效益、经济效益有了明显的提高，而单一性学科被复合性学科所取代，则使高校结构趋于合理，高校毕业生的综合素质和社会适应能力得到进一步的提升，这在根本上为大学生就业提供了实力上的保证。

三、大学生就业能力的培养

由广东省高校就业指导中心与华东师范大学心理应用研究中心共同进行的"2005 年大学生择业状况及心态调查"结果显示，用人单位认为大学生最缺乏的素质是实干精神、专业水平、人际沟通。而大学生认为自己最缺乏的素质分别是外语水平、专业水平和管理能力，外企认为大学生最缺乏的素质是"实干精神"的比例最高，占 38.9%。显然，在认为大学生最缺乏的素质能力问题上，单位和毕业生有不同的看法。

大学毕业生应具备哪些基本素质和能力才能在未来残酷的就业竞争中脱颖而出呢？作为刚进入大学的大一学生来说非常有必要弄清楚这个问题，以便于在以后的大学生涯中做好职业规划，有步骤、有意识地培养起这些基本的能力和素质，做到未雨绸缪。

(一)社会适应能力

适者生存，不仅是自然法则，也是一项残酷的社会生存法则。所谓社会适应能力，简单地说就是适应社会赢得个体生存进步发展的一项基本生存能力。这项能力同时也是人类的一项基本的生存权利。作为一名在校大学生将来踏入社会遇到的首要问题就是社会适应的问题，要适应社会的规范，也要适应社会的潜规则，尤其是具有中国特色的关系潜规则。在适应的基础上才能更好地谈到发展、改变的问题。这种社会适应能力对于即将毕业的大学生来说，最直接、最有效的做法就是忘掉自己的大学生身份，放下那种高高在上、高人一等、拒人于千里之外的姿态，俯下身子虚心向别人请教，聆听别人的教诲，努力工作，在学习中不断发展自己。

(二)决断能力

决断能力是一个人能否独立思考，果断处事和独立完成某项工作的特殊能力。现代社会瞬息万变，充斥着诸多的机会和挑战，有些机会会一晃而过，这就需要个人具有这种决断能力，当机会来临时，能够当机立断，做出最佳决策，将机会抓在手中。那些社会成功人士大多具有这种良好的决断能力，把别人看来不是机会的机会牢牢抓在手中，然后运用自己的智慧最终取得成功。四川长虹总裁倪润峰 1996 年率先拿起价格武器将彩电大幅降价，从而确立国产彩电的主导地位，这便是看准市场、果断决策的典型。对于即将毕业走向社会的大学生来说，也是如此。要牢记"机不可失，时不再来"。

(三)良好的自我表达能力

表达能力是指运用语言阐明自己的观点、意见或抒发感情的能力，主要包括口头表达能力和书面表达能力。表达能力是个人能力的一面镜子，社会通过这面镜子对个人做出评价。因此，对于每一个即将毕业的大学生或刚入学的大学生来说，个人自我表达能力的培养都至关重要。通过四年的大学生活，每一个大学生都应该做到以下两点：一要能说，二要能写。能说是指能够在公共场合准确、清晰无误、流利地表达自己的观点、想法、意见、态度、要求；能写是指能够在规定的时间内迅速、规范地圆满完成各种文字材料的写作。这种能力需要大学生在校期间利用各种机会、各种场合积极培养。

(四)创新能力

江泽民同志曾经说过"创新是一个民族进步的灵魂，是国家的兴旺发达的不竭动力。一个没有创新能力的民族，就难以屹立于世界先进民族之林"。党的十七大报告提出，提高自主创新能力，建设创新型国家。这是国家发展战略的核心，是提高综合国力的关键。教育尤其是高等教育在培养这种创新能力、创新精神、创新意识方面肩负着伟大的历史重任。当前在中国高校中普遍存在着"应试教育"的影子，没有很好地将素质教育进行到底，强调统一性，忽略了大学生多样性的发展和培养。作为一名在校大学生，应该尽一切努力利用各种手段和途径逐渐培养起自己的创新能力、意识和精神，最基本的内容就是创新性地完成各科作业、各科论文，创意性地完成各种社会实践活动，培养自己的逆向思维、发散思维、聚焦思维，敢于质疑老师，敢于质疑课本教材，敢于质疑权威。

(五)现代化信息搜寻能力

现代社会已经进入了德国社会学家乌尔里希·贝克教授所说的"风险社会"，在这个社会中充满了很多的变数，充满了太多的不确定性。现代信息通信技术尤其是互联网技术的飞速发展，现代传媒技术的崛起，无疑加剧了信息的急剧爆炸。在这个信息高速膨胀的社会，面对眼花缭乱的信息，大学生的信息搜寻能力就显得尤为重要。在校大学生在校期间应该努力"学会"而不是"学习"计算机技术，掌握利用计算机有效搜索所需信息的能力以及运用这种能力，自如地处理信息的能力，培养自己的信息素养。

(六)团队合作精神

团队合作精神是一种为达到既定目标所显现出来的自愿合作和协同努力的精神。中国人自古虽不缺团队合作意识，但并没有培养起真正的团队合作精神。中国有一句俗语：一个中国人是龙，两个中国人是虫。这句俗语尽管有些极端，但也从另外一个层面反映出中国人团队合作精神的欠缺。中国的大学生也是如此，大都喜欢单打独斗，缺乏必要的团队合作精神。而团队合作对社会的贡献率远远大于个人对社会的贡献率。美国微软集团就是一个典型的例子。微软公司的总裁比尔·盖茨的七人智囊团之一的李开复先生特别强调了作为微软精神之一的团队合作精神对于微软集团崛起乃至超强所起的重要作用。

(七)职业素养能力

基本的职业素养能力主要包括毕业生对所学专业理论知识的实际操作能力。另外大学生还应具备另外一些基本职业素养，如任务执行、工作方法、时间管理、压力管理等基本的职业工作能力。这些能力是决定毕业生在进入企业后，能否快速掌握必要的职业习惯和方法，更快地融入企业中去的关键能力。这些能力是企业衡量毕业生能否快速适应岗位工作，快速进入职业角色，也是用人单位进行人才选择与录取的关键因素。

(八)组织管理能力

虽然不是每个大学毕业生都会从事管理工作，但是在实际工作中每个从业者都会不同程度地需要组织管理才能。现代社会职业表明，不仅领导干部、管理人员应当具备组织管理才能，其他专业人员也应当具备。随着时代的发展，纯"书生型"的人才已不能适应社会的需要。近年来，许多用人单位在挑选录用大学毕业生时，在同等条件下，往往会优先考虑那些曾担任过学生干部、具有一定组织管理能力的毕业生，这正反映了时代的客观要求。

(九)社交能力

所谓社交能力是指与他人进行有效传递思想感情与信息沟通的能力。人是社会人，不可能脱离社会而单独存在，我们每个人生活在社会中，就不可避免地与社会、与他人发生各种关系。大学生必然走向社会，也必然会同社会上各种人打交道。能否正确、有效地处理、协调好各种人际关系，不仅会影响大学生的环境适应状况，而且还会极大地影响到他们事业的成败。在现代社会中，培养良好的社交能力是一个人事业成败至关重要的因素。美国北卡罗来纳州"创意领导中心"的学者经过对上班族多年的研究发现，影响上班族晋升的因素有65个，最致命的是"对他人不敏感"，即人际交往能力偏低。

以上简单介绍了大学生就业必备的九项基本素质能力，但也应该认识到一个职场人只具备这九项能力是远远不够的，社会所看中的是应聘者所具有的综合素质。

四、大学生就业误区

(一)留恋大城市，不愿下基层

最近几年社会上流行这样一种说法：现在大学生找个工作比找个老婆都难。现在的大学生就业普遍走入了一个误区：过分留恋城市，不愿下基层。随着就业形势的进一步严峻，城市就业压力、就业竞争已经处于白热化的状态。与此同时，在一些基层单位出现了很多就业机遇，但却招不到合适的人才。例如，中国建设银行湖南分行人力资源部的负责人说，现在的大学生怕吃苦，一听说是去西部或是去基层锻炼就跑了，基层银行的招聘只好在当地院校选择，用人标准也就降低了，这些大学毕业生不知道分行的员工许多都是从下面调上来的。湖南省烟草公司人事部门负责人深有同感，他们今年在全省招考，结果100多个岗位只招到80余人，老少边穷地区没人愿去。

(二)实践能力差，待遇要求高

当前中国大学生的一个弊病是理论知识强，而动手实践能力差。尽管如此，大学生在求职待遇上却不肯屈就。湖南省建工集团对大学生的需求很旺，这几年招聘量都在500人以上，但他们发现一些学生的动手能力太差，有一个路桥专业的毕业生连农民工、工匠都会用的测量仪都不会用，结果被工地退回到人力资源部。后来才知道，大学四年中老师只带他们到工地去参观过几次。广州军区人事部门负责人说："现在都是独生子女，他们独立生活、工作的能力差，又不愿意锻炼，但期望值却比较高，动不动就要几千元。"

(三)求职简历弄虚作假，综合素质较低

大学生求职简历弄虚作假在中国并非新闻，从中折射出的是有些大学生综合素质较低的社会现实。湖南省建工集团在招聘时发现，同校同专业同年级学生的求职表中，竟然有十多门课程不一样。经调查才知是大学生搞"脸面工程"，考得好的课程就写出来，考得不好的就不写。广州军区人事部门的负责人在一次招聘会上说："现在很多进入军队的学生，学什么就只懂什么，懂计算机的不懂处理人际关系，做文书工作的不懂上台讲话，综合素质亟待提高。"

(四)盲目攀比，延误就业

有的毕业生择业时不是根据自己的爱好、所学的专业、水平和能力等实际情况，而是观看和打听别的同学往哪个公司应聘或到哪地方应聘去，他也就往哪里挤，也不管对自己有利没利。有的毕业生看到别的同学找的单位好，自己就非要找一个和他一样或比他好的单位，不然心里就不平衡。

(五)侥幸心理，走向极端

有些大学生在校期间不认真学习，没学到真本事，想毕业时随便找个单位；有的把希望寄托在父母、亲朋好友找门路上；还有的想采取请客送礼，乱改成绩、档案等材料，蒙混过关，找个单位就业；也有的大学生对当前就业工作的形势了解不够，对有关政策规定认识不清，在找工作时，缺乏正确的态度和科学的精神。一种是要么不加考虑，害怕找不到工作，急急忙忙地见单位就签，结果签了后，又后悔莫及；另一种是不停地挑选，总希望还能有更好的，结果一次次失去良机，最后还是耽搁了。

第三节　大学生与社会适应

人是社会的一部分。一个人只有融入社会，才能成为真正意义上的社会的人。大学生所生活的校园本身是一个小社会，而校园之外则是一个比校园广阔得多、复杂得多的社会。

对社会的适应，是大学生跨出校园后面临的第一课。适应能力强的顺势应变，与时俱进，很快进入角色，如鱼得水；适应能力弱者，与社会的文化背景、工作环境、人际关系产生强烈抵触，经历了矛盾、冲撞、心力交瘁乃至头破血流，才能适应环境。环境适应能力的强弱，直接影响大学生未来的发展。

大学生社会适应是个体在与社会环境的交互作用中，追求与社会环境维持和谐平衡关系的过程。大学生社会适应根本上是人际适应，是社会适应能力的重要标志之一。大学生的社会适应主要是社会角色的扮演，从而形成自我意识，实现个体社会化的过程。大学生社会认知水平的发展及其局限在一定程度上导致其社会认知偏见和情绪发展的不稳定性，容易在社会化过程中产生角色冲突和自我意识的矛盾性。

一、大学生人际适应中的社会认知偏见

社会认知是指对社会客体的知觉过程，是一种基本的社会心理活动。社会认知的过程，是依据认知者过去的经验及对有关线索的分析而进行的，社会认知还必须依赖认知者的思维活动，包括某种程度上的信息加工、推理、分类与归纳。人们对他人的行为进行推测与判断时，往往根据自身的经验与体会来认识他人当时潜在的心理状态，即所谓的以己度人。所以，社会认知受主观因素的制约。

社会认知的基本过程包括社会知觉、社会印象、社会判断。社会知觉是社会认知的第一步，它是关于他人和自我所具有的各种属性与特征的一种整体性知觉，在此基础上形成社会印象和社会判断，并进一步对他人和社会行为做出自己有根据的归因。社会印象是人们通过与认知对象的接触和知觉，在头脑中形成并留在记忆里的认知对象的形象。社会判断则是在社会印象的基础上，对认知客体的评价与推论。

在认知过程中，个体的某些偏见时时影响认知的准确性，产生认知偏见。大学生常见的社会认知偏见主要有以下几种。

(1) 首因效应：是指在社会认知过程中，最先的印象(即第一印象)对人的认知具有极其重要的影响，它具有前摄和泛化的作用。第一印象具有表面性、片面性和先入为主的特征，容易形成一种心理定式，产生负面效应。因此，大学生参加招聘会时给招聘单位留下的"第一印象"至关重要。每个大学毕业生在参加招聘会时一定要做好充分的准备，衣着整洁美观、大方，要事先对招聘单位了解透彻，准备好对方可能提问的问题，回答问题要精炼、准确，要十分自信，力争给对方留下一个最佳的第一印象。

(2) 近因效应：是指最后的印象对人的认知具有重要的影响，具有后摄作用。如果说大学生应聘第一印象非常重要，那么就业之后，近因效应就发挥其应有的作用了。参加工作之后，用人单位看中的是大学生进入公司后的个人做事能力。因此，大学生在校期间应该练好"硬"功夫，在以后的工作中以能力赢得用人单位的好感与尊敬。

(3) 晕轮效应：也称光环效应。是指当我们对一个人的特征形成一定的印象后，无论是好的还是坏的，都被赋予一种光环，容易以点盖面，以偏概全。

(4) 社会刻板效应：是指人们对某个社会群体形成的一种概括而固定的看法。按照预想的类型将人分成不同种类，然后贴上标签，按图索骥。而这种沿袭已久的固定的看法，容易积淀为一种心理定式，这些偏见严重影响大学生的正常人际交往。例如很多大学生刻板地认为农民很愚昧落后、市民很市侩、商业很奸、学生很单纯很善良等，这些刻板都会影响大学生以后与这些群体进行正常的沟通、交流和交往，不利于工作的顺利展开。

(5) 相似假定作用：在认识活动中，人们有一种强烈的倾向，即假定对方与自己有相同点。在大学生中最普遍的是假定人人都是好人(或坏人)，这个世界上没有坏人(或好人)。这是两种不健康的极端看法，也是非常有害的。应该辩证地看待这个问题，世界上有好人也有坏人，坏人有时也做好事，好人有时候也做愚蠢事，并且要深信这个世界上还是好人多。只有这么想、这么做，整个世界才会充满阳光和幸福。

(6) 类化原则：认知者总是按一定的标准将他人分类，把他人归属于一些预设好的群体范畴之中。在认知具体个人时，一旦发现对方所属的群体类别，就会将群体的特性加之于对方身上。

(7) 积极偏见：认知者表达积极肯定的估价往往多于消极否定的估价，这种倾向又叫宽大效应。这种效应有其积极意义，但也存在消极、不利的成分。在看待人和事时，这种效应要适度、客观、实事求是。

(8) 隐含人格理论：每个人在成长过程中，都发展了自己的人格理论，有一套关乎个人各种特征是怎样相互适应的理论，具有未言明的假定性，这种理论之所以是隐含的，是因为它很少以正式的词汇表达出来，甚至自己也并没有意识到它的存在。伯曼等人把这种理论又称作相关偏见。这种偏见为人们提供了一种方法：把认知到的各种特性有规则地联系起来。每个人都依照自己有关人格的假定，把他人的各种特性组织起来，成为一种总体形象。

二、大学生的社会角色冲突

角色意识是指个体对自己在社会生活中所扮演的角色的认知，以便使自己的行为符合社会对该角色的要求。社会生活的多样性，决定了社会关系的复杂性，任何一个人，当他进入某一社会位置后，就与一系列的行为模式相联系，其言行举止都受一定社会对这一位置的规定或制约。大学生对自己角色的认知很大程度上影响着其相应的社会角色的扮演。

社会角色的扮演是大学生社会化的一个重要内容。社会化的根本目的在于培养合格的社会成员。在社会化过程中，大学生不断将社会要求转化为社会角色的心理内容，即通过个人的内心活动或亲自体验，真正相信并接受社会主导价值、行为规范，把它纳入个体的价值体系之中。这实际就是社会角色的学习与扮演过程。角色冲突是当一个人扮演一个社会角色或同时扮演几个不同的角色时，发生的内心矛盾与冲突。大学生由于长期在校园里生活，生活比较单一，关系也不复杂，显得有些"书呆子"气，因此为招聘单位所不喜。大学毕业生在毕业前夕，一定要摈弃"呆气"，做事尽可能圆润一些，不可太冲。当然，每个大学生都应该在大学期间，利用假期多参加一些社会实践活动，多接触社会，积累社会经验，为将来毕业做好准备。

大学生角色冲突的表现有以下几种情况。

(1) 从高中学生角色意识转变为大学生的角色意识而出现的冲突。一个人的角色不是一成不变的。当一个人扮演新角色时，新旧角色间会发生矛盾而产生角色混淆。许多大学新生在由高中生转为大学生的过程中，常常一时不能适应新的环境、新的人际关系，感到压抑、孤寂、苦闷，认为自己不行，并为此而苦恼。

(2) 由失落心理而引起的角色冲突。其中包括：学习成绩不理想而引起的冲突；因同班同学、好友评上三好学生或各方面都比自己强，感到失落、怨恨而产生的嫉妒心理等。

(3) 实际角色和理想角色的差距。一些大学生对自己有很高的期望值，但实际上成绩平平，相貌一般，无特殊爱好或才能，因此长期处于自卑的心理状态中。

(4) 多重角色心理冲突。这类角色冲突主要发生在担任学生干部的同学中。对于这一类学生，无论是自己或老师、同学，都有一种求全的心理倾向。他们既要学好功课，又要干好工作；既要在同学中有威信，又要得到老师的信任；既要工作学习好，又要娱乐玩耍兼顾。这种多重角色的心理压力常使他们筋疲力尽而顾此失彼。因此思想包袱日积月累，出现角色冲突。

(5) 因家庭经济条件差而引起的角色冲突。这主要表现在部分来自农村的大学生身上。在大学"争强好胜"的环境中，家庭经济条件的好坏，也成了衡量一个人的标准。家庭生活条件困难的大学生易受到冷落，失落感、自卑心理都比较强。

(6) 社会角色"超前意识"而引起的角色冲突。当代大学生往往对国家和民族表现出强烈的忧患意识，这应该说是值得肯定的。但一些大学生由于过高估计了自我价值，往往难以摆正自己在社会中所处的位置。一些学生受辨别能力的限制，只用西方的先进来比较我国的落后，往往以一个社会觉醒者的形象自居，想通过自己的人生奋斗来改变国家的现状，而在实际生活中一旦遇到困难和挫折，又很容易垂头丧气。

三、大学生自我意识发展的矛盾性

个体社会化的结果之一是形成自我意识。自我意识是指个人对自己存在的意识，对自己以及自己周围的事物关系的意识，即指个人对自己身心状况、人—我关系的认知，情感以及由此而产生的意向。自我意识包含三种成分：自我认知，即对自己各种身心状况、人—我关系的认知；自我情感，即伴随自我认知而产生的情感体验；自我意向，即伴随自我认知、自我情感而产生的各种思想倾向和行为倾向，自我意向常常表现为对个体思想和行为的发动、支配、维持和定向，因而又称自我调节或自我控制。

大学生自我意识发展的矛盾冲突主要如下。

(一)独立意向的矛盾性

(1) 独立意向强烈。独立意向是大学生在成长和发展过程中摆脱他人监督、支配和管教的一种自我意识倾向。他们希望自己独立自强，成为一个有独立见解、能决定自己命运的人。表现出反抗权威，不愿遵循传统，总想标新立异。但由于父母的溺爱和包办，很多大学生在上大学之前根本就没有养成独立的习惯。在失去外界约束的情况下，两种相反的倾向会产生剧烈冲突。

(2) 逆反心理和依赖心理作祟。大学生因为经济上尚未独立，心理上没有完全成熟，社会地位还未确立，其独立性表现往往具有非理智性和盲目性。大学生逆反心理具有独立意向的盲目性和突出自我的典型特征。如对正面宣传作反向思考，对先进人物无端否定，对不良倾向产生认同，对思想政治教育和校规校纪产生抵制心理。

(二)自我评价的矛盾性

(1) 自我评价需要增强。大学生拓展了自由空间、交际面和活动空间，急于在新的环境里认识自己，评价自己，找到自己的位置。这种认知和评价不仅是仪表外貌，更多的是对自己的能力、性格、品德、人生价值等深层次问题的探讨，自我认识的内容更加丰富和深刻。

(2) 自我评价易出偏差。大学生由于受自身认识水平的限制，在认识、评价自我时缺乏必要的客观性和正确性，对自我的理解和判断流于表面，易出现自我否定、自卑或自负、盲目自大。

(三)自我体验的矛盾性

(1) 自我体验敏感、丰富、深刻。大学生自我体验的强度大，具有敏感性、丰富性、深刻性等特点。随着自我认识的发展，大学生开始重视自己在集体中的地位与权威，对他人的言行与态度十分敏感，对涉及自己的名誉、地位、前途、理想及异性交往等方面的问题，更易引起强烈的自我情绪体验。

(2) 内心闭锁与情绪波动。大学生由于独立欲望与自尊心比较强，爱面子，所以不愿向别人坦露自己的内心世界，会有意无意地掩盖自己的缺点。这种闭锁心理妨碍新的友谊关系的建立，易产生莫名的孤独感，造成心理压力。若其心理困扰不能及时得到解决便可能导致心理障碍。大学生自我体验还会随着情绪的波动表现出波动性，如情绪好的时候自我肯定多一些，充满了自信；一旦情绪低落，自我否定就多些，容易产生自卑、内疚。

(四)自我控制的矛盾性

(1) 自我控制愿望强烈。大学生自我控制的自觉性与独立性显著增强，自我控制的水平显著提高。大学生自我控制的愿望十分强烈，力图摆脱社会传统的约束，按照自己的意愿行事；他们也能够自觉地根据社会的要求来调节、改变自己不切实际的目标和动机，能够在较高水平上驾驭自我。

(2) 自我控制力仍然不足。大学生自我控制水平不高，不善于及时、迅速地调整自我追求的目标和行为，也不善于以理智控制自己的行动，其中打架斗殴、破坏公物等现象就是不善于控制自我的结果。

在大学生社会化的过程中，其社会认知和情绪状况都会直接或间接地影响其社会角色的扮演和自我意识的建构。首先，情绪对社会认知的影响会影响到社会认知的归因分析，不能冷静地、客观地分析事件发生的来龙去脉和因果关系，造成某种偏见、主观和武断。另外，情绪也会影响认知信息的整合。例如，过分紧张和激动的情绪会抑制记忆信息的提取和对参照标准的选择及逻辑思维能力。其次，个体社会认知的方式所引发的情绪体验在程度上表现为强弱的不同和积极与消极的区分。

四、大学生心理适应不良的表现

(一)大学生环境适应不良

(1) 大环境的改变，即由原来的高中、家庭变为大学环境。
(2) 小环境的改变，即可能由家庭生活变为集体宿舍生活。
(3) 人际关系的改变，即人际关系的广度和复杂性增加，由家庭成员为主或比较单纯的师生、生生关系变成较为复杂的师生、生生和社会关系；学生缺乏自己管理自己的能力，又不太愿意接受学校的管理。

(二)大学生社交适应不良

(1) 由于内向、文静、胆小、多虑等性格造成不敢主动与人交往，显得不合群，独来独往，心事重重。

(2) 由于害羞而缺乏主动与人交往的能力，在陌生人和异性面前显得面红耳赤、神色紧张、讲话吞吐，因此常主动地回避他人；不愿与他人接触交往，很少参与集体性、公开性的活动。

(三)大学生学习适应不良

(1) 没有明确的学习目标，学习动机缺乏，行为懒惰，生活作风散漫，学习兴趣淡漠，不愿上课，易分心，独立性差。

(2) 学习方法不当，不善于科学用脑，不注意劳逸结合，学习无计划，不能很好地管理自己的时间，未形成必要的知识结构。

(3) 平常不用功，基础不扎实，学习成绩不如他人，临考紧张焦虑，大脑神经活动兴奋与抑制功能失调，身体不适、失眠，注意力难以集中，记忆力下降，考试水平得不到正常发挥，成绩不理想。

(四)大学生性心理适应不良

大学生性心理适应不良呈现出诸多矛盾，一方面对性知识好奇及探索；另一方面又缺乏性知识教育而性无知，以致产生心情焦躁，丧失信心，产生自我否定的评价。

一方面对异性爱慕和吸引；另一方面对异性疏远、回避，造成性压抑而产生内心的自责、焦虑、紧张、矛盾、困惑。

一方面有性欲和性冲动的产生；另一方面受学校制度和社会法律道德的约束而产生心理冲突、矛盾、苦闷。

一方面进行性幻想；另一方面惶恐不安，感到羞耻、自卑、自责。

人的情感与行为主要由其认知过程所决定，不合理信念引起错误的判断、推论，导致病态的情感和行为。目前，临床已初步形成共识，心理问题或心理障碍的产生或多或少都包含认知的偏差和歪曲。基于这一理论，对大学生情绪疏导的关键是帮助他们发现认知偏差，通过一定途径修正并建立正确的认知结构，才能有效地改变不良情绪。

学校和社会是有差距的，其运行规则和社会的运行规则有很大不同。这种环境的隔离，往往使得"象牙塔"里的大学生对社会的看法趋于简单化、片面化和理想化。一些企业对应届毕业生表示出冷淡，其中一个重要原因就是刚毕业的大学生缺乏必要的工作经历与生活经验，角色转换较慢，适应过程长。用人单位在挑选和录用大学毕业生时，同等条件下，往往优先考虑那些曾经参加过社会工作，具有一定组织管理能力的毕业生。这就需要大学生在就业前就注重培养自身适应社会、融入社会的能力。

适者生存，生存是为了发展。大学生对社会和环境的适应应该是积极主动的，而不是消极的等待和望而却步。大学生只有具备较强的社会适应能力，走入社会后才能缩短自己的适应期，充分发挥自己的聪明才智。因此，在不影响专业知识学习的基础上，大胆走向社会、参与包括兼职在内的社会活动是大学生提升自身就业能力和尽快适应社会的有效途径。

学校即社会。每一个当代在校大学生都应该正确、深刻认识当今的社会，未雨绸缪，做好就业的各项准备，积极主动地融入社会的大熔炉中锤炼自我，实现个人乃至对社会的终极价值。

五、在校大学生如何培养适应社会的能力

在校大学生的社会适应能力是可以培养和维护的，我们只要在日常生活中注重以下几个方面，便会逐渐把自己调整到一个较好的社会适应状态。

(一)主动参与社会活动

必须从实际出发，正确认识客观现实，不逃避现实也不做无根据的幻想，从而把自己置于各种事物之中，了解它，掌握它，并进一步改造它。参与社会活动的渠道有很多，包括担任学生干部，为同学服务；包括关心社会，主动承担社会责任，积极参加社会实践，了解社会，在参与中增强适应社会的能力。

(二)积极调整，选择对策

对社会现实生活保持良好的接触，不回避现实，主动面对现实生活中的各种挑战，当个人需要与社会现实发生矛盾时，能充分发挥主观能动性，积极妥善处理环境与自身的关系，创造条件使自己始终处于有利的环境中。从主观上要采取积极的态度而不是消极地等待；在选择对策上要审时度势，有条件地选择改造环境的方法，无条件地选择改造自身的办法，这样才能既不想入非非，又不自暴自弃，从而找到最佳方案。

(三)采用心理防御措施

不论改造环境还是改变自己，都要有一个转变和考虑的过程，在这个过程中，会有某种困扰，为解决这种困扰，不妨采用心理防御来达到解脱的目的。承认这个社会不是为自己而存在的，我们不可能改变所有的事情，在改造社会之前，首先学会适应，这是每一个人适应社会的必由之路。

(四)保持身心健康

人在生活中除了需要营养、体育锻炼、休息等生理方面的满足外，也需要家庭、友谊、支持、理解、尊重，需要通过人际关系获得心理上的满足。在日常学习、工作中，和谐的人际关系是生命的滋补品。为了提高人的生活质量，应该提高和培养处事与处人的能力。

(五)加强体育锻炼

通过体育锻炼可以接触更多的人和事，通过运动与人交往，增强大脑兴奋与抑制的调节功能，改善神经系统，使人忘却烦恼和痛苦，消除孤独感；锻炼可以唤醒人们的精神情绪，使人精神振奋，心情轻松愉快，使人们焕发青春的激情，提高自己的社会适应性。

扩 展 阅 读

【阅读1】 大学生社会回炉：资源浪费还是务实增值

上完大学，接着花两年或更长的时间去拿技校的"中等学历"，这在过去是想也想不到的事，最近几年却在全国范围内变得普遍起来。2006年，重庆的技校(中专)新生中，有346人持有大专以上文凭。无独有偶，大学生"回炉"上中专不只是重庆的个案，在天津、浙江、北京、上海等许多地方，不少学生也有类似选择。北京科技大学工商管理系本科毕业生汪洋就是其中一位。2006年8月16日，汪洋在工作3年后，又来到贵州省机械工业学校报名就读，成为数控技术应用专业的一名中专学生。那么，经过考大学残酷的千军万马过独木桥后又经过四年本科的学习，然后回到中专、技校重新学习，到底是一种资源浪费还是务实增值？

其实，大学生"回炉"现象并不可怕。"回炉"只是一个跳板，最终目的是拿到一张比大专学历还有升值潜力的中级工职业资格证，进一步拓宽往上发展的空间。

大学生"回炉"无非有以下几种原因：一是就业难催生"回炉热"。以前有个本科学历好像就进了"保险箱"，工作保证没问题。现在可不行了，连硕士都很难找到工作。与其这样，还不如学一门真本事，最起码能保证独立生活。二是高薪诱惑。现在技校毕业生基本都能找到工作，如果能做到高级技工，一个月拿万八千还是可能的。虽然拿这么高薪水的人还是凤毛麟角，但对于这些"回炉"的大学生却极具诱惑力。据有关报道称，因为长期招不到合适的技工，浙江一家企业不得不开出相当于高层管理者的大价钱，但最终"救火"的人才还是从国外请来的。这不过是国内"技工荒"浪潮中的一个缩影。

有人表示大学毕业了去当技工纯粹是浪费，倒不如中学毕业时直接报考职业学校。从上小学到技校毕业需要12年，读完大学却需要16年，普通大学生每人每年花费上万元，读一年技校学费也在7 000元左右。这样算下来，大学生当技工将造成人力资源配置的不合理，造成各种层次的劳动力资源不和谐，也浪费了宝贵的教育资源。

从社会的角度而言，大学生到技校"回炉"现象，说明社会更注重人的实际工作技能，这是大学生在求职过程中增加竞争力的措施，是一种社会充电，应该值得鼓励。

大学生"回炉"现象一方面是大学生应对就业压力的一种无奈选择，另一方面也反映出当代大学生就业观念更具现实性，同时也折射出高等教育与市场链接程度的低效率化。

【阅读2】 社会经验真的有那么重要吗

2005年3月23日无锡有一场招聘会，300家单位，提供的岗位近万个。在招聘现场，虽然各家单位对求职者的学历要求并不苛刻，但有近90%的单位在招聘简章上都打出了"需×年工作经验"或"有工作经验者优先"的条件。

场内一家公司负责招聘的工作人员说，之所以非要招聘有工作经验的人，是为了能快速上手。如今工作节奏越来越快，很多企业没有时间也没有资金去培训员工，与其招那些没有工作经验的大学生，还不如招聘一些没有高学历的熟练工。另外，现在员工的流动性很强，谁也不愿辛辛苦苦培养了人以后，过后跳槽到其他单位。况且，现在的大学生太多了，企业的选择机会也太多了，无论条件多高，不怕招不到。

那么对于大学生就业而言，是具备一定的社会经验重要，还是个人具备用人单位所需的能力重要呢？社会经验对于企业而言真的那么重要，那么不可或缺吗？

相关链接： 共青团中央学校部、北京大学公共政策研究所联合发布了《2006年中国大学生就业状况调查》，报告显示：高达52.14%的大学生将"缺乏社会经验"视为最困扰大学生就业的主要因素，另有24.14%的学生表示个人能力不足成为制约成功择业的首要问题。同时用人单位也表示，缺乏工作经验是大学生与其他就业群体相比的一个明显劣势。

探索与练习

案 例 分 析

运用本章所学知识，阅读相关材料，站在社会的角度用马克思唯物辩证法的观点深度解读下面两则案例。

案例一：马加爵云南大学杀人案

2004年2月23日下午1时20分，昆明市公安局接报云南大学学生公寓一宿舍发现一具男性尸体。经公安机关现场勘查，在该宿舍柜子内共发现4具被钝器击打致死的男性尸体。警方认定，云南大学在校学生马加爵有重大作案嫌疑。3月15日晚上7时30分左右，马加爵在海南省三亚市落网。云南省高级法院经复核认为，马加爵无视国家法律，因不能正确处理人际关系，为琐事与同学积怨，即产生报复杀人的恶念，并经周密策划和准备，先后将四名同学残忍地杀害，主观上具有非法剥夺他人生命的故意，客观上实施了非法剥夺他人生命的行为，已构成故意杀人罪。在整个犯罪过程中，马加爵杀人犯意志坚决，作案手段残忍，杀人后藏匿被害人尸体并畏罪潜逃，其犯罪行为对社会危害极大，情节特别恶劣，后果特别严重，应依法严惩。2004年6月17日马加爵即被押赴刑场执行死刑。

案例二：卢刚爱荷华大学枪击案

卢刚、山林华是中国科技大学的高才生，一同到美国留学，经华裔物理学家、诺贝尔奖获得者李政道教授的亲自挑选，到美国爱荷华大学物理系深造。事情起因于毕业时两人的遭遇不同。卢、山两人师从同一个导师，两人的论文都通过，都获得了博士学位。但山林华的论文被系里评为优秀，拟向学校推荐参评"最佳论文"，学校让他留校做博士后研究。卢刚的论文未获提名，而且没找到工作。一方面，他认为系领导、导师对自己有偏见，关照不够，心存怨恨；另一方面，看到同学春风得意，自己感觉不如人，心里极度不平衡。他要报复，列了一份"黑名单"。1991年某天下午，卢刚参加学校的一个学术讨论会。在会上，他开枪行凶，造成四死二伤，然后开枪自杀。这场凶杀案让全美国震惊。卢刚虽然才华不错，但其身上存在着较多思想、品德和心理方面的缺陷，这也是造成这场悲剧的根本原因。卢刚事件给我们的教训是极为深刻的。

第七章　职　业　展　望

【导引个案】

没有永远热门的职业

2002 年，张韬与王宇浩同时从交通技校毕业。张韬受当了一辈子汽车驾驶员的父亲的影响，选择到一家单位当了小车司机，而王宇浩却自主寻找职业。

王宇浩从网上了解到，现在私人购买汽车的越来越多，并且大部分都自己驾驶，可见当司机前途不大；但许多人只会开车，不会修理与护理汽车，尤其一些爱美的女士买汽车后，总想把汽车装饰得漂亮一些，舒适一些，有个性一些，而目前却很少有人做这种事情。于是他选择到一家汽车修理店，说服老板，让他当了一名专业的"汽车美容师"。一年时间，王宇浩名声大震，许多人都来请他进行汽车美容，他的收入自然相当丰厚。

而张韬所在的单位由于实行公车改革，取消了司机的岗位，他只好去当了一名夜班出租司机，工作辛苦不说，收入也很低。

职业是在人类长期生产活动中，随着生产力发展和社会劳动分工的出现，而逐步产生和发展起来的。职业的产生和发展既是社会生产力进步的结果，同时，它又反过来进一步促进了生产力的提高。一个国家的经济结构、产业结构、科技结构和生产力总体水平决定了社会职业的构成；而职业构成的变化客观上也反映着经济、产业、科技以及生产力水平的状况。随着经济社会发展进程的加快，特别是随着科学技术进步的加快，职业变化是历史上前所未有的：新职业不断产生，一些传统职业却在萎缩，有多少当年看似很好的职业，到现在却成为"鸡肋"。另据有关部门统计，在 20 世纪，我国消失的旧职业达 3 000 个。社会分工越来越细，职业种类越来越多，寻找到给自己带来财富、名誉、地位的好职业是许多人的梦想。但何谓职业，研究目的不同，着眼侧面不同，说法也不一样。

在本章介绍了职业的一般知识，对职业世界的发展趋势进行了展望。

第一节　职　业　概　述

一、职业的概念

(一)何谓"职业"

1. 职业性质说

美国社会学家塞尔兹认为，职业是一个人为了不断取得个人收入而连续从事的具有市场价值的特殊活动。这种活动决定从业者的社会地位。

日本劳动问题专家保谷六郎认为，职业是有劳动能力的人为了生活所得而发挥个人能力，为社会做贡献的连续活动。

美国哲学家、教育家杜威认为，职业是人们可以从中得到利益的一种"生活活动"。

社会学对此提出，职业是人的一种"资源"，是社会关系。

2. 职业要素说

塞尔兹指出，职业的构成有三个要素：技术性、经济性和社会性。保谷六郎进一步指出职业的特性为：①经济性，即从中取得收入；②技术性，即可发挥个人才能与专长；③社会性，即承担社会的生产任务(社会分工)，履行公民义务；④伦理性，符合社会需要，为社会提供有用的服务；⑤连续性，即从事的劳动是相对稳定、非中断性的。

3. 职业关系说

美国社会学家泰勒认为："职业可以解释为一套成为模式的与特殊工作经验有关的人群关系。这种成为模式的工作关系的整合，促进了职业结构的发展和职业意识形态的显现。"

我国管理专家程社明认为，职业可定义为"参与社会分工，利用专门知识、技能为社会创造物质财富、精神财富，获取合理报酬作为物质生活来源，并满足精神需求的工作"。强调职业的个人与社会、知识技能与创造、创造与报酬、工作与生活四种关系。

(二)职业的科学含义

"职业"一词是由"职"与"业"二字构成。"职"：社会职责、天职、权利与义务等；"业"：从事业务、事业、事情、独特性工作的意思。"职业"是一个个人与社会互动的范畴。

所谓职业，是指人们为了谋生和发展而从事的相对稳定、有经济收入、特定类别的社会劳动。这种社会劳动决定于社会分工，并要求劳动者具备一定的生活素养和专业技能。它是对人们的生活方式、经济状况、文化水平、行为模式、思想情操的综合性反映，也是一个人的权利、义务、权力和职责，从而是一个人社会地位的一般性表征。

二、职业的特点

1. 广泛性

职业是劳动者进行的社会生产劳动或者社会工作。职业问题涉及社会的大部分成员，也涉及社会、经济、心理、教育、技术、政治、伦理等许多领域，因而具有广泛性。

2. 同一性

职业是按企业、事业单位、机关团体和个体从业人员所从事的生产或其他社会经济活动性质的同一性来分类。同一性指某行业的职业内部，其劳动条件、工作对象、生产工具、操作内容相同或相近。由于环境的同一，人们就会形成同一的行为模式，有共同的语言习惯和道德规范。

3. 经济性

劳动者从事某项职业工作，必定要从中取得经济收入，这是从事职业的基础。没有经济报酬的职业非职业工作。

4. 稳定性

劳动者连续、不间断地从事某种社会工作，相对稳定，才能称之为职业。反之，无所谓职业。

5. 时代性

随着社会的发展和进步，职业变化迅速，除去弃旧更新的变化外，同一种职业的活动内容和方式也会发生变化，所以职业的划分带有明显的时代性，不同时代有不同的热门职业。我国曾出现过"当兵热"、"从政热"，后又发展到"下海热"、"外企热"等，都反映出特定时期人们对某种职业的热衷程度。

6. 差异性

职业是专门具体精细的社会分工。各类职业之间劳动的内容、社会职业心理、从业者的个人行为模式、社会人格等存在着差异，随着劳动分工的细化、技术的进步、经济结构的变动和社会的发展，新职业不断产生，旧职业不断消亡，差异性越来越大。

7. 层次性

从社会需要角度来看，职业并没有高低贵贱之分，但是，现实生活中由于对从事职业的素质要求不同及人们对职业的看法或舆论的评价不同，职业便有了层次之分，这种职业的不同层次往往是由于不同职业体力、脑力劳动的付出、收入水平、工作任务的轻重、社会声望、权力地位等因素决定的。承认职业的层次性，可以促使人们向上流动，促进社会健康地发展。

三、职业的分类

我国是最早开展职业分类的国家，这一点从 2 500 年前儒学经典的记录中就可以看得很清楚。如《春秋·谷梁传》写道："古者立国家，百官具，农工皆有职以事上。古者有四民，有士民，有商民，有农民，有工民。"至于《周礼》读起来更像一部古代的职业分类大辞典(只不过略嫌侧重于"白领"了一点)，尤其是其中的《周礼·冬官考工记》，开宗明义说："国有六职，百工与居一焉。或坐而论道，或作而行之……"通篇论述了王公、士大夫、百工、商旅、农夫和妇功等不同职业的分工和职责，分类之详细和描述之详尽令人叹为观止。那时，职业分工还有很强的世袭性，一代又一代地传下去，甚至以自己的职业作为自己的姓氏(如姓屠、师、桑、陶、卜、贾等)，反映了人们有很强的职业归属感。中国古代先进的职业分类是构筑中国古代灿烂文明的重要制度支柱，也为我们留下了丰富的文化遗产。

现代职业分类是工业革命的产物，也是现代人文精神的反映。职业分类的客观性和科学性逐步取代了传统社会职业分类中固有的封建性和等级性。职业分类不但是职业的外在特征(社会需求性的特征)的反映，而且是职业的内在特征(个人发展性的特征)的体现。因此，职业分类的方法也就有很多。

1. 我国的国家职业分类标准——《中华人民共和国职业分类大典》

1986 年，我国首次颁布了《职业分类与代码》(GB6565—86)，并启动了编制国家统一职业分类标准的宏大工程。1992 年，在中央各部委的大力支持和协助下，原劳动部组织编制了《中华人民共和国工种分类目录》，这个目录将当时我国近万个工种归并为分属 46 个大类的 4 700 多个工种，初步建立起行业齐全、层次分明、内容比较完整、结构比较合理的工种分类体系，为进一步做好职业分类工作奠定了坚实的基础。1995 年 2 月，原劳动部、国家统计局和国家技术监督局联合中央各部委共同成立了国家职业分类大典和职业资格工作委员会，组织社会各界上千名专家，经过四年的艰苦努力，于 1998 年 12 月编制完成了《中华人民共和国职业分类大典》，并于 1999 年 5 月正式颁布实施。

《中华人民共和国职业分类大典》是我国第一部对职业进行科学分类的权威性文献，由于它的编制与国家标准《职业分类与代码》(GB6565－86)的修订同步进行，相互兼容，因此，它本身也就代表了国家标准。

《中华人民共和国职业分类大典》的重要贡献是，它在广泛借鉴国际先进经验(特别是《国际标准职业分类》ISCO—88)和深入分析我国社会职业构成的基础上，突破了过去以行业管理机构为主体，以归属部门、单位甚至用工形式来划分职业的传统模式，采用了以从业人员工作性质的同一性作为职业划分新原则的方法，并对各个职业的定义、工作活动的内容和形式以及工作活动的范围等作了具体描述，体现了职业活动本身固有的社会性、目的性、规范性、稳定性和群体性的特征。《中华人民共和国职业分类大典》科学地、客观地、全面地反映了当前我国社会的职业构成，填补了我国长期以来在国家统一职业分类领域存在的空白。

《中华人民共和国职业分类大典》把职业分为四个层次，包括 8 个大类，66 个中类，413 个小类，1 838 个"细类"。"细类"为最小类别，即职业。8 个大类分别如表 7-1 所示。

表 7-1　8 个大类

大　类		中 类	小 类	细类 (职业)
序　号	名　　称			
一	国家机关、党群组织、企业、事业单位负责人	5	16	25
二	专业技术人员	14	115	379
三	办事人员和有关人员	4	12	45
四	商业、服务业人员	8	43	147
五	农、林、牧、渔、水利业生产人员	6	30	121
六	生产、运输设备操作人员及有关人员	27	195	1 119
七	军人	1	1	1
八	不便分类的其他从业人员	1	1	1
合计	8 类	66 类	413 类	1 838 类

如"裁剪工"职业在职业分类中的层次排列地位为：第 6 大类生产、运输设备操作人员及有关人员，6-11 中类裁剪缝纫和皮革、毛皮制品加工制作人员，6-11-01 小类裁剪缝纫人员，6-1-01-01 细类(工种)裁剪工。"裁剪工"职业的定义与说明：使用裁剪设备或工具，将以纺织、皮革等为材料的面、里、衬等主、辅料裁剪成胚的人员。从事的工作主要包括：

①备料；②使用专用工具进行主、辅料画样；③操作裁剪设备或工具将主、辅料裁剪成胚料；④将胚料打号、扎包、填写生产记录；⑤清洁设备及工作地。下列工种归入本职业：航空救生设备裁剪工(10-009)、服装裁剪工(17-381)。

2. 部门工作标准法

政府部门由于所进行职业方面的管理内容不同、角度不同，因而有着特定的职业分类。政府劳动部门从就业、劳动管理、职业技能的角度进行分类；教育部门从学校专业设置和学生职业选择的角度进行分类。

3. 职业指导分类法

(1) 霍兰德分类法。这是一种非常重要且应用普遍的分类法，按心理的个别差异进行分类。它是根据美国著名的职业指导专家霍兰德创立的"人格—职业"类型匹配理论，把人格类型划分为六种，即现实型、研究型、艺术型、社会型、企业型和常规型，与其相对应的是六种职业类型。它把职业分为现实型(即技能型)、调研型、艺术型、社会型、企业型(即领导型)、传统型(即常规型)六种。

(2) 兴趣分类法。"户外"型、机械型、计算型、科研型、说服型、艺术型、文学型、音乐型、服务型、文秘型。这10种类型与人的活动相联系。

(3) 教育学科分类法。按专业大类分为人文科学、社会科学、理科、工科、农学、医科、家政、教育、艺术、体育10种，职业与之相似。

(4) DPT分类法。把职业分为与资料打交道为主的工作(D)，与人打交道为主的工作(P)，与事物打交道为主的工作(T)，有的学者还增加了"思维性工作"(I)的内容，使这一方法成为DPTI分类法。

四、职业评价

职业地位是现实的，也是历史的、发展的。在农业社会，对农民的评价高于商人；工业社会崇尚科学家与企业家，对商人的评价高于农民。在一定时期内，职业声望排列呈相对稳定状态，如白领高于蓝领，专业技术岗位高于体力劳动岗位等。从就业上来说，一般人们都愿意选择声望高的职业，或者是从职业声望较低的职业流向职业声望较高的职业。但不同层次的人对职业声望的反应不尽相同。这里涉及两个问题：一个是职业声望的评价因素，另一个是影响职业声望评价的因素。

(一)职业声望的含义

职业地位是人们对职业的主观认识态度，反映了一定社会发展阶段和一定时期内的人们的职业价值观，通常通过职业声望的形式表现出来。职业声望是通过选取有代表性的职业进行职业调查，通过对职业地位资源状况，如权利、工资、晋升机会、发展前景、工作条件等的主观判断，所得出的职业等级序列。它是职业地位的反映，是对职业社会地位的主观评价。

(二)职业声望评价的因素

决定职业声望高低的因素主要有四项，包括职业社会功能、职业社会报酬、职业自然条件和职业要求。

(1) 职业社会功能。职业社会功能是指一定的职业对社会的作用，它由责任、权利、义务体现出来。社会功能大的职业，任职条件高，职业层级就高。

(2) 职业社会报酬。职业社会报酬是指任职者的工资收入、福利待遇、晋升机会、发展前景等。这是一个比较综合的指标，如工资收入高，并不一定福利待遇高，也不一定晋升机会就多，发展前景就好。因此，不同的人以不同的认识来评判。

(3) 职业自然条件。职业自然条件是指与职业活动相关的工作环境，如技术装备、劳动强度、安全系数、卫生条件等。职业自然条件好，职业社会"层级"也就高。

(4) 职业要求。职业要求是指一定的职业对任职者各项素质的要求。对人要求越高，被人替代的可能性就小，职业社会"层级"也越高。

职业声望是以上四项因素综合反映和综合作用的结果，任何单项都不能全面地反映职业声望的状况。

(三)影响职业声望评价的因素

职业声望是人们对职业社会地位的主观反映，因此，职业声望评价不可避免地带有个人的偏见以及社会环境、舆论氛围等其他因素的影响，这就使得职业声望和社会地位出现了一定的差异性，主要表现在以下几个方面。

(1) 个人偏见。有人形成了对某一种或某一类职业的好与恶的心理定式，缺乏客观性与全面性，只以评价职业声望的个别因素为依据，来对职业进行评价。

(2) 社会环境。人是一定的社会环境的人，人们对职业的评价往往被社会上出现的某类个别现象所引导，如时尚性、趋利性等。尤其是一定社会的政治和文化背景，直接左右着人们对职业的评价。

(3) 舆论氛围。一定时期内大众舆论所造成的具有倾向性认同的职业，虽然职业地位不高，但因其收入等其他因素，使评价者对某一种或某一类职业出现了心理倾向性。

(4) 性别差异。职业社会调查结果显示，男女对职业声望的总体评价大致相同，但在绝对分值中，则显示了性别的差异性。

(5) 教育程度。受教育程度的不同，人们对职业声望的评价不尽相同。

(6) 国别和地区。不同国别和不同地区的人们，在职业声望比较中，也显示出了差异性。

职业地位是现实的，也是历史的、发展的。从就业上来说，一般人们都愿意选择声望高的职业，或者是从职业声望较低的职业流向职业声望较高的职业。但是，有时也会出现一些非常规现象，如把收入高或地区作为择业的单一指向，而不顾及职业声望。事实上，职业虽然有地位上的差别，但对社会贡献只是分工不同而已。对大学生来说，掌握职业声望的评价因素及影响因素，可避免出现从众、攀比等择业、"跳业"现象。

第二节 职业发展趋势

随着科技的进一步发展、社会生产力的不断提高，人类对自然界改造的深度和广度将进一步加强，新的工作岗位不断涌现，给人们带来了更多的就业机会。据专家预测，今后每 10 年将发生一次全面的"职业大革命"，其中，重大变化每两年就会有一次。把握 21

世纪职业变革的趋势，成功地开拓自己未来的职业生涯，是 21 世纪人们必须关注的一个现实的话题。

一、全球化趋势

全球化指的是物质和精神产品的流动冲破区域和国界的束缚，影响到地球上每个角落的生活。约翰·奈斯比特在《2000 年大趋势》一书中写道："我们所处的时代，变化速度之快，前所未有，其中最惊人的变化也许是全世界正迅速成为一个统一的经济体。"

一则网络新闻很好地诠释了全球化的概念："一个英国王妃和她的埃及男友在法国的隧道里发生撞车事故，被撞的车子是荷兰工程师设计的德国轿车，司机是比利时人，事故原因是他喝了苏格兰出产的威士忌，整个车祸经过被意大利的自由摄影师跟踪拍下，该摄影师当时骑的是辆日本摩托车，伤亡者经一个美国医生进行了急救，使用的是巴西生产的药物。后来一个中国人使用比尔·盖茨的产品把这条消息告诉了我，我正好在一台 IBM 电脑上读了这条消息，那台电脑是孟加拉的工人在新加坡的工厂里组装出来的，然后由一个印度司机开车送出工厂的，卖给了西西里岛人，又被墨西哥的不法商贩倒卖，最后我从一个以色列人那里买到了这台电脑。"

未来的世界是全球化的世界，择业与创业呈现出全球化的趋势。

(一)部分高层次职业由发达国家转向发展中国家

《职业》2003 年第 6 期报道，由于信息技术，包括数码化、因特网和全球高速数据网络等的普及应用，以及发展中国家拥有大量廉价人力资源，致使新一轮高级职业全球化大转移的出现，主要表现为西方大企业不断把芯片设计、软件开发、工程技术、研发以及金融分析等智力密集型任务外包给低工资国家，利用廉价人力资源，降低成本，提高竞争力。

例如：美国的英特尔、德州仪表等公司都在积极聘用中国的工程师在当地设计芯片电路；荷兰飞利浦公司已把大部分电视、手机、音响等产品的研发工作转移到上海；英国 HSBC 证券公司也在中国设有庞大的内勤部门。尽管涉及高层次职业的新一轮全球化职业转移还只是开始，但其发展趋势是强劲的。转移的主要职业类型是会计分析、软件程序设计、建筑设计、电信营销、图形设计、信息技术和工程设计等，其雇用的将是会讲英语、有大学学历的专业技术人才。

(二)全球化影响着国内职业的调整变化

21 世纪给中国带来的新机遇和挑战，适应经济全球化与中国加入 WTO 后所面临的人才需求状况，几乎所有的职业都会随着生产技术的进步而发生一些调整和变化。新职业，正是在这个大背景下应时而生的。如知识经济主管：知识经济受到重视而产生的新职业，其职业要求是有经济管理经验，能跟踪国内外行业科技发展状况，为企业经济发展把握方向；如博士后联络员：联络员充分发挥联络作用，将一些博士后及其他科技人才所在单位的先进科技成果引进到企业来，并发挥其网络优势，为引进高层次人才发挥中介作用。

职业全球化发展趋势必然带动职业流动的全球化趋势，这对未来从业者的职业素质提出了新的挑战。

二、信息化趋势

信息化是指由计算机和互联网生产工具的革命所引起的工业经济转向信息经济的一种社会经济过程。它包括信息技术的产业化、传统产业的信息化、基础设施的信息化、生产方式的信息化、生活方式的信息化等几个方面。信息化是一个相对概念，它对应的是社会整体及各个领域的信息获取、处理、传递、存储、利用的能力和水平。

进入 21 世纪后，信息化对全球经济社会发展的影响愈加深刻，信息化与经济全球化相互交织，推动着全球产业分工深化和经济结构调整，重塑全球经济竞争格局。在"十七大"报告中的第三部分《深入贯彻落实科学发展观》中有这样一段话："我们必须始终保持清醒头脑……全面认识工业化、信息化、城镇化、市场化、国际化深入发展的新形势、新任务……"从报告中我们看到，信息化已经被提到了很高的层次。在"工业化、信息化、城镇化、市场化、国际化"这"五化"中排在第二位，这是非常抢眼的。信息化工作是《国家中长期科学和技术发展规划纲要》中制造业科技发展的重点方向和任务，也是《2006—2020 年国家信息化发展战略》的重要任务。持续推进国民经济信息化是应对经济全球化、提高国际竞争力的迫切需要，信息化在政治、经济、文化教育和国防建设中有着极其重要的作用。

信息化给我国的经济发展尤其是职业发展带来了诸多机遇。它对工业化、城镇化、市场化和国际化的作用是显而易见的，想走向其他"四化"都离不开信息化的支撑。在全球知识经济和信息化高速发展的今天，信息化是决定"职场"成败的关键因素，也是实现跨地区、跨行业、跨所有制，特别是跨国经营的重要前提。信息正在悄悄地重构经济形态与社会形态，工业化、城镇化、市场化和国际化进程的加快，为信息化"职场"的发展带来巨大的挑战和发展机会。

三、高科技产业化趋势

一般认为，高科技是一种人才密集、知识密集、技术密集、资金密集、风险密集、信息密集、产业密集、竞争性和渗透性强，对人类社会的发展进步具有重大影响的前沿科学技术。按联合国组织的分类，"高科技"主要包括以下种类：信息科学技术、生命科学技术、新能源与可再生能源科学技术、新材料科学技术、空间科学技术、海洋科学技术、有益于环境的高新技术、计算机智能技术和管理科学技术(又称软科学技术)。高科技的"高"，是相对于常规技术和传统技术说的，因此它并不是一个一成不变的概念，而是带有一种历史的、发展的、动态的性质。今天的高科技，将成为明天的常规科技和传统科技。有人估计，今天人们利用的技术和知识，50~60 年后就只剩下 1%了，99%的将被淘汰。从世界各国高科技的发展来看，高科技不是一个单项技术，而是科学、技术、工程最前沿的新技术群。这个群体的各种成分，互相影响、互相补充、互相促进。

在新经济时代，高科技的生物工程作为一种新生力量，直接导致农业、医药卫生、食品工业和化学工业革命，推动着新经济的进步；高科技的新材料作为新经济的里程碑，将重构新经济的材料基础；高科技的新能源将使人们不再为资源的短缺而忧愁，作为新经济的火车头，它将带来人类社会的可持续发展；航天技术使人们从地球的怀抱中飞向太空，新经济也随着航天技术的发展而腾飞；海洋技术将开拓人类新经济社会生活新空间；软科学技术使人们的管理效率更高，决策更正确，分析更透彻，一切经验性的东西都变成了可操作的东西。高科技是无国界的，人类共同的命运问题需要全球高科技产业联合应对。由此看出，高科技产业化在 21 世纪的职业发展趋势中将占据重要地位。

四、文化创意产业化趋势

2006 年 12 月、2007 年 11 月举办了两届中国北京国际文化创意产业博览会，引起了人们对文化创意产业的极大关注，文化创意产业也如雨后春笋般出现，成为一种职业发展趋势。

文化创意产业本质上是以创意和知识为核心的产业，核心价值是其产品具有精神内涵，是一种文化资源与其他生产要素紧密结合，文化、科技与经济互相渗透、互相交融、互为条件、优化发展的经济模式。它虽然也要求高度发达的高新技术，但又不完全依赖高新技术。它强调人的主体地位和主导作用，强调的是以文化为发展经济的理念，依靠的是文化资源优势，既可以在发达国家发展，也可以在发展中国家发展，甚至在经济欠发达地区也可以通过发展文化创意产业，使人文资源和文化优势成为新的经济增长点。

近年来随着文化产业的兴起，创意产业成为创业领域的关注热点，2008 年，创意产业将成为新一轮经济发展水平与国家软实力竞争的重要指标。

(一)创意与创意产业

1. 何谓创意

创意本身其实是一个非常难以理解的概念，因为不同的事物，会引起不同人产生不同的反应，于是便产生了程度不同的认知。

创意不仅是我们平常所说的"点子"、"主意"或"想法"，也不仅是人们根据对事物的规律性认识以及事物之间的联系来推测与预测及发展的过程，同时它也是一种具有创造性的思维预见，更是人们为了自由而去创造性实现这一朴实价值的生活和工作形态。所以，境界最高的创意是自我创造——自我实现。

2. 何谓创意产业

1) 创意产业的由来

1997 年英国大选之后，首相布莱尔提出"新英国"这样一个构想，希望改变英国老工业帝国的陈旧落后形象。作为"新英国"计划的一部分，工业设计、艺术设计等领域备受人们的关注，地位非常。布莱尔还着手成立了"创意产业专责小组"(Creative Industry Task Force)，并亲自担任主席，提升个人"原创力"在经济发展中的积极作用。

"创意产业"的概念于 1998 年在《英国创意产业路径文件》中被首次正式提出，英国创意产业专责小组还对其进行定义，界定为"源自个人创意、技巧及才华，通过知识产权的开发和运用，具有创造财富和就业潜力的行业"。 它是一个多样化的概念，用以形容正在增长的经济产业及产业合作动态。这一定义后来被许多国家和地区所沿用。根据这个定义，英国将广告、建筑、艺术和文物交易、工艺品、设计、时装设计、电影、互动休闲软件、音乐、表演艺术、出版、软件、电视广播 13 个行业确认为创意产业。

2) 创意产业各项产业范畴、产品和服务内容

(1) 广告：消费者研究，客户市场营销计划管理，消费者品味与反应识别，广告创作，促销，公关策划，媒体规划，购买与评估，广告资料生产。

(2) 建筑：建筑设计，计划审批，信息制作。

(3) 艺术与古玩：艺术品古玩交易，包括绘画、雕塑、纸制作品、其他艺术(如编织)、家具、其他大量生产品(如大量生产的陶制品、玻璃制品、玩偶、玩具屋、广告、包装材料等)、女装设计(含珠宝)、纺织原料、古玩、武器及防弹车、金属制品、书籍、装订、签名、地图等零售，包括通过拍卖会、画廊、专家现场会、专卖店、仓储店、百货商店、因特网的零售。

(4) 工艺：纺织品、陶器、珠宝/银器、金属、玻璃等的创作、生产及展示。

(5) 设计：设计咨询(服务包括品牌识别、企业形象、信息设计、新产品开发等)，工业零部件设计，室内设计与环境设计。

(6) 时尚设计：服装设计、展览用服装的制作、咨询与分销途径。

(7) 电影录像：电影剧本创作、制作、分销、展演。

(8) 互动休闲软件：游戏开发、出版、分销、零售。

(9) 音乐：录音产品的制造、分销与零售，录音产品与作曲的著作权管理、现场表演(非古典)、管理、翻录及促销、作词与作曲。

(10) 表演艺术：内容原创，表演制作，芭蕾、当代舞蹈、戏剧、音乐剧及歌剧的现场表演，旅游，服装设计与制造，灯光。

(11) 出版：原创，书籍出版，一般类、儿童类、教育类、学习类期刊出版，报纸出版，杂志出版，数字内容出版。

(12) 软件设计：软件开发、系统软件、合约、解决方案、系统整合、系统设计与分析、软件结构与设计、项目管理、基础设计。

(13) 电视广播：节目制作与配套(资料库、销售、频道)，广播(节目单与媒体销售)，传送。

创意产业的崛起强调了经济范畴根深蒂固的观念的转变，在这个转变过程中，创意被视为经济发展的重要资源。创意产业发展浪潮在全球范围方兴未艾，在中国也已经风行起来，北京、上海、深圳、广州、香港等地正在迅速形成规模不等、风格各异的创意产业基地。

(二)创意产业的特征

创意产业的兴起是产业发展演变的新趋势，它既具备知识服务业的业态，又有如下特征作为其标志。

1. 创意产业是高附加价值产业，具有很强的渗透性

创意产业的核心生产要素是信息、知识特别是文化和技术等无形资产，是具有自主知识产权的高附加价值产业。创意是技术、经济和文化等相互交融的产物，创意产品则是新思想、新技术、新内容的物化形式，特别是数字技术和文化、艺术的交融与升华，也是技

术产业化和文化产业化交互发展的结果，可以渗透到多个产业部门。正因为如此，创意产业很难从传统产业类型中完全分离开来。

2. 创意企业人员主要是知识型劳动者，拥有能激发出创意灵感的设计高手和特殊"专才"

创意从业人员的工作有其特殊性和不可替代性，他们不断创造新观念、发明新技术和提出新的创造性内容，他们的职业能力既来自于个人经验积累，也来自于个人灵感的迸发。生产方式是以脑力与体力、手工与信息化等现代化手段相结合，实现智能生产与实时敏捷生产。在发达国家，随工业化的发展和后工业化社会的进步，教育和研发、文化、金融等众多领域的创意人群在人口中所占的比重正在增加。

3. 创意产品是文化与技术相互交融、集成创新的产物，呈现出智能化、特色化、个性化、艺术化的特点

创意产品有其相同的特性，即是以文化、创意为核心，运用知识和技术，产生新的价值，是创意灵感在特定行业的物化表现。电影、电视广播、录音带、音乐产业、出版业、视觉艺术产业等文化产品，是与新科技和传媒相结合的产品，达到大量生产并掀起的全球性商品流动与竞争；而传统工艺或创意设计产品，可能为手工的、少量生产的产品，它们都呈现出智能化、特色化、个性化、艺术化的特点，它们的价值并非局限于产品本身的价值，还在于它们所衍生的附加价值。如那些具有版权的产品，包括书、电影和音乐等，它们的出口能够比服装和汽车等制造业产品出口获得更多的利润。

4. 产业技术向数字化、知识化、可视化、柔性化方向发展

从世界范围来看，现代科技的发展尤其是信息技术、传播技术、自动化技术和激光技术等高科技广泛运用，给创意产业带来了革命性的影响，产业应用的技术正向数字化、知识化、可视化、柔性化方向发展。

5. 产业组织呈现集群化、网络化，企业组织呈现小型化、扁平化、个体化、灵活化的特点

当今社会，创意产业已不再仅仅指个体设计师、艺术家的灵感突发，而是知识和社会文化传播构成与产业发展形态及社会运作方式的创新。创意产业的发展并不仅是个人和单个企业的行为，而是需要集体的互动和企业的地理集聚，形成集群化的环境才能实现的。创意产业集群的特征是生活和工作结合、知识文化产品生产和消费的结合、有多样化的宽松环境、有独特的本地特征，而且与世界各地有密切的联系。创意产业的企业则呈现出小型化、扁平化、个体化、灵活化的特点，"少量的大企业，大量的小企业"成为普遍现象。一个小的设计公司虽然只有几个到十几、二十个人，但其设计创意人员占据主导地位，处于产业价值链的高端，对周边制造业能起到重要的带动作用。

6. 企业管理向信息化、网络化、知识化管理的方向发展

创意通常是个人的灵感体现，往往是零乱的、不系统的，因此，创意企业需要利用信息化、网络化的手段，通过知识管理来整合和集成。只有通过现代管理手段，整合从研发到营销环节的各种资源，才有可能针对消费者的需求，更快更好地创造出市场需要的产品，以使企业获得最大效益。

(三)创意阶级

在知识经济时代中，运用创意增添经济价值的知识工作的群体、阶层，即创意阶级 (Creative Class)。简单地说，就是凭借创意和计划获得报酬的人群。创意阶级遍布诸多的专业领域，他们开始影响大多数人的生活态度及工作模式，逐渐成为现代社会的新主流，成为下一波最强大的新兴势力，推动经济、文化、工作、休闲各个层面的新发展。"创意阶级"被描述为"像上帝那样创造，像国王那样命令，像奴隶那样工作"的人。他们存于每个需要以创造力为助推器的领域，在共同营造着一个创意的国度。

创意人才的特质：①专业功底深厚。在所在专业领域有深厚的专业背景、技能，行业经验丰富，对所在行业的发展、未来趋势非常了解，并有自己独特的看法。②敏锐的嗅觉。创新是创意产业从业者的生命力所在，而保持创新的重要源泉，就是不断接受新信息，对新生事物和变化极为敏感，总是能在第一时间接受最新的信息。③不断突破传统。从不墨守成规，不愿意安于现状，总是异想天开，天马行空。④包容，兼收并蓄。善于汲取不同专业的创意元素，与自己所在专业融合，形成独特的风格。

(四)创意产业面临的机遇

(1) 发展创意产业既符合我国落实科学发展观，走"以人为本"、全面协调和可持续发展道路的现实要求，又是实现由"中国制造"走向"中国创造"的转变的必经之路。

(2) 世界各国掀起的"创意浪潮"为我们发展创意产业提供了大环境。中国加入 WTO 后，逐步放宽了外国产品和企业进入中国市场的限制。目前日本、韩国等国的动漫画、电脑互动游戏等产品在我国已经占据了很大的市场份额，国际上一些著名的文化、传媒、影视业巨头更是携资本、品牌、渠道等优势开始大规模进入中国市场，这对我国创意产业的发展是一次良好的机遇。

(3) 从个人角度说，创业者更关注自我价值的实现，把创业看成是终生追求的事业，拥有创业观的"职场"中人越来越多。这既是符合现今经济形势的体现，也是现代新职业观所产生的积极影响，有利于人们树立真正意义上的新型职业观。

五、自由职业化趋势

自由职业化是指未来终身依附一个组织的固定职业不断削弱，独立的、不依赖于任何组织的自由职业不断产生。这是因为在这样一个日新月异的高科技信息时代，固定职业的模式再也不能保证最为有效地完成各种任务。因为我们最有效率的生产方式已经发生了改变。事实上，许多成功的组织在实现其目标的过程中，对固定职业的依赖性已经大大减少。这就是为什么今天传统的固定职业中有相当一部分正在被临时性工作、项目分包、专家咨询、交叉领域的合作团队或者自我管理的自由职业者所代替。

根据《韦氏大词典》，自由职业者是：独立工作，不隶属于任何组织的人；不向任何雇主做长期承诺而从事某种职业的人。具体讲，他们自己制订工作计划，灵活安排时间，与客户之间不是雇佣关系而是合作和服务关系，经常但不是一律在家里工作。也有的称其为"SOHO 一族"，SOHO 是英文 Small Office Home Office 的头一个字母的拼写，指在家办公的自由职业者。例如写作、编辑和出版类工作的"技术撰稿人、自由职业编辑、编剧、自传撰稿人、宣传小册子撰写人、自由职业的新闻工作者"；生活管理类工作的"色彩顾问、礼品经营、形象顾问、家庭护理员、理疗师、医疗助理、宠物饲养服务、个人购物服务、私人侦探、自尊教练、旅行顾问、包办伙食服务、迪斯科指导、化妆艺术家、摄影师、花草养护、维修服务、个人培训员、团聚联谊策划、瑜伽功教练、打扫房间、整理物品、采购礼品、食品采购、安排婚礼、洗衣服、遛狗、做饭、备车"；咨询服务类工作的"零售业咨询内容包括店址特色、租约谈判、店貌策划、信用建立、广告与营销策划、形象设计、商业礼仪指导"；市场开发和推销类工作的"T 恤衫、桑拿设备、狗食、餐具刀叉销售"等。

自由职业化趋势还包括人们从事第一职业的同时，可能兼职做第二、第三份工作。除了有的行业和组织不允许兼职之外，多数组织对工作人员业余之外兼职采取宽容的态度。

全球化、信息化、高科技化、文化创意化、自由职业化互为依托，将共同繁荣新时代职业的发展。

第三节　直面新职业

一、旧职业的消亡与新职业的出现

据有关部门统计，在 20 世纪，我国消失的旧职业达 3 000 个。这不仅包括新中国成立前那些天桥卖艺的把式、坐在墙角替人代写书信的落拓秀才，也包括我们儿时还经常看到的淘粪工、补锅匠、江湖艺人、"赤脚医生"，而且还包括十几年前曾经风行一时的粮油票证管理员、物资供应员等。职业的剧烈变迁反映着时代的进步、社会的发展、人民生活水平的提高和生活方式的改变。据专家预测，今后每 10 年将发生一次全面性的"职业大革命"，其中，重大变化每两年就会有一次。另有未来学家预计，人类职业将面临每 15 年更换 20%的严峻局面。选择一份不会失业的工作，对于进入 21 世纪的我们来说，至关重要。

由于新职业都是适应社会经济的发展和市场需求而产生的，因此基本上也都是目前职场上的热门职业、走俏职业、能够获得高薪的职业。

服装设计专业毕业的何薇薇租下了广州市闹市区的一件七八平方米的铺面，在并不起眼的门前挂上了一个令人耳目一新的招牌——"色彩工作室"。她所从事的是一种我们绝大多数人以前闻所未闻的新兴职业——"色彩搭配师"，专门为客人设计服饰的颜色搭配。

张锐则是一家网站的专职短信写手，月收入五六千元。据他介绍，他们这个行当，还可细分为文字写手、图片写手、铃声写手等具体的职业类型。

武汉一家知名服务企业最近推出了一个称为"服装督导"的职位。这一职位主要负责企业专卖店的 CI 形象设计，包括专卖店的装潢、色彩识别、商品摆放、人员着装等方面的设计及施工……

二十多年前，即使再有想象力恐怕也写不出理想是当一名芳香治疗师，或者"空翻"、"网管"、拍卖师、咨询师、软件测评师，等等。在当时许多人的心目中，只有营业员、驾驶员、采购员、铸工、锻工、教师等职业的概念。而现在，随着科技的飞速发展、生活的不断变化，许多旧的职业被无情地淘汰了，许多闻所未闻的新职业则在我们身边如雨后春笋般地冒了出来。

有的人以展示自己的一双"纤纤玉手"为职业——这便是收入不菲的"手模特"。有的人靠替喝醉酒的人把车开回家赚钱——这便是颇有市场的"代驾员"。

有的人根据顾客的职业特点、职业身份，为其合理搭配服装，进行整体形象设计——这便是前景灿烂的"职业配装师"。

很多人都梦想拥有一份能给自己带来财富、名誉、地位的好工作，但这样的好工作到哪里去找呢？有人认为带有垄断性质的职业是好职业，有人认为含有权力因素的工作是好工作，但事实上，这些都是不可靠的，尤其是在当前日益成熟与完善的市场经济体制下，垄断和权力都受到了越来越多的限制。在此情况下，我们如何寻找一份理想的工作呢？也许你已经意识到了，也许你已经开始行动了，但大多数人却还没有觉悟。

一般来说，个人择业时选择新兴的产业，不仅可以获得丰厚收入，而且还能够给我们带来许多有发展机遇的职业。

1998年邮电分营时，许多老邮政人瞧不起刚刚兴起的电信业，纷纷选择传统的邮政工作，结果，仅仅两三年的时间，电信业一跃成为中国最走红的行业，电信职工的收入，跃居全国各职业之首。相比之下，传统的邮政业，大多数处于步履维艰的境地。

当IT行业刚刚出现时，许多人对此极为漠然，人们依然满腔热情地追逐文秘、会计之类的传统职业。结果，几年之内，IT行业便成为中国第一高薪行业。

精算师对于中国人来说也是一个极为陌生的职业，到目前为止，国内有国际精算师资格的只有几十人，其中拿到北美国际精算师资格的只有十来个人，如果按英国的标准来要求，中国只有两个精算师，而我国近几年急需至少5 000名精算人才。因此，目前在我国，精算师像熊猫一样稀缺，年薪几十万也难以找到合适人选。

2001年，美国最走俏的四大高薪职业是软件工程师、游戏设计师、网络安全专家、首席信息经理，可以说个个都属于新职业。

新职业的涌现是经济发展的结果，也为我们提供了巨大的就业市场。几年前，人们对CEO(首席执行官)这样的词语还闻所未闻，但现在，它已经是新经济中炙手可热的高级职位了。在中国，新的职业正以惊人的速度产生着。首席信息主管(CIO)、执业药师、注册会计师、保险精算师、健身教练、心理医生、猎头、模特经纪人、形象设计师、证券分析师、商务策划师、职业指导师、"闪客"、出国顾问、网站CEO，仅仅三四年时间，冒出来的新职业就数以千计，被国家正式承认及正在着手编制职业标准的就有一百多种，包括安全生产监督师、物业管理顾问、职业指导师、电子商务师、企业人力资源管理员、心理咨询师、企业信息管理人员、营销师、项目管理师、企业行政管理师、执业药师、保险精算师、专利代理人等。

市场经济给我们带来的好处之一，就是职业选择的自由度大大增加了。也许你错过了精算师、股票分析师、软件工程师等职业的选择，但现在你绝对不要错过目前蜂拥而至的新职业。一项正确的职业选择，有可能改变你一生的命运。

二、未来职业对人才需求的特点

(一)未来职业趋势对人才类型的要求

未来职业发展对人才素质提出了新的要求。从职业发展趋势来看，未来需要的人才类型主要有以下几种。

(1) 复合型人才：也叫多功能人才，"T型"人才或"H型"人才，即具有多方面知识技能，又具有一项或多项专长的人才。

(2) 创造型人才：指富有创造精神，能够在科研、经营、文学、艺术等领域不断创新的人才。

(3) 协作型人才：指善于与人协作共事的人才，愿意为他人提供服务。

(4) 信息敏感型人才：指对外界信息十分敏感的人才。

(二)21世纪中国走俏人才类型

1. IT 人才

IT 职业发展前景的六亮点。

(1) 游戏专才：中国的网络游戏产业已进入高速发展期，但中国"网游"市场还尚未饱和。当前国内网络游戏"玩家"的数量占据整个"网民"总数的 27.4%，中国"网游"市场还有巨大空间可供开发。与蓬勃发展的"网游"市场相比，手机游戏市场虽然稍逊本色，但是也依然保持上升的态势。

(2) IT 设计人才：目前这方面的人才最为紧俏。平面设计，供需两旺；网页设计，要求提高；三维动画，人才最"俏"。据介绍，近年来，国际上计算机技术、网络技术广泛应用于动画领域，人们对视觉享受的要求越来越高。但是，目前国内的动画行业除了资金之外，最大的问题是人才的紧缺。国内一些动画公司面临着"自主创作"和"为海外打工"的两种选择，不得不为"别人作嫁衣"。因为做国产动画一方面是批评的多，挑毛病的多，支持和鼓励的少；再就是资金的不足；动画人才的缺乏，还与目前国内动画界、影视界的体制有关，技术人员大多只注意硬件设备的开发和运用，对艺术缺乏关注和感悟。而多数编导人员仅注重在艺术领域的发挥和创新，对现代电子技术缺乏敏感，至多只有一点粗浅的了解。没有好的体制、环境，两者就不能达到和谐的统一，也就不可能产生顶尖的动画人才。另外，动画对人才的制作技术和艺术性的要求比较高。这方面的学习最复杂，且需要大量的资金"垫底"，坚持下来能够做得好的人也就更少了。但是动画漫画的运用却越来越多，且发展前景非常看好。

(3) 反病毒人才：最新统计数据表明，目前全国拿到正规资格证书的反病毒专家只有500人左右，反病毒人才十分匮乏。专业的反病毒工程师，更是 IT 人才架构中的一个空白。

(4) 软件测试工程师：软件测试自动化技术在我国则刚刚被少数业内专家认知，而这方面的专业技术人员在国内更是凤毛麟角，缺口有三四十万之多。

(5) 网络存储人才：一个新的技术和市场在诞生、发展之后，最缺少的往往是人才。就在网络存储经过几年高速发展后，网络存储人才开始告急。

(6) 电子商务人才：据美国 IDC 测算，如果全球电子商务营业额达到几万亿的规模，电子商务职业岗位人才需求将增加到 2 000 万人。有关专家预计，未来 10 年我国电子商务人才缺口为 200 多万人。电子商务人才成为 IT 新贵走上前台。不少"职场"中人不断努力加强自身素质，成为优秀的电子商务师。人才缺口：高达 200 万；职业要求：不"博"即"专"；最缺业务型人才。

2. 高级营销人才

目前我国的营销大军已超过 9 000 万，这从另外一个角度说明社会需要大量的职业营销人。

(1) 高级营销人才：能够为企业市场开拓掌舵的人才缺口非常明显，我国高级营销人才极度匮乏。

(2) 公关人才：公共关系的价值变得更加明确和易于衡量。对于大多数生意人来说，公共关系的价值已经不再是盘踞在他们脑海中的问题了，人才的需求也就变得更加迫切。

(3) 策划人才：策划作为知识经济时代的"智业"，需要策划人必须具备高素质、专业化，策划人必须熟悉市场营销、商品学、社会学、教育学和传播学，只有拥有这些学科搭起的全面而完整的知识结构，才有能力对特定行为进行策划和调控。另一方面，由于策划人的"含金量"高，其薪水也高，对于某些策划精英，更有相当可观的红利或提成。有一种全新的策划人才——网络策划人才出现在人才需求市场上，相对于传统策划，网站策划需要更为渊博的复合型学识。从业人员必须既具备网络知识，又是广告策划人才，才有可能设计出与众不同的热门网站，在全球互联网站中脱颖而出，因此成为寻求网上发展企业的猎取目标。

(4) 广告公司人才：调研、策划、创意、媒介、设计、"文案"等，再加上有其他专长的复合型人才。

3. 医药人才

(1) 走俏未来的五类医药人才：执业药师数量少，门槛高。执业药师是指经全国执业药师资格考试，取得"执业药师资格证书"并经注册登记取得"执业药师注册证"，在药品生产、经营、使用单位中执业的药学技术人员。健康呼唤"营养师"：是指从事与营养相关的专业人士，其不仅具有丰富的营养专业知识，还在本行业内有较丰富的资历。营养师还因其与不同的对象结合分为临床营养师、公众营养师、食品营养师、运动营养师、餐饮营养师等。其他还有生物制药技术人才、高级医药代表、医药零售管理人才。

(2) 心理咨询师：巨大的市场缺口使心理咨询行业尤其受人关注，是未来的"金饭碗"。随着社会的进步、生活水平的普遍提高，人们越来越关心生活的质量了，不仅注重吃、穿、玩、身体健康、家庭和睦幸福等，还注重心理健康。由于生活节奏加快，人们劳动的频率尤其是脑力劳动的频率也相应加快，心理负荷加重后心理疾病也就相应增加。没有心理疾病的人也渴望在强大的物质异化下加强人与人之间的沟通。来自卫生部的资料显示，我国各种心理和精神疾病患者已高达 1 600 万，占总人口的 1.23%，而我国每百万人口中仅有 2.4 名心理学咨询服务人员。随着国民素质的提高，人们对心理咨询的科学性的要求也会越来越高。

(3) 育婴师：职业新宠。育婴师是指主要从事 0～3 岁婴幼儿照料、护理和教育的人员，需要掌握 0～3 岁婴幼儿的生活护理及教育方面的相关知识，从而运用科学的方法对婴幼儿的饮食、睡眠、动作技能、智力开发、社会行为和人格发展进行教育训练。此外，高级育婴师还可以给婴幼儿提出个别化教育的建议，设计婴幼儿全面发展成长方案。育婴师进入家庭，为婴幼儿和家长提供服务，按小时收费。

(4) 私人保健医生：职业新风向。适应市场经济的需要，是一个有发展前途的职业。

在市场经济中私人法律顾问和私人保健医生具有广阔的市场。

(5) 宠物医生：紧俏行当。宠物经济已显山露水，宠物美容师、宠物医生、宠物摄影师已俨然成了一支前景看好的就业新军。

4. "金融白领"人才

(1) 五类金融人才：基金经理、证券经纪人、股票分析师、信息主管、投资管理人才。

(2) 保险精算师："金领"中的贵族。"精算"是依据经济学的基本原理，利用现代数学方法和多种金融工具，对多种经济活动进行分析、估价和管理的一门综合性的应用科学。保险精算师的主要职责为：新保险产品开发设计、保险产品管理、财务管理。现状：目前国内具有中国精算师资格的只有 40 余人，而本土具有"国际精算师"资格的仅有几人，据专家预测，我国未来 10 年急需 5 000 名精算师。

(3) 资产评估师：其成长空间相当宽泛。随着市场经济的发展，各种经济活动和经济行为日益复杂，资产评估在帮助企业降低交易成本、提高经济效率、规范交易行为、改善经营管理，以及促进政府转变职能、维护社会经济秩序、构建和谐社会等方面的作用更加明显。迄今全国有注册资产评估师 3 万多人，资产评估从业人员 6 万多人，资产评估机构 3 500 多家。随着资产评估越来越广泛地介入经济生活，社会对注册资产评估师的需求越来越大，行业和资产评估师在经济生活中的影响也越来越大，社会地位不断提高。

(4) 理财规划师(Financial Planner)：为客户提供全面理财规划的专业人士。按照中华人民共和国劳动和社会保障部制定的《理财规划师国家职业标准》，理财规划师是指运用理财规划的原理、技术和方法，针对个人、家庭以及中小企业、机构的理财目标，提供综合性理财咨询服务的人员。随着我国金融服务业的发展，金融机构的产品和服务不断创新，个人理财已成为金融机构竞争的焦点，金融机构由"产品为中心"向"客户价值为中心"顾问服务模式转型。参考我国的宏观经济形势，不难预见理财规划师将成为继律师、注册会计师后，国内又一个具有广阔发展前景的金领职业，是一份双"盈"的职业。

5. 房地产人才

(1) 房地产评估师：在我国，这是一类需求量大而又十分关键的人才。随着房地产的行情越来越火，房地产估价师这个行业方兴未艾。

(2) 房地产测量员：房地产市场日益繁荣，到处在进行房屋建设，规模在逐渐扩大，市场对于房产测量员的需求将越来越大。其是以毫厘计算财富的职业。

(3) 注册建筑师：在中国可谓价高人稀的"金领"人才。作为"凝固的音乐"的灵魂，它的含知识量和含金量一直都受人景仰。由于人才短缺，在一些大型工程建筑项目中，出现了"项目跟着人才跑"的窘境。

(4) 房地产策划师：从事房地产行业的市场调研、方案策划、投资管理、产品营销和项目运营等工作的人员。其从事的主要工作包括：①房地产项目的市场调研和咨询策划；②整合设计、建设、营销、广告、服务等资源，制定策划方案；③房地产项目的产品营销工作；④房地产项目的运营工作。"新居住时代"的新职业。

(5) 物业管理人员：人才需求膨胀，需要具备一专多能的综合能力。"技术、协调、责任"缺一不可。人才是现代企业发展永恒的基石，而对于"朝阳产业"物业管理业，人才的作用就显得愈益重要。"物业管理"人才正方兴未艾，这一行业需求将成为求职者的福音。

6. 职业经纪人才

(1) 保险经纪人：受被保险人的委托，代表被保险人选择保险人并代为与保险人接治办理保险合同事宜的人。保险经纪人从被保险人的利益出发，为被保险人设计保险，提供咨询和代办保险手续等其他服务。

(2) 证券、期货经纪人：指在证券交易所中接受客户指令买卖证券，充当交易双方中介并收取佣金的证券商。由于期货交易的特点，期货经纪人一般分为两类：经纪公司和经纪人。

(3) 房地产经纪人：房地产经纪人是代表客户进行房地产投资或交易，以取得佣金收入的中介人。房地产经纪人一般分为四类：法人房地产经纪人和个人房地产经纪人、专家房地产经纪人和一般房地产经纪人。

(4) 文体经纪人：文体经纪人是指文化艺术经纪人和体育经纪人。文化艺术经纪人的服务对象是文化艺术界的人，体育经纪人的服务对象是体育界的人。

(5) 购车经纪人：汽车时代催生"黄金职业"。

(6) 技术经纪人：指以收取佣金为目的，为促成他人技术交易而从事居间、经纪或者代理等经纪业务的公民、法人和其他经济组织。它将成为职业新宠。

7. 物流人才

(1) 最缺的物流人才：物流宏观管理层次的人才、企业物流管理人才、物流企业管理人才。人力资源专家分析认为，今后一段时期，除存储、运输、配送、货运代理等领域的物流人才紧缺外，相关的系统化管理人才、懂得进出口贸易业务的专业操作人才、电子商务物流人才、掌握商品配送和资金周转以及成本核算等相关知识和操作方法的国际性物流高级人才将更紧俏。

(2) "物流师"：它是缺口大的紧俏职业。中国"物流师"的缺口为 60 万人，已被列为 21 世纪 12 类紧缺人才之一。从业条件：从事物流工作的专业人才；具备一定的项目管理知识和经验；懂得进出口贸易业务、电子商务，以及掌握商品配送和资金周转、成本核算等相关知识和操作方法。

8. 精品管理人才

(1) 项目管理人才：21 世纪将是项目管理的世纪。美国《财富》杂志称："项目经理将成为 21 世纪的最佳职业，项目管理专业人员将成为各国争夺人才的热点。"项目管理的吸引力在于：它使企业能处理需要跨领域解决方案的复杂问题，并能实现更高的运营效率，在中国是黄金职业。近年来，我国每年的项目投资都达上万亿元，由于申奥成功、加入世贸组织以及西部大开发战略的实施等，项目管理在我国具有广阔的市场和良好的应用前景。

(2) 品牌经理：品牌经理，全方位为品牌"把脉"。品牌经理一定要熟悉所管理产品相关行业的状况，使本企业运作得更好。品牌经理需求升温。

(3) 人力资源管理师：人力资源管理师将是 21 世纪少数几个持续的职业之一，而且绝对属于高薪职业，前程辉煌。

(4) 信息管理师：今后不论是大的企业还是小的企业，为了提高信息化水平，培养或引进复合型信息管理人才是必不可少的。信息管理师是企业的"稀缺资源"。

9. 服务业人才

(1) 高级秘书："金饭碗"而非"青春饭"。随着市场前景下企业横向联系的加强和现代化办公手段对企业的渗透，高级秘书更是被企业追捧。目前，一般把秘书、行政、助理这几种相关职业都划分在秘书的岗位范畴中。可以说秘书一职既是一个极其普通的职位，又是集多种技能于一身的全才。优秀秘书的招聘难度丝毫不亚于招聘一个高级工程师。

(2) 形象设计师：形象设计师是按照一定的目的，对人物、化妆、发型、服饰、礼仪、体态语言及环境等众多因素进行整体组合，从而对私人的整体形象进行再塑造的人员。形象设计师可为特定客户提供化妆设计、发型设计和商务形象建议；提供着装指导；色彩咨询、美容指导；摄影形象指导；体态语言表达指导与训练；礼仪指导、陪同购物等。

(3) 同声传译人才：社会新兴的"金领一族"。同声传译是指"口译员"利用专门的同声翻译设备，坐在隔音的"同传室"里，一面通过耳机收听"源语发言"人连续不断地讲话，一面几乎同步地对着话筒把讲话人所表达的全部信息内容准确、完整地传译成目的语，其"译语"输出通过话筒输送。同声传译的最大优点在于效率高，可以保证讲话者作连贯发言，不影响或中断讲话者的思路，有利于听众对"发言"全文的通篇理解。同声传译是当今世界流行的一种翻译方式，具有很强的学术性和专业性，通常用于正式的国际会议。同声传译是各种翻译活动中难度最大的一种翻译，常常被称为外语专业的最高境界。

(4) 调琴师：人才稀缺。随着人们生活水平的不断提高，极为高档和高雅的钢琴，更多地进入了寻常百姓家。但是，就在我国钢琴市场渐热的情况下，调琴师人才却出现了稀缺。

(5) 社交指导师：远程信息交换和电脑虚拟合作所带来的后果是工作人员之间的直接接触日益减少。随着电子邮件和有声邮件逐步取代面对面的交流，工作人员的社交技能将会退化，从而影响集体合作解决问题的能力，甚至降低生产率。

美国一家国际性职业介绍机构查林杰·格雷·克里斯马斯公司的总裁认为这个问题将成为信息化社会中人们将来不能不面对的一个重大问题。为解决这一问题，公司应该为其职员建立当地的咨询服务项目，或给职员更多地参加社交活动的机会，而这种需要今后将产生一个大有前途的新职业——社交指导师。社交指导师熟悉社交礼仪、规则、世态人情，将负责为长期与电脑为伍、远离真实世界、不善社交或需要指导的人们提供帮助。

(6) 茶艺师将成为走俏行业。茶艺师是指在茶室、茶楼等场所，根据茶叶品质进行茶水艺术冲泡的人员。从事的工作主要包括：鉴别茶叶品质；根据茶叶的品质，选择相适的水质、水量、水温和冲泡器具，进行茶水艺术冲泡；选配茶点；向顾客介绍名茶、名泉以及饮茶知识、茶叶保管方法等茶文化；按不同茶艺要求，选择或配置相应的音乐、服装、插花、熏香等，制造适宜的环境氛围。茶艺师是一种集茶文化推广、提供品茶服务以及相关艺术表演于一身的综合性职业。

10. 酒店旅游职业人

(1) "高管"人才难觅：据不完全统计，目前全国星级酒店人才缺口超过 10 万，酒店管理岗位满足率不到 40%。在北京的五星级酒店中，80%是外国品牌的饭店集团管理，上海五星级酒店 75%由外国品牌的饭店集团管理。随着体育赛事、文化与商务活动的增多及其日益国际化趋势，国外饭店集团都在进行急速扩张。例如，洲际酒店集团到 2008 年在中国区的酒店数量将达到 125 家，法国雅高酒店集团到 2008 年在中国区也要新增 35 家"宜必思"酒店和 13 家五星级"索菲特"酒店。因此，既熟悉国内风土人情，又拥有海外教育背景的国际型高级酒店管理人才炙手可热。

(2) 职业导游人：旅游业被认为是未来发展最广阔的行业之一，旅游业的兴起带动了导游职业的受宠，人们普遍认为导游的工作灵活、丰富、有乐趣、收入又高，因此每年报考导游资格证书的人数也是一浪高过一浪。但在众多的导游大军中，地方语导游缺乏、小语种导游更是凤毛麟角。导游的数量已经基本可以满足旅游市场的需求，但高级导游的数量有待提高。在北京，目前有七八千导游，高级导游只有 200 多人，中级导游也不过 500～600 人，其余都是初级导游。

21 世纪新职业、新行业层出不穷。知识将取代权利和资本，成为最重要的经济力量，以知识为基础的产业在国民经济产业结构中将占据十分重要的地位，与知识产业密切相关的职业最热门。为在未来的就业市场上占一席之地，你准备好了吗？

扩 展 阅 读

视频简历找工作　新兴行业藏商机

小小光盘大显身手

小庞是西北工业大学电子专业的一名学生。在近期频繁的招聘会中，他递给应聘公司的不是一叠厚厚的文字材料，而是一张小小的光盘。光盘里面有他精心制作的简历、求职信，此外还有一些他制作的专业设计和 Flash 动画。在电脑上，鼠标轻轻一点，简历就翻到下一页，阅读起来非常方便。他告诉记者，这样的视频简历容量非常大，形式也比较生动活泼，容易吸引招聘单位注意并认真查看，成功率较高。

小庞说，这种形式也是这一两年来才流行起来的，许多电子、计算机专业的学生都逐渐采取了这种求职方式。不少学生就是凭借这种方式被招聘单位记住并接受的。尽管是"新花样"，但自己动手制作这样一张光盘成本并不高，基本花费不会超过 10 元。如果到外面的公司设计制作，则稍微贵一些。

记者走访了几家专门代替求职者作视频简历的公司，目前市面上制作视频的费用按照不同档次从几十元到 1 000 元不等。最简单的是坐在室内，对着摄影机讲，镜头没有切换的版本；贵一些的则包括了外景拍摄、蒙太奇效果等设计构思。记者了解到，随着就业竞争的加剧，一些大学生很舍得在简历上多花些钱。一位来取光盘的大学毕业生告诉记者，自己花 500 元制作了一个视频，属于中等档次的那种。对于这笔投入他认为值得。他说："不做视频，我也要制作几十份传统的纸质简历，还要坐车去各个公司投，成本更高。有了视频，人家可以更加直观地了解我的形象、气质，对我条件的判断更加准确，一旦通知我去面谈，成功的可能性就很高，大大减少我的奔波和交通费用。而且视频是一次性投入，做完了就可以坐在电脑前广泛地发了。"

求职双方省时省力

"在西方发达国家，视频简历早已成为各大企业人力资源经理甄选求职者的主要手段，大大提高了求职、面试的效率。"北京联动世纪有限公司总监高先生介绍，通过视频简历可以获得求职者最基本的信息，更重要的是，一般初次面试都是由人力资源经理来完成，重要职位的面试工作则是由总经理亲自来完成，视频简历的出现可以在很大程度上使总经理与人力资源经理之间的沟通变得更为具体和感性，大大节约了招聘成本。

在很多美国大学生眼里，文字简历是对个人情况的基本介绍，而视频简历就好比是一场初次的面试，能够多方面地展示自己的形象、性格和才艺。

那么，怎么样才能在视频简历中更好地表现自己呢？记者从视频招聘网站的工作人员处了解到，普通视频简历制作的标准步骤大致为介绍自己的姓名、教育背景（包括毕业于哪所大学，学的是什么专业，如果在大学期间得过什么奖励或是哪些成绩不错，都可以讲）、特长爱好（比如有一些与申请职位相关的技能，像计算机水平高等，都可以说出来或进行展示）等。如果你的简历只针对特定公司或是特定的职位，那么你还应该阐述自己申请这一职位的原因。

市场空间带动新兴行业

视频简历在我国出现得比较晚，但市场发展的空间广阔。作为求职的一种最新方式，视频简历越来越受到用人单位的青睐。像一些演艺公司招聘演员，单纯的文字简历无法体现出应聘者的音容笑貌，而视频简历却能把应聘者真实的自己展现给招聘方，这样求职的成功率会大大提高。

正是看到视频简历的大好前景，一些投资者和网络精英从中嗅到了商机。近两年，我国已经陆续出现了以拍摄、制作视频简历为业务的工作室，而一些大型的招聘网站也纷纷推出视频简历服务。这些新兴服务公司开始主动为用人单位提供服务，联合网站将自己打造成一个同时为求职者和用人单位服务的平台：一方面，求职者能够在网站上看到一些有关用人单位办公环境的视频信息；另一方面，用人单位也能浏览到求职者的视频简历。

"应该说，未来视频简历会越来越广泛地应用到招聘领域。"谈到视频简历，北京服务管理学校的贾老师表示，这个新兴行业会越做越大、越做越细。但值得注意的是，不是所有的岗位都适合用视频简历。应聘一些需要展示个人才艺的岗位，比如创意类工作、电视节目主持人、公关等，视频简历可用来展现个人魅力。而应聘普通的管理、技术类岗位，则没有这个必要。同时，并不是所有的求职者都适合制作视频简历，对那些外表普通、表达能力不够好的求职者来说，视频简历恰恰是把个人的弱点突出了出来，反而对应聘不利。

专家建议，未来"职场"供需应充分利用网络技术，采取分层、分类、分时段的共享方式，实现岗位需求信息和求职信息的深度共享。只有这样，才能实现足不出户的"职场立交桥"。

探索与练习

【探索1】 职业家庭树

家族成员对个人职业选择乃至生涯发展都有深远的影响，职业家庭树（Occupational Family Tree）即以图画方式，了解家庭对个人职业的影响，促进对自我生涯的认知。其操作步骤如下。

1. 在"树梢"处填上个人爱好的职业(可填数种)。

2. 将家族中各人的职业分别填入树的枝干上(各支干代表家庭成员，标出称谓)。由于各人职业可能有所变动，因此可同时填上目前的职业与先前从事过的主要职业，并将与咨询对象有密切关系的重要人物圈起来。

3. 将家族人员职业的共同特点填在"树根"处。

4. 老师与同学(或者同学分组)共同讨论"职业家族树"，可以从下列问题引向深入。

(1) 对家族中各人的职业有何感觉(骄傲、尴尬、羡慕、不屑等)。

(2) 如何知道他们希望我选择何种职业。

(3) 在兴趣、能力、体能、外貌等方面我与家族中谁最相似，他们从事的职业与我的偏好有何关联。

(4) 我的家庭对工作上最感满意的是什么(如休闲时间、生活条件、家庭气氛等)。

(5) 家族中哪些工作习惯与特质构成满意(或不满意)的因果关系。

5. 经过上述讨论，老师或者组长可以进一步引导同学探讨各人各种职业的优点与缺陷(如普通的职业对个人与社会的正面价值，或高层次职业的负面影响等)。

【探索2】 职业体验与访问活动

职业体验与访问活动意在让大家进行职业探索。

为帮助大家认真做好本次访谈工作，明确访谈的目的和意义，规范访谈的基本程序，现制定如下访谈提纲和访谈注意事项，请大家在访谈工作开展过程中严格遵守。

1. 访谈目的

本次访谈是学生在校期间职业生涯规划的一个环节，目的在于使学生了解和认识社会需求、职业需求、职业环境和基本状况。

2. 访问对象

(1) 所访谈企业的人力资源部门负责人或相关工作人员(访谈人数1～2人)。

(2) 所访谈企业目前从事该职业或在岗的员工(访谈人数2～4人)。

(3) 所访谈企业目前从事该职业的往届大学毕业生——2006年7月毕业者(访谈人数1～2人)。

3. 访问问题

(1) 访谈人力资源部门负责人或相关工作人员。

① 你认为在你的企业中从事这一职业/岗位需要具备哪些基本职业素质？例如，性格特点、一般能力、个人兴趣爱好、职业道德素养等。

② 你认为在你的企业中从事这一职业/岗位需要具备哪些专业/职业技能？

③ 你的企业对应聘这一职业/岗位的应届大学毕业生有哪些具体的要求？

④ 请你结合企业的具体情况评价一下应届大学毕业生从事这一职业/岗位后的基本工作状况。

(2) 访谈企业目前从事该职业或在岗的员工。

① 你认为你所从事的这一职业/岗位需要具备哪些基本职业素质？例如，性格特点、

一般能力、个人兴趣爱好、职业道德素养等。

② 你认为你所从事的这一职业/岗位需要具备哪些专业/职业技能？

③ 你能谈谈在从业过程中，遇到了哪些具体的问题和困难吗？例如，专业技能、人际关系、工作环境、工作待遇、个人性格等。

(3) 访谈企业目前从事该职业的往届大学毕业生，即一年前毕业者。

你能谈谈，在你刚刚步入工作岗位后，你遇到了哪些具体的问题和困难吗？例如，专业技能、人际关系、工作环境、工作待遇、个人性格等。

除以上规定的必问问题外，各位同学可根据访谈过程中的具体情况，酌情增加一些问题，使访谈工作更为切实、深入。这部分内容可填写在"认识职业世界"中的其他项中。

4. 访谈注意事项

(1) 注意着装和仪表，态度和蔼、大方。

(2) 访问前应简要说明访谈目的，表明自己的身份。

(3) 访问前应确认受访者是否是你要访问的对象。

(4) 访问中要有礼貌，措辞得体，严格按照访问问题发问。

(5) 访问中受访者提出对访问问题的疑问，应遵照访问目的和访问问题给出耐心的解释。

(6) 访问中应制造良好的气氛，记录受访者对问题的解答，避免漏问访问问题。

(7) 访问完毕后应注意检查是否有遗漏的访问项。

(8) 访问完毕后应礼貌致谢受访者。

5. 撰写"职业体验与访谈报告"并到课堂交流

第八章 职业观念

【导引个案】

你在为谁打工

齐瓦勃出生在美国乡村，只受过很少的学校教育。15岁那年，家中一贫如洗的他就到一个山村做了马夫。然而雄心勃勃的齐瓦勃无时无刻不在寻找发展的机遇。3年后，齐瓦勃终于来到钢铁大王卡内基所属的一个建筑工地打工。一踏进建筑工地，齐瓦勃就抱定了要做同事中最优秀的人的决心。当其他人在抱怨工作辛苦、薪水低而怠工的时候，齐瓦勃却默默地积累着工作经验，并自学建筑知识。

一天晚上，同伴们在闲聊，唯独齐瓦勃躲在角落里看书。那天恰巧公司经理到工地检查工作，经理看了看齐瓦勃手中的书，又翻开了他的笔记本，什么也没说就走了。第二天，公司经理将齐瓦勃叫到办公室，问："你学那些东西干什么？"齐瓦勃说："我想我们公司并不缺少打工者，缺少的是既有工作经验，又有专业知识的技术人员或管理者，对吗？"经理点了点头。不久，齐瓦勃就升任为技师。打工者中，有些人讽刺挖苦齐瓦勃，他回答说："我不光是在为老板打工，更不单纯为了赚钱，我是在为自己的梦想打工，为自己的远大前途打工。我们只能在业绩中提升自己。我要使自己工作所产生的价值，远远超过所得的薪水，只有这样我才能得到重用，才能获得机遇！"抱着这样的信念，齐瓦勃一步步升到了总工程师的职位。25岁那年，齐瓦勃又做了这家建筑公司的总经理。

后来，齐瓦勃终于自己建立了大型的伯利恒钢铁公司，并创下了非凡业绩，真正完成了从一个打工者到创业者的飞跃。

(资料来源：王飚. 做人与处世，2001(10))

在职场上的人最重要的不是学历，而是全力以赴。端正心态，把简单的工作做好，平凡的工作也有成就卓越的机会。明确自己在职场上的目标，不要抱着"打工"的态度工作，应专注于现在，主动地工作，集中精力做好每一件事情，比别人多投入、多做，才会比别人优秀，机会也会更多。

在职业历程中，我们可以选择打工者的心态，应付了事，也可以选择为自己打工的心态，尽心尽责。在当今社会每个人有自己的价值观，每个企业也有企业的价值观，在选人、用人、决策、发展等工作环节，每个企业都会体现出企业独有的价值特色。

本章将与你一起探讨社会对职业人的要求，了解现代职业精神和职业观念的新特点，从而帮助你在踏入社会前，养成良好的职业观念。

第一节　职业观念概述

每个人到了一定的年龄，都会选择一份职业，获得谋生的权利和发展的机会。由于境况的千差万别，个人需求和理想的各不相同，每个人对待职业的观念也大有差别。

一、什么是职业观

现代职业观(Professional Ideology)指的是人们对某一特定职业的根本看法和态度。它是个人对职业的根本观点，是个人的世界观、人生观、价值观在职业问题上的反映，也是社会对从事某种专业工作人员的较为恒定的角色认定，海外有学者译作"专业理念"或"专业意理"。社会生活中职业化程度越高、职业地位越巩固的职业，人们对其从业者的角色认定也越明确。如医护人员被称为"白衣天使"，教师被视为人类灵魂的工程师等。

(一)职业观的作用

职业观有改善生活、发展个性、服务社会三大要素，三者不同的结构和功能形成不同层次的职业观，对个人的择业意向、从业态度、创业效果和转业行为起支配作用。

1. 职业观影响着择业人的择业意向

职业观决定着择业者对职业的认识、对职业的评价。每个择业者都是自觉不自觉地以一种就业观指导自己选择职业的行为。人们生活、学习环境的不同，外界如老师、家长对职业的认识不同，社会择业指导水平的差别等，都影响着择业者。特别是刚从学校毕业第一次走向职场的大学生们，使他们对选择什么职业、什么是好职业、个人适合从事什么职业等问题形成不同的看法。正是由于在这些问题上的看法不同，个人也就产生了不同的择业方向、不同的职业行为。有人择业方向正确，有人进入误区；有人在职场中成绩卓著，有人却毫无作为，甚至屡次在择业竞争中失败。

2. 职业观影响职业人的从业态度

职业观对从业态度有着特殊的影响。一个职业人积极性的高低和完成任务的好坏，在很大程度上取决于他的职业观。职业伦理学研究表明，先进生产者的职业态度指标最高。

做任何事情，其成败进退，与职业人所采取的态度密切相关。严谨客观、精益求精的从业态度，使职业人有积极强烈的使命感，打造"敬业、乐业、专业"的个人职业信誉品牌。反之，从业态度不端正，就会过分追求短期利益，谁给的钱多就为谁"打工"，一年吃掉几年的饭，不知爱惜自己的名声、前途与个人品牌，甚至为了钱可以置道德与法律于不顾，发生诸如携款潜逃之类的恶性事件。从业态度具有经济学和伦理学的双重意义，它不仅揭示职业人在职业生活中的客观状况，参与社会生产的方式，同时也揭示他们的主观态度。所以，确立正确的从业态度是从业者做好本职工作的前提。

3. 职业观影响职业人的创业效果

在职场中有两类人：一类人踌躇满志，觉得自己是一步登天的淘金者；另一类人踏踏实实从小事做起，甘当卖水人。事实证明，淘金者更像是赌徒，由于不切实际的幻想，最终赔上自己的未来；后者尽管看上去毫不起眼，但身在其位，心"谋"其政，在努力踏实中迎接瓜熟蒂落、水到渠成。

任何事情都有积极和消极两种对待方式，用不同的观念去对待，对职业人的驱动力也就不一样，自然会得出不同的结果。而积极的职业观随时能准确地抓住机遇，不断寻求新的发展。

4. 职业观影响职业人的专业行为

正确的职业观是"全心投入，尽职尽责"的前提。北宋诗人名张耒，有感于邻家孩子以卖饼为职业的辛勤，为儿子写下了一首诗，诗中有这样两句："业无高卑志当坚，男儿有求安得闲！"诗中明确表达了职业无高低贵贱之分的观点，在今天对我们依旧有借鉴意义。不论从事的是何种工作，都应该全身心地热爱，全身心地投入，对本职工作保持积极乐观的态度，保持高度负责、尽心竭力的精神；而不应该以对本职工作没兴趣为借口，得过且过；也不应该以本职工作经济效益低为托词，消极怠工。美国著名思想家巴士卡里雅说过："你在哪个位置，就应该热爱这个位置，因为这里就是你发展的起点。"对一个喜欢自己的工作，并认为它很有价值的人来说，工作便成为生活中十分愉快的一部分。只要对自己的工作发自内心地热爱，即使是在平凡的岗位上，也能创造出奇迹来。

观念决定思想，思想支配行为，行为决定结果。职业观是在长期的职业实践中逐步形成的，有其产生和发展的规律；它一经形成，又反过来影响甚至指导具体的职业工作和职业行为。特别是当一种职业观"内化"为职业人员价值体系的一部分时，往往表现出很强的自主性，据一些西方学者的研究，有时候这种自主性可能达到与职业组织力量相抗衡的程度。

(二)职业观的演变

在计划经济体制下，我国大学生就业一直实行"国家统一分配"政策。自1995年开始，国家逐步确立了高校毕业生"以市场为导向，政府调控与学校推荐相结合，学生与用人单位双向选择"的就业目标模式。面对越来越严峻的就业市场，大学生职业观在不断发生变化，呈现出鲜明的时代特征。

1. 从"关注社会"到"关注个人"

在计划经济体制下，大学生的职业观念受到以社会、集体为本位的价值观念的规范和影响，呈现出服从集体和国家需要的特征。这种以社会为本位的职业观强调集体、国家利益至上，具有明显的时代特点和一定的局限性。20世纪90年代后，随着市场经济的发展，个人的独立自主地位逐渐得以确立，大学毕业生在择业时敢于积极追求个人价值、尊严和利益，自我意识、成就欲望、自我责任明显增强，这无疑是社会发展与时代进步的表现。然而市场经济犹如一柄"双刃剑"，它在造就大学生独立自主择业意识的同时，也使相当部分大学生择业的社会责任感相对减弱，表现出在择业时过分关注个人利益和需要，甚至为了满足自己的择业意愿，不惜一切手段，滋生了严重的个人主义。例如：在求职材料上运用各种心思和技巧，夸大在校成绩伪造各类证书、编造工作经验等，使求职材料的水分越来越大。有一些毕业生与用人单位签订就业协议后，为了谋求个人的私利，还擅自毁约、随意跳槽或不按时就业，大学毕业生频频毁约跳槽，已成为用人单位的心病。相当部分大学毕业生个人能力极强而团队协作精神缺乏，为了在工作岗位上独显自己的能力，不愿与他人合作，这给他们的事业与生活发展带来了极不利的影响。这种个人本位的职业观对现代职场带来了强烈冲击。

2. 从"内在精神型"到"外在功利型"

在计划经济条件下，大学生择业更注重个人志向和人生理想，既不谈个人现实利益要求，也不以物质或经济标准去判断职业。1986年，詹万生等人的调查显示"经济收入高"被排在第四位，而"学习条件好"、"社会地位高"被排在第一、二位，表明当时大学生更看重知识获得和职业声望，而经济收入并非职业选择的主要动因。但在社会转型及市场经济深入发展的社会环境下，大学生面对各种利益关系的调整和纷繁复杂的社会现象，其职业观变得功利、务实，职业定位追随市场跟着感觉走。大部分学生开始把第一份工作看作是谋生的手段，而非实现自身理想和价值并为之倾注心血的事业。当代大学生的职业观是以个人发展为目标，以经济利益为导向，以相对先进的地区选择为保障，带有明显的功利色彩。

3. 从"一元"到"多元"

当代大学生的多元化职业观表现得十分突出。有的把金钱作为评价职业优劣的标准，信奉拜金主义价值观；有的把当官作为一生求职的奋斗目标，崇尚权力主义价值观；有的把出名作为职业的支撑，追求虚荣；有的认为择业是为了"追求自己美好的生活，报答父母的养育之恩"；有的坚持"报效祖国"是事业成功的基石。

在观念的支配下，大学生择业呈现多样化发展趋势。在计划经济体制下，我国经济成分单一，职业的社会地位、名声是大学生们择业最看重的因素，国家机关、科教文卫、国营大厂是青年最想去的单位。随着社会经济结构变化和利益群体分化，曾经被归入另册、被认为可有可无的一些就业领域开始吸引大学生择业的目光，求稳怕变、重视"正统"的就业观念遭到冲击。另外，以往"干一行，爱一行"的职业观念开始被摒弃，当代大学生在职业选择上开始基于自己的发展需要，如果职业不符合自己的愿望，就勇于放弃，重新选择。总之，在当代大学生职业观中，绝对权威崇拜和绝对一元的信仰已不复存在，在承认个人利益、通行等价原则以及维护民主、自由、竞争等思想观念影响下代之以一幅多元纷呈的图像。

二、在现代职场上更看重怎样的职业人

会做人，会做事，是现代职场所看重的。做人包括做一个好下属，做一个好同事；做事就是不断学习提高业务技能，做个好职员。在职场上的成功定律告诉我们，一个优秀的"职场"人士应必备如下素养。

1. 修心做人，"品格"至上

品格是人性中最重要的东西，它是道德规范在人心智中的内在化。做人比做事更重要。在职场上，真正成功之士，必是品行高尚之人。让人品熠熠生辉的八个因素有：正直如山、善良如水、宽容似海、仁爱在心、诚实守信、自律自制、学会感恩、知足常乐。微软公司中国区总裁李开复强调"我把人品排在人才所有素质的第一，超过了智慧、创新、情商、激情等""我认为一个人的人品如果有了问题，一个公司就不值得去考虑是否雇用他"[1]。

---

[1] 罗旭东. 人品至上[M]. 北京：中国长安出版社，2005.

一个再有学问、再有能力的人，如果人品不好，也会对企业造成极大的损害。

2. 了解自我，注重健康

通过对自我的了解，选择适合的工作或事业。人生目的明确、自我能力强的职业人不会人云亦云、随波逐流。他们即使面临挫折，也能努力坚持，投身其中并为之奋斗，对财富、家庭、社交、休闲等进行切实可行的规划，以满足自己的期望，因而能够在生产或其他工作中充分发挥主观能动性。

成功的事业寓于健康的身体之中。一个身体健康的职业人，做起事来精力充沛，干劲十足，并能担负较繁重的工作，不会因体力不支而无法完成任务。一个心理健康的职业人士，才能够和谐发展。

3. 踏实认真，敬业乐业

近来，对"职场"中的用人需求的调查结果表明，做事踏实认真是"职场"遴选人才时应优先考虑的条件。工作积极主动、做事从不计较大小、从不为自己找借口、敬业乐业、责任感强的人在职场中是最受欢迎的，而那些动辄想跳槽、耐心不足、不虚心、办事不踏实的人，则是在职场中最不受欢迎的。一般来说，人的智力相差不大，工作成效的高低往往取决于对工作的态度，此项也备受"职场"人的认同，这样的人也易得到职场负责人的器重和同事们的信赖。

4. 善于沟通，合作和谐

随着社会日趋开放和多元化，沟通能力已成为现代人们生活必备的能力。对一个职业人而言，必然要面对同事、老板、客户，甚至还需要处理企业与股东、同行、政府、社区居民的关系，平时经常会有与其他单位或个人进行协调、解说、宣传等的工作。

同时在当今的社会里，一个人再优秀、再杰出，如果仅凭自己的力量也难以取得事业上的成功，凡是能够顺利完成工作的人，必定要具有合作精神和团队意识。职业人在个性特点上要具有合群性，这几乎已成为各种职业的普遍要求。个性极端或太富理想的人，较难与人和谐相处，即使满腹才学，也难以施展，在职场中不太容易立足。因此想要做好一件事情，绝对不能仅凭个人爱好独断专行。只有通过不断沟通、协调、讨论，从整体利益优先考虑，集合众人的智慧和力量，才能做出为大家所接受和支持的决定，才能把事情办好，才能在职场中从容行走。有此潜力的人在当今时代可谓是备受青睐。

5. 知识专精，"职感"敏锐

现代社会分工越来越细，各行各业所需专业知识越来越专业而且精深。因此，专业知识掌握的水平已成为在职场上招聘人才时重点考虑的问题。同时现代职场面临诸多变化，几乎每天都处在变化之中，只有抢先发现机遇，确切掌握时效，妥善应对各种局面，才能立于不败之地。

"职感"敏锐是指职业敏感性，包括职业人对自己的兴趣、优势和不足的自知能力；包括对组织结构的变化、经营环境的变化、新技术的采用对自己从事的工作岗位和职业的影响的感知能力。具有职业敏感性强的职业人能及时收集各种信息，及时做好职业应对的准备。专业能力高、分析能力强、反应敏捷、快速正确有效地解决问题的"职场"中人，将是备受重视而大有发展前途的人。

6. 潜力无限，开拓创新

潜力，是指具有极高的追求成功的动机、学习欲望和学习能力的素质。现代社会，科学技术的发展日新月异，市场竞争瞬息万变，行业如要想得到持续进步，只有不断开拓创新，否则，保持现状即意味着落后。在职场中所开展的一切工作都是以人为主体的。因此，拥有学习意愿强、善于开拓创新的职业人的行业，其发展必然比较迅速。在注重专业的同时，现在有越来越多的行业在选择人员时，更倾向于选用有学习潜力的人。近来，各行业流行的做法是在招聘人员时加考其志向及智力方面的试题，其目的在于测验应聘者的学习潜力如何。

第二节　现代职业精神

现代职业精神不是自古就有的，它是伴随着工业革命和市场经济的确立而确立的。没有社会分工就没有职业，没有市场经济的兴起与发展也就没有现代职业精神。

一、西方职业精神的变化[1]

从 16、17 世纪开始，伴随着波澜壮阔的文艺复兴、启蒙运动和宗教改革，西方开始了经济上的工业革命、城市化和全球拓殖运动，而西方人的价值观念、伦理道德也随之发生了根本改变。一种积极入世、"入世修行"的人生信仰开始主导人类对生命的理解，同时对财富、牟利、工商业等经济活动人们也给予了有力肯定，而把职业看作确证自己的人生信仰的一种方式，甚至推崇为"天职"（Calling）的职业观念也开始形成了。

正如以研究美国资本主义精神著称的社会学家韦伯在其名著《新教伦理与资本主义精神》中所说，"职业思想便引出了所有新教教派的核心教理：上帝应许的唯一生存方式，不是要人们以苦修的禁欲主义超越世俗道德，而是要人完成个人在现世里所处地位赋予他的责任和义务。这是他的天职。"一种肯定、尊崇职业甚至赋予职业神圣意义的西方职业观念由此形成。

在西方人的理解中，职业是天职，所以职业是神圣的、美好洁净的、不容推脱必须完成的；职业是天职，那么就应该以虔敬、勤奋、忠诚、主动、追求卓越等高尚的人类精神来对待工作，而那些懒惰、疏忽、萎靡不振、不履行道德操守的所有工作表现，都将会受到谴责和惩罚。

西方职业精神对于西方企业和个人的成功，起到了不可忽视的推动作用。这种真正地热爱工作，将自己的生命、热情和自我实现都融进工作的职业观是人类的共同精神财富。

二、我国需要塑造现代职业精神

改革开放后我国开始确立市场经济体系，虽然步履艰难，但成就非凡。在物质成果上、

---

[1] 曼德. 新职业观[M]. 北京：人民邮电出版社，2006.

经济制度上，我们迅速取得了西方国家花几百年才能取得的成就。但与此同时，我们发现在职业精神方面还比较匮乏，还存在诸多的问题。

从 21 世纪开始以来，一个奇怪的现象在中国企业界、出版界出现，那就是一些宣扬职业精神的书惊人得畅销，如《致加西亚的信》、《细节决定成败》等动辄销售上百万册，各个企业趋之若鹜、纷纷抢购。企业界对职业精神的巨大需求确实让人震惊。但冷静思考一下，实际上这种需求也是必然的，因为我国企业正处于塑造现代职业精神的阶段。

北京某钢城金属公司一位副总经理曾经谈到，"公司的员工待遇是很好的，但在职业观上很是不对劲：唯利是图，把工作当成捞钱的手段，为一些蝇头小利不惜采取行贿受贿等不正当手段；工作打不起精神、难以积极主动，敷衍了事、拖延任务、执行能力差，而且最痛心的是没有一个自己的人生目标及职业生涯规划，得过且过，毫无高尚的生命追求和人生动力"。我们不可否认这样一个现实：中国企业急需现代职业精神的塑造。

三、现代职业精神的特色

(一)以人的生命信仰的完满实现为职业观的主旨

我们从年仅 38 岁就英年早逝的著名企业家王均瑶先生看现代职业观应当注重的是什么。

王均瑶先生除了为集团的事每天工作将近 18 个小时外，还兼任 12 个社会职务。他留给自己及家人的时间少得可怜，偶尔陪儿子买零食，觉得是"找到了做人的乐趣"。他挣了 35 亿元，却丢失了自己的生命健康与天伦之乐，对自己人生价值的实现有多大的裨益呢？我们痛心王均瑶式的职业人士仍然层出不穷，我们热切希望这种谋求生命、家庭、财富与职业的平衡的职业精神能在每个职业人士心中扎根。当前许多优秀企业家奉行的是"生命第一、家庭第二、工作第三"的人生次序，正是这种次序使他们获得了人生与事业的成功，并推动了所在企业的日益强盛。

现代职业精神就是以生命信仰为基石的职业观，它不仅把工作当作人生的使命，而且将工作与生命信仰的实现完全融为一体，在工作中体验爱、美、和谐、意义与永恒。任何一个伟大的事业背后，都需要伟大的精神来支撑。我国发展市场经济，同样需要相应的精神来支撑和推动。如果仅仅靠对财富的饥渴本能、对发达国家经济表象的快速借鉴是不能真正获得有力的精神资源的。在这个历史的关口，时代要求我们的课题之一就是树立和塑造现代职业精神。

(二)职业就是事业

1. 赚钱不是职业的唯一

经济学家赵晓曾经在一些企业对员工进行职业观调查。

其中第一道选择题是：你怎样看待你的工作与生命信仰？a.两者是一回事；b.两者是完全冲突的；c.两者完全不是一回事；d.工作是生命信仰的一部分。

结果大部分员工选择的是 b 和 c，只有极少数员工选择的是 a 和 d。在大多数员工看来，"我"的生命信仰的实现与工作无关，工作只是"我"养活自己、赚取财富、不得不从事的一种人生方式而已。这些员工说，工作就是为了赚钱，否则"我"为什么来工作？

还有的员工说，他们真心想做的是另外的事情，只是条件所限，只能干这个工作，这几个员工对那些自己想真心投入的事情称为"事业"。事业可以实现自己的生命信仰和人生价值，是应该投入生命要做的事，但职业不是，工作更不是。谁认为自己正在从事的工作就是事业，那谁就是傻瓜。

国内企业的众多员工就抱着这样的职业观每天从事着工作，观念左右行为、行为改变实效，这样的职业观能产生蓬勃向上的企业实效吗？

这些员工根本没有将工作与自己的生命信仰联系起来。其实赚钱只是工作其次的目的与意义，工作的首要意义在于它确定了一个人信仰的方式，也就是说，工作是一个人安身立命、确证自己生命价值的方式，是一种与宇宙万物联系沟通的方式。

2. 职业是生命信仰的一部分

信仰就是你对自己生命的看法——就是明白我们人从哪里来，要到哪里去，现在需要干什么。人有了信仰之后，就不仅会懂得自己从哪里来，要到哪里去，而且可以确知自己现在在这个世界上活着的意义和价值。

人活着的意义究竟是什么，人生的价值究竟在哪里？有人认为人生的意义在于吃喝玩乐，有人认为是成为自己所崇拜的偶像那样的人，还有人认为是充分施展自己的所有才华和潜能，得到世人的承认和肯定。

人生在世，必须明确自己活在世上的意义和目的，如果没明白这些就离开世界，实在是枉活了一场。而当你一旦确立了自己的人生目的和信仰，那么这个信仰也不是抽象的、空洞的，它必须以某种具体方式实践出来。我们每个人所拥有的职业，就是自己信仰的具体实现方式。

"这个世界上的工作就是我们入世修行的主要方式"，美国作家理查德·C.卡伯特(Richard C. Cabot)说："一个人的工作代表了他在这个世界的位置。"当你将工作作为实践自己人生观、世界观的方式，当你知道职业就是你安身立命的具体方式时，你的工作就不是乏味的，就不是一种劳苦。

美国著名职业精神著作《爱上星期一》的作者约翰·贝克特先生讲他年轻时非常喜欢星期天，因为在美国星期天是做礼拜的日子，大家穿得漂漂亮亮到教堂里唱赞美诗，亲戚朋友们欢聚在一起，非常高兴愉悦。但是一到星期一，想起又要面对繁重的工作，他就开始心生厌烦。有一段时间，他甚至萌发了去当牧师不再工作的念头。后来发生的众多事情使他的思想有了很大改变，他首先感到自己在企业中的工作与那些牧师的神职一样具有神圣的价值。他意识到，自己不能生活在两个世界中，不能生活在星期一与星期天的割裂状态中。他在对我们的演讲中说，工作就是敬拜，是你信仰的一部分，而星期一是星期天的延续，所以要"爱上星期一"。

职业是第一位的，赚钱是其次的，人首先要找到一个自己在这个世界上安身立命的方式，这是第一位的。

(三)职业是自我实现的重要部分

1. 从调查看人们职业观念的变化

2005年6月，由著名的中国人力资源开发网(www.chinahrd.net)进行了一次《2005年中国·你为"什么"而工作》的调查问卷活动。

根据收到的 7 632 份有效问卷,发现中国人最为看中的工作价值观共有 5 项,它们均占 70%以上。

(1) 能够被人尊重。

(2) 自己在工作方面能够有影响力。

(3) 工作对个人成长有帮助。

(4) 工作上有成就感。

(5) 工作能够得到认可。

从这一调查结果可以发现,起码就心目中的理想状态而言,中国人在工作中最看重的并不是"薪资"、"福利"等外部回报,也不是"工作稳定"、"工作环境"等外界条件,而是一些"内在的回报",它们有关个人的自我实现。

这次调查活动,还根据工作价值观的不同将国内工作人士分成以下三类。

(1) 工作满足型:这类人特别希望工作能够与他们的兴趣一致,能够从事比较有意义的工作。

(2) 理想主义型:这类人对工作条件、工作活动、工作回报以及工作上的尊重与影响力都非常注重。

(3) 创业型:这类人对于工作条件一点都不挑剔,他们特别希望能够从事有意义与成就感的工作,能够有足够的自由与影响力来把工作做好。

其他的还有安逸享受型、随波逐流型、回报驱动型等。

经过统计不同类型人员所占的比例为:8%的被调查者属于"工作满足型",30.3%的被调查者属于"理想主义型",22.4%的被调查者属于"创业型"。这三个类型占了被调查者的 60.7%。可见,注重工作成就、才华施展和工作当中的自我实现是工作者中的主流。

2. 自我实现是人的最高需求

心理学家马斯洛的"需要层次说",他所提出的五个层次中较高级的后三种需要是有关人的自我实现的。

(1) 爱的需要:要求他人、团体的接纳、友爱和施与他人爱的需要。

(2) 获得尊重的需要:要求别人赞扬和认可的需要。

(3) 充分发挥能力、自我实现的需要:自我实现与充分发挥自身潜能的需要。

从中国人力资源开发网有关工作价值观的调查结果看,当代职业人更注重的是在工作中人的较高需要的实现。工作已不再是为自己的生存和安全所需要,他们更认同在工作中发挥自己的潜能和价值,得到他人、企业和社会的认可和肯定,也从中得到爱、美等永恒价值的享受。

自我实现是人们对完成与自己能力相称的工作的渴望,来源于对自己潜力充分发挥的内在需要。国外研究人员曾对两千多位著名的成功人士进行调查,发现很少有人是由于谋生的目的而工作,他们大多是出于个人对某一领域问题的强烈兴趣而孜孜以求,不计名利报酬,忘我地工作,他们的成功是与他们的兴趣相联系着的。

自我实现就是一个人做他最适宜的职业,在工作中发挥他的最大的才华、能力和潜在素质,展现个人的情感、思想、能力、友爱、美感等特性,实现自己的理想和人生目标,并不断地自我创造和发展。

在北京最有名气的地产大亨潘石屹，是一位对工作颇具心得的成功人士，他作为"精品职业顾问团"中的一员曾针对职业问题说："如果你觉得工作很不适合、很郁闷，天天对着电脑让你'脑死亡'，那你就要换工作。就像路一样，慢慢走下去，你会发现，有一份工作可以把你身上的各种潜能都调动起来，让你很兴奋，那你就要坚持下去。"潘石屹自己的经历也说明了这一点，他出生于甘肃天水贫困地区，从小父亲是右派，母亲瘫痪在床，两个妹妹因为吃不饱饭送给别人收养。他通过努力考上石油大学，大学毕业后到国家石油部工作。机关单位的工作对他这个穷孩子来说的确是非常幸运，但潘石屹干了一段时间后，感觉到这个工作完全不能实现自己的潜能，不能释放自己的才华，这个聪慧、富有远见的年轻人毅然决然地辞职下海，到海南省从事地产开发行业。"天生我材必有用"，在地产业潘石屹如鱼得水，充分地施展了自己的所有才华，不仅在海南、北京盖了诸多楼盘，而且在文化界也产生了影响。他的职业生涯是非常成功的，而成功的关键是在职业中完完全全地实现了他自己。

3. 职业是理想的实现

理查德·博尔斯(Richard Bolles)先生是全球著名的职业选择指导书《你的降落伞是什么颜色》的作者，他起初在麻省理工学院读化学工程的学士学位，后来陷入对人生意义的深层思考，对人在世界上的价值有了一个全新的认识，他重新设计了自己的人生理想，并在哈佛大学读完物理学位后去了神学院。后来，他做了 16 年的牧师。他对年轻人说："我最早做牧师时的年薪是 3 300 美元，那时我已成家并有了三个孩子。当时的国税局都认为这点钱不算多，所以我不必交一分钱的税。但我在做每件事的时候，都按着我确信的旨意去做。"虽然薪金不高，但工作是他人生理想的实现，他义无反顾地在这条道路上前行，始终不悔，因为工作使他实现了人生的规划和蓝图，让他达成了人生的理想。

正是理查德·博尔斯先生对自己职业的全身心的投入、融为一体，才使他关于职业的心得体会成为真理和箴言，成为他人的有力帮助，成为千百万人的指南。他在他的那本名著中写道："工作是人梦想的实现，所以一定要进行职业生涯策划。职业生涯策划是一种建筑在现实、理想和梦想之上的管理艺术。"

职业生涯策划最重要的准备就是充分了解潜在的真实自我，首先要从自己的性格、天赋到兴趣进行全面分析，才能找到最有可能获得成功的领域。

能实现你的梦想的工作，必须是一份能让你从工作中找到满足感的工作。对于你梦想的工作，要带着感激的态度去珍惜它。

(四)人生需要确立使命

当我向很多职业人士询问他们人生的使命时，他们大多一脸茫然，不知道使命为何物？人们大多被日常工作生活的惯性所裹挟，在工作生活的旋涡中难有机会停下来思考人生的使命以及眼前的工作与使命的关系，他们基本上都是为活着而活着。

1. 人生的目的绝不只是"活着"

为活着而活着的人实际上只具有生物学上的价值。这样的人活在世上，只是在完成新陈代谢、生老病死的自然规律，与自然界的花开花落、草枯草荣没有什么区别。一个想具有人的价值和尊严的人就必须要知道他存在的意义，他工作与生活的目的和使命。没有使命的人生实际上是浑浑噩噩的人生，没有使命的工作也是被动懒惰、毫不主动上进的状态。如果人的一生完全不知道自己的使命就死去，那么就应该质疑他到底是谁，他来到世间要做什么。

在《重新整理你的包》(Repacking Your Bags)一书中，作者理查•雷德和大卫•沙皮洛根据他们的研究结果指出：人们最恐惧的是"过着毫无意义的生活"。他们认为，确立人生的使命，然后完成它，是一个人一生中最重要的工作。

在著名的《韦伯大字典》中为"使命"(Mission)这个词下了几个定义："一个人或团体被派去执行的特定工作"；"人们的工作场所，或是他们的责任范围"；"军事行动任务，通常由较高层的总部所指定"；"一项分配或自行设定的责任或工作"。可见，使命就是被指派、被安排的命令、任务和职责。使命感是一种促使人们采取行动，实现自我理想和信仰的心理状态；是决定人们行为取向和行为能力的关键因素。

2. 有使命的人才能主宰自己

历史证明，具有明确使命的人，总是领导和凌驾那些没有使命的人。具有确切使命的人，领导那些没有使命的人；你若是没有自己的使命，便会存在于别人的使命当中。大多数人因为没有明确的使命，只能过着得过且过、受人操纵和摆布的人生，而当你那一天幡然觉醒，意识到自己的使命时，你就可以不再受他人的操纵和左右。

一位美国经济学家曾这样说："失业是人类特有之事，其他的生物似乎都知道该做些什么。"在人生当中，我们首先要真正了解自己，知道自己要做什么，赋予了什么样的使命，然后找到使命，并把使命与自己的工作完全结合起来。这样的人生和工作，才富有意义和价值，才能时刻活出积极主动、自动自发、自有方向与目标的职业精神出来。

人的使命当中，最重要的就是他的职业。职业是确证我们人生价值的最重要的方式，也是我们在世界上的身份。职业是人所奉的使命，是人分内应该做的事情。职业的选择实际上就是对自己使命的认可。

(五)现代职业呼唤服务精神

1. 为他人做贡献

德鲁克在强调企业的社会责任时说："企业的目的一定在企业之外。"同样的人生的意义也在于为他人提供服务，做出贡献。曾经有一个年轻人问德鲁克"我怎样才能成功？"德鲁克回答说："你不改变问问题的方法就永远不会成功。"小伙子急忙问该怎样问，德鲁克说：一个人首先应当问自己"我可以为做人做出怎样的贡献"。

英特尔副总裁、首席技术官(CTO)帕特•基辛格在他的自传《平衡的智慧》一书中写道，"我非常羡慕约翰•卫斯理(John Welsley，1703—1791)的一生。他对财务问题做了三点总结，如果算不上令人吃惊，也是非常发人深省的。那就是：尽力挣钱、尽力省钱、尽力捐钱(gain all you can, save all you can, give all you can)"。

尽力挣钱就是说我们应当努力工作，力求成为一位成功而杰出的雇员，得到适当的回报，并为公司创造大量财富。尽力省钱就是说要节俭朴素、认真计划、做好预算，充分利用我们的投入、才智和能力做出巨大成就。最后是尽力捐钱。尽力挣钱、尽力省钱的终极目的就是要为永恒的事业慷慨捐赠。

2. 企业内外都是服务

许多公司提倡组织的"倒金字塔"结构。总经理的位置处在倒金字塔的最底层，而广大基层员工处在上层，这一结构的变化显示了当今一些优秀企业的价值观念。总经理的最高位变成了最低位，服务于其上部的高级管理人员，而"高管们"要服务于中低层管理人员，管理人员要服务于广大员工，而员工要服务于公司的所有客户。

这种服务精神，实际上也是现代职业精神的标志。这种服务意识取代了高高在上的领导、管理概念，不是以控制、专横来面对下级，也不是以阿谀奉承来迎合上级；是指点而不是命令，是循循善诱而不是颐指气使，是教导而不是批评。下级也要以爱心对待上级，对上级要尽心、忠心而不是阳奉阴违，是体贴而不是顶撞，是服务而不是对立。而在企业中享受服务的员工同样充满爱心、细致入微地服务于客户，是施爱而不是索取，是关心客户而不是榨取客户，是满足客户需求而不是推销产品。

服务意味着所有职业人士为了共同的事业而互相帮助和支援，用爱心来促成团队的稳固和企业愿景的实现。服务意味着每个职业人士在各自的岗位上真正地谦卑下来，以一种忠心仆人的心态来对待自己的上级和下级，并对待公司的客户。

风靡一时的《忠仆——领导就是服务》一书告诉人们：企业的各级管理人员就是忠仆，忠仆要以爱来对待被领导者，并为后者提供服务，乃至做出牺牲；忠仆要求领导者要有忍耐、仁慈、谦卑、恭敬、无私、宽容、诚实和忠诚的品格，有效的领导力是基于对他人的服务和没有私心的奉献上。

不仅领导者，任何职业人士都要将这种"忠仆"精神融入职业观之中。美国著名职业伦理书《爱上星期一》一书的作者约翰·贝克特也是美国俄亥俄州伊利里亚镇贝克特企业公司的总裁，该公司是世界上生产家用暖气油炉最大的制造商。约翰·贝克特在他的书中提出了一个有名的观点——企业是服务机构，公司内外的顾客都要受到良好的服务。

不仅如此，贝克特企业认定服务对象不仅是公司外的客户，而且是公司内部的每个人。公司内外的客户都能获得良好的服务。所谓"内部的顾客"指的是任何从另一方接受服务的任何人，例如，由秘书提供笔录服务的经理获得秘书满意的服务，在营销部工作的业务员获得行政部经理在工作条件上的周到服务，在最后的装配线上接受熔接或烤漆零部件的员工获得质检部门的服务，等等。企业内部充满各种人际互动，提供了彼此服务的绝佳机会，在这种机会中，所有职工体会到了因服务他人而产生的爱，体悟到了企业本是一个服务机构。

四、大学生应树立的正确职业观念

(1) 专业观念。专业要求每个人在自己的本职工作中，都必须具有很强的专业能力和专业水平，必须是专家。

(2) 敬业观念。敬业是现代职业人的重要品质，再宏伟的工程都只有通过勤勉努力地工作才能成功。

(3) 乐业观念。发展中领略乐，奋斗中感知乐，竞争中体味乐，专注中享受乐。从自己职业中领略出人生趣味。

(4) 创业观念。创业是要有勇气去开创新业务，去建立全新的目标。

(5) 务实观念。务实就是讲究实际、实事求是，这是中国农耕文化较早形成的一种民族精神。中国人注重现实、崇尚实干精神。务实精神作为传统美德，仍在职场生活中熠熠生辉。

(6) 诚信观念。诚信，即待人处事真诚、老实、讲信誉，言必行、行必果，一言九鼎，一诺千金。诚信是行业立身之本。如果一个从业人员不能诚实守信，那么他所代表的社会团体或是经济实体就得不到人们的信任，无法与社会进行经济交往，或是对社会缺乏号召力和响应力。

(7) 发展观念。人在职场，贵在有自知之明，明白自己想做什么，会做什么，长处是什么，短处是什么。在职场中要定位准确，在工作转变、职能转换和职位变迁时，快速调整自己，"自我充电"，顺利渡过职业疲劳和职业倦怠期，从而在职场中做到持续发展。

(8) 和谐观念。"我们在个人的发展过程里面，家庭、事业，身体、事业以及朋友、事业，各个方面都必须依照自己的标准找到平衡点，要能够比较全面地兼顾。……你每做一件事情都要考虑其他的因素，所以给你的建议就是说决定结婚就去结婚，但是不要忘了还有事业。同样，你有事业后不要忘掉感情，有事业以后不要忘掉健康，有感情不要忘了还要有孩子。事业掉下去还有东山再起的机会，家庭、健康、朋友这三个玻璃球是摔不得的，自己要找到平衡点……"这个平衡点就是和谐。

第三节　现代职业观念的新特点

近年来人们的职业观念在悄悄地发生着变化，例如原来的"个体户"一词，在人们的观念中已经不再是一个社会底层的代表，而是创业者的代表。从总体上看，社会职业观念表现"新三观"特点，即创业观念、事业观念、"志业"观念。

一、创业观念

21 世纪的经济趋势，从总体上看，是建立在物质原材料基础上的旧的产业模式向创意经济模式的转变。对于这个新的经济模式来说，人类的智力与想象力能够达到什么程度，它就能发展到怎样的程度。经济组织模式的这种根本改变也同样彻底改变了现代人的工作方式、时间安排方式、生活休闲方式、生活社区选择方式以及个人和家庭的身份认定。

创业早已不是新鲜的名词，不少远见卓识之士通过创业，不仅成就了自己，而且为别人创造了就业机会，带动一方发展，也为国家经济建设做出了巨大的贡献。

十七大报告提出了实施扩大就业的发展战略，并强调要"以创业带动就业"。作为扩大就业发展战略的重要内容，报告提出在坚持实施积极的就业政策的同时，还要"完善支持自主创业、自谋职业政策，加强就业观念教育，使更多劳动者成为创业者"。

(一)当今时代呼唤大批创新型人才[1]

当前我国正在进行产业结构调整，包括大学毕业生在内的大量劳动力需要通过创业来解决就业。更为重要的是，目前正处于一个知识创新时代，要建设创新型国家，需要以多

---

[1] 王守伦. 以创业教育带动创新性人才培养[N]. 中国教育报，2008-01-30.

种形式来发展创新理念，通过创业、创新教育培养大批创新型人才。

据统计，2004—2007 年，我国高校毕业生人数虽然有不同程度的增加，但大学毕业生参与自主创业的人数比例一直保持在 0.3%～0.4%。我国大学毕业生创业率低的一个原因是，目前我国的资本市场相对落后，创业投资处于起步阶段，融资困难，许多创业计划难以付诸实践；另一个原因是我国高校大学生创业教育缺乏，创业文化氛围不浓，大学生创业技能欠缺。

相比较而言，美、日等世界上创业投资比较发达的国家，因为有比较成熟的资本市场，风险投资资金充足，信息服务行业发达，各种咨询服务机构齐全，而且它们的高校有比较成熟的大学生创业教育体系，有良好的创业文化氛围，大学生在校期间就能普遍接受到系统的创业教育和锻炼，掌握了较为全面的创业知识和较强的创业技能。正因为如此，美、日等国大学毕业生创业率能够高达 20%～30%。

(二)创业是高质量的就业

胡锦涛总书记在十七大报告中指出："实施扩大就业的发展战略，促进以创业带动就业。"培育大学生的创业精神是时代潮流，大势所趋。

大学生毕业以后工作越来越不好找，"80 后"毕业生该何去何从？浙江工商大学公共管理学院团总支调研部历时三个月的杭州下沙三所高校"大学生创业意识"调查结果显示：66%的大学生对毕业后的就业问题感到担忧，36%的大学生有自主创业的打算。

调查还显示，热门专业学生更倾向自主创业。调研组随机在浙江工商大学抽取了"热门"专业和"冷门"专业各两个，"热门"专业为经济和工商，"冷门"专业为法学和公管。调查显示，"热门"专业中"对自身毕业后前景担忧"的大学生达到了 62%，"冷门"专业中达到了 68%。可见后者比前者承担了更大的社会压力，对自身专业就业前景不信任程度更高。

在回答"目前是否有创业打算"这一问题时，"热门"专业持肯定态度的人数占 44.3%，"冷门"专业中持肯定态度的人数仅为 20%。

在被询问到"如果有机会，将会选择哪个领域作为起点"时，有 32.9%的"热门"专业学生选择了"与自己专业相近的行业"，而"冷门"专业的学生中只有 16%。

调查报告指出，产生这些数据的原因主要是：①"热门"专业的前景增加了学生的自信度，愈加希望在学业以外证实自己的实力；②热门专业较多得到高校重点扶持，师资力量雄厚，学生视野更开阔；③热门专业大多人数众多，因而今后的竞争更为激烈，利用在学校的时间，锻炼自身的能力，增加社会历练，可以为日后的就业增添砝码。由此可见，"冷"、"热"门专业学生对各自专业的信任度差别之大，这也就不难理解热门专业的学生具有更强烈的创业热情，其专业优势也为他们的创业打下了更好的基础。

(三)创业精神

大学生创业不仅仅是创办企业，重要的是要树立创业精神。

浙大城市学院开了个小型的"创业论坛"，做客论坛的有城市学院党委书记胡礼祥教授、浙江绿盛集团董事长兼总裁林东等人，话题是"80 后大学生创业是否过热"。

1. 带着一颗创业的心去就业

林东说，除非对自己的专业非常喜欢，在学科领域上有天赋，他建议大部分学生都可以去创业。"凡事都要趁早，有些跤是注定要摔的，年轻时失败几次都没关系。年纪大了，一旦失败，可能整个家庭就要背负这个压力的，很多人已经输不起了。"

"带着一颗创业的心去就业。"林东说，这是每位学生都要具备的。就业时要看清两种状况：一种是行业好、老板也好，就要用心把手头的事情做好，当你用心去做一件事情时，一般都会做得比较出色，而公司也会欣赏你，把一些好的项目交给你，你就有机会成为公司的核心成员。每个公司都会随着发展经历几次创业，当再次创业时，你也就成了一名创业者。第二种是在你非常看好行业，但不看好领导的情况下，也要用心做事，这时的用心，是为以后自己在这个行业创业打基础，时机成熟了，就可以自己创业。

"创业不一定自己当老板，但你可以参股，哪怕只有 0.1% 的股权。因为创业是要天赋的，如果你没有这方面的天赋，就要和你认定有天赋的人一起干。就像当年跟着马云的人一样，他们同样是创业者。"

2. 创业教育重在培养创业精神和能力

创业不仅意味着办公司，当老板。在国外，创业教育很热，但国内，很多学校没有开展创业教育，许多人认为学校培养创业意识是鼓吹学生放弃就业机会，这是非常狭隘的。

创业其实就是用心做事，依靠自己的力量去整合资源，创造新岗位。每位大学生都要有紧迫感，从大一开始就要有这样的思想准备，万一毕业后找不到工作，就要靠自己去创业。

学生在校期间，要不断进行创业模拟训练。有些大学生在学校旁边开家小饭店，去街头推销产品，都算是模拟训练。

创业教育，更重要的是培养创业精神和能力。创业精神应该是敢于冒险，不怕失败，有敏锐的眼光，分析行业的趋势等。创业的能力，说到底就是做事的能力，所以我们提倡训练创业能力从小事做起。能不能坚持每天按时起床，能不能坚持每天到操场上跑几圈，都是一种基础培养。

3. 大学生要从四个方面为创业做好准备

(1) 在创业前积累大量社会实践经验。

创业前利用兼职等机会进行大量的社会实践经验积累，对自己今后的创业大有裨益，而这也是所有大学生创业者的一个共同点。

(2) 慎重选择创业方向。

在创业方向的选择上，大学生应该更慎重，低风险、花费少、与自己专业相近的项目更容易取得成功。许多高校老师也建议，很多大学生创业只是一时的突发奇想，没有进行充分的市场分析，走了很多弯路，甚至认为年轻没有什么不可以，觉得输得起。所以，他们的创业生涯开始得快，消亡得也快。大学生创业应该做的第一件事是实现创业风险最小化而不是利润最大化。

(3) 多渠道筹备创业资金。

根据调查，23.9% 的大学生认为创业的最大障碍是资金缺乏。这就需要大学生创业时多渠道筹备创业资金。从调查结果来看，"父母支持"、"朋友合资"以及"企业资助"是三种主要的资金渠道。

(4) 不断学习，并加强心理素质的锻炼。

大学生老板们都拥有良好的心理素质和学习能力，以及决策后坚韧的毅力，这也给了大学生创业者一些启示。

二、事业观念

事业一词古来有之，《易坤》曰："而畅于四支，发于事业。"《疏》曰："所营谓之事，事成谓之业。"这是词源对"事业"这一词汇来源的阐释，将其解释为人的成就。"事业"在《现代汉语词典》中定义为："人所从事的，具有一定目标、规模和系统而对社会发展有影响的经常性活动。"而所谓事业观是指对事业的根本看法和对工作的根本态度，是人生观的重要组成部分。现代职业人在事业观上越来越倾向于做自己感兴趣的事情，把职业作为"事业"，不仅将自己所从事的工作作为谋生的手段，还融入了自己的理想和信念，强烈地意识到对自己和社会的责任感，不断追寻实现自我价值的方法和途径。如果说职业是谋生的手段，那么事业则是甘心奉献的岗位。"事业观"使职业成为一种信仰方式，它崇尚在造福社会的同时实现自我价值并将其升华。

(一)事业兴趣

把兴趣变成事业，运用兴趣成就事业。兴趣与事业是紧密结合的，它们二者是相互贯通的，兴趣即事业，事业也就是兴趣，二者结合，才能低成本打造个性前程。兴趣是最大的助力，做自己感兴趣的职业才更有成功地把握，从而使职业由以前的谋生手段变为个人理性与信念实现的途径，把它作为事业，那么成功的事业也就是做自己最感兴趣的事。不可否认，兴趣与知识对个人事业发展都很重要，但就其影响而言，兴趣远胜于知识。当我们对某个领域真正产生了兴趣，才会自动产生求知欲望，并积极思考将解决方法付诸行动，这样能力也就逐渐形成了。而且，兴趣能使"职场"中人更明确自己的追求目标，让自己在愉悦心境下实现事业的发展。在新的时代，更多的职业人的事业是从其兴趣领域发展出来的，他们往往将自己的事业定位在自己最感兴趣的领域中，同时忘我地投入，练就自己事业发展的核心技能，从而使事业获得成功。

(二)事业愿望

它也可以说是事业的希望，是个体需要的一种满足，人只有穷尽一生不断追求曾经没有获得的满足感，才有希望。所以，事业的愿望不是静态的，而是一个追求的过程。中国清代的文学家王国维在《人间词话》中说，"古今之成大事业、大学问者，必经过三种之境界：'昨夜西风凋碧树。独上高楼，望尽天涯路。'此第一境也。'衣带渐宽终不悔，为伊消得人憔悴。'此第二境也。'众里寻他千百度，蓦然回首，那人却在灯火阑珊处。'此第三境也。"这三种境界是以中国方式阐释追求的过程。但这个过程不是一个从开始到结束的简单过程，而是一个不断循环的过程。实现事业愿望是自我事业发展进步的"驱策力"。未来的"职场"中人，应寻找一个自身愿意为之奋斗终生的希望，这样才能给自己一个努力的目标、肯定的方向。而肯定了自己的目标，才会对自己的目标抱有执着的信念，不断探索，直达"顿悟"发现自己真正需要什么，以"终"为"始"，寻求另一个支点，不断适应，不断实现新的超越。从寻求、执着、顿悟到以"终"为"始"，可以看出追求的过程是曲折低回、循环往复的，但心怀愿望，事业动力源源不断，事业就能得以发展。同时，事业愿望也是对自己的"过去"的超越和挑战，只有以过去为参照，才能明确通过事业愿望的积极作用，我们的人生有了怎样的一种变化。

(三)事业精神

这种精神首先是一种精神品质，它"首先是一种思想形式，是一种驱动智慧运思的意识形态"，是未来的"职场"中人具有的独特的个人素质、价值取向以及思维模式，以人的生命信仰的完满实现为事业精神的主旨。

1. 创新精神

创新是事业精神的灵魂，而事业人是创新精神的实践者。他们能够最大限度地发挥自己的创新精神：引入一种新的产品，提供一种产品的新质量，实行一种新的管理模式，采用一种新的生产方法，开辟一个新的市场。

2. 冒险精神

企业创新风险是二进制的，不是成功，就是失败。冒险是事业人精神的天性。冒险精神存在于"职场"的方方面面："职场"战略的制定与现实新技术的开发与运用；生产能力的扩张和缩小；生产品种的增加和淘汰；产品价格的提高或降低；新市场的开辟和领土大胆拓展。但不可否认，冒险精神所带来的成功也是难以估计的。所以，我们在事业发展中也应提倡冒险精神，但应采取措施，如做好充足的市场调查、进行可行性分析等，增加其成功的砝码，推进事业的发展。

3. 合作精神

合作是善于吸收外部经验，把各家的优点和长处综合起来，集中力量，达到优化资源配置和提高生产率的目的。合作以平等互利为基础，以信誉为保证，并且要求个性精神与团体精神相结合。尊重竞争对手，提倡合作精神又是一种宽容的表现。只有充分运用合作精神，以"人的尊严和人的价值"为本，才能获得事业上的可持续成长和个人生活品质的持续提高。

三、"志业"观念

事业阶段已经初步达到了"自我实现"的需求，但"志业"不只是达到了自我实现的需求，而且实现了"自我超越"，是一种对自我价值的肯定，是一种超越了名利，不受外界事物影响的工作观念。"志业"是人生的最高境界。抱持"志业观"的人，通常会将个人远大的理想抱负放在经济利益之前，并将"志业"的发展等同于自己生命的意义。牺牲奉献，甘之如饴，安于付出，乐此不疲。安然享受一份属于自我的恬淡与平衡。

(一)"舍"与"得"，助人与自助

"舍"与"得"是一种人生的哲学，也是一种做人做事的艺术。"舍"与"得"是对

等的，舍后才能得到。舍得，舍得，不舍不得。舍就是得，小"舍"有小"得"，大"舍"则大"得"，不"舍"则不"得"。一个人只有"施予"才能"获得"，不管是哪一种方式的施予。这就是"舍得"的真意。当然，这种"得"更多的是指精神的丰润，境界的升华。为大众做事，内心充满喜悦，这也是实现自我的需求。

"助人自助"是国际上很多民间组织的核心理念，意思是帮助他人的目的是为了让受助者自己帮助自己。在这种理念中，受助者是项目的主体，在资助者的帮助下充分利用各种资源进行自我发展，早日摆脱困境。人生互助能从付出中收获成功的喜悦，体味助人与自助的快乐，感悟生命的含义。"志业"是"舍"也是"得"；是"助人"也是"自助"。

(二)幸福的本原，"志业"的根本

幸福是人的目的性自由实现时的一种主体生存状态，幸福感则是对这一主体生存状态的主观感受。将个人幸福与他人的幸福相结合，才会有真正的个人幸福。它具有人道主义的性质，主张人类个体的幸福，同时也强调只有当个体在符合规律性的活动之中实现了自己的目的时，才会有幸福状态和幸福感。

人生乃"人"之生，所以并不等于纯粹的生命过程。人的生命具有"三重性"，即人有"生理生命"、"内涵生命"和"超越生命"。"生理生命"指人作为生物体而存活。"内涵生命"指人生的丰富程度，即单位时间里经历的事情越多，内涵生命就越大，就等于延长了生理生命的存在。"超越生命"则不然，它是人对作为人生基础的生理生命及其限制的超越努力，即人寻找永恒与不朽等真实目的的冲动与努力。以人的生命三重性来看，人生乃是以超越生命为内核的一种目的性的价值生存和物质存在的统一。失去生理生命，人作为肉体不复存在，人生及其目的就因无所寄托而不复存在。但是生理生命只是人生的必要条件而非充分条件。由于人从本质上讲是一种精神性或价值性存在，所以失去超越生命的特质，只顾眼前和肉体存活的"人"实际上不是真正的具有自为意志的人，其生命历程当然也不属于真正的人生。"内涵生命"的范畴非常重要，但内涵生命所指的生命的复杂程度需要作进一步的解释。因为假如人生的丰富是靠实现生理生命形式的简单重复去实现，那么所谓内涵生命就是指人尽量过花天酒地的生活、尽可能满足不同物欲和寻找满足物欲的尽可能多的自在形式而已。如此丰富的"内涵生命"等于没有"内涵"的生命。所以放浪形骸之后必有空虚和迷惘。内涵生命的"内涵"必须寻找价值或人生目的的支撑。有了价值支撑就好比有了超越生命的引导，人的真正的丰富性才能开始，因为它开辟了与动物性生存完全不同的、更合乎人的本质的一大领域，人的生命才具有真正厚重或极具内涵的特质。由此看来，人生意义的源头在于人生目的或价值的寻找。而人生目的或价值的寻找的重要性乃是其设计了判断人生质量高低的最根本和终极的标准。当个体感觉到他找到人之为人的目的，并且觉得自己的行为是在实现这一目的时他就会有一种主观上的践行天命的愉悦，这就是幸福感。幸福的最大化是经济发展的终极目标，而人类的终极价值，就是重新找回人类生活的意义，实质上就是重新找回人类自身追求和感受幸福的能力，这已成为当今人类最大的事业。

所以，"志业"者是幸福的，他们不仅爱与自己有关的，还爱与别人有关的，心中有大爱，心灵才是轻松、自在的。幸福是缘于个体的内心，善待自己，善待他人是"志业"的根本，人生价值的本源。

(三)生命的价值

生命虽然会消失，但是生命的价值却永远存在。"志业"的实现就体现了我们生命的价值，所以我们要将职业活动当作生命成长和价值实现的手段。

现今我们正面临着社会的转型，社会转型不仅是一场经济领域的变革，而且势必导致由经济所决定的政治和文化领域的变革、人的生存方式和价值观的重塑。而市场经济的根本哲学意义就是解放人，把人的创造精神和潜力充分释放出来。因此，我们要充分发挥人的主体性，既要关注现实生活本身的意义，又要导引人们对于理想生活的追求，这就是一种立足于现实生活的终极关怀。

人人都有工作，工作是人生的一部分。有人终其一生，却不知为何工作。反躬自问，为何工作？为谁工作？为了生存而工作，这种工作只是个人的谋生手段，而现今时代最重要的谋生手段是创业，创业观是个人自主能力的充分发挥，但只能称职业。何谓事业？只有将自己的理想与信念都融入其中，并以兴趣为动力时，职业才会发展成事业。在体会到事业带来的成就感、幸福感的同时也为"志业"的实现奠定基础。"志业"，从根本上说是人的价值体现。一个人的人生价值是由人格价值、自我价值和社会价值三部分组成的。自我价值是一个人对自己的有用性，这一点体现在创业观中。自我价值的核心是自尊、自信和自爱。社会价值是指一个人对别人的有用性，取决于能不能给别人带来物质利益和精神利益。一个人对他人越有用，就越有社会价值。一个人通过自己的努力能够满足自己的物质生活和精神生活的需求，使自己美梦成真，就是实现了自我价值和社会价值，也就是"志业观"的实现，也只有这样，我们的人生才会大放异彩。

扩 展 阅 读

比尔·盖茨给毕业生的 11 条人生建议

比尔·盖茨在一个高中毕业典礼上给了毕业生 11 条人生的建议。

1. 人生是不公平的，习惯去接受它吧。(命运掌握在自己的手中。)

2. 这个世界不会在乎你的自尊，这个世界期望你先做出成绩，再去强调自己的感受。(过去的成绩代表不了未来，但未来的成功却可以评价过去。)

3. 刚毕业你不会一年挣 4 万美元。你不会成为一个公司的副总裁，并拥有一辆装有电话的汽车，直到你将此职位和汽车都挣到手。(别希望不劳而获，成功不会自动降临，成功来自积极的努力，要分解目标，循序渐进，坚持到底。)

4. 如果你觉得你的老师很凶，等你有了老板就知道了，老板是没有工作任期限制的。(要习惯自律，好习惯源于自我培养。)

5. 在快餐店煎汉堡并不是作践自己，你的祖父母对煎汉堡有完全不同的定义，他们称它为机遇。(不要忽视小事，平凡成就大事业。)

6. 如果你一事无成，不是你父母的错，所以不要只会对自己犯的错发牢骚，从错误中去学习。(人生没有失败，犯错误是学习的重要途径，不要抱怨他人，要从错误中吸取教训。)

7. 在你出生前你的父母并不像现在这般无趣，他们变成这样是因为忙着付你的开销，洗你的衣服，听你吹嘘自己有多了不起。(事事需自己动手。每个人有自己的成功法则，不要总靠别人活着，要凭借自己的力量前进。）

8. 在学校里可能有赢家和输家，在人生中却还言之过早。学校可能会不断给你机会找到正确答案，真实人生中却完全不是这么回事。（机遇是一种巨大的财富，机遇往往就那么一次，也许你"没有机会"，但可以创造。）

9. 人生不是学期制，人生没有寒暑假，没有哪个雇主有兴趣协助你找寻自我，请用自己的空暇做这件事吧。（时间在你的手中，自己找时间做吧，决不要把今天的事情拖到明天。）

10. 电视上演的并不是真实的人生。真实人生中每个人都要离开咖啡厅去上班。（每个人都要有自己的职业，做该做的事情。）

11. 善待乏味的人。有可能到头来你会为一个乏味的人工作。（善待身边的所有人吧，这是你的重要资源。善待他人就是善待自己。）

（编者注：有这样一句话被不少人奉为经典，"许多人都以为生活是由偶然和运气组成的，其实不然，它是由规律和法规组成的。"规律是事物最本质的内涵，是事物兴衰成败的黄金法则。比尔·盖茨给青少年的 11 条准则就是他从自己生活的方方面面，以及他从小到大的个人经历中总结出来的成功经验和人生智慧。比尔·盖茨的成功法则就是一部智慧宝典，我们不妨把它看作"财富背后的财富"。这些准则旨在告诉青少年朋友如何做人，如何面对生活，如何走向成功的人生。因此，我们发现只有自觉地去发掘、掌握这些准则，才能读懂伟人和平凡人之间的相通之处，才能找到从平凡到伟大的最为可行可靠的途径，从而跃过障碍、绕过陷阱而一步步地接近成功，成就大业！上面的 11 条人生准则的建议只是翻译大意，括号里的话是编者加的。欲了解更多可以参考宿春礼编著的《比尔·盖茨给青少年的 11 条准则》，本书由石油工业出版社在 2006 年出版）

探索与练习

选准人生坐标　实践事业理想

被称为"天之骄子"的当代大学生如何追求和实现人生价值？大学"商贸英语"这种热门专业的高才生，选择什么样的职业道路？一个 20 岁出头的女大学生当"猪倌"的经历说明，人生的关键是选准自己发展的"坐标"，让青春在创业的拼搏中、在对事业理想的追求中闪光，让社会、让市场认定自己的人生价值。

1. 奇怪的学生

陈阿玲是东海农业大学商贸英语系的高才生。也许对于很多人来说，在农业院校中读书并不是自愿的选择，如果有改行条件自然就会跳出"农门"、放弃专业。陈阿玲在大学里读书的时候，除了学好自己的专业——商贸英语外，还对畜牧业有种特别的"眷顾"。也许这是由于家乡那挥之不去的熟悉气息，或者是因为她对家里伴着她成长的大大小小的猪崽们的美好回忆吧！

渐渐地，畜牧课老师认识了扎着马尾巴、总爱提问题的文静女生。图书管理员也熟悉了这个"老借奇怪的书"的女孩子。每写家信，小陈总喜欢问"家里喂的猪咋样了"。家里的猪一有什么事，她一定马上去请教教授、翻教科书，非找出答案不可。

2. 重大的选择

大学毕业时，有两家合资企业要聘用品学兼优的陈阿玲，但她却主动放弃这些好的就业机会。在同学们羡慕不已的目光中，阿玲把聘书悄悄藏起；又在同学、父母、社会各种疑惑与不解的目光中，她告别了留下青春足迹的大学校园，回到了老家，带着创业者的自信，站在了人生新的起点上。陈阿玲回到家乡，搞了一个月生猪饲养的可行性调查实践。在这期间，她得到了许多有价值的数据和信息。中国处于经济迅速发展、人民生活水平迅速提高的时期，随着中国人民消费水平的提高，饮食结构正在发生着重大的变化，人们对肉、奶、蛋类的消费大幅度增加。现代养殖业是一个有特大发展、长期兴旺的朝阳产业！她想，"是啊，我受过这方面的专业训练，家乡又有极好的实战场所，家乡要发展、乡亲要致富、政府促脱贫，这些都是我发挥专业特长、发展事业的有利条件。这不正是我创业的极好契机吗？"在日渐清晰的思考中，在渐渐充盈的自信中，她勾勒出把"家乡建成养猪专业村"的美好蓝图，然后，就在故乡，在生她养她的热土上创办了养猪场。

3. 创业维艰

择业、就业、创业——在人生的十字路口，陈阿玲的脚步迈得并不轻松。万事开头难。为扩大原来养猪场的规模，陈阿玲动员家里将多年的积蓄拿了出来，又求亲告友借钱，组织人顶着炎炎烈日大干了20多天。为建成全市范围的第一个万头规模的养猪场，这个青春年华的女孩子，为了"猪"到处跑征地，跑贷款，跑建筑材料……人们看她忙前忙后，养猪场还见不到眉目，有的人冷嘲热讽，有的人劝她"现实点"，她的大学同学也捎来了又一外贸公司招聘的消息。阿玲不为之所动，继续坚持她的艰难创业。克服了重重困难，终于在政府的支持下，落实了2公顷土地和100万元贷款。又经过半年多的努力，新猪场已建成大部分猪舍。但是，购买种猪的钱尚无着落。在区委书记的协调和帮助下，贷款问题终于得到解决。就这样，历经一年多的艰苦拼搏，一座拥有猪舍400多间，办公室、仓库、车库、招待所、地中衡、养猪台等配套设施齐全的现代化大型养猪场——"富乡精品猪养殖场"拔地而起。猪场盖好了，阿玲从此一天也没有离开，猪就是她的事业、她的"心肝"。她本人挑选了国内优良的品种，配制了专门的饲料喂养，并采用干料方法饲喂，同时采取了自动饮水、水冲猪舍、定期检疫等一系列先进的喂养管理措施。经过一段时间的研究和实验，阿玲创新了饲养方法，仅90天时间就出栏了几头大肥猪，重量都在125公斤以上。还有一头有150多公斤，把当了多年的镇兽医站站长都看呆了，直问："这猪养了几年了？"阿玲这个勤奋工作、刻苦钻研的场长，成了创造养猪奇迹的名副其实的饲养专家。

4. 专业对不对口

如今，富乡猪场存栏的猪有4万多头，年出栏数量达到1.2万头，一年的纯利润有上百万元，不仅取得了较好的经济效益，而且也取得了巨大的社会效益。由于她的带动，全村乃至全镇都靠养猪走上了致富路。身为养猪专家和管理人才的陈阿玲，依然是一副大学生的文静模样。有人问她所学的专业知识能否用于养猪、是不是不对口，她笑了，说："任何知识都是相通的。我在农业院校读书，饲养科学知识不仅是我们的一门课，而且是重要的专业课，也可以说是我的专业课。中国是一个农业大国，'吃饭'的市场是非常广阔的。干这一行是一种明智的选择。英语我也没有丢，有时间我就翻阅国外有关资料，掌握国际市场信息，学习国外饲养的先进方法。最近，由华都信息公司牵线，我已经与美国的一家公司洽谈合资发展养猪业事宜，计划今年投资1 000多万元，进一步扩大猪场规模，我学的外语也能派上大用场了。我不但要当本市的养猪状元，而且还要争当全省、全国的养猪状元。既然当初选定了这条道路，我就要义无反顾地沿着这条路走到底。"

5. 欣慰与帮助

阿玲成功了。她始终认为：大学生的学历固然荣耀，办成了养猪场固然欣慰，然而，真正的荣耀、真正的欣慰在于一个人对社会的贡献。行动胜于语言。她拿出2万元无偿扶持村民们养猪，谁家养了一头仔猪，她就补贴100元，并同时提供技术服务，还以高于市价的价格回收。这样，为村民们设立了"双保险"，很快全村就掀起了养猪致富的热潮，并迅速发展成养猪专业村和全市最大的仔猪繁育基地，每户年增收3 000多元，村里一年的经济效益提高了200多万元。到了春节，她拿出1万元，专门看望和接济村里的18户烈军属和五保户老人，得到了全村村民的赞誉。

问题：

1. 陈阿玲为什么不从事外贸工作，而自愿从事不少人想要放弃的"务农"专业？你所热爱的专业有什么机会和发展前途？你的学业可能向什么方向发展？

2. 陈阿玲原本读的是商贸英语专业，但她的事业却是"养猪"。你怎样理解个人的竞争优势问题，特别是在人才市场上处于与他人竞争时，你如何发现和运用自己的竞争优势？如果你考上了大学，但是录取的专业不理想，你将如何对待，怎样决定自己的出路？

3. 面对严峻的社会就业形势，创业是一条重要的就业道路。走创业的道路，往往是困难的。在你大学或者高中毕业、准备就业的时候，你有没有自我创业的思想准备？

4. 陈阿玲持之以恒，锲而不舍，终于事业有成。如果你在择业、工作试用、个人创业中遇到了困难，遭受了挫折，应当如何对待？

第九章 生 涯 决 策

【导引个案】

刘德华的选择

"第一次要面对人生抉择是中五毕业那年，左手拿着无线艺员训练班的报名表格，右手拿着应届高等程度教育课程的报名表，顿时觉得自己的前途都掌握在自己手中。

要继续学业，还是去读艺员训练班？再念两年中学毕业后又何去何从？是再念大学，然后学士、硕士、博士这样一路念下去？还是选修艺员训练班有一技之长，将来无论条件符合与否，台前幕后也好，总算有门专业知识傍身？

一连串的问题此起彼落在我心中响起，魔鬼、天使各据一方，展开辩论大会。

反反复复地考虑，我把自己的优点和缺点逐一写在纸上，自己给自己理智地分析利弊：这样念书一直下去适合我的性格吗？我喜欢艺术工作吗？我喜欢什么样的人生呢？平稳安定，还是多姿多彩，充满挑战？

直到那一天才明白，人才是自己生命最大的主宰，向左走还是向右走都是自己决定的路，与天无忧。我的心作了我的指南针，只有它才会明白我要的方向，也是它让我选择了左手那张报名表格。"

(资料来源：刘德华. 我是这样长大的.)

有人说人生充满选择，但关键处只有几步。正如下棋，一步之差，可能全盘皆输。生活就是由一系列的选择组成的，在做出选择之前有一个很重要的心理过程——决策。一个人遇到的麻烦和不如意，往往是由于他做出了不合适的决策或未做出决策而产生的。日常生活中的很多决策往往在不经意中就完成了，其过程相当缺乏理性。但关于生涯决策却并非一蹴而就。你经常用什么样的方法作决定？算命？星座？求神？父母高兴？老师指示？自己决定？

职业生涯决策是一个高度复杂的过程，常常会令人左右为难，很难用简单的方程式来概括。人不可能完全理性，但学会把一些理性的方法引入到生涯决策中，培养理性决策的能力将使你受益终生。

所有的道路，不是别人给的，而是你自己选择的结果。你有什么样的选择，也就有了什么样的人生。当我们面临选择的时候，我们是果断的还是犹豫的？是理智的还是逃避的？我们在决策的时候要考虑哪些要素？我们应该学会的决策方式是什么？本章将带领你一起学习生涯决策的系统理论，了解决策过程，熟悉决策方法，从而为自己的未来作一个英明的决策。

第一节 生涯决策概述

"决策"一词的意思就是做出决定或选择。生涯决策是指对生涯事件的选择和决定的过程。作决定是人成长过程中的重要环节，一些重要决定甚至可能成为一生的里程碑。随着年龄的增长，我们不得不自行决定一些重大的事情，例如考试、升学、交友、就业、婚姻等，甚至日常生活中的琐事也都充满着抉择。

一、生涯决策的类型

(一)测一测你的决策风格类型

对于如何作决定每个人都有自己的独特方式，或者说独特的决策风格。有时我们会不满意自己的决策风格，那么首先让我们来测一下自己的决策风格吧！

你平时是如何作决定的呢？下面题目中的句子，是一般人在处理日常事务及生涯决定时的态度、习惯及行为方式。请阅读这些句子并填写右边的选项，注意每一个选项无所谓对错，只要符合你的真实情况就可以帮助了解自己的决策风格。当你完成下面的选择之后，将得分计算出来，看看你是属于哪一类的决策风格。生涯决策风格类型测试表如表9-1所示。

表9-1　生涯决策风格类型测试表

序号	情景陈述	符合	不符
1	我常匆促做草率的判断	□	□
2	我常凭一时冲动做事	□	□
3	我经常改变我所做的决定	□	□
4	作决定之前，我从未做任何准备，也未分析可能的结果	□	□
5	我常不经慎重思考就作决定	□	□
6	我喜欢凭直觉做事	□	□
7	我做事时不喜欢自己出主意	□	□
8	做事时我喜欢有人在旁边，以随时商量	□	□
9	发现别人的看法与我不同，我便不知该怎么办	□	□
10	我很容易受到别人意见的影响	□	□
11	在父母、师长或亲友催促我作决定之前，我并不打算作任何决定	□	□
12	我常让父母、师长或亲友来为我作决定	□	□
13	碰到难作决定的事情，我就把它摆在一边	□	□
14	遇到需要作决定时，我就紧张不安	□	□
15	我做事总是东想西想，下不了决心	□	□
16	我觉得作决定是一件痛苦的事情	□	□
17	为了避免作决定的痛苦，我现在并不想作决定	□	□
18	我处理事情经常犹豫不决	□	□
19	我会多方收集作决定所必需的一些个人及环境的资料	□	□
20	我会将收集到的资料加以比较分析，列出选择的方案	□	□
21	我会衡量各项可行方案的利益得失，判断出此时此地最好的选择	□	□
22	我会参考其他人的意见，再斟酌自己的情况来做出最适合自己的决定	□	□
23	经过深思熟虑之后，我会明确决定一项最佳的方案	□	□
24	当已经确定所选择的方案，我会展开必要的准备行动并全力以赴做好	□	□

计分方法：选择符合的记 1 分，不符合的不计分。

生涯决策风格类型测试结果如表 9-2 所示。

表 9-2　生涯决策风格类型测试结果

题号组	★1～6 题组	●7～12 题组	▲13～18 题组	■19～24 题组
得分				
决策类型	冲动直觉型	依赖型	逃避犹豫型	理性型

得分最高一组代表主要决策风格。

(二)决策风格类型分析

根据学者 Harren(1979)的观察，大部分人的生涯决策方式可以归纳为直觉型、依赖型、理智型三种[1]，另外还有犹豫不决型等。

(1) 直觉型：直觉型以自己在特定情境中的感受或情绪反应做出决定。这种类型的人作决定时全凭感觉，较为冲动，较少会系统地收集其他的相关信息，但他们能为自己的抉择负责。例如，小萍是一个美丽聪慧的女孩，她在为自己作各种决定时，常常凭借自己的感觉或情感。当初在高三时她毅然放弃推荐保送同济大学的名额，宁可辛苦复习，参加高考，就是为了圆自己和家人的一个"复旦梦"。在她如愿以偿考入复旦经济学专业后，在大学三年级，她又开始准备考研，想跨专业考本校法理学的研究生，原因是她对法律产生了兴趣。在考研失败后，酷爱旅行的她，凭着冲劲与直觉到一家旅行社上班，现在正在埋头考导游证呢！她常以迅雷不及掩耳的速度，在生涯抉择路口走自己的路，做出让周围人咋舌的决定。同时，她又勇于为自己的决定负责，从不后悔。

(2) 依赖型：依赖型是指等待或依赖他人为自己收集信息并替自己作决定，有的甚至到处求神问卜，找算命先生帮助。决策时不去有系统地收集信息，决策较为被动与顺从，十分关注他人的意见和期望，从而做出选择。对于此类的人而言，社会赞许、社会评价、社会规范是他们决定的标准，他们的口头禅是："爸妈叫我去……""我的男朋友/女朋友希望……""他们认为我很合适"、"他们认为我可以……可是……"

(3) 理性型：理性型决策合乎逻辑，系统地收集充分的生涯相关信息，且分析各个选项的利弊得失，按部就班，以做出最佳的决定。例如，小莉准备投入保险业，在转业的前一年，她和保险从业人员有很多的接触。为了训练自己突破人我之间的距离，以及能在短时间内与陌生人建立良好关系的能力，小莉还报名参加了人际关系训练课程。经过很多的利弊分析与筹划，最后在家人的支持下，小莉于 5 月份正式投入保险业。她相信这是最适合她的选择。

(4) 犹豫不决型：此类型的人虽然收集很多的相关信息，问东问西，但却常常处在挣扎、难以下决定的状态中。例如有位研究生在"百度 Baidu 知道"网上发布求助《电业局和设计院我该怎么选择》："我的问题是我本科读的建筑学，侧重于建筑设计，而研究生读的是规划，侧重于规划设计，现在面临毕业，现在的选择是进入电业局，还是应该去设计所，也就是设计些变电站、机站之类的，编制应该是全民编制的，也就是正式编制的，

---

[1] 许玫，张生妹. 大学生如何进行生涯规划[M]. 上海：复旦大学出版社，2006.

好处就是福利不错，安稳，相对轻松，年薪最多 10 万元。还有就是去建筑设计院或者规划设计院，那里面市场竞争激烈，做得好则超过电业局的收入，做得不好则低于电业局的收入，但是接触到的群体可能会更广泛一些。但以后的事情也很难说，在电业局或许还有精力做些其他事情，而设计院则没有。大家帮我看看，在电业局和设计院中我该如何选择？还有就是建筑院和规划院哪个好？大家是如何理解的。"

经过前面的测验可以看出你属于哪一种类型？喜欢这样的自己吗？你认为如何做可以使自己更完美？

二、大学生生涯决定中常见的阻碍

不是每个人都能成功地做出生涯规划的，这当中会有阻碍因素不利于我们做出决定，或是我们职业选择不顺利，或是造成生涯发展困境长久无法突破。

(一)生涯决定阻碍因素

这些阻碍因素主要包括以下八个方面[1]。

(1) 意志薄弱：个人生涯选择受到父母、他人影响的情形相当明显，因而学生往往忽略真正适合自己的选择，或虽有少数能立定志向的学生却往往因为不能持之以恒或失去毅力而放弃想要发展的方向。这时该去想一想：我的理想是什么？我的生涯目标是否投射了他人的期待？真正适合我发展的方向在哪里？哪些因素影响着我作适当的决定？我应该坚持哪些部分？然后朝自己掌握的方向去努力。

(2) 行动犹豫：许多人虽然有着自己的想法与目标，但可能因为担心、害怕或缺乏信心等而迟迟无法展开实际行动。像这类只想、只计划却不能起而行之的人，就属于"行动犹豫"的一群。这时若能先建立信心，或利用一些策略进行自我督促便可改善。

(3) 信息探索不足：对目前社会或工作环境的信息太过缺乏，或不清楚信息取得渠道的人，属于"信息探索不足"的一群。应强化信息的收集与了解，因为有丰富的信息才能有效率地做生涯探索。

(4) 特质表现不佳：对于个性积极有主见者，在生涯发展路上较容易为自己铺一条适当的路。但有些人个性过于被动且缺乏主见，或没有规划的习惯，抱持"船到桥头自然直"的态度，这些特质长久下来极不利于自己的生涯探索，属于"特质表现不佳"的一群。宜加以真切地面对调整，才有机会改变状态。

(5) 方向选择未定：有些人受阻于未来发展的方向模糊，而无法明确地规划，也无法为将来做出预期努力，这是"方向选择未定"的一群。这时应先多花时间去探索自己的兴趣、能力、社会现况等，先找出方向才不会做错选择。

(6) 专业选择不当：若个人所学的领域能与未来生涯有所契合，那么将更有助于进入专业领域的生涯发展中，然而许多大学生常因某些因素而进入非原先所期待的科系就读，是属于"科系选择不当"的一群。这一群应先给自己一些时间沉淀，再通过其他方法(如做兴趣测验、与师长讨论等)，寻找合宜系所，考虑转系、转学、修辅系、双学位等的可能性。

(7) 学习状况不佳：在学生生涯中，学习是最重要的一件事。如果人对所处的学习环

---

[1] 洪凤仪. 生涯规划自己来[M].台北：扬智出版社，2000.

境不满意，或学习心态不适当，则可能无法有好的学习态度，连带地使自己在为未来发展的准备上受到负面的影响，而成为"学习状况不佳"的一群。这时需要去觉察这现象背后的原因，从而在认知与行动上有所调整，才能自然地投入到学习中去。

(8) 学习困扰高：许多学生会因为同学、老师互动状况不佳或异性交往问题而明显影响其个人状态，从而无法全心投入学习。恶性循环的结果可能使个人愈加无法达到自己理想的成绩，这是属于"学习困扰高"的一群。这群人亟须回到根源处寻找困扰的来源或调整学习习惯，才不致错过适当的学习时机。

(二)生涯决策阻碍省察

我们每个人在一生中，都可能因为一些阻隔因素的存在而使自己的生涯停滞在较不好的发展状态。若能给自己一个机会去接触、觉察这些因素之所在，那么对自己的未来发展将会有莫大的帮助。我们可以问自己以下问题，觉察这些阻碍因素。

(1) 在我们个人或学习成长过程中曾经或目前出现过哪些生涯阻隔因素？

(2) 哪些因素对目前所学的科系或从事的工作有负面的影响？

(3) 这些因素存在了多久？

(4) 你个人曾想过要改变或克服吗？

(5) 若这些因素一直保持下去，未来的蓝图将会如何？

(6) 如果你改变了，周围人的看法、感觉将是如何？

(7) 他们可能会有哪些反应呢？

通过生涯阻隔因素的探索，可以帮助我们了解自己生涯阻碍的可能潜在因素，从而进一步针对自己的瓶颈与困境加以突破，开创新局面。

第二节　生涯决定社会学习理论

为什么有的人只对某一种职业有兴趣？为什么有的人在选定某职业之后，又改来改去？为什么有的人在不同的人生发展阶段，对不同的职业有不同的偏好……诸如此类影响一个人生涯决定或生涯选择的因素，一直是研究生涯发展的专家学者们相当重视且关心的主题。

当然，不同学者研究的重点也因所关注焦点的不同而存在差异。一般而言，社会学家、经济学家比较注重环境的影响，他们认为"机会"的因素在个人选择职业的过程中扮演着主导角色，这些"机会"因素包括社会经济地位、性别、种族、文化及教育机会等个体无法自主控制的变量。相反，心理学家则相对地强调个体内在的发展是主要的影响因素，他们研究"非机会"的变量，重视个体的兴趣、价值、人格和能力倾向等因素对个人生涯选择的影响。本节重点介绍注重均衡决策的生涯决定社会学习理论。

一、影响生涯决定的因素[1]

克朗伯兹(Krumboltz)的生涯决定社会学习理论兼顾心理与社会的作用，认为二者对个

---

[1] D. H. Montross, C. J. Shinkman. Career Development in the 1980s：Theory　and　practice[M]. U. S. A：Charles C. Thomas PUBLISHER，1981：43-66.

人生涯选择均有影响。20世纪六七十年代，克朗伯兹和同事们一起对高中学生作了一连串的研究，并于1979年推出《社会学习理论和生涯决定》一书，书中阐述了他的主要观点。

克朗伯兹认为四类因素影响到一个人的生涯决定，分别如下。

(一)遗传因素和特殊的能力

个人得自于遗传的一些特质，在某些程度上限制了个人对职业或学校教育选择的自由。这些因素包括种族、性别、外在的仪表和特征等。

某些个人的特殊能力也会影响其在环境中的学习经验，伴随这些学习经验而来的兴趣与技能，对个人未来的职业选择等也有较大影响。个人的特殊能力包括智力、音乐能力、美术能力、动作协调能力等。

(二)环境状况和事件

克朗伯兹认为，影响教育和职业的选择因素中，有许多来自外部环境，并非个人所能控制。这些环境状况和事件来源于人类活动(如社会、文化、政治或经济的活动)，也可能由自然力量引起(如自然资源的分布或天然灾害)。这些因素具体包括：工作机会的数量和性质；训练机会的多寡和性质；职业选择训练人员和工作人员的社会政策和过程；不同职业的投资报酬率；劳动基准法和工会的规定；物理环境的影响，如地震、洪水、干旱、台风等；自然资源的开发；科技的发展；社会组织的改变；家庭的影响；教育系统和社区的影响。

(三)学习经验

克朗伯兹认为，每个人独特的学习经验，在决定其生涯路径(Career Path)时扮演重要的角色。

日常生活中，个体受到刺激与强化的类型、性质以及两者配合出现的时机常常错综复杂，因而没有一个理论能够很好地解释这些不定的变量究竟是如何影响个人生涯偏好和生涯技能发展的，又是如何影响生涯选择的。以下的两种学习经验，是克朗伯兹社会学习理论中最简约的形式，可用来说明学习经验对生涯决定的影响。

(1) 工具式学习经验(Instrumental Learning Experiences)：工具式学习经验的获得，与学习心理学中工具制约学习的过程有类似之处。工具式学习经验有三部分主要内容，它们分别如下。

① 前因，"前因"包括了我们前面提到的各种环境状况和事件，以及个人在生活中遇到的刺激(即工作或问题)。

② 内隐与外显的行为，"行为"包括内在的认知和情绪反应，以及外在的行动。

③ 后果，"后果"包含了直接由行动所造成的影响，以及当个体体验到这些后果时的认知与情感反应。

克朗伯兹的社会学习理论认为，凡是成功的生涯计划、生涯发展和职业或教育的表现所需的技能，均能够通过连续的工具式学习经验而获得。

(2) 联结式学习经验(Associative Learning Experiences)：联结式的学习经验是指某些环境的刺激会引起个人情绪上积极或消极的反应。如果原来属于中性的刺激与社会上使个体产生积极或消极情绪反应的刺激同时出现，这种伴随在一起的联结关系，会使中性的刺激也具有积极或消极的情绪作用。克朗伯兹指出，我们对于职业的刻板化印象，诸如"医生都是有钱人"、"军人和教师都是清苦的"等,都是通过这种联结学习的经验而习得。在个体成长过程中,这种联结学习的经验也许一生都难以改变,对其生涯的选择也有着深远的影响。

(四)工作取向的技能

前面提到的各种因素,如遗传因素、特殊能力、社会上各种影响因素以及不同的学习经验等,会以一种交互影响的方式使个人形成特有的工作取向技能,这些工作取向的技能(Task Approach Skills)包括解决问题的能力、工作习惯、工作的标准与价值、情绪反应、知觉和认知的历程(如选择、注意、保留、符号知觉等心理过程)等。

二、各种影响因素之间交互作用的结果

按照社会学习理论的看法,上述四类因素在不断地产生交互作用,其结果是形成个体对自我的推论、世界观的推论,形成工作取向的技能和行动。

(一)自我观察的推论

以过去的学习经验为基准,个人会对自己的表现做出评估与推论。评估的参照对象,可能是自己以往的成就,也可能依据其他人的表现。克朗伯兹等人认为,一般心理学家所测量的个人兴趣、工作价值,都是属于他们认为的"自我观察的推论"(Self-observation Generalization)。在解释生涯决定方面,自我观察的推论最重要的内容之一是"爱好"(Preferences),比如喜欢教书而不喜欢做生意,或喜欢走在人群里而不喜欢坐在办公室中等,这些爱好是学习经验的重要结果,也是生涯决定的衡量标准。

(二)世界观的推论

同样,基于自己的学习经验,个人也会对环境及未来的事物做出评估与推论,特别是在职业的前途与展望方面。世界观的推论(World-view Generalization)和自我观察的推论一样,不一定完全正确,要视个人的学习经验是否丰富而定。

(三)工作取向的技能

前面在影响生涯决定的四类因素中已经提到工作取向的技能,所以,它既是"因",又是"果"。在这里,工作取向的技能(Task Approach Skills)是个人所习得的各种认知与表现的能力,可应用在生涯决策的过程中。工作取向的技能对个人来说,随着环境变化能用来解释这种变化与自我观察和世界观推论之间的关系,以及预测未来变化的方向。

(四)行动

个人的实际行动是综合以前所有的学习经验、自我与环境的推论以及具备的各种能力,并将这些引入到未来事业发展的途径。生涯决定的社会学习理论,所重视与关心的正是行为,它包括初步选定一种工作,选择一个特定的专业,接受一次职业训练的机会,接受升迁的职位,或是改变主修科目等。

三、生涯决定社会学习论的应用

(一)对生涯选择的基本看法

个体如何选择一个生涯方向，是由一组复杂的因素交织互动而决定的。这些因素包括个人的遗传素质、环境的各种事物与状况以及各种学习经验。

生涯的选择是一种相互的历程。这种选择不仅反映个人自主的选择结果，也反映社会所提供的就业机会与要求。总之，人选择职业，职业也选择人。

生涯的选择是终生的历程。它不只是发生在一生中的某一时刻，而是由从出生到退休连续不断的各种事件与抉择所决定的。

生涯的选择不是偶发事件，是由许多的前因所造成的结果。鉴于前因事件的复杂性，前因对于任何人职业选择的预测往往不太可靠。

"生涯犹豫"现象主要是由于个人缺乏有关生涯的学习经验，或者是由于个体尚未学到系统而有步骤的生涯决策方法所致。因此，对生涯方向的把握不定是缺乏某种学习经验的结果，个体没有必要为此而愧疚或抑郁。

(二)应用要点

基于对生涯选择的基本看法，克朗伯兹强调，个人在面对抉择时可能无法做出妥善的决策或决策方式不正确。产生这些困扰是由于世界观或工作取向技能的不足，所以生涯自我决策不仅仅是将个人特质与工作相匹配的过程，还应该扩展新的学习经验，多参加各种和生涯有关的探索活动。应用中注意以下几个方面。

(1) 个体要学习合理有序的生涯决策的技能。

(2) 个体要按照适当的顺序，包括实际试探、角色扮演、模拟活动如电脑化模拟活动以及书面或视听教材等，进行各种与生涯有关的探索活动。

(3) 个体要不断评估这些学习经验对个人的影响。

(三)应用模式

克朗伯兹等人(1977)基于生涯决定的社会学习理论在中学和大学中的实践，提出了为生涯帮助个体进行生涯决策的七个步骤。

(1) 界定问题(Defining the Problem)：描述必须完成的决策，以及估计完成该决策所需的时间。

(2) 拟定行动计划(Establishing an Action Plan)：描述将采取哪些行动或步骤用来作决策，如何实施这些步骤，并估计每一步骤所需的时间或完成的日期。

(3) 澄清价值(Clarifying Value)：描述个人将采取哪些标准来作为评价每一可能选择的依据。

(4) 找出可能的选择(Identifing Alternatives)：描述已找出的可能选择。

(5) 发现(评价)可能选择的结果(Discovering Probable Outcomes)：依据所定的选择标准、评分标准，评价每一可能的选择。

(6) 系统地删除不符合价值标准的可能选择(Eliminating Alternatives Systmaiically)：对每一个可能选择符合价值标准的情形作比较，从中选取最能符合决策者的理想选择。

(7) 开始行动(Starting Action)：描述将采取何种行动以达到所选的目标。

第三节　生涯决策方法

一、生涯决策原则和系统框架

生涯决策是对生涯事件决定和选择的过程。对一项生涯事件的选择和决定，绝不是简单地拍板，必须要依据决策系统地思考。

(一)生涯决策的基本原则

生涯决策依据以下原则进行。

(1) 择己所爱：对生涯事件的决定和选择首先要尊崇个体的兴趣和价值观。

(2) 择己所能：生涯决策还要考虑自己的能力、性格特质等的匹配，看其是否合适。

(3) 择世所需：生涯抉择必须遵循社会的发展规律，不可逆社会规律而行。人的价值最终要体现在对社会所做的贡献上。

(4) 择己所利：决策也是利益选择的过程，两利相较取其大，两害相较取其小。决策是一个优选的过程，也要遵循效益原则。

(二)生涯决策系统框架

根据生涯决策基本原则，我们认为生涯决策必须立足于系统思考，重点考察价值观，个性倾向性、能力等，个体资源、助力，社会环境与机会，从而做出信息整合，选择可能和可行的策略。生涯决策系统框架可以描述为图9-1。

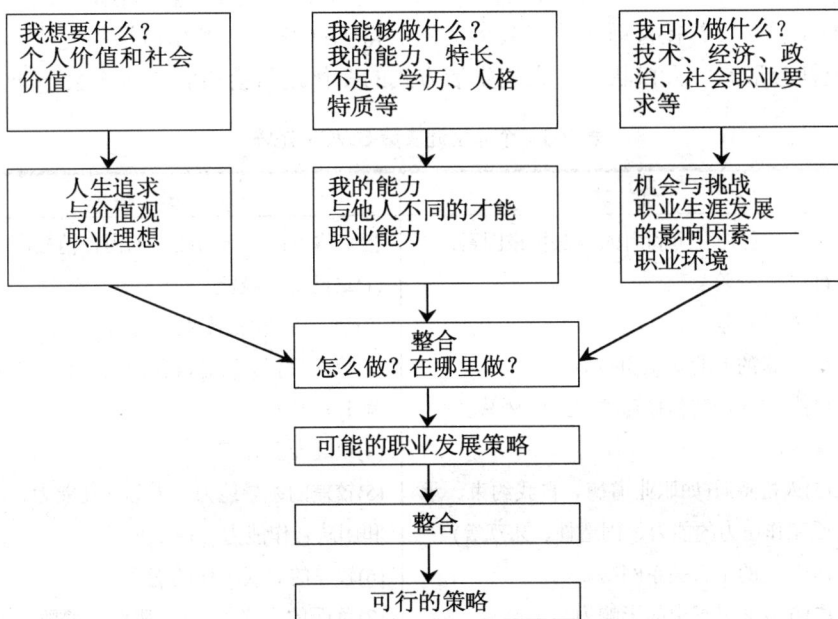

图 9-1　生涯决策系统思考图

二、SWOT 分析法

SWOT 分析法是英文单词 Strengths (优势)、Weaknesses(劣势)、Opportunities (机会)、Threats(威胁)的缩写，最早是由哈佛商学院的 K.J.安德鲁斯教授于 1971 年在其《公司战略概念》一书中提出的。安德鲁斯把面临竞争的企业所处的环境分为内环境和外环境，其中内部环境分析包括企业的优势分析和劣势分析，而外部环境分析则包括企业面临的机会分析和威胁分析。这种综合分析企业的内外环境，从而为企业中长期发展制定战略的方法即 SWOT 分析法。

(一)个体生涯决策中的 SWOT 矩阵及应用

1. 个体生涯决策中 SWOT 矩阵模型(见表 9-3)

近年来 SWOT 分析法常被个体作为生涯规划决策分析方法使用，用以检查个体的技能、能力、喜好和职业，分析个体的个人优点和弱点在哪里，评估出自己所感兴趣的不同职业道路的机会和威胁所在。

从这个矩阵模型中，我们可以清楚地看到自己的竞争力和发展机会，从而能够制定出恰当的生涯目标，同时还能清晰地认识到自己的不足和外在的威胁，从而为提升自己提供良好的现实依据。

个体在进行 SWOT 分析时，可以采取多种方法来确定自身的优势与劣势、机会与威胁。目前最常使用的是关键提问法，即连续不断地向自己提问，从答案中进一步了解自己。例如，个体可以通过向自己提一系列问题来逐步确定自己所面对的外在环境和机会：我最有希望的前景在哪里？我专业领域中目前最先进的知识技术是什么？我是否尽了一切努力来让自己朝它靠近？什么样的培训和再教育能够让我增加更多的机会？MBA 或其他学历是否能够增加我的优势？在目前工作里我多久能够得到提升？技术和市场的变化、政府政策的改动以及社会形态、人口状况、人们生活方式的变化是否会给我带来机会……

表 9-3   个体生涯决策 SWOT 矩阵

	优 势	劣 势
内 部 因 素	指个体可控并可利用的内在积极因素： (1)工作经验 (2)教育背景 (3)丰富的专业知识和技能 (4)特定的可转移技巧(如沟通、团队合作、领导能力等) (5)人格特质(如职业道德、自我约束、承受工作压力的能力、创造性、乐观等) (6)广泛的个人关系网络 (7)在专业组织中的影响力	指个体可控并努力改善的内在消极因素： (1)缺乏工作经验 (2)学习成绩差，专业不对口 (3)缺乏目标，且对自我的认识和对工作的认识都十分不足 (4)缺乏专业知识 (5)较差的领导能力、人际交往能力、沟通能力和团队合作能力 (6)较差的寻找工作的能力 (7)负面的人格特征(如职业道德败坏、缺乏自律、缺少工作动机、害羞、情绪化等)

续表

	机 会	威 胁
外部因素	指个体不可控但可以利用的外部积极因素: (1)就业机会增加 (2)再教育的机会 (3)专业领域急需人才 (4)由于提高自我认识、设置更多具体的工作目标带来的机遇 (5)专业晋升的机会 (6)专业发展带来的机会 (7)职业道路选择带来的独特机会 (8)地理位置的优势 (9)强大的关系网络	指个体不可控但可以使其弱化的外部消极因素: (1)就业机会减少 (2)由同专业的大学毕业生带来的竞争 (3)具有丰富技能、经验、知识的竞争者 (4)拥有较好的寻找工作技巧的竞争者 (5)名校毕业的竞争者 (6)缺少培训、再学习造成的职业发展障碍 (7)工作晋升机会十分有限或者竞争激烈 (8)专业领域发展有限 (9)公司不再招聘与你同等学力或专业的员工

2. 个体运用 SWOT 分析的实例

例如,一名师范大学毕业的男研究生,心理学专业,在校期间专业成绩优秀,曾多次获取奖学金,发表若干论文,且一直担任学生干部工作,成绩斐然。但是他性格急躁,容易冲动,而且没有直接的工作经历,唯一的工作经历是二年级时在一家大型电子公司的人力资源部门实习了半年。现在他想谋取一份人力资源管理的工作。

根据 SWOT 分析法,我们首先可以对此个案进行自身优势、劣势分析,以及周围职业环境的机会、威胁分析(详见表 9-4),然后在这些分析结果的基础上制定出各种相关策略,整合后最终确定这名个案应该谋取一份大中型外资企业的人力资源管理部门的工作。

表 9-4 个体生涯决策 SWOT 应用实例

	机 会	威 胁
外部环境分析	(1)人力资源管理部门逐渐受到企业的重视 (2)入世后,外资企业的进入导致人力资源管理人才需求量的增大 (3)心理学在人力资源管理中的重要性逐渐凸显出来	(1)人力资源管理方向的毕业生 (2)MBA 的兴起 (3)人力资源管理在很多企业中仍然处于刚起步阶段,其运作很不规范 (4)比起学历,我国许多企业更看重工作经验
	优 势	优势机会策略(S. O.)	优势威胁策略(S. T.)
内部环境分析	(1)硕士学历,成绩优秀 (2)学生干部管理经历 (3)大型公司半年实习经历 (4)具有心理学的知识背景	(1)学习心理学知识,将心理学知识运用到人力资源管理中 (2)发挥担任学生干部的管理特长	(1)强调自身心理学背景优势 (2)强调大型公司半年的实习经验 (3)强调较强的学习能力和适应能力

	劣　势	劣势机会策略(W. O.)	劣势威胁策略(W. T.)
内部环境分析	(1)师范院校毕业 (2)没有丰富的工作阅历 (3)专业不对口 (4)性格急躁，容易冲动	(1)利用较强的学习能力，自学人力资源管理课程，加强英语的学习 (2)继续加强自己在师范院校中所培养的口语交流、文字书写等优势	(1)训练克制自己的冲动个性 (2)结合两个不同的专业，培养宽阔的视野和创新能力 (3)积极寻找重视员工潜能的企业

分析后的整体结论：职业发展道路定位在大中型的外资企业人力资源管理部门

(二)职业生涯决策中使用 SWOT 分析法的不足及其相关对策

1. SWOT 分析法的静态性导致的缺陷及对策

生涯决策是由一系列不断递进的阶段组成，是某个选择方案被选择、履行和不断调整的必然结果。决策并不意味着最后的结果，一个决策者可能会从后面的阶段重新返回前面的主阶段或子阶段。因此，生涯决策的过程充满着动态性、连续性和发展性。从整个纵向发展的职业生涯发展过程来看，不同时期人们进行生涯决策的内容又是不同的。在职业进入期，个体主要面临着选择合适职业的任务；在职业巩固期，个体则需要适应和加强自己的职业素养；在职业维持期，个体主要是保持自己已经取得的地位，不断获取新的知识和技能；在职业衰退期，则主要是为退休后的生活作计划和安排。随着职业决策内容的转变，个体对自己的评估和对周围环境评估的重心也会发生变化。在实际的工作过程中，人们的每一次经历、每一种职业体验以及由于年龄的增长而引起的价值观和需要观念的改变，都会导致对自我的重新认识，从而会修正自己的职业目标，因而生涯决策所依据的重点也会发生变化。

但是，SWOT 分析法本身却是一种基于某个时间截面段的静态分析方法，它不能够结合过去、现在和未来的发展趋势做出综合评判。而且在生涯决策中实施 SWOT 分析，个体通常是依据自己已经存在的现实形态和观点来分析自我和周围环境，而很少考虑到未来环境的发展所带来的可能机会和危险，这种目光短浅的做法会导致个体忽略很多新的可能性。

要克服 SWOT 分析法静态性导致的不足，个体在使用 SWOT 分析法时就应该重视信息的及时反馈，一方面要加强自我觉察能力，要时刻站在未来老板的立场上衡量自身值得赞赏和仍需要改进的地方；另一方面还需要密切注意市场环境的变化，通过网络、报纸杂志等媒介来追踪最新的就业趋势，根据具体的环境变化及时修正和调整自身的 SWOT 矩阵，从而做出更加准确的职业决策。

2. SWOT 分析法的主观性导致的缺陷及对策

SWOT 分析法的主观性导致的缺陷及其个体评估对策是 SWOT 分析法的主要手段，然而由于评价手段自身的主观性问题也同样导致了 SWOT 分析方法的准确性降低。心理学研究指出，人们往往会夸大自身优势，忽视自己的缺点。因此在进行 SWOT 分析时，个体可能会做出不太准确的自我评估，从而导致职业决策的失误，并且人格特征也会对 SWOT 分析的结果造成影响。一个悲观主义者总是在机遇中看到不幸的事件，而一个乐观主义者却总是能够在不幸的事情中看到机遇。具有不同人格特质的评价者在面对相同的职业环境时可能会得出截然不同的分析结果。再者，在进行 SWOT 定量分析时，每项因素配以的权重也会因为个体差异而产生不同。这些因素都会直接影响到 SWOT 分析的准确度，继而影响到个体生涯决策的成功与否。所以个体在进行生涯决策的过程中使用 SWOT 分析法时，最重要的就是要跳出自我。首先，个体必须清楚地认识到，SWOT 评估只是为了帮助自己辨清自身的优势和劣势，其结果直接关系着自身未来的职业道路，意义非常重大。在评价过程中，个体应该尽量避免过度的谦虚和过度的理想自我，要敢于面对自己的不足，这样才能在职业计划中有一个良好的开始。首先，在优势分析和劣势分析的开始阶段，个体可以尝试列举一些具体的词汇来描述自己，出现频率较多的特征词汇就构成了你的优点和缺点。其次，个体可以寻求外在资源的帮助。一方面，可以使用一些职业测评手段和个人特质诊断工具来帮助自己客观地认识自我、辨清外在机会和威胁；另一方面，个体还可以请教他人帮助诊断，以前的绩效评估、同事和上级的评价，甚至在校时同学和老师的评语统统都可以提供有价值的信息反馈，或者还可以求助于职业辅导专家。再次，在构建定量的 SWOT 矩阵时，个体应该尽可能地参考该行业长期经营和管理所形成的每项评判内容的重要程度，或者参考职业生涯规划专家们的看法，而不能仅仅只凭自己的主观印象行事。

个体在使用 SWOT 分析时，应该确保要分析的成分的准确性和新颖性。对享用的数据和资料进行充分的分析是 SWOT 分析取得实效的关键所在。而且，SWOT 分析只是生涯决策过程当中的一项实用技术，要想使生涯决策最优化，仅凭一个 SWOT 分析是远远不够的，还要考虑到其他方法的综合运用，尤其是要对变化的市场环境和竞争环境时刻保持着比较清醒的认识。

三、生涯决策平衡单

(一)生涯决策平衡单介绍

生涯决策平衡单是将重大事件的决策思考方向集中到四个主题上：自我物质方面的得失；他人物质方面的得失；自我赞许与否(自我精神方面的得失)；社会赞许与否(他人精神方面的得失)。个体在进行生涯决策时根据自身的不同，可以考虑不同的具体项目加以评价，从而得出不同选项决策目标的相应的分数。生涯决策平衡单(见表9-5)的使用步骤如下所述。

(1) 列出你最想做的三个工作。

(2) 列出每个工作你曾经考虑的条件，并考虑每个工作能符合这些条件的得失程度，从"-5←0→+5"之间给予其分数。

(3) 依分数累计，排出工作抉择的优先级。

表 9-5　生涯决策平衡单样表

选择项目		选择一		选择二		选择三	
加权分数 考虑因素		+	−	+	−	+	−
个人物 质方面 的得失	(1) 收入						
	(2) 工作的难易程度						
	(3) 升迁的机会						

选择项目		选择一	选择二	选择三
个人物质方面的得失	(4) 工作环境的安全			
	(5) 休闲的时间			
	(6) 生活变化			
	(7) 对健康的影响			
	(8) 就业机会			
	(9) 其他			
他人物质方面的得失	(1) 家庭经济			
	(2) 家庭地位			
	(3) 与家人相处的时间			
	(4) 其他			
个人精神方面的得失	(1) 生活方式的改变			
	(2) 成就感			
	(3) 自我实现的程度			
	(4) 兴趣的满足			
	(5) 挑战性			
	(6) 社会声望的提高			
	(7) 其他			
他人精神方面的得失	(1) 父母			
	(2) 师长			
	(3) 配偶			
	(4) 其他			

(二)生涯决策平衡单使用举例

举例[1]：莎莎是大学三年级的学生，专业会计。她心里很矛盾，既希望工作稳定，又希望工作具有挑战性。她的性格外向、活泼、能力强、自主性高，目前她考虑的三大方向是：考公务员、在国内读研究生、到国外读 MBA。

1. 莎莎考虑的因素

对于这三条路经，莎莎的考虑如表 9-6 所示。

2. 使用生涯决策平衡单

莎莎使用生涯决策平衡单考虑的项目及分析，原始分如表 9-7 所示，加权后的如表 9-8 所示。

---

[1] 许玫，张生妹. 大学生如何进行生涯规划[M]. 上海：复旦大学出版社，2006.

表9-6 莎莎考虑的因素

考虑方向	考公务员	在国内读研究生	到国外读MBA
优点	(1)满意的工作收入 (2)铁饭碗 (3)工作稳定轻松,工作压力较小 (4)一劳永逸	(1)和国内产业发展不会脱节 (2)能建立与师长、同学、朋友的人际关系网 (3)较高文凭 (4)日后工作升迁较容易	(1)圆一个国外留学梦 (2)增广见闻、丰富人生 (3)英语能力提高 (4)日后工作升迁较容易 (5)激发潜力 (6)没有收入
缺点	(1)铁饭碗会生锈,容易产生厌倦 (2)不易升迁 (3)不容易转业,而且无法想象自己会做一辈子公务员 (4)不符合自己的个性	(1)课业压力大 (2)没有收入	(1)课业压力大 (2)语言、文化较不合适 (3)花费较大(一年可能需要几十万) (4)挑战性高 (5)没有收入
其他	爸妈支持	男朋友的期望(男朋友也是研究生并已工作)	(1)工作两年有积蓄,但不是很足够 (2)自己一直想到国外走走

表9-7 莎莎的生涯决定平衡单(原始分)

考虑项目 (加权范围1～5倍)	第一方案 (考公务员)		第二方案 (国内读研)		第三方案 (出国留学)	
	得(+)	失(−)	得(+)	失(−)	得(+)	失(−)
(1)适合自己的能力		−4	5		6	
(2)适合自己的兴趣		−3	4		7	
(3)符合自己的价值观	5		3		8	
(4)满足自己的自尊心		−2	3		7	
(5)较高的社会地位		−5	3		6	
(6)带给家人声望	2		1		2	
(7)符合自己理想的生活形态	3		5			−3
(8)优厚的经济报酬	7			−1		−8
(9)足够的社会资源	2		8			−1
(10)适合个人目前处境	5		2		1	
(11)有利于择偶以建立家庭	7		5			−5
(12)未来具有发展性	−5		5		8	
合计	26	9	47	−1	45	−17
得失差数	12		43		28	

说明：每个项目的得分或失分可以根据该方案具有的优点(得分)、缺点(失分)来回答，计分范围为 1～10 分。最后，合计每个方案的优点总分和缺点总分(负)，正负相加，算出客观的得失差数。根据自己的真实想法作答，方可正确地估计每个方案对你的重要性。

表 9-8　莎莎的生涯决定平衡单(加权后)

考虑项目 (加权范围 1～5 倍)	第一方案 (考公务员)		第二方案 (国内读研)		第三方案 (出国留学)	
	得(+)	失(-)	得(+)	失(-)	得(+)	失(-)
(1)适合自己的能力(×5)		−20	25		30	
(2)适合自己的兴趣(×2)		−6	8		16	
(3)符合自己的价值观(×4)	20		12		28	
(4)满足自己的自尊心(×2)		−4	6		14	
(5)较高的社会地位(×3)		−15	9		18	
(6)带给家人声望(×2)	4		2		4	
(7)符合自己理想的生活形态(×5)	15		25			−15
(8)优厚的经济报酬(×3)	21			−3		−24
(9)足够的社会资源(×2)	4		16			−2
(10)适合个人目前处境(×5)	25		10		5	
(11)有利于择偶以建立家庭(×4)	28		20			−20
(12)未来具有发展性(×3)		−15	15		24	
合计	117	−60	148	−3	139	−61
得失差数	57		145		78	

说明：每个项目的重要性因人、因时、因地不同。对于此刻的你，可以根据考虑项目的重要性与迫切性，给它们乘上权数(加权范围 1～5 倍)。将平衡单上的原始分数乘上权重。例如"适合自己的能力"部分，三个方案的原始分数(分别是-4、+5、+6)乘上加权的 5 倍之后，分数差距变大(变成-20、+25、+30)。最后把"得失差数"算出来，并据此做出最终的决定。经过这一番考虑之后不难看出，莎莎最终的决定会是留在国内读研。

从以上的两个事例中，我们可以总结出生涯决定时的一般规律。在了解自己和外部世界的基础上，可以初步选定你所中意的几个方案，分析每个方案可能的结果、具有的优缺点，运用"生涯抉择平衡单"来选择综合效用最大化的道路。

(1) 考虑的项目可以根据个人情况调整。主要包括"自我部分"：能力、兴趣、价值观、心理需求(自尊、自我实现)、声望、社会地位、生活状态(休闲生活)、健康；"自己与环境部分"：家人支持、社会地位、经济收入、足够的社会资源、适合目前处境、择偶以建立家庭、与家人相处时间；"外在部分"：工作环境、工作发展前景、工作内容有变化等。

(2) 每一项具体的分数是根据分析出的优缺点得出(原始分在 1～10 之间)。

(3) 根据每个考虑项目的重要性确定权数(加权范围 1～5 倍)，折合成加权后的分数。

(4) 比较每一种方案的综合得分并据此做出生涯决定，此决定就是用生涯决策平衡单所做出的综合效用最大化的决定。

现在，你可以试着用这种方法填写一下自己的生涯决定平衡单，为自己做一个满意的生涯决定。

扩 展 阅 读

考研，就业压力成主因

CCTV. com 消息(东方时空)：我家里有个亲戚，今年大学毕业，前两天他给我打电话说，想听听我的意见，他要不要考研究生，这个是件大事。我问他："你为什么要考研究生呢？"他说："这个问题我还没有想好，因为周围的同学都考，我看有那么多的人想考，我也想考。这能叫一个理由吗？但是如果我们仔细回想一下的话，这些年来报考研究生的人数的确是在逐年攀升的，为什么有这么多的人要报考研究生呢？他们报考的目的又是什么呢？

前一段时间人事部做了这样一个调查，调查结果显示，2006 年的大学应届毕业生里面有 6 成的人，毕业之时就面临失业的可能，这样的一个数字，恐怕会让更多现在的大学毕业的学生选择考研，先把找工作这件艰难的事情放上两年再说。

接下来我们看一个调查，不管是在职的也好，在校的也好，调查结果如下。

1. 你为什么考研究生

迫于就业压力 35%，在学术上深造 24%，文凭 19%，没有做好准备 17%，为了爱情 5%，如图 9-2 所示。

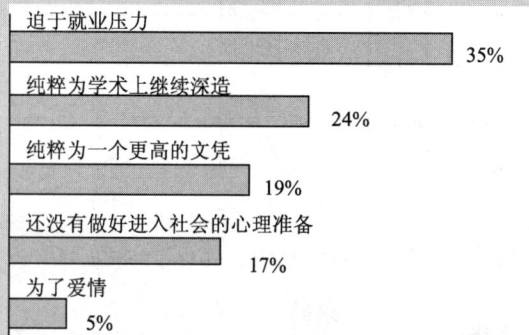

图 9-2　"为什么考研究生"的调查结果

那么今天我们要着重说说这 35%的人，他们是迫于就业压力。这个就业压力到底有多大呢？接下来我们看一个网友的留言：我是学中文的，从去年年底就开始投简历找工作，简历是投了几百份，招聘会跑了几十场，但到现在仍然是一无所获。听说有的同学被逼无奈，愿意"零工资"就业，我还做不到，还是考研吧。总比在家"啃老"要光彩一些，对父母是个交代，自己也不难看。

可能对于所有准备考研的学生来说，一个摆在他们面前的重要的问题就是，考完研究生，上完了这两三年的研究生课程之后，就业前景真的就变得明朗了吗？接下来我们看一段采访。

记者：你们两个今年也是大三了，留在学校里现在没有回去是准备考研吗？我问一下朱莎莎，你是怎么考虑的？

朱莎莎：考上研究生以后，可能会有更多一点的选择，然后工作可能会比较好找一点，然后大家都考研嘛，所以我也想考。

学生：就是大家都是这样的，都是一边找工作，一边在积极准备考研。

记者：如果当时你有一个好的工作了，你会不会去考研？

学生：如果当时摆在我面前是我自己理想的工作，我是不会去考研的。

学生：这是一条两条腿走路的过程，很多人他们一方面准备考研，另一方面也在积极地联系工作单位，这样的话，好为自己找到一份双保险，就算如果万一考研坚持不下去了，或者说工作单位理想，他们还有一条路可走。

其实这就形成了一个怪圈，大学毕业之后，因为不好找工作，因而上了研究生，而研究生毕业之后，也未见得就能找到一份让自己满意的工作，那么事情既然这样，为什么还有那么多的人报考研究生？其实这里面就有一种孤注一掷、赌它一把的感觉了。明知道结果不一定是好的，但毕竟是给自己展现了一丝机会吧。

2. 你认为考上研究生之后，能帮助你找到更好的工作吗

能 53%；不一定 46%；不能 1%，如图 9-3 所示。

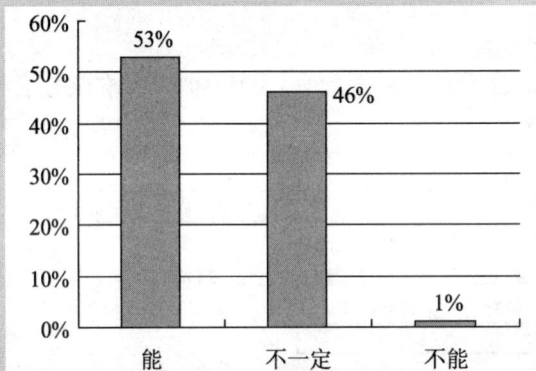

图 9-3　"是否能找到更好的工作"的调查结果

这 46%的人，应该说是具有风险意识的。因为如果只是为了一份工作而去考研究生，我们完全可以把它比作是一次风险投资。就好像买了一只股票，你很难预测在未来的两三年内，这只股票到底是涨还是跌，你作为投资一方，到底是赚还是赔。

前一段时间有一条消息说，北大、清华等 9 所院校从今年开始，试点对研究生全面收费，无疑也就增大了投资的风险和成本，因为以前只是搭上了时间，而现在还要搭上钱。其实三年或者两年的研究生的学习，对任何人来说都不是一笔小的投入，也不是一个小的投资，而作为投资一方来说，这笔投资未见得就能够收到预期的回报。

探索与练习

【探索1】　殡仪馆之旅——我想成为什么样的人

看到"殡仪馆之旅"这几个字，你可能觉得毛骨悚然，又该骂我为什么老是出一些馊主意。其实，殡仪馆是我们每一个人的最终归宿，也是我们最轻松、最惬意、最安详的地方。现在就让我们做一次殡仪馆的心灵之旅吧。

快要下班的时候，你突然接到一位朋友的电话，说你们一个共同的好朋友不幸因病去世了。怎么可能？上个月还在一起吃饭唱歌，怎么说不行就不行了呢？你不禁为不测的人生命运伤感起来。

第二天，你因一夜没有睡好觉，脑袋昏昏沉沉，精神萎靡不振。九点钟，你准时来到殡仪馆，你的好友们也都赶到了。这时，你的一位朋友拉住你说："先看看遗容整得怎么样了。"来到遗容告别瞻仰厅，你大吃一惊，什么？搞什么名堂？怎么把我的照片挂在了告别厅的正中央？你怀疑是不是还在做梦，或是眼睛出了毛病？

这时，你的好友走过来："对不起，实在抱歉，我们给你开了这么大的玩笑。既然你来了，这么办，假如你真的有这么一天，你希望我们怎么来怀念你？"你不置可否，脑子一片空白。

游戏结束了。回到办公室，你仍然在思考朋友的问题：是啊，假如我真的有那么一天，我希望别人怀念我什么呢？我希望留给后人什么值得纪念的东西呢？我希望别人给我写一篇什么样的盖棺定论的悼词或评价文章呢？或者自己给自己写一篇什么样的祭文或墓志铭呢？这就是这个游戏的目的。

是啊，当我们平静安详地躺在水晶棺里，外面世界的一切已经离我们渐行渐远，不管是什么评价对我们已经不再重要。但是，在离开这个世界的最后时刻，为了告别人生那瞬间的自信与无愧，为了生命那最后的尊严与责任，我们是否从现在开始就做点什么呢？

请填写下面的表9-9中列出的人生角色右侧的两栏空格：

表9-9　定位自己的人生角色

人生角色	我希望他人如何怀念	我现在应该开始怎样做
一个丈夫(妻子)		
一个父亲(母亲)		
一个儿子(女儿)		
一个朋友		
一个上司(经理、主管、老板)		
一个同事		
一个下属(员工)		
一个邻居		
一个公民		

你可以这样写：

例如，我希望别人评价我是一个道德情操高尚的人；一个对社会和他人有卓越贡献的人；一个很有钱的慈善的人；一个热心帮助他人的人；一个正直公平、光明磊落的人；一个才华横溢、热情奔放的人……

那么从现在开始你将怎样做呢？

游戏总结：太多的人成功之后，反而感到空虚；得到名利之后，却发现牺牲了更可贵的事物。因此，我们务必掌握真正重要的愿景，然后勇往直前，坚持到底，使生活充满意义。做一次殡仪馆的心灵之旅吧，盖棺定论时，你希望获得的评价，才是你真正渴望的目标和人生的最终期许。从此时此刻起，一举一动，一切的价值标准，都必须以人生的最终愿景为依归；时时刻刻把人生使命谨记在心，每一天都朝此迈进，不要有丝毫懈怠。

"生命只有一次，所以实现人生目标的机会也只有一次。归根结底，其实不是你询问生命的意义何在，而是生命正在提出质疑，要求你回答存在的意义为何。换言之，人必须对自己的生命负责。"

(资料来源：毕淑敏. 心灵七游戏[M]. 北京：北京十月文艺出版社，2004.)

【探索2】 过去的行为及其影响

请在下面的下划线上填上内容。

1. 我很自豪_____

2. 一件今天我能而几年前我不能做的事是_____

3. 指出你最崇拜的人。这个人可以是现实中的、历史上的，或虚拟的。写出你所崇拜人的具体的品质特点(如聪明、有名、富有爱心和慷慨)_____

4. 指出一个像你的人并形容这个人_____

5 在过去两周中有哪些事件或人物让你感到振奋？_____

6. 你这一生最想做的事是什么？是什么原因使你至今没有去做？明年你会采取哪些行动去接近这一目标？_____

7. 你改变了哪些不良习惯？_____

8. 你愿意别人用哪三个词来形容你？_____

【探索3】 两天完美的日子

1. 文字描述

为了清楚你一生最想要的是什么，用一页纸写下未来的两天最完美的日子。一天应该与业余时间的生活有关，一天与工作的生活有关。思考一下你想在什么地方，做什么事，如果有个人，那么你想和谁在一起，等等。试着尽可能地具体化。

2. 用两三个词概括

用两三个或更多的词或句子去概括这两天中的精华和品质(如平静的、挑战的、有趣的、幽默的、激动人心的、休闲的、有成就的)。

业余的一天_____

工作的一天_____

第十章 职 涯 探 索

【导引个案】

蚯蚓的阶梯

蚯蚓是我从小到大的朋友。蚯蚓不是原名,由于他长得黑矮瘦弱,因而得名。

18 岁分开后,我在外为生活四处漂泊奔波;蚯蚓却上了大学,什么事都挺顺当。在这分开的 10 年里,我们几乎每隔两三年见一次面。每一次我都喜欢问他同一个问题:你将来的目标是什么? 得到的答案总是不相同。下面记录的是蚯蚓每次谈及目标时的原话:

18 岁,高中毕业典礼上:我发誓要当李嘉诚第二! 我要当中国首富(好大的口气)!

20 岁,春节老同学聚会上:我想创立自己的公司,30 岁时拥有资产 2 000 万。

23 岁,在某工厂当技术员,第二职业是炒股:我正在为离开这家工厂而奋斗,因为在这里工作太没前途了。我将全力炒股,3 年内用 5 万炒到 300 万元(似乎有点实现的可能)。

25 岁,炒股失意而情场得意,开始准备结婚:我希望一年后能有 10 万元,让我风风光光地结婚(挺现实的想法)。

26 岁,不太风光的结婚典礼上:我想生一个胖小子,不久的将来当个车间主任就行,别的不想了(是不是结婚就会使人成熟)。

28 岁,所在的工厂效益下滑,偏偏正是妻子怀胎十月的时候:我希望这次下岗名单里千万不要有我的名字(这时候我还能说什么)。

(资料来源:程社明,等. 人生发展与职业生涯规划[M]. 北京: 团结出版社,2003.)

从这个故事中可以看出,蚯蚓在职业生涯方面缺乏必要的知识和能力:如分不清美好愿望与目标的区别;不会将大目标分解成小目标;不懂得内职业生涯的发展是外职业生涯发展的前提;不懂得职业生涯发展是从做好本职工作开始的;没有处理好自己与企业的关系;总是抱怨,不懂得适应、利用和改变环境。

本章将与你一起讨论如何做出生涯规划,重点介绍了职业生涯的特点和职业生涯规划的步骤,让你通过本章中的探索活动,立足长远,做出初步的职业生涯规划,为实现成功的人生奠定良好的基础。

第一节 职 业 生 涯

职业生涯规划既是生涯规划的重要部分,也是大学生生涯规划最困惑的一部分。因为大学生缺乏职业的实践锻炼,对变幻莫测的职业世界充满着幻想、好奇和恐惧,面对毕业后的选择,心中充满困惑。

一、职业生涯概述

在人的一生当中，每个人都要扮演多种角色。虽然每个角色对我们而言都是重要的，但是其中工作者的角色占去我们的时间与心血最多。

(一)职业生涯的含义和内涵

1. 职业生涯的含义

简单地说，职业生涯是以满足需求为目标的工作经历，包括工作内容的确定和变化，工作业绩的评价，工作待遇、职称、职务的变动等。

职业生涯是人一生中最重要的历程。一个人从 20 岁左右参加工作，到 60 岁左右退出职业，职业生涯时间约占人生的二分之一，而这段时间也是人生经历最旺盛、创造力最强的一段。因此我们应该科学有效地规划、利用好如此宝贵的时间。

职业生涯是人追求自我实现的重要阶段。人们通过职业生涯满足人生的大部分需求。

我国生涯规划专家程社明对 500 名学员调查认为：职业生涯对"生活来源"需求满足的平均期望值为 99%；对"归属和爱"需求满足的平均期望值为 55%；对"自我需要"需求满足的平均期望值为 80%；对"来自他人的尊重"需求满足的平均期望值为 86%；对"自我实现"需求满足的平均期望值为 95%。由此可见，职业生涯不仅是我们谋生的手段，更是我们满足高层次需求的重要途径。唯有在完整的职业生涯中，我们才有可能充分发挥潜能，实现人生最大价值，并从中获得高度满足感，职业生涯对人生价值起着决定性作用。

2. 职业生涯的内涵

职业生涯从内涵上可分为外职业生涯与内职业生涯。

(1) 外职业生涯。

外职业生涯是指从事一种职业时的工作时间、工作地点、工作单位、工作内容、工作职务与职称、工资待遇、荣誉称号等因素的组合及其变化过程。

外职业生涯因素通常由他人给予和认可，也容易为他人所剥夺。比如，一个业务代表在应聘一家企业时，这个企业所提供的薪水不是他能决定的，即使他在进入企业之初的薪水很高，如果他不能给企业带来业绩，企业就可以随时降低他的薪水或辞退他。

(2) 内职业生涯。

内职业生涯是指在职业生涯发展中通过提升自身素质与职业技能而获取的个人综合能力、社会地位及荣誉的总和，它是别人无法替代和窃取的人生财富。

内职业生涯因素是在外职业生涯过程中靠自己的不断探索而获得，不随外职业生涯的获得而自动具备，也不会由于外职业生涯的失去而自动丧失。

例如，小王被任命为销售经理，他获得的只是外职业生涯的一个职务，至于他是不是有能力做好这个经理，该职业应该具备的知识观念、经验能力、心理素质等是不是已经具备，并不是他在被任命的那一天就自动具备了，这需要在工作实践中探索、思考，才能逐渐获得。而一旦获得以后，即使由于某种原因，小王不再担任该职务了，他的知识观念、经验能力和心理素质依然为他自己所拥有。

概言之，内职业生涯开发无止境，内职业生涯在人的职业生涯成功乃至人生成功中具有关键性的作用。

因此，在开展职业生涯管理的过程中，应将着眼点和出发点放在内职业生涯的开发上，将职业生涯目标锁定在内职业生涯的发展上，这正好符合职业生涯管理的宗旨，即为了人的全面发展。至于外职业生涯，就让伯乐去开发吧。如果你成长为千里马了，相信总会被伯乐发现的。

(3) 内、外职业生涯的关系。

内职业生涯的发展，以外职业生涯的发展或成果为展示；内职业生涯的匮乏，以外职业生涯的停滞或失败来呈现。

内职业生涯的发展，是外职业生涯发展的前提；外职业生涯依赖于内职业生涯的发展而增长。

外职业生涯的发展，又能拉动和促进内职业生涯的发展，因为如果内职业生涯的发展跟不上外职业生涯的发展，外职业生涯就会停滞不前，甚至会倒退。

如果职业人员的眼光只盯着外职业生涯的各种因素：底薪是多少、职务有多高、提成比例如何、交通费是多少等，往往会使我们的职业生涯发展方向发生偏差，不能达成预期目标。

在职业生涯早期和中前期，一定要把对内职业生涯各因素的追求看得比外职业生涯更重要。

只有内、外职业生涯同时发展，职业生涯之旅才能一帆风顺。

(二)职业生涯形态

工作对我们而言，像是识别证，虽然职业不分贵贱，但是识别证确有等级之分：有些识别证看到了要重视，有些识别证却可以视而不见。

工作识别证会换，每换一次，就是一次职业的转折。我们将个人职业转折和工作投入的状态称为职业形态。

(1) 步步高升型：即在一个组织内，认真经营，即使工作地点或工作内容因公司需要而有所改变，但是工作表现仍然颇受主管的肯定，因而步步高升。这类职业人可能一生都在一个企业中，从基层做起，个人职业发展服从组织的发展需要，因此也成为组织中的骨干。

(2) 阅历丰富型：即换过不少工作，待过很多的公司，工作的内容差异性很大，勇于改革和创新，而且学习能力强，能面对各种突发的状况。这类职业人往往"不清楚自己想要什么，但很清楚自己不要什么"，往往凭直觉作决定。

(3) 稳扎稳打型：即在工作初期，处于探索阶段，工作的转换较为频繁。经过一连串的尝试与努力之后，终于进入自己所向往的工作机构。此机构的升迁与发展有限，但是非常稳定，例如学校、行政机关、邮局、银行等。

(4) 越战越勇型：即工作职业发展已有明确的方向，但是因为某些原因受到打击和重挫。受挫之后，凭自己的毅力与能力，积极往上爬，以更成熟的个性面对挑战，最后工作的成就远超过从前。

(5) 得天独厚型：即对于自己的工作职业，并没有花太多的时间探索和尝试，反而因为家庭的关系，很早就确定了方向。经过刻意地栽培与巧妙的安排，进入公司的决策核心，并将组织发展与个人职业密切结合。比如说，企业家的第二代就是最明显的例子。

（6）因故中断型：即连续的职业发展因为某些因素而停顿，处于静止或衰退的状态。例如身体有病的人，花很多时间用于治疗、恢复，经济上与情绪上处于脆弱与依赖状态，很难开展职业的规划。其他职业因故中断的例子是女性因为结婚生子而中断工作。职业因故中断的原因很多，比例上女性高于男性。

（7）一心多用型：即有份稳定的工作，同时在工作之余安排自己有兴趣的事，在稳定与创新之间寻找平衡点，可以使生活更为丰富。职业变化，各有巧妙。工作做久了，厌烦、倦怠、缺乏新鲜感，总是难免的。再喜欢的菜吃久了都会生腻，更何况是每天投入 8 小时，每周超过 48 小时的工作。因此许多职业人会尝试在工作之外，探索自己感兴趣的新职业。例如大学的教师，可以兼职做一些企业的事务。现代社会里，随着工作环境的变化、工作途径的多样性，知识工作者兼职的渠道和方式越来越多，拥有第二职业、第三职业已经不是少见的事情。

这里的每种类型，没有好坏之分，重要的是依据个人的情况规划自己的职业形态。你所欣赏的职业形态是怎样的？为什么？

二、职业生涯规划

(一)职业生涯规划的定义

职业生涯规划，是指组织或者个人把个人发展与组织发展相结合，对决定个人职业生涯的个人因素、组织因素和社会因素等进行分析，制定有关对个人一生中在事业发展上的战略设想与计划安排。

根据定义，职业生涯规划首先要对个人特点进行分析，再对所在组织环境和社会环境进行分析，然后根据分析结果制定一个人的事业奋斗目标，选择实现这一事业目标的职业，编制相应的工作、教育和培训的行动计划，并对每一步骤的时间、顺序和方向做出合理的安排。

(二)职业生涯规划的内容

一般来说，职业生涯规划从个人角度和组织角度可以分为个人职业生涯规划和组织职业生涯规划。

个人职业生涯规划是个人对自己一生职业发展道路的设想和规划，它包括选择什么职业，以及在什么地区和什么单位从事这种职业，还包括在这个职业队伍中担负什么职务等内容。一般来说，个人希望从职业生涯的经历中不断得到成长和发展。个人通过职业生涯规划，可以使自己的一生职业有个方向，从而努力地围绕这个方向，充分地发挥自己的潜能，使自己走向成功。

组织职业生涯规划是指在广大职员希望得到不断成长、发展的要求推动下，企业人力资源管理与开发部门为了了解职员个人的特点，了解他们成长和发展的方向及兴趣，不断地增强他们的满意感，并使他们能与企业组织的发展和需要统一协调起来，制定有关职员个人发展与组织需求和发展相结合的计划，也可以把它称为职员职业生涯管理。

总之，职业生涯规划既要体现职员发展的需要，又要体现企业发展的需要。

(三)大学生职业生涯规划的意义

在一个人有限的生命中，职业生涯往往占有绝对重要的位置。有统计资料显示，大部分人职业生涯时间占可利用社会时间的 70%～90%。职业生涯伴随我们的大半生，甚至更长远，拥有成功的职业生涯才可能实现完美人生。在生涯规划的方方面面中，最为重要的是职业生涯规划。

职业生涯的意义，首先在于它是满足人生需求的重要手段。现代人大部分时间是在社会组织中度过的。我们的大部分人生需求都要通过职业生涯来满足。作为个人生命中投入时间和精力最多的人生组成部分，职业生涯使我们体验到爱与被爱的幸福、受人尊敬、享受美和成就感的快乐。相对而言，人的素质越高，精神需求就越高级，对职业生涯的期望也就越大。

其次，职业生涯也是促进人全面发展的重要手段。现代人追求全面发展，随着生活水平的提高，人们的自我意识逐步增强。人们在渴望拥有健康，丰富的知识、能力，良好的人际关系的同时，也渴望在事业上有所建树，并享有幸福和谐的家庭生活和丰富多彩的休闲时光。我们追求成功的职业生涯，最终是要获得个人的全面发展。

第三，大学生急需进行职业生涯规划。

在进入劳动力市场之前，很多大学生都不能客观、全面地看待自己，对自己今后的职业生涯很少做出系统而全面的分析，很少认真地思考一下一些最基本而又最重要的问题，如我想做什么？我会做什么？环境支持或允许我做什么？我的优势是什么？我的不足是什么？我有没有职业与生活的规划？如果有，是什么？

实际上，很多毕业生对这些问题的回答都显得模糊不清，这些毕业生不能正确地、客观地评价自己，不能正确地分析自己的职业兴趣、职业能力、性格气质等方面。因此，在求职的过程中，他们经常碰壁，即使找到工作，也可能发现这份工作根本就不适合自己，不久还得重新进入求职的过程。

三、大学生职业生涯规划的误区

(一)职业生涯规划可有可无

职业生涯规划观念淡漠，是当代大学生的普遍特点，在召开的大学生座谈会上，80%的大学生表示自己从来没有对自己的职业生涯做过正规的规划，只知道大学生就业形势特别严峻，从进校开始就十分紧张，在感到不平的同时，并没有认真规划自己的职业前景。不少大学生认为职业生涯规划可有可无，反正能否就业不由自己说了算，听天由命。有大学生认为，自己尚处于学习阶段，未来有太多的不确定因素，所以现在规划自己为时过早。这种想法造成的后果是学习的无目的性，荒废了宝贵的学习时光，错过了职业规划下的有目的、有计划的人生发展的大好时机。

(二)职业生涯规划是毕业生的主要任务

不少大学生在谈及职业生涯规划时，都毫不怀疑地认为，这是毕业生的主要任务，而处于其他年级的学生是不必为职业规划而"浪费"时间的，认为计划不如变化快，职业规划等到即将毕业时再做也不迟，其实这是一种误区。如果不从走进大学的第一天开始，就接受有关职业规划的理念，并在老师的指导下，逐渐形成自己的职业发展规划，到毕业真正面对就业问题时，就会陷入盲目状态，当意识到自己在专业水平和能力方面存在的不足时，已经无能为力了，出现不知所措的尴尬，追悔莫及。

事实上，不容乐观的就业形势也已经让一些大学生意识到，职业规划从大一起就应该作为重点工作来做。一方面，通过职业规划，可选择适合自己发展的职业，确定符合自己兴趣与特长的生涯路线；另一方面，还可拓展到职业修养、价值观等"内在"的素质培养。但由于缺乏专门的指导和督促，不少学生并没有能够在进校时就开始进行科学的职业生涯规划。

(三)职业生涯规划中的自我定位不准

进行自我评估的目的是要找出自己的优势和不足。不幸的是，许多大学生在评估过程中看不到自己的优势所在，随之而来是对自己的过分否定，认为自己一无是处。不断地从自己身上找缺点并克服这些缺点，的确是难能可贵的，但过分地否定自己，也容易让自己失去信心。缺乏自信的人，其事业是难以成功的。

许多大学生没有做好自身的职业规划，首要的原因是对自己认识不清，不知道自己想干什么、适合干什么，想进行职业规划，但不知如何下手。在制订自己的职业规划时，最好是面对现实，作一个全面的自我分析，做好"四定"，即"定向"，确定自己的职业方向；"定点"，确定自己职业发展的地点；"定位"，确定自己在社会上的位置；"定心"，做到心平气和。这些实际上就是解决职业生涯设计中"干什么"、"何处干"、"怎么干"、"以什么样的心态去干"这四个最基本的问题。这样，既可以防止"低价出售"自己，也可以防止期望值过高而一无所获。

(四)职业生涯规划急功近利，把就业、职业与事业混为一谈

不少大学生忽视职业生涯规划过程的动态性和阶段性，盲目从众，急于求成，甚至企图走"捷径"实现目标，不考虑自己的实际情况，欲速则不达。曾有一份在数百名大学生中所做的调查显示，95%的同学表示自己两年之内要做主管，5年后成为部门总监；77%的同学说，35岁之前要成为年薪50～100万元的职业经理人；还有20%的同学表示毕业后10年之内上《福布斯》等知名杂志的富豪排行榜，做一名"金领"。这样的职业规划对于绝大多数大学生而言很显然是不现实的，最终只能导致他们的失望与失败感。

有些大学生把就业、职业、事业混为一谈，认为就业等同于职业，甚至把就业与一生的事业发展画上等号。因此，在就业问题上显得优柔寡断，把就业当成一生中带有定格性的事情来对待，既不利于毕业时就业问题的解决，更不利于长远职业生涯的规划，就更谈不上事业发展了。职业生涯设计师徐小平认为人生职业分为三个层次：第一层次就是就业，维持生存；第二层次是职业，从事比较稳定的工作，满足基本的物质需求；第三层次是事业，这个层次不仅有丰富的物质生活，更有精神上的满足感。这三个层次逐步推进，逐步实现，并不能一步到位。2005年年初，《中国青年报》的一项调查显示，大学生对"先就业，后择业，再创业"的认同率高达80.9%，"先就业，后择业，再创业"正成为当代大学生选择的一种就业新理念。"先就业，后择业，再创业"也应围绕就业、职业、事业三个层次逐步推进。

四、职业生涯规划模式

(一)大学生生涯路径选择

了解了职业生涯规划的基本内容，还需要明确生涯路径的选择。大学毕业将是人生的一个转折点，毕业后的生涯路径有多种可能性。图 10-1 是一个毕业去向示意图。

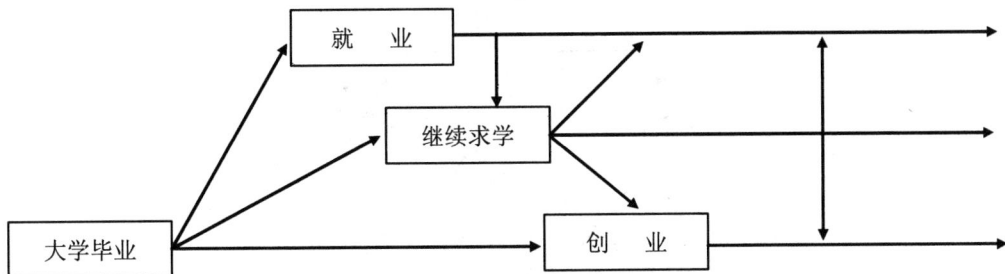

图 10-1　毕业去向示意图

从大的方面来说，大多数学生可能会先就业；部分同学可能会进入研究生阶段学习或者进行其他的进修学习，不急于参加工作，或者等待时机再就业；而有的同学可能会选择直接创业。这三种去向并不意味着从此截然不相干了。先就业的同学将来仍然可以重新回到学校继续学业或接受各种不同形式的培训，或者在条件成熟的时候走上创业。继续求学的同学在学习告一段落之后，也仍然会面临就业或是创业的选择。创业的同学也有可能重新进入就业或是进入接受教育培训行列。同样，就业也有多种选择。

(二)大学生生涯规划模式

就发展历程的观点而言，大学生正处于生涯探索期和生涯建立期的关键阶段，面临着许多关乎未来发展的重大抉择，如学业、职业、人生价值、婚姻等。因此，大学生的职业生涯规划主要是要通过职业生涯探索的历程，增长生涯认知，并逐渐认清其生涯发展方向，以完成具体的职业生涯计划和准备。

美国斯温(Swain)教授为帮助大学生对自己的职业生涯进行良好的规划，提出了一个职业生涯规划的三维模式[1]，如图 10-2 所示。

斯温认为：一个规范的职业生涯规划应该包括三个重点，分别为个人特质的澄清与了解、教育与职业资料的提供和个人与环境关系的协调。这三个方面在生涯规划中同等重要。

(1) 个人特质的澄清与了解，涉及个人的需要、兴趣、能力倾向以及价值观念等。了解自己，是职业选择或生涯规划的最基本要求。这些特质，可以通过对生涯的探索活动、自我评定或心理测验等进行了解。

(2) 教育与职业资料的提供，是整个生涯目标决定过程中不可或缺的部分。缺乏对职

---

[1] 张添洲. 生涯发展与规划[M]. 台北：台湾五南图书出版社，1993.

业世界的了解而想做好职业选择，是不切实际的。个体的职业认定常受到原有印象的影响，如性别、学历等，也有的职业或专业的名称也许只是一字之差，但其内容、性质或发展却相差很多，因而正确资料的提供，是职业目标决定的重要依据。

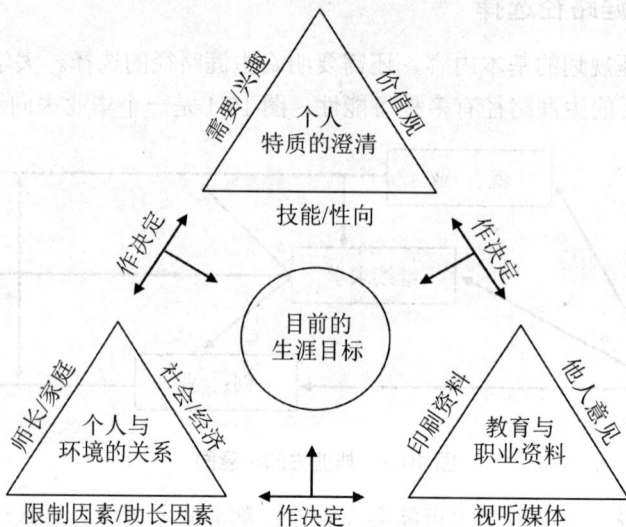

图 10-2　斯温(Swain,1989)生涯规划模式

（3）影响职业规划的环境因素，大多是社会文化与机会因素。这些因素通常是个人无法掌握或控制的，例如家庭或他人的重要意见、社会重大事件的影响，或经济是否景气等。因此，既然不可能做到改变环境来适应人的需求，那么就要求人具备良好的环境适应能力，主动协调与环境的关系，使其保持和谐一致。

(三)斯温模型的使用案例

图 10-2 中的大三角里的圆形是此模式的核心部分，表示一个人想要达成的生涯目标。此目标的设定深受环绕着核心的三个小三角形所影响，每个小三角形都是生涯探索与规划的重点，其内涵与实例如下[1]。

（1）第一个小三角形是指"自己"，包括个体的能力、性向、兴趣、需求、价值观等个人特质。

实例：

小军对大自然的一草一木有浓厚的感情，从小在乡下长大，在田里、河川嬉戏、玩耍。近年来环境污染日趋严重，让他深感痛心。法律系毕业后，小军全力冲刺考上了检察官，目前他在花莲服务法院工作，符合小军想为社会伸张正义的价值观，而且上班地点在滨海城区，使他更接近山水、海洋，满足他的兴趣与需求，所以，只要有空，他总是喜欢登山、钓鱼、露营、赏鸟。在能力与性向的部分，法院工作符合小军在学校的训练，同时，他偶尔也为环保团体担任义务的法律顾问，提供他的专业建议。所以，小军的工作颇能满足自己的兴趣、性向、能力、需求和价值观。

---

[1] 洪凤仪. 生涯规划自己来[M]. 台湾：扬智文化出版，1996.

(2) 第二个小三角形是指"自己与环境"的关系，包括助力或阻力因素、家庭因素和社会因素。

实例：

小军的父亲是军人，从小向他灌输事情的是非对错，使他对社会有份使命感。受父亲影响，小军一直希望工作中能扮演正义使者的角色，对社会有贡献。至于母亲则希望小军能有份安稳的工作，不要整天想爬山、钓鱼。小军的哥哥是老师，当初选填志愿时就告诉小军，在法治社会，懂法律对自己是种保障，如果可以通过国家考试，就业方面的困难就比较小。在阻力部分，小军有色盲，但对于他的法律工作没有影响。小军的个性比较犹豫不决，拿不定主意，因此常被别人的看法所影响。在助力部分，小军记忆力强、文笔好，经常登山的习惯使他的体力和耐力都很不错。

(3) 第三个小三角形是指"教育与职业"的信息，包括参观访问、文书数据和演讲座谈等。

实例：

小军在学校时参加读书会，与同学一起念书、讨论、分享，增加了很多信息来源。并且，系上举办的座谈会，他一定会参加，与学长、学姐密切联系，他们也乐意为他传授考试的技巧和准备的方向。同时，小军在大三就报名应征系上的法律服务队，正式成为队员之后，小军开始与校外人士接触；他觉得这样的经验，对他日后与环保团体接触有很大的影响。

这三个三角形是职业生涯发展与规划的重点。斯温职业生涯规划模型以简单、明了的图形呈现出来，使生涯规划有架构可循。即使如此，每个人的主观判断还是会有不同比重的考虑，产生不同的生涯决定，从而使所达成的生涯目标呈现出每个人的独特性与原创性。职业生涯规划的目的不见得是每个人都"成大功，立大业"，"选你所爱，爱你所选"才是生涯规划的最终目的。

第二节　大学生职业生涯规划步骤

大学生职业生涯规划基本上可以分为六个步骤，如下所述。

一、职业志向的树立

是什么促使哥伦布穿越大西洋，促使爱迪生由一个小列车员成长为 19 世纪最伟大的发明家，促使亨利·福特由一个 40 岁的贫穷技工在他 60 多岁时成为世界上最富有的人之一？是梦想。每个人都有自己的梦想，这些梦想让我们的人生充满希望。这里所说的梦想就是一个人的志向。职业志向即一个人立志要从事的职业，是人们选择职业的方向。

人最终要从事某项职业，依靠自己的聪明和勤奋地工作，创造精彩丰富的人生。志向是事业成功的基本前提，没有志向，事业的成功也就无从谈起。"志不立，天下无可成之事。" 立志是人生的起跑点，反映着一个人的理想、胸怀、情趣和价值观，影响着一个人的奋斗目标及成就的大小。在制订生涯规划时，首先要确立职业志向，这是启动职业生涯规划的关键，也是职业生涯中最重要的一点。明晰职业志向的方法有如下几种。

(1) 当我老去的时候，我最希望人们怎样评价我？

(2) 我最希望在哪个领域里有所成就和建树？

(3) 假如不需要考虑金钱和时间，我最想从事的工作是什么？

回答以上三个问题之后，请写下你将来希望的生活方式，你将来要拥有的成就，将来要从事的主要行业。

我理想的生活方式：_____。

我未来要创造的成就：_____。

我将来要从事的主要行业：_____。

设想你将来的职业名称：

(1)_____。

(2)_____。

(3)_____。

二、自我评估与定位

认知自我，是个人成熟度的反映。只有认识了自己，才能对自己的职业方向做出正确的选择，才能对自己的职业目标做出恰当设定，才能选定适合自己发展的职业生涯路径。自我评估的内容包括个人的兴趣、特长、性格、智力、知识、技能、职业价值观等。

(一)职业能力评估

参考第三章、第五章的能力探索，根据自己的职业能力特点，你认为适合自己的职业有：_____。

(二)职业价值观评估

通过第四章价值澄清的探索，可以想象，对于未来的职业，你最看重的是：_____，与这些价值观相对应，我未来想从事的职业是_____。

(三)性格类型

根据第五章性向探索中的分析，在 MBTI 测试中，我最适合的职业是：
_____。

(四)职业兴趣描述

根据第四章第四节内容分析，同时根据你以往的学习和生活经历，你认为自己大致属于的职业兴趣类型(依照符合的程度排序)。

(1)_____。

(2)_____。

(3)_____。

(4)_____。

三、职业生涯机会的评估

(一)职业外部环境

对外部环境的了解,是我们适应并利用环境的前提。在制订个人的职业规划时,要分析环境条件的特点、环境的发展变化情况、自己与环境的关系、自己在这个环境中的地位、环境对自己提出的要求以及环境对自己有利的条件与不利的条件等。只有对这些环境因素充分了解,才能做到在复杂的环境中趋利避害,使你的职业规划具有实际意义。宏观环境包括政治环境、社会环境、经济环境;微观环境则是行业环境、企业环境等。

请参阅前面的章节,并利用网络信息对当前及未来社会环境、行业环境、职业本身环境等进行分析,把握自己参加工作时的职业生涯机会。请完成生涯发展机会自评表如表10-1所示。

表 10-1 生涯发展机会自评表

环境要素	目前情况	未来参加工作时的情况
经济环境分析		
人口环境分析		
科技环境分析		
政治与法律环境分析		
社会文化环境分析		
欲从事职业所处的行业分析		
欲从事职业本身环境分析		
其他情况分析		

(二)影响职业选择的其他因素分析

尽管360行行行出状元,但是选择适合自己的职业,对个人的影响很大。有些人因为被动地选择了职业方向,因为不喜欢,一直应付工作,不能激发出对工作的热情,导致职业与人生的灰暗。职业方向的选择一定是在以上自我评估和职业机会评估的基础上,考虑了职业方向与个人性格、兴趣、特长、外部职业机会的匹配。

职业生涯规划是一个寻找内在与外在的协调的过程,一般而言,当人的内在特点与职业特性越相一致,职业成功的可能性也就越大。如图10-3所示,其中内圈表示自己个人的内在世界,包括人格、兴趣、能力、价值观;外圈表示外在的职业世界,相应的是工作特质类型、职业分类、所需能力类型、职业报酬等。

影响职业选择的因素很复杂,包括大的外部环境,也包括微观环境、个人因素等,如表10-2所示。

图 10-3 生涯要素内外协调图

表 10-2 影响职业选择的其他因素分析表

其他因素	与职业相关的影响	目前状况概述
性别	请谈谈对自己性别角色的看法，你所确定的职业前景与你所认同的性别角色相符吗	
身心健康	你的健康状况限制你进入哪些行业及职业？ 出于对自己健康的关心，你不想进入哪些职业	
教育背景	这些教育背景能实现你的职业目标吗？所具有的教育背景对你的职业有哪些帮助？ 你还需要加强哪些方面的学历教育或其他培训	
与职业相关的经历	想想小时候的梦想，父母、亲戚对职业的看法。 高考填报志愿的想法。 大学生活中与职业相关的体验和实践，其中印象最深，或最成功，或值得骄傲，或对你最有意义的是什么	
地理位置	你的家庭所在地有哪些与职业发展相关的优势和劣势？ 学校所在地城市有哪些与职业发展相关的优势和劣势？ 未来理想工作地有哪些吸引你的特色？这些特色能促进你的职业发展吗	
社会阶层	父母、亲戚所处的社会阶层能为你的职业带来哪些资源与帮助	
家庭、家族背景	家庭、家族背景能为你的职业带来怎样的帮助	
学校层级	你所在的学校处于哪个层级？ 有哪些可以利用的资源能帮助你的职业发展	
专业情况	你所在专业的毕业生历年的就业领域情况怎样？ 有哪些可以用来促进专业发展的资源	

四、职业生涯目标和路线规划

(一)职业生涯目标规划

没有目标，就没有动力。一个人职业的成败，很大程度上取决于有无正确适当的职业目标。没有目标如同驶入大海的孤舟，四野茫茫，没有方向，不知道自己走向何方。只有树立了目标，才能明确奋斗方向，犹如海洋中的灯塔，引导你避开险礁暗石，走向成功。

1. 职业生涯目标

职业生涯目标规划就是明确自己想成为什么样的人，担任怎样的职业角色。具体地讲是想在职业生涯中达到怎样的职位，达到怎样的职称，成为专家还是事务性工作者。

2. 职业生涯目标的层次

职业生涯目标大致可分为四个层次，如图 10-4 所示，第一个层次是愿景目标，是一个人内心永远的向往，例如我要成为一个什么样的人。第二个层次是职业方向目标，例如我最终要达到的职位、职称等。第三个层次是长期目标，即 5～10 年左右的目标。第四个层次是行动目标，即短期可实现的目标。

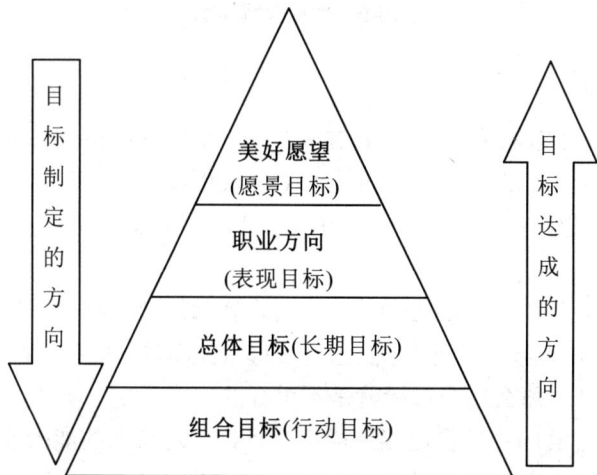

图 10-4 目标的四个层次示意图

目标的制定要以终为始，先确立愿景目标，再确立职业方向目标，后确立长期、短期目标。而目标的达成则是由近及远的，先达成近期的，后达成远期的。

3. 职业生涯目标分解

目标必须经过分解才能更加清晰和便于实现。各种职业目标间关系往往纷繁复杂，又甚至是相互矛盾的，因此，理清各职业目标之间的关系，对其分解组合十分必要。目标分解简图如图 10-5 所示。

目标组合是指找出目标间内在的逻辑关系，然后将各个目标按内在逻辑关系组合起来的过程。这有助于我们理清不同目标的关系，有步骤有计划地加以实施。职业生涯规划中要思考先完成什么目标，后完成什么目标，以什么目标为主，以什么目标为辅。

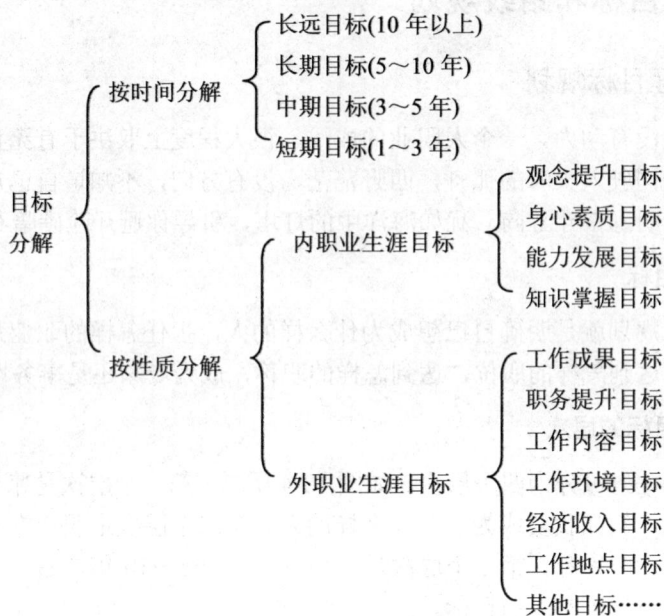

目标
分解
├─ 按时间分解
│   ├─ 长远目标(10 年以上)
│   ├─ 长期目标(5～10 年)
│   ├─ 中期目标(3～5 年)
│   └─ 短期目标(1～3 年)
└─ 按性质分解
    ├─ 内职业生涯目标
    │   ├─ 观念提升目标
    │   ├─ 身心素质目标
    │   ├─ 能力发展目标
    │   └─ 知识掌握目标
    └─ 外职业生涯目标
        ├─ 工作成果目标
        ├─ 职务提升目标
        ├─ 工作内容目标
        ├─ 工作环境目标
        ├─ 经济收入目标
        ├─ 工作地点目标
        └─ 其他目标……

图 10-5　目标分解简图

4. 目标确立 ABC

一个有效的生涯目标需要符合 ABCDEFGM 八个条件(Peterson,1972)：A 可行的 (Achievable)，B 可信的(Believable)，C 可控的(Controllable)，D 可界定的(Definable)，E 明确的(Explicit)，F 属于你自己的(For Yourself)，G 促进成长的(Growth-facilitating)，M 可量化的(Measurable)。

A 可行的：意思是说就你的能力和特点而言，实现这个目标是现实的、可能的。如果你是一位 50 多岁、200 磅重、正过着安定生活的老人，但却试图实现一个在两周之内用 4 分钟跑完一英里的计划，那么这个目标就是不可行的。

B 可信的：是指你真的相信自己能完成这个目标，对自己的能力非常有信心，相信自己能够在设立的时间之内完成。高成就者们常会通过设立目标来激励自己，但他们设立的目标再困难也不会困难到连自己都失去完成它的信心，或是连自己也不相信能完成的地步。

C 可控的：主要是指你对一些可能会最终影响到你实现目标的因素的控制能力。因此，你用什么方式来表达自己的目标非常重要。如果你说"我的目标是在 XYZ 公司获得一份工作"，那么，你这种表达目标的方式就违反了可控性的原则，因为这种表达方法忽略了被拒绝的可能性。而"我的目标是在下周三之前向 XYZ 公司申请一个职位"就是一个可以被接受的目标，因为你能控制相关的因素。依靠他人的帮助来实现自己的某一目标是有风险的，因为可能会忽略目标设立的"可控"原则。如果你的目标关系到他人，那你就有必要邀请他们参加你的计划，以争取他们的合作。

D 可界定的：是指你的目标必须是以普通人都能理解的口头语言或书面语言表达。一个长期目标的用词必须仔细推敲，这样才有可能将它进一步分解为一系列的环节或短期目标。有时要表达一个目标非常困难，因为那需要你把抽象的感觉变为具体、清晰的陈述。

E 明确的：是指你只陈述某一特定的目标，并且在一段时间之内只集中于这一个目标。同时，这个指导原则也要求你非常慎重地遣词造句。你可以说你的目标是要装修房间。这很好，但是"装修"到底是什么意思呢？是刷漆、修缮、重新布局、买新家具、换墙纸、打扫卫生？是所有的一切，还是只是其中的一项或是别的什么事情呢？在一段时间内不能集中于一个目标的危险在于：你同时有了别的目标，结果在接近最后期限的时候，你发现自己一个也没完成。

F 属于你自己的：是指你制定的目标应该是自己真正想去做的事情，而不是别人强加给你的。当然，在你的生活中一定有一些事是你无论喜欢与否也必须去做的，但在你的生活中还有另外的很重要的一部分——那就是你自己选择的想要去完成的事情。如果你的老师指定你阅读 50 页的教材，那你就不能把这个目标当作你自己的目标，除非阅读 50 页教材的这项任务是你自己有意安排的，无论老师是否指定你都要完成它。

G 促进成长的：这是指你的目标应该是对自己和他人均无伤害性或破坏性的。一个人可以设立在凌晨 1 点砸碎 10 家商店的玻璃窗的目标，而且这个目标可以满足目标设立原则中除此条件以外的其他所有的原则。阿道夫·希特勒也有自己的目标，并且在 1930—1940 年完成了大部分的目标，但这些目标没有一个是有助于成长的。

M 可量化的：就是指你的目标尽量以一种能够用数字加以衡量的方式来表达，而尽量不要用宽泛的、一般的、模糊的或抽象的形式。只是说"我会更加努力地打好网球比赛"或是"我的目标是更好地利用时间"是远远不够的。你怎样衡量"更加努力"和"更好"呢？你需要用一种可以衡量的方式来表达自己的目标，例如"我的目标是在下个星期二晚上 11 点之前写完 11 页实验报告"。当下个星期二到来的时候，你就会知道你是否实现了自己的目标，因为在设立目标的时候你使用了可以测量的单位。你要有一个可以衡量的成功或者失败的标准，以此来准确评价自己的目标。然后你可以把当前的目标保持下去，或是对部分目标进行调整，如果你认为有必要，也可以把它彻底放弃。

5. 你的职业生涯目标

大学生可以依据表 10-3 所示确定自己的长期目标。

表 10-3　我的长期目标

时　间		学习、工作目标
学年	大一	
学年	大二	
学年	大三	
学年	大四	
学年	毕业后第一年(大五)	
年	毕业后第二年	
年	毕业后第三年	

(二)职业路线规划

条条大路通罗马，但是我们必须选择自己的路径。在职业目标确定后，走哪一路径，此时要做出选择。跨国公司人才培养体系中，常常提供员工职业发展的路径。如果自己所在组织中没有现成的路径，就需要自己进行设计。例如，向管理方向发展，还是向专业技术方向发展；是先走技术，再转向管理路径……由于发展路径不同，对职业发展中采用的步骤也不同。因此，在职业规划中，必须设计路径和选择路径。例如"V"字形路线规划如图 10-6 所示。

在确定职业目标时，是向专业技术方向发展，还是向行政管理方向发展？不同的选择意味着不同的工作和生活方式。

不同的生涯路线还存在自由职业、自主创业等多种职业生涯形式，所以不同的年龄段设置以及各年龄段要实现的目标可随自己的意愿表达。

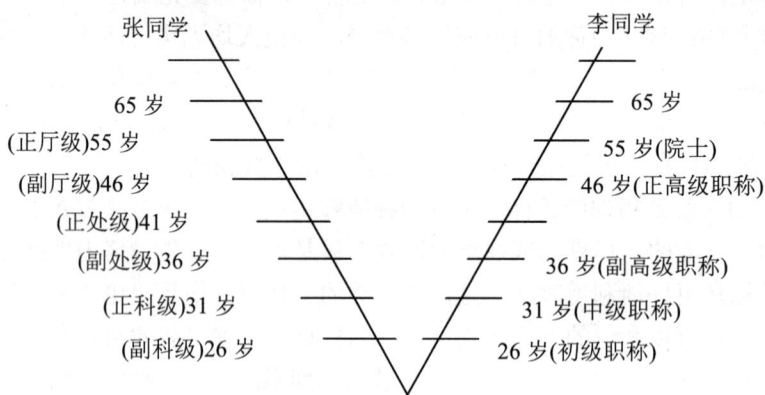

图 10-6　职业规划路线示意图

五、制定行动计划与措施

确定职业目标和路径后，行动便成了关键的环节。没有达到目标的行动，目标就难以实现，也就谈不上事业的成功。这里所指的行动，在职业生涯中是指落实目标的具体措施，主要包括工作、训练、教育、轮岗等方面的措施。例如，为达到目标，在工作方面，你计划采取什么措施，提高你的工作效率；在业务素质方面，你计划学习哪些知识，掌握哪些技能，提高你的业务能力，在潜能开发方面，采取什么措施开发你的潜能等，都要有具体的计划与明确的措施，并且这些计划特别具体，以便于定时检查。

(一)大学不同时期的职业生涯规划

在校大学生职业生涯规划的实施也可分为四个阶段，即大一试探期、大二定向期、大三拼搏期以及大四冲刺期。由于时期不同，阶段不同，所以职业生涯规划确定的目标和主要内容也不同，具体如表 10-4 所示。

表 10-4　大学生职业生涯规划任务表

时期	侧重方向	侧重目标	实施措施
（试探期）一年级	正确认识大学；认识自我；进行生涯剖析；制定职业目标	初步了解职业，特别是自己未来想从事的职业或自己所学专业对口的职业，提高人际沟通能力	多和学长们交流，尤其是大四的学长，询问就业情况，多参加学校活动，增加交流技巧，为可能的转系、获得双学位、留学计划做好资料收集及课程准备，多利用学生手册，了解相关规定
（定向期）二年级	夯实基础，拾遗补阙，进行生涯设计	应当考虑清楚未来是深造还是就业或自主创业，并以提高自身的基本素质为主	对目标进行细化和调整。通过参加学生会或社团等组织，锻炼自己的各种能力，同时检验自己的知识技能；可以开始尝试兼职、社会实践活动，最好能在课余时间(长时间)从事与自己未来职业或本专业有关的工作，提高自己的责任感、主动性和抗挫折能力，增强英语口语能力、计算机能力，通过英语和计算机相关证书考试，开始有选择地辅修其他专业的知识来充实自己
（拼搏期）三年级	拓展素质，科技创新，此时更多的是思考专业成才	加强自身综合素质，培养职业目标所需要的各种能力；提高求职技能、搜集公司信息；做出考研还是就业的抉择	撰写专业学术文章时，可大胆提出自己的见解，锻炼自己独立解决问题的能力和创造力，参加和专业有关的暑期实践工作，同同学交流求职工作心得体会，学习写简历、求职信，了解收集工作信息的渠道，并积极尝试，例如校友网络，了解往年的求职情况；希望留学的学生可参加留学系列活动，准备TOEFL、GRE，留意留学考试资讯
（冲刺期）四年级	择业、就业、创业	找工作、考研、出国	可对前 3 年的准备作一个总结：首先检验自己已经确立的职业目标是否明确，前 3 年准备是否充分；然后开始工作的申请，积极参加招聘活动；最后预习或模拟面试。了解用人单位资料信息，强化求职技巧，进行模拟面试等训练，尽可能地在做出充分准备的情况下实战演练

(二)目标与任务及规划

1. 目标与任务分析

经过前面的评估分析，可以判定一个职业方向(或目标)对自己的适合程度。现在请分析自己要达成这一职业理想，已经具备的条件和所欠缺的条件，明确提升的措施，如表 10-5 所示。

表 10-5　要素分析表

职业方向	职业志向(你最想做的)		
	职业要求		
	适合自己的职业和工种		
因素	个人具备的条件	个人所欠缺的条件	我的措施
学历			
专业			
能力专长			
兴趣爱好			
社交能力			
身体素质			
性格特征			
相关经验			

2. 做出每年的基本规划

每学年末要总结一学年来的计划执行情况，然后修正、制订新的规划，如表 10-6 所示。

表 10-6　学年规划表

时　期	目　标	措　施		时　限
第一学年	第一学期：	(1)		
		(2)		
		(3)		
	第二学期：	(1)		
		(2)		
		(3)		

六、定期评估与反馈

我们处在一个快速变化的时代，计划需要应变化而调整。影响职业生涯规划的诸多因素在不断变化，有的变化因素是可以预测的，而有的变化因素难以预测。在此状况下，要使职业生涯规划行之有效，就须不断地对职业生涯规划进行评估与修订。其修订的内容包括：职业的重新选择、职业生涯路线的选择、人生目标的修正、实施措施与计划的变更等。这是一个螺旋上升的过程。

1. 助力与阻力分析

推动你职业目标实现的积极因素： (1) (2) (3)	阻碍你职业目标实现的消极因素： (1) (2) (3)
能将积极因素最大化，将消极因素消除、最小化甚至转化为积极因素的行动： (1) (2) (3)	

对本年度目标的自我分析与评估：

2. 360 度反馈

对职业生涯发展反馈可以采用 360 度评价法。

班主任评价：_____

辅导员评价：_____

父母评价：_____

同学评价：_____

自我评价：_____

3. 生涯规划方案修正

第三节 职业生涯规划实例

一、案例：迂回的选择

背景：一个美国小伙子立志做一名优秀的商人。

他中学毕业后考入麻省理工学院，没有去读贸易专业，而是选择了工科中最普通、最基础的专业——机械专业。

大学毕业后，这位小伙子没有马上投入商海，而是考入芝加哥大学，攻读为期三年的经济学硕士学位。

最出人意料的是，获得硕士学位后，他还是没有从事商业活动，而是考了公务员。在政府部门工作了五年后，他辞职下海经商。

又过了两年，他开办了自己的商贸公司。20 年后，他的公司资产从最初的 20 万美元发展到 2 亿美元。

这位小伙子就是美国知名企业家比尔·拉福。

(资料来源：比尔·拉福. 规划你的一生. 时代金融，2006(10))

案例分析

1994 年 10 月，比尔·拉福率团来中国进行商业考察，在北京长城饭店接受《中国青年报》记者采访时，他谈到他的成功应感激他父亲的指导，他们共同制订了一个重要的生涯规划。最终这个生涯设计方案使他功成名就。

第一阶段：选择工科学习

选择：中学时代，比尔·拉福就立志经商。他的父亲是洛克菲勒集团的一名高级职员，他发现儿子有商业天赋，机敏果断、敢于创新，但经历的磨难太少，没有经验，更缺乏必要的知识。于是，父子俩进行了一次长谈，并描绘出职业生涯的蓝图。因此升学时他没有像其他人一样直接去读贸易专业，而是选择了工科中最基础、最普通的机械制造专业。

评析：做商贸必须具备一定的专业知识。在商品贸易中，工业品占绝对多数，不了解产品的性能、生产制造情况，就很难保证在贸易中得到收益。工科学习不仅是知识技能的培养，而且能帮助建立一套严谨求实的思维体系。清楚的推理分析能力，脚踏实地的工作态度，正是经商所需要的。

收获：比尔·拉福在麻省理工学院的四年，除了本专业，还广泛接触了其他课程，如化工、建筑、电子等，这些知识在他后来的商业活动中发挥了举足轻重的作用。

第二阶段：选择经济学学习

选择：大学毕业后，比尔·拉福没有立即进入商海而是考进芝加哥大学，开始了为期三年的经济学硕士课程。

评析：在市场经济下，一切经济活动都是通过商业活动来实现的，不了解经济规律，不学习经济学知识，很难在商场立足。

收获：比尔·拉福掌握了经济学的基本知识，搞清了影响商业活动的众多因素，还认真学习了有关法律和微观经济活动的管理知识。几年下来，他对会计、财务管理也较为精通，在知识上已完全具备了经商的素质。

第三阶段：选择政府部门工作

选择：比尔·拉福拿到经济学硕士学位后考取了公务员，在政府部门工作了五年。

评析：经商必须有很强的人际交往能力，要想在商业上获得成功，必须深知处世规则，善于与人交往，建立诚信合作关系。这种开拓人际关系的能力只有在社会工作中才能得到提高。

收获：在环境的压迫下，比尔·拉福养成了强烈的自我保护意识，由稚嫩的热血青年成长为一名老成、处事不惊的公务员，并结识了各界人士，建立起一套关系网络，为后来的发展提供了大量的信息和便利条件。

第四阶段：选择通用公司锻炼

选择：5 年的政府工作结束之后，比尔·拉福完全具备了成功商人所需的各种素质，于是辞职下海，去了通用公司。

评价：通过各种学习获得足够的知识，但知识要通过实践的锻炼才能转化为技能。

收获：在国际著名的通用公司进行锻炼，比尔·拉福不仅为实践所学的理论找到了一个强大的平台，而且学到了丰富的管理经验，完成了原始的资本积累。这也是大学生创业应该借鉴的地方，除了激情还应该考虑到更多的现实。

第五阶段：选择自创公司，大展拳脚

选择：两年后，他已熟练掌握了商情与商务技巧，便婉言谢绝了通用公司的高薪挽留，开办了拉福商贸公司，开始了梦寐以求的商人生涯，实现多年前的计划。

评析：时机成熟后，应果断决策，切忌浪费时间，应抓住契机实现计划。

收获：比尔·拉福的准备工作，几乎考虑到了每个细节。拉福公司的成长速度出奇地快，20 年后，拉福公司的资产从最初的 20 万美元发展为 2 亿美元，而比尔·拉福本人也成为一个奇迹。

奇迹的背后是合理的规划、严谨的训练、刻苦学习、矢志不移的态度。

比尔·拉福的生涯设计脉络清晰，步骤合理，充分考虑了个人兴趣、个人素质，并着重职业技能的培养，这种生涯设计在他坚持不懈的努力下，终于变为现实。

二、案例：就业还是考研

我(华子)是 2006 届毕业生，生物专业。毕业时准备继续考研，因为这种专业本科出来没有多少发展前途，搞研发的话水平根本不够，做销售之类的又会觉得很辛苦。但天不遂人愿，当年我没有考上。总结失败的原因应该是自信不够，临考前太紧张了，所以在家人的支持下，我开始了大五的生活，继续备战考研。

复习的时候我也总结了以前的弱点，算是胸有成竹吧。但意外还是发生了，我专业成绩都过线了，最弱的英语成绩也比去年提高了几分，但我报考院校的英语分数线也提高了，而且只有我们这个专业英语分数上调得最多。再一次遭遇落榜的我，一下子就对未来失去了信心，不知道自己接下来该怎么办了。我家里比较富裕，父母也不需要我出去工作养家糊口，他们一心一意让我好好考研。因为我父亲的事业就是吃了文凭低的亏，所以他们的观念是趁现在年轻还没有什么拖累，尽可能地拿到高学位。我本来也是这么想的，但两次的挫折让我对自己产生了怀疑。看看大学同学虽然生活都不宽裕，但至少是自食其力，我就觉得自己很差劲。

所以 5 月份的时候我背起行囊来到了上海，找了一份医疗器械销售公司的工作，想给自己一个缓冲。如果一直待在家里看书，肯定没有效果。这么长时间都是以看书为中心，每天 7 点起床、12 点睡觉的机械重复，让我整个人都失去了活力。而工作的新鲜感让我重新找回了自我。通过一段时间的钻研之后，我对销售的器械有了基本的了解，而且我踏实的工作态度也得到了同事的肯定，一些老员工开始找我作为他们的售后服务，老板对我的态度也非常好。

转眼就要 7 月份了。工作虽说有了一定的起色，但我不知道这份工作对于我未来的职业生涯，究竟意味着什么，现在也不确定这个行业就是我以后一直想做的行业。我究竟是应该这样工作下去，还是回去继续考研？

案例分析

(1) 家人希望华子继续考研，而华子原本也是这样打算，只是两次挫折让他产生了怀疑。按照他现在的情况，究竟应该去考研还是这样工作？为什么？

从一般意义上的成功而言，华子不论是读研还是继续工作，他最终应该能够收获自己的人生和幸福。因为他成功地跨越了两次落榜带给他的挫折，所以他具有一定的坚韧性。而作为一个殷实家庭的成员，华子不甘成为傍老族，所以他具有进取精神。而且，他能够独自闯上海，具有一定的自信心和冒险精神；尤其难能可贵的是，他用自己的努力，获得了同事和公司的认可。这表明，他不仅具有一定的专业技术能力，还具有良好的人际沟通能力。这些素质和技能，是他最宝贵的财富，也是他将来不管从事研究和工作，都能收获自己的幸福的关键。

(2) 学生应该怎样判断自己适合拿到高学位之后再工作，还是本科毕业就工作？这和所学的专业、性格等是否有关？

国外研究生教育更多的是一种面向应用技能的教育，我们的 MBA 教育也慢慢有了这种色彩。既然是应用型的教育，有的人选择了学校，有的人走向社会后，也能在社会这所没有围墙的大学中学到更多。所以说，从学位教育本身追求的功用差异来看，如果你想通过学位教育获得一些工作的门槛，比如进××研究所——这些职位的招聘要求，确实存在差异。那就必须要通过拿学位，走相应的职业路径。

处于越来越开放的市场环境中的个体，不必在乎学位的高低，关键是培养自己的终生就业能力。是否有必要攻读更高的学位，要与自己的理想、抱负衔接起来。更重要的是要与现实结合起来，而不是仅仅被人才市场上的一些表面现象所迷惑。

与现实的结合，需要考虑自己的动机、追求、人格倾向——比如一个在霍兰德职业测评中属于事务性工作的人，却在世俗的观念下，去考研读博的，打算从事研究工作的，这就是和自己过不去。所以说，做最好的自己，是要建立在理性地认识自己的前提基础上。

对于困难家庭的学生而言，父母能够让你走到这个高度已经很不容易了，需要你把这个接力棒接过来，承担起家庭的责任，让自己的双肩给这个家庭更多的依靠，而不是没完没了地索取。能够做到这一点的人，注定了他的人生就是不平凡的。

(3) 如果学生选择了继续考研，这段时间他该怎么样去调整心态？如果是想工作，又该如何调整？

对于一般的学生而言，选择考研，要注意避免以下几种倾向。

倾向一：逃避就业，如果是逃避就业压力，选择考研，会得不偿失。即便你考上了，你最终也面临一个就业的选择，这个问题，在你的人生中无法回避。而如果考不上，你有可能错过了找工作的黄金季节，错过了很多本来有的机会。

倾向二：攀比心态。如果考研是为了争一口气，不管你出自妒忌还是自命不凡。你在社会上总要经历某些方面没有别人优秀的时候，因此，我们应欣赏别人的优点，明确自己的优势，坦然选择自己的道路，走出一条坚实的人生路。

倾向三：赌徒意识，把自己的身家性命都押在考中与否上。要知道，考研只是自己的一次人生经历，在机会面前，你有可能与机遇失之交臂，也有可能有更会考验游戏的人，抢了你的风头，因此，心态放平和一点，即便考研失利了，也不要放弃希望，调整一下心态后，来年再战，或者暂时找个机会就业。

选择工作应注意的事项如下。

其一，不要放弃梦想和追求。即便你的家庭条件差，使你不得不放弃考研，你也要在做好工作的前提下，积极学习，学习别人的优点，提升专业的知识和技能，让自己在尽可能短的时间内优秀起来。

其二，学习是一辈子的事情。不要因为放弃了考研，就认为将来没有机会了。有可能，你会成为单位外派学习的人员，因为你表现突出，也因为你外文表达流利；失去的，你弥补不了；未来的，你希望得到；只有现在，你抓在手中：如果你把手中的东西转变成了自己的财富，你就不断地成长了。

其三，踏踏实实地工作。不要下车伊始，就哇啦哇啦。好好地从一个学徒开始干起，用手干活，也用心干活；做好工作的时候，也要处理好人际关系。

扩 展 阅 读

失去目标其实是还没确立目标

新生小佳前来咨询，皱着眉，绷着脸，露出无奈的苦笑："现在心情很不好，很茫然、郁闷。上高中时，目标很明确，就是要上大学。可上了大学以后突然就没有目标了，不知道为什么而学。家长说是为了以后找个好工作，可仅仅就为了这个吗？再以后又为了什么呢？看着时间一天天过去，心里着急，但就是不想动，如果学习就为了以后找个好工作，是不是有点没劲哪？……"

最近，类似小佳的个案非常多。新生入学三个月了，最初的新鲜劲过去了，突然有种不知所措的茫然，但是多年的学校训练又使他们深知浪费时间的后果，因而十分焦虑苦闷。

上大学后顿感失落，一是由于社会舆论对大学生活的美化与他们高中时的艰苦形成了鲜明对比，使他们对大学抱有不切实际的幻想。在大学中，主要标准仍然是分数和成绩，仍然需要努力学习，这一发现令很多新生吃惊。因为从前老师、家长鼓励他们时，总是说："上了大学，一切就会好了"。但事实是，只要上学，就要有考试、评分，这是一个游戏规则。二是不少新生在中学时习惯了听从父母老师的安排，原先把上大学当作了人生目标，因而上大学后突然间就失去了方向和动力，加之缺乏对社会的了解，所以在面临将由自己设计的未来时，显得被动和茫然，但内心成长的需要又是那样强烈，以至于许多大学新生像小佳一样苦恼和焦急。

其实，大学生在大一感觉没有人生目标是很正常的事，对我国大学生而言就更是如此。

这个世界上，只有极少数人是在很小的时候就确立了人生目标的，而绝大多数人则是在青春期时(12~21 岁)开始思考并寻找人生目标，并在青春期结束时才确立它。现行教育体制使得青少年都把"考上大学"这一阶段性任务或目标当作了人生目标，根本无暇思考人生问题，因而上大学后便失去了方向。

所谓"人生目标"是指一个人对自己一生中所要达到的预期结果的整体规划，其中包括了人生理念和很多阶段性任务或短期目标。人生理念如"充满幸福感地与他人共同创造并分享生活"。阶段性任务或短期目标则包括：考上大学，把大学上好，找一个适合自己的工作，建立社会支持系统，回报父母和社会，创建自己的事业，再如建立家庭、养育后代等。

中学阶段由父母老师确立的上大学的目标只是人生目标中的一个阶段性任务，是我们实现人生目标的一个阶梯，而并非人生目标。所以，说"人生目标失落在大一"似乎并不确切。并不是大学使很多人失去了人生目标，而是大家到目前为止还没有确立自己的目标。因此，在大学初始开始寻找并确立自己的人生目标，是绝大多数新生上大学的首要任务之一，也是人生必修课。

寻找目标也是追求人生目标的组成部分之一，这个过程同样能给人以动力，因为那将充满发现的惊喜，是一次自我探索之旅。这一次，你独自上路，你通过读书、学习、观察、思考、比较，去努力发现"我是谁"、"我从哪里来"这类问题的答案，从而为解决"我将往何处去"这一人生目标奠定坚实的基础，也是成长中最激动人心的体验。

写到这儿，我想起1978年我上大学时，班里一位插过队的同学天天在北大图书馆里看小说，我问他："你怎么总看小说不看专业书呢？"他很郑重地回答我："我在寻找人生目标。"

人生目标不是靠冥思苦想就能得来的，它需要大量的实践，甚至是错误的尝试，就新生而言，就是要在脚踏实地地进行专业课学习、课外阅读、社团活动以及与老师同学的相处中不断了解、发现自己，并在此基础上做出符合自己情况的人生目标。

有些新生在做未来设计时，把寻找目标和当前的努力对立了起来，认为如果不先确立人生目标，所有的努力就是白费时间，因此只有确立了人生目标，才可以开始去追求目标而努力，这样就造成了时间上的浪费。想到这点，也让他们很着急。但这种看法是片面的，因为任何目标都有相通之处，都需要共同的基本能力。所以，我们在寻找人生目标的同时，要开始为实现目标做大量的准备工作。比如，可以在完成课业任务的前提下，要求自己具备一些任何目标都需要的基本功，如写作、英语、电脑等。其次，要在大学期间具备这样一些能力：与人合作、解决问题、沟通、学会自我调节等。

如果一个大学新生在寻找人生目标的同时，真能从如上所述的几个方面提升自己，具备真才实学，那么一旦你确立了自己的人生目标，你就可以心无旁骛直奔主题——为实现目标而做各种所需的专业准备，而无须再花时间在基本能力的锻炼上。

(资料来源：杨眉，首都经贸大学心理教授)

探索与练习

职业生涯规划设计书案例

——未来的脚印

背景信息：张某，女，1985年5月生。现烟台大学人文学院，汉语言文学专业，2006级
撰写时间：2007年11月15日(转引自 烟台大学 http://career.ytu.edu.cn/，略有改动)

一、知己

我具有较强的交际能力、适应能力和组织管理能力；具有创造性与开拓性的特点；自信、谦虚、认真并且很有毅力。但脾气急躁，不够耐心；想法很多却抓不住重点；容易莽撞行事；易受外界干扰。

(一)兴趣

1. 全方位评估

(1) 家人评价：喜欢接受新鲜事物，喜欢领导和影响他人。

(2) 同学评价：喜欢挑战与竞争；善于思考；喜欢通过交流与沟通，表达自己的多种想法；喜欢社交活动。

(3) 老师评价：喜欢挑战，喜欢团结和组织同学。

(4) 测评：企业型与社会型——善于领导与支配他人，好与人争辩，喜欢挑战和新鲜事物。

(据《霍兰的职业测评量表》、北森朗途职业测评、霍兰德 RIASEC 六角模型)

2. 结论

总体评价：喜欢挑战与竞争，好为领导者，喜欢鼓舞、带动与影响他人。适合的职业：经理、推销员、政治家、律师、社会工作者等。

(二)价值观

1. 全方位评估

(1) 家人：最看重以后的发展，实现自己的理想与抱负。

(2) 同学：靠个人奋斗取得成绩来实现自己的人生价值。

(3) 老师：有很强的上进心，最看重个人成就和发展。

(4) 测评：在自己感兴趣并富有挑战性的工作领域发挥自己的才能并得到认可。

(据马丁·凯次的"SIGI 系统"、霍兰德 RIASEC 六角模型)

2. 结论

总体评价：看重能力的施展，渴望有成就感和影响力。适合的职业：律师、零售商、经理等。

(三)技能

1. 全方位评价

(1) 家人评价：组织与管理能力强，有毅力。

(2) 同学评价：有很强的感染力、亲和力和理解力，组织能力、交际能力强。

(3) 老师评价：创造力比较强，有一定的组织管理能力，有毅力。

(4) 测评：沟通能力、管理能力、人际交往能力、推理技能、处理细节的技能。

(据 EUREKA 技能问卷工作表、"ACT"工作世界地图)

2. 结论

总体评价：组织管理能力、人际交往能力、沟通与理解能力较强。适合的职业：社会和政府服务工作，记录和沟通工作系列。如办公监督和记录、秘书工作、教学与教育工作、顾客服务。

二、知彼

(一)家庭环境评估

家庭经济：父母是农民，家中经济情况一般；弟弟读高中，家中有较大的学习费用负担。

家庭关系：家庭成员社会关系简单。

家庭期望：父母希望我毕业后能找个安稳的工作，有稳定的收入和幸福的家庭。

家庭影响：从小父母就教育我自尊、自强、自立。

(二)学校环境评估

学校创建于 1984 年，北大、清华两校直接援建。经过 20 年的努力，已经发展成为一所学科门类齐全、教学设施完善、具有相当办学规模与实力、独具特色、有较大发展潜力的地方综合性大学。在"十一五"发展规划中，确定"经过 10 年努力，把烟台大学建成位于同类高校发展前列，在国内外有一定知名度，具有可持续发展能力的综合性教学研究型大学"。

(三)所学专业评估

1. 第一专业：汉语言文学

(1) 课程内容：语言学概论、古代汉语、现代汉语、文学概论、中国古代文学史、中国现当代文学、马克思主义文论、外国文学史、中国古典文献学、比较文学、民间文学、汉语史、汉语言史学。

(2) 培养目标：本专业培养具备一定文艺理论素养和系统的汉语言文学知识，能在新闻文艺出版部门、高校、科研机构和企事业单位从事文学评论、汉语言文学教学与研究工作，以及文化、宣传方面的实际工作的汉语言文学高级专门人才。

(3) 适合的职业：毕业生能够胜任高中语文教学工作，能够胜任党政机关、企事业单位、科研机构、新闻出版等部门的行政管理、文书秘书、文化宣传、公共关系等方面的工作。

(4) 就业情况：历年就业情况相对稳定，始终保持在 95%以上。就业去向主要为企业占 60%以上，机关事业单位占 7%；考研率为 15%，并呈逐步上升趋势。

(据人文学院历年毕业生就业信息)

2. 第二专业：法律

(1) 课程内容：法理学、宪法学、刑法学、民法学、民事诉讼法、刑事诉讼法、经济法、国际经济法、中国法制史、行政法与行政诉讼法、商法、国际法知识产权法、国际私法。

(2) 培养目标：培养适应我国改革开放和现代化建设的需要、德智体全面发展的，既能从事主修专业的工作，又具有相当的法学专业理论水平，熟练从事司法实际工作的复合型应用人才。

(3) 就业情况：就业形势严峻，60%以上的同学选择考研。就业方向主要为企业法院和检察院、政府公务员。

(据法学院历年毕业生就业信息)

(4) 适合的职业：法院和检察院、国家公务员单位、律师行业、企事业单位等。

(四)社会环境分析

2006 大学生就业率与择业观调查：其中 2003—2005 年大学生的就业率分别为 75%、73%、72.6%，我们可以看出就业形势目前很严峻，且在今后若干年将会持续严峻。

三、目标职业评估

根据以上对自我的全方位评估以及对环境的认知，整理出三个适合的职业。现分析如下。

(一)职位名称：律师

1. 职业描述：律师，是指受当事人委托或法院指定，帮助当事人进行诉讼，或处理其他法律事务的专业人员。律师同工程师、教师、会计师等专业人员一样，在社会上发挥着越来越重要的作用，已经成为整个社会生活不可缺少的一部分。在我国"依法治国，建设社会主义法治国家"的政策影响下，律师的社会地位也在节节攀升。

2. 教育、所学内容等背景要求。

教育背景：法律专业本科以上学历。

核心课程：法理学、法学、法制史等相关课程。

培训认证：司法部的律师资格证书。现行律师法正式确立了律师资格国家考试法律制度。司法部的律师执业证书：拿到律师资格证书后须在律师事务所实习一年，经考核合格后方能申报律师执业证书。

合适度：我校修的双专业，毕业后无法取得与本专业学生同等的学历，无正式的学位证书。

3. 工作条件：目前我国的社会生活还处在主要由"道德"、"亲情"、"关系"等维系的阶段，社会生活的"法治化"水平相对较低，律师作为公民权利的"保护神"、社会正义的"代言人"的意识还没有真正形成。另外，律师的工作既费脑力，又耗体力，奔波劳累在所难免，经常光顾法院、公安局、看守所，还要通宵达旦整理资料，没有好身体是不行的。还要承受来自各方的压力。

合适度：父母希望我有一个相对稳定的工作，而律师的工作需要通宵达旦、奔波劳累、承受各方面的压力。

4. 前景及薪酬。

职业前景：随着法制的完善、权利意识的增强，理论界和司法实践部门都越来越关注律师执业权利的保障，律师执业的法律环境正在不断改善。社会律师在积累了一定的从业经验后，可向某一个专业领域发展，如房地产业律师、金融业律师及备受青睐的涉外律师。

薪酬待遇：律师的总体收入要高于社会平均收入水平，但律师之间的收入差距很大，有入行多年，年收入几百万元的大律师，也有年薪不到 10 万元的普通律师，更有刚刚入行年收入只有万余元的实习律师。每月固定收入在 2 000～6 000 元的律师约占六成，高级律师的年薪基本上都在 30 万～50 万元，可见这又是一个越老越值钱的职业。

合适度：收入可观，但不同人之间收入差距太大。

5. 技能及能力要求。

阅读理解、写作、判断和决策、积极倾听、批判性思考、口头表达能力、清晰发音能力、问题敏感性、阅读理解能力、归纳推理能力等。

合适度：基本符合，作为可迁移性能力，通过大学学习也可以锻炼。

(信息来源：①面谈，烟台大学大四学生(法院实习经历)、烟台大学法学双专业教师、县级检察院副院长；②网络资源，www.baidu.com，www.jobsoso.com)

总结：技能要求、前景及薪酬符合个人标准，但工作环境与家人要求冲突也不符合自己的意愿，接受的教育水平无法达到职业需求。

(二)职位名称：**政府公务员**

1. 职业描述：政府公务员是为各级政府部门制定政策和提供全面的指导，计划、指导和协调最高管理级别的运营活动，通常情况下是政府机关、党群组织的负责人。作为政府服务的官员，本身必须具备独特的素养。要熟悉市场经济规律，能在宏观上对各种经济行为进行调控。因为政府公务员的最终工作目的是服务社会，所以在做任何一项工作时，其得到的效果都是使得社会服务更便利、更便捷。政府服务执行官需要有强烈的服务感和使命感。

2. 教育、所学内容等背景要求。

教育背景：大多数政府公务员需要大学本科以上学历，不同级别的政府公务员对学历的要求不同，专业上没有限制。

核心课程：行政管理、法律、经济学、人力资源管理、心理学等。

工作经验：一般要求应届毕业生，非应届毕业生则需要两年以上基层工作经验。

培训认证：按照国家法定程序，必须具有报考国家/地区公务员资格，参加每年一次的公务员考试并合格者，才能获得公务员资格。

合适度：基本符合个人条件，但经济学、人力资源管理及心理学需自学。

3. 工作条件：政府服务执行官工作的大部分时间是在室内，出差的机会不多，工作环境舒适。稳定的"朝九晚五"，基本上不加班。工作中 3/4 的时间都需要通过面对面、电话或其他工具与他人联系，来达到解决问题和冲突的目的。要做好人民的"公仆"，工作的难度是巨大的，但是压力和强度都相对较小。

合适度：符合家人期望，但工作环境压抑、单调、枯燥，与个人要求不符。

4. 前景及薪酬。

职业前景：政府公务员的职位类别按照职位的性质、特点和管理需要，划分为综合管理类、专业技术类和行政执法类等类别。公务员在同一职务上，可以按照国家规定晋升级别。领导类公务员可以从乡科级晋升直至国家级；非领导类公务员可从办事员晋升直至巡视员。

薪酬待遇：国家公务员的工资标准是全国统一的，但由于各地区财力不同，使其工资收入水平差距较大。同时，各地区公务员的工资收入在全国各个行业中的位次也普遍偏低。以 2003 年为例(2003 年后国家公务员没有再统一调整工资)，全国公务员的平均工资为 15 487 元，但是实际收入差距却很大。公务员的工资差距主要反映在东西部地区。东部发达地区工资收入较高，西部落后地区收入则较低。

合适度：晋升较慢，工资偏低，不符合个人要求。

5. 技能及能力要求：口头表达、写作、协调、批判性思考、积极倾听、口头表达与理解能力、阅读理解能力、归纳推理能力、清晰发音能力等。

合适度：基本符合，作为可迁移性能力，通过大学学习也可以锻炼。

(信息来源：①面谈，县级检察院副院长。②网络资源，www.baidu.com，www.jobsoso.com。③杂志报纸信息，中国大学生就业)

总结：该职业符合家人意愿，教育条件基本符合个人标准，能力也可达到；但薪金太低晋升较慢，工作环境单调枯燥。

(三)职业名称：行政经理

1. 职业描述：现代企业的规模日趋扩大，企业组织结构、企业事务及人员关系十分复杂。行政经理就是企业各个部门、各项事务的"黏合剂"，作为行政经理，要根据企业自身的需要和所面临的情况，处理企业的各种事务及人际关系，对企业的行政事务进行管理，参与企业高级管理活动，并通过对事务活动的构成要素及其流程，实施科学有效的规划、组织、监督、控制、协调，为企业职能活动的高效展开创造条件、奠定基础、提供保障。行政经理的工作决定着企业的兴衰与发展趋势，所以企业行政部的工作虽然琐碎、繁杂，但是对人员各方面素质的要求却是极高。

2. 教育背景要求。

教育背景：秘书、中文、公关、行政管理等相关专业本科以上学历。

核心课程：行政管理学、公共关系学、人力资源管理、行政法、经济法、财务管理、政府学和比较政治制度等。

培训认证：受过管理学、战略管理、管理技能开发、公共关系、财务知识等方面的培训。

合适度：基本符合，但管理方面的课程需要自修。

3. 该职业的前景及薪酬。

职业前景：企业的行政工作关系公司能否正常、有秩序地运转，所以优秀的行政经理其执行力是非常强的，有可能晋升到企业的运营总监或首席执行官，来全面掌控整个企业。行政工作琐碎且重要，行政经理的条理性锻炼对其以后工作的帮助也是巨大的。

薪酬待遇：行政经理的薪酬待遇目前在国内差别比较大，在 3 000～7 000 元之间浮动，但是外资企业的待遇明显高于国企和私企。

合适度：符合个人晋升意愿和工资要求。

4. 技能：时间管理、社会知觉、协调、阅读理解、口头理解能力、口头表达能力、书面表达能力、阅读理解能力、语音识别能力、清晰发音能力、问题敏感性、信息排序能力、归纳推理能力等。

合适度：基本符合，作为可迁移性能力，通过大学学习也可以锻炼。

(信息来源：①面谈，烟台大学职业发展协会"与管理经理面对面"活动。②网络资源，www.baidu.com，www.jobsoso.com。③图书馆，管理方面的书籍)

总结：与个人标准基本符合，但有很多能力需要提高，同时需要自修管理方面的课程，有一定挑战性。

四、职业定位及职业生涯规划设计

经过以上分析，最后选择行政经理作为自己的目标职业。

(一)优劣势分析

1. 优势和长处：①专业优势，第一专业为汉语言文学，第二专业是法学，文书处理、语言、行政管理、法律等方面的课程都会直接接触。②在院团委担任学生干部，帮助老师处理团的日常工作，细节性和条理性得到锻炼。③参加烟台大学职业发展协会，并担任骨干力量，组织协调能力得到锻炼。④学校有现场招聘会，可以了解前沿的招聘信息，并与用人单位直接接触。⑤担任烟台市地震局地震救援志愿者，课余时间能做更多的志愿服务，自己社会实践方面的能力得到更好的锻炼。⑥有机会参加各种等级考试。

2. 劣势和短处：①不涉及人力资源管理的相关课程。②处理细节的技能偏低。③自我管理技能差，对事情缺少有计划和规则的贯彻，缺少稳定的流程和计划。④缺少社会实践经历。⑤外语能力未过级。

(二)确定职业目标和路径

1. 短期目标(2007.10—2010.6)

(1) 总体目标

职务目标：行政助理。

学历目标：取得汉语言文学和法律双专业证书，顺利毕业。

知识目标：英语四、六级，英语口语，普通话水平测试，计算机二级，人力资源管理等证书。

能力目标：具有在工作领域从事行政管理工作的理论基础，通过实习和社会实践具有一定的实践经验。

实践目标：有切实的在政府部门或企业的社会实践经历以及实习机会。

(2) 阶段目标及计划

第一年(大二)

内容	目标	时间	行动
教育准备	英语四级	2007-12-23	①9—11月单词记忆、听力训练等基础知识复习 ②12月集中做套题训练
	英语六级	2008-6-23	①3—5月单词记忆、听力训练等基础知识复习 ②6月集中做套题训练
	计算机二级	2008-4	①2007年9—11月了解各方面信息 ②寒假参加培训班 ③3月突击复习基础知识，做上机练习
	三好奖学金	2008-7	①平时认真听课做笔记；②学期末总结复习
能力培养	优秀团干部	2008-9	平时按时值班、认真工作
	社会实践证书	2008-7	①努力争取参加院的社会实践队；②自己研究实践课题
	实践能力	2008-7 全年	找行政管理的岗位实习(可利用亲戚朋友关系)，熟悉工作环境 积极参加各种学生活动，搞好社团工作
	简历制作	全年	不断充实，找差距
	竞赛获奖证书	全年	积极参加各种比赛，锻炼自己。如古韵新声大赛、演讲比赛等
人际关系	和谐	全年	①跟大三、大四甚至已毕业的学长学姐保持联系，多向他们了解社会知识。②通过参加各种活动拓宽人际关系
休闲生活	自我修养	全年	空闲时间跟好朋友一块逛街、看电影等，提高自己的生活品位
	志愿服务	全年	积极参加志愿活动

第二年(大三)

内容	目标	时间	行动
教育准备	普通话等级考试	2008-12	①选李军老师的课；②掌握历年考试情况；③买教材天天练习
	英语口语	2008-12	①打听相关信息；②平时训练
	三好学生标兵奖学金	2009-7	①平时认真听课做笔记；②学期末总结复习

续表

内容	目 标	时 间	行 动
能力培养	优秀团干部	2009-9	做好团工作、团代会
	社会实践证书	2009-7	①努力争取参加院的社会实践队；②自己积极研究实践课题
	竞赛获奖证书	全年	积极参加各种比赛，锻炼自己。如古韵新声大赛、演讲比赛等
	实践能力	2009-1—2009-7 全年	①利用平时的时间多留意就业信息；②找单位实习，熟悉工作环境，掌握工作方法 积极参加各种学生活动，搞好社团工作
	简历制作	全年	慢慢建立自己简历的独特方面
人际关系	和谐	全年	①跟大三、大四甚至已毕业的学长学姐保持联系，多向他们了解社会知识。②通过参加各种活动拓宽人际关系
休闲生活	自我修养	全年	空闲时间跟好朋友一块逛街、看电影等，提高自己的生活品位
	志愿服务	全年	积极参加志愿活动
其他	入党	2009-6	在做好团的工作的基础上，积极向党组织靠拢

第三年(大四)

内容	目 标	时 间	行 动
教育准备	人力资源管理从业证书	2009-11	①2009 年 6—7 月了解各方面的信息 ②8—10 月集中报班学习
能力培养	社会实践证书	2010-1	①努力争取参加院的社会实践队 ②自己积极研究实践课题被评为优秀团干部
	实践能力	2010-1	①利用平时的时间多留意就业信息；②找单位实习
	简历制作	全年	完善简历，力争突出特色
人际关系	形成自己的人际关系网	全年	为走上社会作准备

2. 长期目标(2010.6—2015)

(1) 目标

美好愿望：家庭幸福，父母健康，事业稳定。

知识目标：取得管理学硕士学位。

职业目标：行政经理。

能力目标：具备在工作领域的理论基础，通过实习具有一定的实践经验；英语应用能力具备权威资格认证；有一定的研究能力，发表 3 篇具有自己独特见解的论文。

(2) 实践方法

充分利用单位给员工提供的培训机会，争取更多的培训机会。(时间：长期)

攻读管理学硕士学位。(时间：5 年以内)

在工作中积极与直接上司沟通、加深了解；利用校友众多的优势，参加校友联谊活动，经常和他们接触、交流。

充分利用自身的工作条件扩大社交圈、重视交际圈、重视和别人的交往。

五、动态反馈调整

计划固然好，但更重要的，在于其具体实践并取得成效。任何目标，只说不做到头来都会是一场空。然而，现实是未知多变的，定出的目标计划随时都可能遭遇问题，要求有清醒的头脑。我很喜欢一句英文谚语：任何事情都得要靠自己来争取。但就我个人而言，我并不会把事业作为人生的唯一筹码，我的成功标准是职业生涯与家庭生活的协调发展。只要自己尽心尽力，能力也得到了发挥，每个阶段都有了切实的自我提高，即使目标没有实现我也不会觉得失败，给自己太多的压力本身就是一件失败的事情。

我以"未来的脚印"作为这次职业生涯规划作品的题目，希望它能起到一定的导向作用，成为我人生阶段的一个指南针。

第三篇　生涯准备篇

第十一章　人 与 大 学

【导引个案】

不同的大学状态

高中生小华说："上大学是我们的梦想，在大学里我可以做想做的事，大学就是自由的天堂。"

小颖，大学一年级学生。进入大学近一个学期来，天天都感觉心里空荡荡的，一点儿也不踏实。于是，她总是不断问自己："难道这就是大学，这就是我梦寐以求的大学生活吗？"

小张，大学二年级的学生。当年由于种种原因，被录取到现在的专业，但是，自己对所学的专业没有兴趣，甚至十分讨厌。因而整天无心向学，百般苦恼……

大四学生张某临近毕业时给现 Google 中国区的执行总裁李开复博士写过一封信，其中有一段是这样写的：就要毕业了。回头看看自己的大学生活，我想哭，不是因为离别，而是因为什么都没学到。我不知，简历该怎么写，若是以往我会让它空白。最大的收获也许是……对什么都没有的忍耐和适应……

黄某是一位名牌大学学生。刚入校时，学习认真，积极向上，各方面表现突出，并当上了年级长。大二时，沉迷于网络游戏，放松了对自己的要求，导致多门功课不及格，几乎到了退学的地步。大三时，在老师和家长的帮助下，自己幡然醒悟，终于戒掉了网瘾，重新树立了学习目标，端正了学习态度，决定考研。经过一年多的艰苦努力，功课赶上了，英语四、六级通过了，还在"挑战杯"中国大学生创业计划大赛中获奖，后因科技创新能力突出被保送为硕士研究生。

大学一直是我们高中时代的目标和梦想，经过多年的寒窗苦读，走过高考独木桥，我们如愿以偿地走进大学。大学校园的气息新鲜、自由，但就像一直处于收缩状态的弹簧，在解除了压力之后，容易失去原有的弹性；紧张了很多年的神经猛然得到了放松，在充分自由的大学校园，很多同学却无所适从，有些同学茫然了，内心充满了困惑。

本章将带领你认识大学，明确自己在大学期间的任务，进而做出在大学期间的学习发展规划、素质拓展规划、理财规划和休闲规划，高效度过大学生涯。

第一节 大学概述

一、大学的责任与精神

作为一所大学,首先应该明确并履行大学的责任,同时具备内在的大学精神。

(一)大学的责任

大学的责任用一句话说,就是培养社会需要的真正德才兼备的人。

《高等教育法》第一章第四条:"高等教育必须贯彻国家的教育方针,为社会主义现代化建设服务,与生产劳动相结合,使受教育者成为德、智、体等方面全面发展的社会主义事业的建设者和接班人。"《高等教育法》明确规定高等教育的中心任务是育人,"育人为本"是我国教育的传统。19世纪末,德国教育家洪堡在《论柏林高等学术机构的内部和外部组织》中指出:"大学立身的根本原则是,在最深入、最广泛的意义上培植科学,并使之服务于全民族的精神和道德教育。"

蔡元培先生曾说:"大学者,研究高深学问者也。"大学首先是要培养有知识的人。人类社会的发展,归根到底,源于知识创新。知识创新是一切创新之源,是社会发展的动力系统。因此,作为人才培养基地的大学,首先就是要培养具备专业知识的人才。

爱因斯坦说:"用专业知识教育人是不够的。通过专业教育,他可以成为一种有用的机器,但是不能成为一个和谐发展的人。"大学的责任不仅在于培养有知识的人,更要培养有高尚品质和谐发展的人。

著名科学家、原浙江大学校长竺可桢先生说:"大学教育之目的,在于养成一国之领导人才,一方提倡人格教育,一方研讨专门知识,而尤重于锻炼人之思想,使之正大精确,独立不阿,遇事不为习俗所囿,不崇拜偶像,不盲从潮流,唯其能运用一己之思想,此所以曾受真正大学之常识也。"大学就是要进行修养教育,培养人提升自我修养的能力,培养出具备良好修养的有"德"之人。

中国最早的教育家孔子在《大学》中开篇明义:"大学之道,在明明德,在亲民,在止于至善。"他告诉我们,大的学问就在于弘扬光明正大的品德,在于使人学会关心并服务于广大的人民,在于使人达到最完善的境界,而这就是大学的责任。

(二)大学的精神

每一所大学都具备培养人才的责任,每一所大学也有着大学精神。对于大学而言,它不仅仅是一座有着"××大学"称谓的建筑群落,更是一种制度文明的产物。它的抽象的特性、内涵,所具备的内在精神,较之作为实体的存在物,更是生命力的所在,魅力的源泉。具体来说,大学精神主要体现在以下几个方面。

1. 自觉的学术精神

大学素有"学府"之称,所谓"学府",即"学问之府"。19世纪德国的威廉·冯·洪堡(William Von Humboldt)创建柏林大学时就提倡"由科学而达致修养"的大学理念。洪堡认为"教授不是因为学生而在这里，学生也非为了教授而在这里，两者都是为了学术而在大学"。学术使大学有了相应的品味，成为接近真理的天梯。学术中人言学问中事，而修学自有其精神和范围。曾任清华大学校长的梅贻琦先生曾谓"大学者，非有大楼之谓也，有大师之谓也"，大师，实指大学精神的化身。孜孜以求地探索学问从而达至修养，正是所谓"博学而笃志，切问而近思，任在其中矣"（《论语·子张》）。"吾生也有涯，而知也无涯"，正是凭着以"有涯"追"无涯"的自信和坚韧，才有大师们严谨的治学态度，才有一批批杰出的才俊脱颖而出，才有一项项颇具分量的科研成果刷新史册，也才有一所大学之所以蜚声世界的学术声誉。而学术声誉，无疑是大学价值的一种直接体现。所以，自觉的学术精神是大学成为人类"智慧花朵"的首要因素，是人类文明进步的积极的永久推动力。

2. 永恒的道德精神

真正合格的大学精神凝聚着社会道德与理性，具有高雅的文化品位。大学不仅以自身纯洁的道德品性潜移默化地影响着社会，更以积极的姿态投入到改造社会、重塑德行的潮流中，成为社会德行与良知的捍卫者、提升者。尤其在时代变迁、社会动荡时期，大学精神的道德力量就更为彰显。竺可桢曾在战时西迁途中对学生说："乱世道德堕落，历史上均是，但大学犹如海上灯塔，吾人不能于此时降落道德标准。"暗夜的海上，灯塔是漂流者的希望。大学，在社会世风日下时，便犹如灯塔，以自身高洁的道德精神执着地燃着理性与道德的灯盏，慢慢照亮人性的暗夜，启蒙这一代灵魂的觉醒。大学的道德精神源于大学人的总体觉悟，源于他们整体的道德水准和思想深度，是形成一所大学健康向上校风的关键因素，是大学塑造、传播社会文明的资本。

3. 敏锐的时代精神

弗莱克斯纳(Abraham Flexner)在《大学：美国、英国、法国》一书中曾说："大学不是某个时代一般社会组织之外的东西，而是在社会组织之内的东西。……它不是与世隔绝的东西、历史的东西、尽可能不屈服于某种新的压力的东西。恰恰相反，它是……时代的表现，并对当时和将来都产生影响。"大学是社会发展的产物，随着时代的发展而发展，并始终影响着时代。从办学理念到机构设置，从学科体系到管理制度，大学的一切活动都与当时的社会需求、现行的政治、经济、文化制度同声相应。大学精神给予大学的是从学理和思想上关注、思考、讨论、批判社会现实问题的权利和能力。从中世纪大学的兴起到现代大学的发展这一历史轨迹可以看出，大学无疑是时代的产物，而真正伟大的大学总是责无旁贷地领导时代先锋，代表着最先进的时代精神，驱动着社会向前发展。而作为大学智者的大师们，应该能够预见并感应时代潮流的前奏，成为推动社会潮流的先觉者、先行者，使时代新声最终成为时代的最强音。有了敏锐的时代精神，大学才足以能够吹响时代的号角，也才能赢得自身持续发展以及地位的进一步提高。

"现代科学社会已经无可置疑地证实：经济体制和社会体制并不是一切，它们的运作必须有另一种健全的文化精神与之配合，这种精神主要来自大学的高等教育。在现代社会中，大学是精神堡垒，有发挥提高人的境界、丰富人的思想的重大功能。"[1]大学是精神

---

[1] 岭南文化时报，1995-3-28。

的堡垒，精神作为大学的灵魂，即是大学成其为"大学"的要义。大学精神是长时期积淀而形成的稳定的、共同的追求、理想和信念，是大学文化的精髓和核心，是对大学的生存起决定作用的思想导向。每一所大学都有着各自突出的大学精神，这使得我们的大学显得丰富多彩。在重要关头，大学精神也能影响着国家的发展。在新旧文化激烈冲突的年代，没有北大追求科学与民主的精神，就不可能有北大在国人乃至世人心目中的极高地位；在抗日战争硝烟弥漫的岁月，没有西南联大的合作精神、民主精神、自由精神，就不可能有西南联大的存在，更不会有出自西南联大的一批杰出的科学家。

二、大学在人生当中的意义

了解了什么是大学，那么现在请问自己一个问题："为什么上大学？"

这个看起来简单的问题，却常常让人感到迷惑。在重庆七所大学开展的调查表明：有30%以上的大学生认为上大学的首要理由是"找一份适合自己的好工作"，这个选择居各项选择之首；32.5%的父母认为孩子选择上大学的首要理由同样是"找一份适合自己的好工作"，也居各选项第一位。调查还表明，现实功利和自我利益目标成为上大学理由的首要取向。

那么，大学在我们人生当中的意义仅仅是工作的跳板吗？答案是否定的。

我国大学生多处于青年中期(18～24 岁)这一年龄段，在这个阶段，个体的生理发展接近完成，已具备了成年人的体格及种种生理功能，但其心理尚未成熟。对大学生而言，所面临的一个重要任务就是促使心理日益成熟，培养自己的专业技能，以便成为一个有益于社会的成年人。青年中期，是走向成熟的关键期，而大学正是这关键期中最关键的阶段。英国哲学家、数学家怀特海在《教育的目的》一书中说，"大学的任务在于把一个孩子的知识转变为一个成人的力量"，"在中学阶段，学生伏案学习；在大学里，他应该站起来，四面瞭望"。

(一)大学是人走向成熟的关键阶段

人的成熟，应具备以下三个基本条件。

第一是身体的长成。以个体生理成熟为标志，尤其是以性成熟为重要指标。大学生一般都已具备这种条件。

第二是心理发展完善。即形成了完善的自我概念，形成了稳定的个性。

第三是社会化程度的提高。以人的社会成熟为标志，即个体对自己在社会中所处的角色及所担负的社会责任有正确的认识。

在这三个条件中，生理成熟是心理成熟的物质基础和依据，社会成熟是心理成熟的必要条件。大学期间正是社会实践的开始，是一个人真正成熟的关键阶段。

(二)大学是协调自我概念的增强与认知能力发展的关键阶段

自我概念是指人对自身的认识及对周围事物关系的各种体验。它是认识、情感、意志的综合体，是人心理发展过程中一个极为重要的方面。

自我概念从童年期就开始产生并逐步发展，青少年时期是自我意识发展最快的时期，它使人心理的各个方面都发生着深刻而广泛的变化：它使一个人能反省自身，有明确的自我存在感，从而以一个独立的个体来看待周围世界；它使人的心理内容得到极大的扩展和丰富。

自我概念的发展不仅与年龄有关，而且与人的知识水平有关。一个人的文化素质越高，其自我意识就可能越强。从这两点来看，大学时期是真正认识自我的时期。大学所处的年龄阶段和所具备的文化水准，决定了我们不再像中学那样眼光向外，对外界的事物感兴趣，急于去了解世界，把握外部环境，急于显示自己的独立，想做环境的主人；而是眼光向内，注重对自己进行体察和分析，把自我分化为主体的我和客体的我，以及理想的我和现实的我。注意内省，注重探求自己微妙的内心世界，力图理解自己情感、心理变化，自觉地从各方面了解自己，塑造自己的形象，设计自我的模式。

大学校园这种特殊的环境，又是十分强调独立、注重自我确立的地方，对社会上的事大都有着自己的见解，看问题的视野可能与一般人也有所不同，有一种以天下为己任的抱负和心愿。一方面，关心社会发展，这种关心是抛开切身利益，以大视角来进行的，注重的是整个社会的提高与进步。然而，另一方面，由于生活阅历有限，与社会有一定的距离，社会实践能力不强，使他们在谈论、评价、思考社会问题时，往往带上幻想的色彩，不能十分切合实际，对事物的认识也表现出一定的片面性和幼稚性，还不能深刻、准确、全面地认识问题。这种不足与极强的自我概念不相协调，而大学阶段就是熟悉社会，增强我们认知能力，协调增强的自我概念与认知能力发展的关键阶段。

(三)大学是情感丰富与智力发展的关键阶段

大学阶段的青年，是一群正在成长的青年，是一个极其敏感的群体，其内心体验极其细腻微妙。这一时期，对于与自身有关的事物往往体察得细致入微。随着文化层次的提高和生活空间的扩大，他们的思维空间急剧延伸，必然导致其情感越来越丰富和深刻。

同时，这一时期，智力发展达到高峰。青年时期是思维敏捷、接受能力最强的时期。通过大学阶段的专业训练、系统学习，抽象逻辑思维能力得到充分的发展，智力水平大大提高，分析问题解决问题的能力增强，其智力层次含有较多的社会性和理论色彩，为我们迈入社会奠定坚实的基础。

李开复先生在给中国学生的回信中说：大学是人生的关键阶段。这是因为，进入大学是你终于放下高考的重担，第一次开始追逐自己的理想、兴趣。这是你离开家庭生活，第一次独立参与团体和社会生活。这是你不再单纯地学习或背诵书本上的理论知识，第一次有机会在学习理论的同时亲身实践。这是你第一次不再由父母安排生活和学习中的一切，而是有足够的自由处置生活和学习中遇到的各类问题，支配所有属于自己的时间。

大学是人生的关键阶段。因为，这是你一生中最后一次有机会系统性地接受教育，是你最后一次能够全心建立你的知识基础。这可能是你最后一次可以将大段时间用于学习的人生阶段，也可能是最后一次可以拥有较高的可塑性，集中精力充实自我的成长历程。这也许是你最后一次能在相对宽容的，可以置身其中学习为人处世之道的理想环境。

大学是人生的关键阶段。在这个阶段里，所有大学生都应当认真把握每一个"第一次"，让它们成为未来人生道路的基石；在这个阶段里，所有大学生也要珍惜每一个"最后一次"，不要让自己在不远的将来追悔莫及。在大学四年里，大家应该努力为自己编织生活梦想，明确奋斗方向，奠定事业基础。

三、大学生在大学期间的任务

大学期间你想把自己培养成什么样的人，你如何将自己培养成这样的人，这就是你在大学里的任务。

当我们走进大学，意味着我们要学习文化知识，锻炼生存技能，掌握发展自我、服务社会的本领；意味着要自我要求、自我约束、自我管理、自我设计、自我发展、自我完善，通过自己的奋斗提高自己的水平、开创自己的天地、净化自己的心灵；意味着要独立走上自觉、自主、自为的生活之路，为自己的生命旅途举行庄严的成人礼，从此严肃认真地为自己的一言一行承担法律责任，为自己每一次错误的判断、错误的选择、错误的决定支付代价；意味着要接受社会准则、树立人文理想、培育人渴求真理、渴望美好感情、同情悲悯人类苦难的精神与激情；意味着担负起在家为子、在国为民的责任，担负起父兄、师长、社会的重托与期望，成就自己与社会的事业与理想；意味着树立热爱祖国、服务社会的永恒信念，回报故土、造福人民，为自己的父老乡亲奋斗终生。

大学的责任，在于培养真正的人，作为一名大学生，就要这样去想、这样去做，就要努力成为真正的人。

通常说大学是培养专家的地方。在大学里，我们学到专业知识技能，使自己成为合格的专业人才，以后一方面可以适应国家建设的需要，适应人才市场的需要；另一方面对个人和家庭来说也是谋生的手段。鲁迅说过："一要生存，二要温饱，三要发展。"我们求学有明确的功利目的，那就是求得知识，成为专家，以后可以谋生。

但是，人不仅要有功利目的，还要有更大、更高的一个目标。我们所确定的上大学的目标，不能局限在做一个专业技术人才、一个学者、一个专家，同时，还要不断开拓自己的精神自由空间，陶冶自己的性情，锻炼自己的性格，发展自己的爱好，提高自己的精神境界，开掘和发展自己的想象力、审美力、思维能力和创造能力，使自己成为一个健全发展的人，也即有"德"之人。

哲学家、精神病学家雅斯贝斯在《什么是教育》中说："通过(大学)教育使具有天资的人自己选择决定成为什么样的人以及自己把握安身立命之根，谁要是把自己单纯地局限于学习和认知上，即使他的学习能力非常强，那他的灵魂也是匮乏而不健全的。"

在大学阶段，我们要完善自我认知，促进自我成长；锻炼人际能力，建立和谐的人际关系；提高学习能力，培养学习的方法和思辨能力；培养社会责任感，参加社团和社会服务；养成良好的习惯和性格；发展智慧，学会思考。这些能力的培养归根结底就是让我们成为有益于社会的德才兼备的人。

为了实现这一任务，在大学阶段我们需要学会自我探索、自我管理及自我规划。自我探索，探索自己的人格、兴趣、能力以及价值观，不断完善自己的人格，并找到自己适合什么，喜欢什么，擅长什么，以及怎样选择。自我管理，进入大学，我们离开父母独立生活，这时我们应当管理好自己的生活，管理好时间，大学不是天堂，不容许我们随意挥霍青春。我们只有科学地管理自己的生活与学习，才能实现成才的目标。自我规划，从进入大学的第一天起，我们就要开始规划我们的大学生活，学习发展、身心健康、素质拓展、职业生涯等，为我们一步步实现自己的目标而努力。

第二节　大学四年学习发展规划

一、如何进行大学学习

学习，对于每个学生来说，是再熟悉不过的事情了。从进入小学开始，我们就在不断地学习，可以说，学习早就已经成了我们生命中的主要内容之一，我们也已经习惯了那种整天围着语、数、外等几门课程而努力的日子。然而，进入大学，你会发现这种学习方式已经发生了明显的变化。对于课程的学习已不再像过去那样占据我们大部分的时间和精力。相对于许许多多要做的事情，例如实习、社团活动、兴趣发展等，我们有多元化的选择。因此，我们首先要了解大学学习的四个环节。

(一)大学学习的四个环节

大学学习包括四个环节：读书、听课、研究、运用。

1. 读书

读书是大学生学习的基础性环节。

关于读书，周氏兄弟有两个出人意料却意味深长的比喻。鲁迅说："读书如赌博"。就像今天爱打麻将的人，天天打、夜夜打，连续地打，有时候被公安局捉去了，放出来还继续打。打麻将的妙处在于一张一张的牌摸起来永远变化无穷，而读书也一样，每一页都有深厚的趣味。真正会打牌的人打牌不计输赢，为赢钱去打牌的在赌徒中被称为"下品"，赌徒中的高手是为打牌而打牌，专去追求打牌中的趣味的。读书也一样，要为读书而读书，要超功利，就是为了好玩，去追求读书的无穷趣味。周作人也有一个比方，他说："读书就像烟鬼抽烟"。爱抽烟的人是手嘴闲空就觉得无聊，真正的烟鬼不在抽，而是在于进入那种烟雾缭绕的境界。读书也是这样，就在于那种读书的境界——它是其乐无穷的。

那么大学生应该读什么书？

大学期间读什么书是如何设计自我知识结构的问题。周作人对知识结构的设计能给我们很大启发，他说："我们的知识要围绕一个中心，就是认识人自己。"要围绕着认识人自己来设计自己的知识结构，周作人提出要从五个方面来读书：第一，要了解作为个体的人，因此应学习生理学(首先是性知识)、心理学、医学知识；第二，要认识人类就应该学习生物学、社会学、民俗学和历史；第三，要认识人和自然的关系，就要学习天文、地理、物理、化学等知识；第四，"关于科学基本"，要学习数学与哲学；第五，"关于艺术"要学习神话学、童话学、文学、艺术及艺术史。他说的这些方面，我们每个人都应该略知一二。

2. 听课

听课是大学生学习的主导性环节，课程学习是大学生学习的主要形式；听课也是学生与老师交流的主要途径；听课是在校学生比起社会青年的主要优势。

但在大学听课需要注意，大学上课，虽然也有教材，但老师们所讲授的，有时与教材并不一致；其次，老师讲课一般不顾及学生们做笔记是否能跟得上他。面对这种情况，同学们，第一，不要忽视教材，不管教师怎么讲，毕竟"万变不离其宗"，因此教材不能丢，并且最好能做到课前预习；第二，上课时要认真做笔记。

这里介绍三种听讲和记听课笔记的方法。

(1) 听而不记。聚精会神去掌握讲课人的要点，不做笔记，依靠记忆力保存讲课的最重要的内容。这种听讲方法，可以避免做笔记时的分心，有利于把握整个讲课的主要内容与结构。

(2) 有闻必录。即逐字记录，有待听后重新整理、再组织和复习思考。

(3) 选择记录。摘要地记要点、记精华、记结论。听后可以把简短记录扩充为完整的记录，是主动复习的具体运用。

但是，笔记不是单纯的记录，而是为了学习，应当体现出自己的知识水平、理解水平，因此，我们可以采用自学式的笔记。自学式的笔记是理解式的笔记，主要是记下你认为不了解的、疑惑不解的问题，这样，通过笔记，可以增长知识，取得进步。自学式的笔记是主动式的笔记。学科不同，重点不同，学习方法不同，笔记方式也不同。只有主动地记笔记，才能抓住重点。

自学式的笔记法因人而异，一般有以下几种。

(1) 纲要笔记法。读一本内容宽广的书，记笔记不能每言必录，而要择其纲目，记下大致的轮廓和主要内容，这样就基本上能把全貌反映出来。

(2) 书头笔记法。每一本书都有若干空白处，我们可以充分利用，既简单又方便，可以随看随记，能把疑难问题及时写在旁边，或者打上各种记号，以便再读时查找。

(3) 摘引笔记法。根据自己的需要和兴趣，摘引某些精华部分或字句记录下来。

(4) 日记笔记法。像记日记一样，每天记笔记，把一天的所见所闻所思记录下来，天长日久，能积累广博的见闻，对于总结经验、提高学习效率大有益处。

(5) 索引笔记法。为了阅读的方便可以用此法。这种笔记像图书馆的目录卡片一样，记录着你要查找的资料的位置，可以节省阅书时间。

3. 研究

研究是大学生学习的动力性环节，是大学生区别于中学生应有的要求，是中学生变成大学生的主要标志。

中学时代，我们不必考虑学什么，书本就是要学的东西，当然也不必花很多的时间思考怎么学，学到什么程度，因为程度是统一的，考试的分数就是学习程度和水平的绝对代表。但到了大学以后，我们要学会研究，学会在研究中学习。在研究型的学习中，我们自己选择学什么，围绕自己提出的问题展开思考、研究。

在研究性的学习中，完成一项学习任务需要经历三个阶段。

首先，进入问题情境阶段。在这个阶段，同学们以原有的知识储备和经验积累为基础，在老师的帮助下，在与同学们交流讨论中，进入研究性学习的探究状态，通过搜寻学习相关的信息资料，归纳出准备研究的具体题目，形成基本的目标和认识。

其次，具体实施阶段。在这个阶段，同学们要运用一定的方法，发挥自己和集体的智慧，创造性地去解决提出的问题。

最后，表达交流阶段。在这个阶段，同学们要将自己在研究性学习中获得的成绩和成果用一定的形式总结出来，采取汇报、辩论、研讨、展览、编刊等各种方式与同学和老师交流。

4. 运用

运用是大学生学习的实践性环节。学习本身并非终极目的，学习的目的在于运用。在学习的过程中就要求理论联系实际，为了解决实际问题而去找立场、找观点、找方法。

有一句关于实践的谚语是这样说的："我听到的会忘掉，我看到的能记住，我做过的才真正明白。"无论学习何种专业、何种课程，如果能在学习中努力实践，做到融会贯通，我们就可以更深入地理解知识体系，可以牢牢地记住学过的知识。

因此，大学期间我们应该多实践。实践时，最好是几个同学合作，这样，既可经过实践理解专业知识，也可以学会如何与人合作，培养团队精神。如果有机会在老师手下做些实际的项目，或者走出校门打工，只要不影响课业，这些做法都是值得鼓励的。外出打工或做项目时，不要只看重薪酬待遇(除非生活上确实有困难)，有时候，即使待遇不满意，但有许多培训和实践的机会，也值得一试。以计算机专业为例，实践经验对于软件开发来说更是必不可少的。微软公司希望应聘程序员的大学毕业生最好有十万行的编程经验。理由很简单：实践性的技术要在实践中提高。计算机归根结底是一门实践的学问，不动手是永远也学不会的。因此，最重要的不是在笔试中考高分，而是实践能力。

大学生不仅要有探求真理的欲望，而且应该具有探求真理的能力。要对原有的认识进行再认识，要研究新情况，总结新经验，形成新认识。

(二)大学重点培养三个能力

1. 大力培养自学能力

大学学习对教师的依赖性减少了，代之的是主动自觉地学习。大学教育专业性很强，知识的深度和广度比中学要大为扩展，教师课堂教学往往是提纲挈领式的，其余部分就要由学生自己去攻读、理解、掌握，大部分时间也是留给学生自学的。自主是大学的学习方式，并贯穿于大学学习的全过程，大学生要自主安排学习时间、学习内容，自主选择学习方法。另外，有的大学生可能根据自己的兴趣、爱好、发展方向、职业考虑及教师水平等因素来学习外专业的知识。而进行这类学习时就要求有极强的自觉性、主动性、积极性。

自学能力的培养，是适应大学学习自主性特点的一个重要方面，也是衡量一个大学生能力的重要方面。

第一，大学生不应该只会跟在老师的身后亦步亦趋，而应当主动走在老师的前面。例如，大学老师在一个课时里通常要涵盖课本中几十页的信息内容，仅仅通过课堂听讲是无法把所有知识学通、学透的。最好的学习方法是在老师讲课之前就把课本中的相关问题琢磨清楚，然后在课堂上对照老师的讲解弥补自己在理解和认识上的不足之处。

第二，中学生在学习知识时更多的是追求"记住"知识，而大学生就应当要求自己"理解"知识并善于提出问题。对每一个知识点，都应当多问几个"为什么"。一旦真正理解了理论或方法的来龙去脉，大家就能举一反三地学习其他知识，解决其他问题，甚至达到无师自通的境界。

第三，很多问题都有不同的思路或观察角度。在学习知识或解决问题时，不要总是死守一种思维模式，不要让自己成为课本或经验的奴隶。只有在学习中敢于创新，善于从全新的角度出发思考问题，学生潜在的思考能力、创造能力和学习能力才能被真正激发出来。

第四，大学生应当充分利用学校里的人才资源，从各种渠道吸收知识和方法。如果遇到好的老师，你可以主动向他们请教，或者请他们推荐一些课外的参考读物。除了资深的教授以外，大学中的青年教师、博士生、硕士生乃至自己的同班同学都是最好的知识来源和学习伙伴。每个人对问题的理解和认识都不尽相同，只有互帮互学，大家才能共同进步。

第五，大学生应该充分利用图书馆和互联网，培养独立学习和研究的本领，为适应今后的工作或进一步的深造作准备。首先，除了学习老师规定的课程以外，大学生一定要学会查找书籍和文献，以便接触更广泛的知识和研究成果。例如，当我们在一门课上发现了自己感兴趣的课题，就应当积极去图书馆查阅相关文献，了解这个课题的来龙去脉和目前的研究动态。其次，在书本之外，互联网也是一个巨大的资源库，大学生们可以借助搜索引擎在网上查找各类信息。

2. 培养扎实的基础技能和专业技能

大学是一个学习和进步的平台，这个平台的地基就是大学里的基础课程。在大学期间，同学们一定要学好基础知识，其中包括数学、英语、计算机和互联网的使用，以及本专业要求的基础课程(如商学院的财务、经济等课程)。在科技发展日新月异的今天，应用领域里很多看似高深的技术在几年后就会被新的技术或工具取代，而对基础知识的学习则可以受益终身。另外，如果没有打下好的基础，大学生们也很难真正理解高深的应用技术。

(1) 数学是理工科学生必备的基础。绝大多数理工科专业的知识体系都建立在数学的基石之上。例如，要想学好计算机工程专业，至少要把离散数学、线性代数、概率统计和数学分析学好；要想进一步攻读计算机科学专业的硕士或博士学位，可能还需要更高的数学素养。同时，数学也是人类几千年积累的智慧结晶，学习数学知识可以培养和训练人的思维能力。通过对几何的学习，我们可以学会用演绎、推理的方法来思考和求证；通过对概率统计的学习，我们可以知道该如何避免钻进思维的死胡同，该如何让自己面前的机会最大化。所以，大家一定要用心把数学学好，不能敷衍了事。学习数学也不能仅仅局限于选修多门数学课程，而是要知道自己为什么学习数学，要从学习数学的过程中掌握认知和思考的方法。

(2) 21 世纪最重要的沟通工具就是英语。有些同学在大学里只为了考过四级、六级而学习英语，有的同学仅仅把英语当作一种求职必备的技能来学习。其实，学习英语的根本目的是为了掌握一种重要的学习和沟通工具。在未来的几十年里，世界上最全面的新闻内容，最先进的思想和最高深的技术，以及大多数知识分子间的交流都将用英语进行。因此，英语学习是至关重要的，除非你甘心做一个与国际脱节的人。

(3) 信息时代已经到来，大学生在信息科学与信息技术方面的素养也已成为他们进入社会的必备基础之一。虽然不是每个大学生都需要懂得计算机原理和编程知识，但所有大学生都应能熟练地使用计算机、互联网、办公软件和搜索引擎，都应能熟练地在网上浏览信息和查找专业知识。在 21 世纪，使用计算机和网络就像使用纸和笔一样是人人必备的基本功。不学好计算机，你就无法快捷全面地获得自己需要的知识或信息。

(4) 大学学习具有最明显的专业性特点。从被录取上大学那一刻起，专业方向就已经确定了，大学学习的内容都是围绕着这一大方向来安排的。专业知识通常是指大学生各自所学专业课程的知识，是大学生知识结构的主题和特色所在，是大学生今后走向工作岗位的一技之长和赖以生存的资本。因此，学生在校期间必须系统地学习和牢固地掌握本专业的知识，对所学专业现状和最新成就要有较深和广泛的了解，具有对专业知识提取、转换、迁移的能力，这是大学生事业成功的必要条件。

通常，宝塔形的知识结构被认为是较为合理的知识结构，如图 11-1 所示。

今后的社会是一个竞争极其激烈的社会，是一个发展极其迅速的社会。在这种发展迅速、变化极快、知识更新极快的社会，不断地变动自己的工作，这就靠真本事。大家要从自己一生发展的长远考虑，抓好大学四年时间，使自己具备熟练的专业技能，这样才能适应这个迅疾万变的社会。

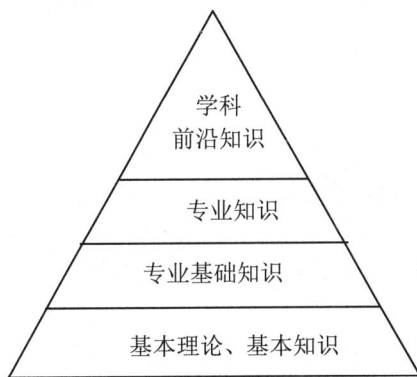

图 11-1　宝塔形知识结构图

3. 拓展学习范围，培养综合能力

社会对专业要求是变化和发展的，为适应社会的高度分化又高度综合的特点，要求大学学习还要尽可能扩大自己的学习范围，在大学期间除了要学好本专业知识外，还应学习课外知识，即根据自己的能力、兴趣和爱好，选修或自学其他课程，或提高其他方面的能力。

以是否具有专业性为标准，课外知识分为专业性课外知识和非专业性课外知识。专业性课外知识包括与大学所设专业密切相关的各类知识和信息，如专业领域的学术知识、前沿问题和学术动态。专业性课外知识的学习需要大学生主动和自觉地学习，因为老师和学校一般不会对此类知识做出硬性的学习要求，但由于学习这些专业性课外知识的目的是扩大专业知识面，了解专业发展态势，增长专业背景知识，因此要我们自觉地学习。非专业性课外知识是指有关实用技能、为人处世、社会信息、社会经验等非系统性信息。这类知识的总量庞大，零散、杂乱、不成体系。大学生对此类知识的学习常常是在不知不觉中进行的，但这些知识对大学生一生的成长都发挥着潜在的、长期的和持续的影响力。也许是一个思想、一个理念，或者一个处世的态度，将影响到大学生的就业以及未来的事业发展和人生路程。大学生也应该重视这类非专业课外知识的学习和掌握。

当然，人才的根本标志不在于积累了多少知识，而是看其是否具有利用知识进行创造的能力。知识的积累是培养和发挥能力的基础，而良好的能力又可以促进知识的掌握。大学生的能力包括科学研究能力、发明创造能力、捕捉信息的能力、组织管理的能力、社会活动的能力、仪器设备的操作能力、语言文字的表达能力等。这要求大学学习在掌握本专业知识的基础上，还要加强本专业技能的培养，如认真做好课程实习、学年论文和社会调查等课程，积极参加学校组织的社会调查和社会实践活动。

二、大学四年的学习规划

明确了学习的目标，了解了学习的方法，我们就可以对大学四年的学习发展进行规划，规划内容包括自我检测、订立目标、回顾评估、诊断修正四方面。

(一)自我检测

随意、盲目地决定自己要走的路，那是过于轻率、幼稚的行为。唯有全面看清自己，了解自己，才能找到属于自己的方向。与此同时，发现一个新的自我也是人生中最重要的一个课题。

1. 你的学习状况测验

下面的测试，帮助你了解自己在学习方面的情况，请你实事求是地进行选择。在题目后括号内填上符合自己情况的字母。提示：每题只能选择一个答案。

A 代表很符合自己的情况，B 代表比较符合自己的情况，C 代表很少符合自己的情况，D 代表不符合自己的情况。

(1) 高中时你总是名列前茅，进入大学仍想保持这一优势。(　　)

(2) 如果制定了一个切实可行的学习目标，你总会坚持到底不言放弃。(　　)

(3) 除了通过最基本的英语四级考试外，你还会考一些其他等级证书。(　　)

(4) 为实现一个大目标而给自己制定循序渐进的小目标。(　　)

(5) 上课从不迟到，不早退，更不旷课。(　　)

(6) 能独立地、认真地完成老师布置的各项作业。(　　)

(7) 上课时，几乎不会开小差，不打瞌睡。(　　)

(8) 如果别人不监督，你也能主动学习。(　　)

(9) 如果你有点儿不舒服，你依然能坚持上课。(　　)

(10) 你正在学习时，如果别人叫你出去玩，你会说不。(　　)

(11) 如果某门功课不感兴趣或学习很吃力，你也会认真学习这门课。(　　)

(12) 如果某门功课很重要但又很枯燥，你也能坚持学完学好。(　　)

(13) 当你在完成某项学习任务时遇到了困难，你也能坚持到底。(　　)

(14) 如果室友都在寝室玩游戏，你仍然能不加入而是坚持学习。(　　)

(15) 你会因及时完成某项学习任务，而废寝忘食乃至通宵达旦。(　　)

(16) 你能长时间坚持早读、晚自习。(　　)

(17) 当你上课或自习时，很快就能提起精神，进入状态。(　　)

(18) 你为了学好功课，宁可放弃许多感兴趣的课外活动。(　　)

(19) 你会经常看各种书籍，学知识不限于本专业的课程。(　　)

(20) 你能做到课前预习，课后复习巩固。(　　)

(21) 上课时，你能高度集中精力，保证听课效果。（　　　）

(22) 有不懂的问题，你会主动找老师或者同学请教。（　　　）

(23) 关注其他学科内容并进行学习与探究。（　　　）

(24) 你常常会对学习上的问题寻根究底。（　　　）

(25) 上课时，你会认真记笔记。（　　　）

(26) 你充分利用了图书馆、实验室等学习资源。（　　　）

(27) 你有一套对自己来说行之有效的学习方法。（　　　）

(28) 你会抽时间把没学好的课或落下的内容补上。（　　　）

(29) 如果落后别人很远，你还有动力赶上乃至超过别人。（　　　）

(30) 除了老师指定的作业和必读书外，你还额外做作业和看书。（　　　）

结果解释：统计你所得 A、B、C、D 的个数，一个 A 得 3 分，B 得 2 分，C 得 1 分，D 得 0 分。总分在 72 分以上为优秀，63 分以上为较好，54 分以上为一般，54 分以下为较差。如果你的得分较高，请你保持，争取百尺竿头更进一步；如果较低，则需要再接再厉，规划好你的学习，争取有所提高。

2. 自我分析

通过以上测试，请你结合自己的实际情况，进一步检测自己，明确自己在学习方面的优势和劣势，如表 11-1 所示。

表 11-1　自我评价表

内　容	自　我　评　价		
学习目标	明确（　　）	模糊（　　）	没有（　　）
学习态度	端正（　　）	一般（　　）	不端正（　　）
学习意志	坚强（　　）	一般（　　）	脆弱（　　）
学习兴趣	浓厚（　　）	一般（　　）	淡漠（　　）
学习方法	得当（　　）	一般（　　）	不得当（　　）
学习动力	充足（　　）	一般（　　）	不足（　　）
其他			

经过一系列的测试，你认为自己在学习方面的优点有：＿＿＿＿＿＿＿＿＿＿＿＿。

需要加强的有：＿＿＿＿＿＿＿＿＿＿＿＿＿＿＿＿＿＿＿＿＿＿＿＿＿。

(二)订立目标

1. 大学四年不同的学习重点

(1) 大学一年级是打牢地基的阶段。进入大学后，重新为自己确定学习目标，是大学生活成败的关键。应调整好心态，积极适应大学的新环境，了解大学学习特点，尽快找到适合自己的学习方法，增强学习的自觉性，了解本专业培养计划和就业方向，培养学习兴趣。充分利用好教室、图书馆、宿舍等学习场所，认真听好每一门课，脚踏实地学好基础课，特别是计算机、英语、数学等。

(2) 大二是个承前启后的阶段。你需要更深入、理性地考虑自己的职业生涯,明确自己本科毕业时要考研究生还是直接就业。这一年可能要面对日益繁重的专业学习,面对英语四级的考验、面对各种考证的压力,可能还面对难以取舍的较多的选修课。因此要进行科学的学习规划,这将有助于解决你所面临的种种困难。有了就业还是考研的选择就会摆脱漫无目标的迷茫。

(3) 大三学年开始进入研究性的学习阶段,专业课程的深度和系统性都已经加强,学习的重点也由以前的知识性学习变成了思维性学习。同时,学习的范围也由以前的单一书本知识变成了与就业、深造相关的广泛知识摄取。因此这一阶段需要找准适合自己专业范围内的主攻方向,主动锻炼自己,去公司实习、兼职、加入导师的科研项目等,培养研究、创新和创业意识。学会多渠道收集所需要资料,充分利用好图书馆和学术期刊网,全方位了解职业信息、面试技巧和职场需求情况。

(4) 大四的课堂学习基本结束,课余时间增多了,可校园中最忙碌的是大四学生。有的忙碌在考研复习中,有的忙碌在忘我的网络游戏中,有的作为优秀学生代表在向低年级的同学介绍考研、考公务员的准备或就业经验而感到骄傲,有的在为自己无法按时获得毕业证、学位证而感到烦心。

大四是如何更好地运用所学知识帮助自己开拓美好前程的关键时期,这个时候应当学会运用自己的能力,做好人生的准备。锁定目标:求职的,写好个人求职材料,增强笔试、面试技巧。考研的,坚持到底,要有必胜的信心和毅力。走好毕业阶段每一步,做好毕业论文。挤时间,找机会培养职业生涯的相关技能。

2. 订立大学四年的学习目标

根据大学各学段的特点,梳理大学的学习目标,这是制订学习规划的基础。

步骤一:选出在这一年里对你最重要的几个学习目标并排序,如表 11-2 所示。

表 11-2　大学学习目标规划表

时　　期	目　　标	实施措施
大一	(1)	
	(2)	
	(3)	
大二	(1)	
	(2)	
	(3)	
大三	(1)	
	(2)	
	(3)	
大四	(1)	
	(2)	
	(3)	

步骤二：助力、阻力分析，如表 11-3 所示。

表 11-3　学习助力、阻力分析表

目标 对策	目标 1	目标 2	目标 3	目标 4
助力				
阻力				
将阻力化为最小或将阻力 转为助力的措施				

步骤三：进行自我测试和助力、阻力分析后，根据自己的实际情况请再一次规划，调整目标_____。

(三)回顾评估(学期或学年末填写)

回顾评估表如表 11-4 所示。

这一学期(学年)的学习规划是否合理？给自己打_____分。

表 11-4　回顾评估表

好的方面	
不好的方面	
辅导员的评价及建议	
授课老师的评价及建议	
父母的评价及建议	
同学的评价及建议	

(四)诊断修正

通过回顾评估，你认为你的规划：

[ ]合理，效果很好，原因是：_____

_____。

[ ]不合理，效果不好，原因是：_____

_____。

[ ]是否有课程不及格，若有，共___门，原因是_____

_____。

修正如下：_____

_____。

第三节　大学期间的其他规划

大学期间除了做好学习规划外，还有其他一些重要的规划，例如素质拓展规划、理财规划和休闲规划。

一、大学里的素质拓展规划

大学生素质拓展是指以培养大学生思想政治素质为核心，以培养创新精神和实践能力为重点，以普遍提高科学素质和人文素养为依托，按照现代人力资源开发的思想和理念，对大学生进行科学的规划、个性化培养和综合开发。

近年来，"素质拓展训练"越来越受到高校的重视，许多高校设立了"大学生素质拓展认证中心"，建立"素质拓展超市"，由学生自愿申请参加素质拓展项目，经过认证后，颁发素质拓展证书。大学生素质拓展平台主要包括以下几个方面。

(一)思想政治道德素质拓展超市

(1) 认真学习马列主义、毛泽东思想、邓小平理论、"三个代表"重要思想以及科学发展观等内容。

(2) 参加学校相关部门组织的理论学习活动及形势与政策报告。

(3) 参加以国情教育、革命传统教育、集体主义和爱国主义教育、扶贫支教为内容的主题教育活动。

(4) 参加旨在提高大学生文明道德修养的校园精神文明创建活动。

(5) 参加突出时代主旋律，思想性强，并有一定创意的分团委、班级、团支部主题教育活动。

(6) 关注社会、关爱他人、奉献爱心的志愿者服务活动。

(7) 认真践行《公民道德实施纲要》的内容：爱国守信、明理诚信、团结友善、勤俭自强、敬业奉献。

(8) 递交入党申请书，积极向党组织靠拢。

(二)科学素质拓展超市

(1) 掌握专业知识及与本专业相关的基础知识，多参加各类实验课。

(2) 掌握正确的自然观、科学观和方法论，学会应用唯物主义辩证法发现问题、解决问题。

(3) 崇尚理性思考，敢于批评，坚持认识的客观性和辩证性，追求认识的真理性，坚持理论联系实际。

(4) 掌握和学会使用科学方法。

(三)人文素质拓展超市

(1) 参加以弘扬民族文化，以倡导高雅艺术为目标的演出、讲座等系列活动。

(2) 参加以倡导人文精神为目标的读书、演讲、辩论、征文等活动。

(3) 参加一定规模的艺术欣赏活动(声乐、器乐、舞蹈、绘画等),以及参加学生自创作品展示与评比(自创歌曲、话剧、小品、美术、摄影作品等)。

(4) 观看优秀影视作品和阅读文艺作品(名人名著等)。

(5) 积极学习和摄取中华民族传统文化以及世界历史文化。

(6) 积极储备哲学、经济、管理类等学科知识。

(7) 学习基本公关、礼仪知识,言行举止得体。

(四)身心素质拓展超市

(1) 参加心理健康知识讲座,以及相关团体辅导活动等。

(2) 学习掌握心理健康知识,阅读相关书籍或欣赏相关影视作品。

(3) 定期进行心理咨询,关注特殊时期的心理状态。

(4) 多参加集体活动,敞开心扉与人交流。

(5) 积极参加各类体育竞赛活动,强身健体,掌握一定的体育运动技能。

(五)实践素质拓展超市

(1) 参加社会兼职、社团工作、学生工作、勤工俭学、志愿者服务、"三下乡"社会实践、企业实习。

(2) 参加或组织各种文艺、体育比赛,各种征文、演讲、辩论赛等比赛。

(3) 参加各级、各类科学竞赛活动,如挑战杯、ACM 程序设计大赛、数学建模大赛等。

(六)创新素质拓展超市

(1) 参加创新型的科学竞赛。

(2) 参加全校性学生课外科技创新活动。

(3) 参加新技术、新观点、交叉学科和新学科的高水平学术报告会。

(4) 参加校系两级学生课外科技创新活动基地的活动。

(5) 参加各类鼓励创新的竞赛、展览和发明创造活动。

(6) 参加具有独创精神和学术价值的学生社团、协会和集体。

(7) 进行创业团队的组建、创业实践。

(七)大学期间个人素质拓展规划表

大学期间个人素质拓展规划表如表 11-5 所示。

表 11-5 大学生个人素质拓展规划表

类　别	具体目标	学期安排	措　施	收获与调整
素质拓展总目标				
思想政治道德素质目标				
科学素质目标				
身心素质目标				
人文素质目标				
实践素质目标				

续表

类 别	具体目标	学期安排	措 施	收获与调整
创新素质目标				
其他素质目标				

毕业第一年素质拓展目标：_____。
毕业第二年素质拓展目标：_____。
毕业第三年素质拓展目标：_____。

二、大学里的理财规划

理财是一种管理能力，是如何管理、支配自己的财富，进而提高自己的"财商"，提高管理自己生活的能力。良好的理财意识和习惯也是现代人的重要素质。

有位大学生在某网站发了一个问题贴：大学生是消费最不理智的一个群体，那么大学生到底应该怎样理财呢？

一个学生回答："我的经验是对每月生活费预先列出一个清单，比如吃饭 210 元，电话费 20 元，社交 30 元，水果 30 元，其他 20 元。每月家教收入 400 元，每次先存进银行 100 元，存进银行的钱不到万不得已是不取出来的，一直坚持到现在。还有我平常收到的硬币都存起来，最后你会发现还是一笔不小的财产呢。每天都记下自己的花销，知道每一分钱都是怎样用的，隔一段时间总结一下自己在哪方面做得不够，再改进。"

你看完这位同学理财的情况，有什么样的感受？

(一)大学生要做到合理理财，必须做到以下五件事

(1) 拟订预算和计划，克服消费的盲目性，达到收支平衡，略有结余。一个预算应该包括收入计划、支出计划和行事的书面计划。

(2) 养成储蓄的习惯，零存整取。储蓄的数量大约为每月生活费的十分之一，你也可以根据自己的实际情况作些调整。有很多人不明白，储蓄不仅仅是存钱，事实上是储存机会，让你以后的生活获得一定的保障。

(3) 每月对自己的消费情况进行一定的记录，月末进行分析总结。

(4) 努力减轻父母的负担，做一些兼职工作，补贴生活费。

(5) 克服虚荣心，许多人没有足够的钱，偏偏又要打肿脸充胖子去购买一些他们并不需要的东西，或者花在一些不必要的开支项目上，从而造成很大浪费。

(二)大学生如何提高理财能力的四个步骤

第一步：对自己大学生活中的开支进行盘点，如表 11-6 所示。

表 11-6　理财盘点表

开销最大的项目	支出金额	经济上付出带来的收获	不必要的开支

结合上面的分析，对自己的理财能力进行概括：

_____。

第二步：根据自己的实际情况列出收入明细，量入为出，如表 11-7 所示。

第三步：做好每学期开支计划表。

缺少计划的盲目消费是导致大学生"钱不够花"的直接原因，因此要做好每学期的开支计划表，如表 11-8 所示。

表 11-7　每学期的收入明细表

收入来源	金额/元	所占比重/%	是否为固定收入	备　注
家庭供给				
亲友资助				
勤工俭学				
贷款				
特困补助				
奖学金				
其他				

表 11-8　每学期开支计划表

支出项目(类别)	金额/元	所占比重/%	是否为固定支出	是否合理	备　注
伙食费					
书本、文具费					
服装费					
交际费/娱乐费					
通话(通信)费					
交通费					
水电费					
上网费					
参加学习项目费					
其他					

第四步：记录自己的日常消费，看是否在你的计划中，如表 11-9 所示。

表 11-9　日常消费记录表

项　目	金　额	开支类别	投资收获	是否必要	备　注

以上四步每学期进行一次循环，分析自己理财能力的提升。

三、大学生休闲管理

新世纪到来，随着生活节奏的加快，人们越来越认识到休闲管理对人生的重要。休闲管理是生涯规划课题中不可忽略的一项。从时间的角度来看，一个人在其一生中必然应有属于自己支配的自由时间，而人们也需要在这段时间从事一些活动，以调剂缓和自己的生活，帮助其身心发展。大学生入学之前基本上是从家门到校门，生活的中心内容是学习，校园生活单一。进入大学犹如从"小天地"来到"大世界"，生活的领域大大拓宽。大学生自由支配的时间增多，体现出休闲时间充裕的特点。现代大学生应有"休闲是学习，休闲是创造"的观念来管理好自己的大学休闲时光。

(一)大学生休闲误区

许多大学生并不懂得如何合理地安排自己的业余时间。有些学生一进大学就对自己放松了要求，玩过之后常常觉得疲惫不堪，根本提不起精神学习，严重影响了学业。

大学生休闲的奢侈消费增多，校园中"月光族"和"负翁"的不断出现说明大学生不懂怎样休闲。罗素说，能否聪明地休闲是对文明的最终考验。正如很多人认识到的那样，大学生现在所缺乏的不是休闲时间，而是休闲习惯和休闲文化。美国学者 Charles K. Brightbill 指出，如果不能以一种整体的、文明的、有创造力的方式来享受新型的休闲，我们就根本不是生活。

(二)大学生休闲管理新理念

当前大学生休闲管理新理念提倡"休闲是学习，休闲是创造"。

1. 身心健康，创业基础

生物体本身具有生物钟，因此人类生活有其自然的节奏，人不可能处于无休止的工作与创造之中。古人讲"张弛有度"，休闲是人类肌体的自然需求，这样才能为下一轮的学习或者工作储备足够的能量，更好地进行创造活动。

休闲活动是完全个性化的，其本质就是自由。在高校，紧张且快节奏的学习生活、就业压力等，常常使大学生陷入忙、盲、茫的困境中。一些自由自在的休闲活动，能使大学生松弛身心、拓宽视野、充实生活，起到调节心理、促进身心健康及自身发展的作用。

2. 学会交往，积淀人脉资源

借助多种有益的休闲活动，大学生可以扩大自己的社交圈子，学习人际交往的技巧，认识各行各业的朋友，甚至找到志同道合者。而且，休闲的人际交流比较随意、自由、多样，可以拉近人与人之间的距离，促进感情交流，消除相互之间心灵的隔阂。其乐融融的人际交流有助于人的心理健康。

3. 启发智慧，激发创造力

由于休闲中解除了压力，人们有更多机会接触新事物、新思想，从容自由地进行冥想和各种探索，这将使人心变得清明，涌现许多新奇的灵感。历史上不少科学家、思想家、艺术家的发现和创造往往不是在紧张工作时得来的，而是在休闲中峰回路转，茅塞顿开。

看似无所事事的休闲，不经意间也可以对工作和研究起到推动作用，或别出心裁地突破难题，或激发出常规的创造力。

4. 拓展学业，完善自我

在自由支配的时间里，大学生们可以腾出更多的时间去探索更广阔的领域，进行心理、文化素养、智商、"情商"、能力等方面的新投资，由此提升人的价值，激发人的全面的才能。中国古人十分重视休闲过程中的健身、修心、养性，认为："流水之声可以养耳，青禾绿草可以养目，观书绎理可以养心，弹琴学字可以养脑，逍遥杖履可以养足，静坐调息可以养筋骸"。这正是借休闲以完善自我的体现。

5. 潜能发挥，实现自我

有了充裕的闲暇，就等于拥有了自由，可充分发挥自己一切爱好、兴趣、才能。在这个自由的天地里，大学生在艺术、科学、思想方面的才能获得发展，潜能获得发挥，个人理想才能得到实现。人的最高的需求就是"自我实现"，休闲恰恰是人实现自我的一个重要途径。

6. 人文关怀，和谐发展

近些年来，有人还从人文关怀的角度丰富闲暇时间的内涵和外延，比如参加志愿者活动、慈善捐助、社会救助、宣传环保等，鼓励人们把自我发展和承担社会责任联系在一起，以此营造温馨的、友善的、公益的、互助的社会氛围，增强社会凝聚力、团结力，增强人与社会的和谐发展、人与文化的共生共荣。

总之休闲管理的基本思路就是让自己活得更快乐，休闲管理的基本目的就是更能够活出你自己，有意识地管理自己的生命，提高生命的质量。

(三)大学生休闲管理策略

(1) 保持一个积极的心态，正确把握休闲的内涵。学会进行有"技术"内涵的休闲，而不是单纯机械性的没有任何意义及目标的休闲。享受休闲活动所带给我们的益处，成长为社会所需要的综合性人才，在社会这个广阔的天地里游刃有余地施展自身的才华，实现自我价值与社会价值的完美结合。

(2) 坚持有理、有利、有节的休闲活动原则。休闲必不可少，但又不能把休闲当成事业，过分迷恋。应积极参与休闲活动，做到有理、有利、有节。参加休息活动要有理，要在完成基本的学习任务之外进行，要在自己的经济支付能力之内进行等。在休闲中，坚持正确的文化及道德导向，从自身做起。休闲活动要有节制，比如不能无节制地通宵上网及"玩"游戏等。

(3) 学习休闲知识、提高休闲能力。休闲能力从广义上包括休闲评价能力、休闲选择能力、休闲专业技能和组织管理能力等方面，其中休闲技能主要包括演唱能力、健美能力、交际能力、家政能力、创作能力、旅游能力等。通过这些渠道，学习和丰富休闲知识，树立正确的休闲价值观，培养积极的休闲动机、情趣和参与意识。在休闲活动中，通过反复实践、乐于求教、善于模仿、勤于体验，以掌握休闲的各种技能技巧，并通过开展经常性的自我评价和外部评价，去检点自己的行为，总结经验。

(4) 学会自娱，培养休闲个性。人不可能总是工作和学习，在业余时间，积极开展愉快的娱乐活动，做到积极的放松和休整，才能使自己得到真正的身心健康，并使自己更有效地从事工作和学习。每个大学生都有必要根据自己的性格和条件，注意培养和发展一些兴趣和业余爱好，学会自娱，维护身心健康，培养休闲个性。

(5) 参加各类公益活动，体味休闲价值。与社区的合作，在为他人奉献中体会到个人价值，提高实践能力，满足自我实现的需要。在轻松中消除疲劳，在休闲中发展自己。

(四)大学时期休闲管理规划

大学生要对四年的休闲时间进行规划时，必须遵循明确目的、科学规划、促进成长的原则，可以参照表 11-10 的方式进行。

表 11-10　大学生休闲规划表

休闲目的	休闲项目	预期结果	时间安排	具体措施	所需资源

扩 展 阅 读

【阅读1】　李开复：大学四年应是这样度过

同学们可以登录"开复学生网 http://blog.sina.com.cn/kaifulee"阅读。

【阅读2】　著名大学校长眼中的"大学生"

牛津大学校长卢卡斯教授：你必须真的想学

他/她必须非常聪明，脑子很好使，这意味着他/她能够在考试中获得很好的分数。

他/她必须很严肃。严肃地对待自己所学习的东西。真的对自己所学的感兴趣，并且真的愿意去知道那些自己所不知道的东西。

他/她能够自己思考，而不是照搬书上所写或者教授所说。

总之，他/她必须是自己学习的主人，他/她真的很想，而且很愿意去学。

浙江大学校长潘云鹤教授：大学生必须要有很强的主动能力

有很多学生是家长要他学、老师要他学，首先自己要学，想学什么，这个自己必须很清楚。而且要尽可能地使自己的知识与众不同。如果一些学生能够使自己的知识结构实现学科交叉，那发展就会很大。

法国巴黎高等师范学校校长加伯利埃尔·于杰(Gabriel Ruget)教授：我们欣赏眼界宽广的学生

那些能够成功的学生，都必须急切地想获取知识。他们必须是有创造性的，就是说，他们在自己的一生中，不论是在哪种情况下，都能不断地增加自己的知识。

"我很欣赏的学生是那些具有非常宽广的眼界，并且找到自己的生活方式的学生。"

清华大学校长王大中教授：我们需要有社会责任感的学生

大学最根本的任务是为国家培养高素质的人才，同时也要创新知识，发展科技。

清华大学培养"有社会责任感的学生"。

南开大学校长侯自新教授：成功的学生不完全是表现在学习上

"大学为学生提供了一种氛围、环境和传统，培养学生的素质、品德和毅力，这些对他们将来在社会上获得成功都是很基础的东西。所以，成功的学生，是懂得利用大学提供的条件，为自己以后在社会上获得成功打下良好基础的学生。"

善于适应环境，并能利用环境提供的条件促进自己的发展，不论是对于在校的学生，还是对于进入社会工作的人，毫无疑问都是非常重要的。

探索与练习

选择自己的人生道路

让我们分享一个大学生的成长经历。并思考：从卿佳的大学四年生活回顾中，你有怎样的感悟？你将怎样度过大学四年的生活？

认识自己，定位自我

在卿佳的人生哲学里，"认识"被赋予了新的含义。"要认识到自己与别人追求的差异，坚定自己的信念并实践它。"卿佳如是说。他参加过冶金院学生会竞选，并当选了宣传部长；他工作扎扎实实，主动与老师、同学沟通，以优异的工作成绩被推选为学院团委副书记；他进入校电视台一做就是三年，从摄影师做到编辑，取得了骄人的成绩……在卿佳眼中，信念不是用口号喊出来的，而是用实践做出来的。"人因梦想而伟大，成功意味着你必须学会跨越信念与现实之间的差异并找到其结合点。"认识到自己的阅历还远远不够，机缘巧合，在电视台的三年是他收获最多的三年，他学会了许多的东西，包括严谨的办事作风、新闻人特有的洞察力和思辨力、与人沟通的能力、处理复杂关系的能力。

子非鱼，焉知鱼之乐

谈到自己的专业时，卿佳给我们讲了一个故事：一游士到楚国游历，发现楚国有一种鸟，三年不鸣，三年不飞。于是就去问楚王个中缘由。楚王回答说，"三年不鸣，一鸣惊人；三年不飞，一飞冲天。""有人认为冶金是一门很冷的专业，我想冷从另一个方面也表示竞争的压力小，未来的事情没有谁可以完全预料，但只要今天你努力了，一定会有回报。"谈到自己的专业时，卿佳如是说。大学四年里，他静下心来默默钻研自己的专业，在知识的海洋里遨游，他还经常到图书馆去阅读各种专业书籍。沉默的日子里，他只是走在校园里一名普通的学生，可是在爆发的日子里，他却显示了无比巨大的能量。卿佳一开始就坚信既然选择了就应该把它学好，用专业的心去做专业的事，其本身并不存在冷热之分，只要你足够专，那么你的专业就是热的。

认识自己取得的成绩

大学四年里，卿佳获得了许多荣誉，他率领冶金院辩论队在学校辩论赛上打败中文、法学等传统强队获得冠军，他曾获中南大学创业大赛第一名，先后被评为中南大学十大风云人物、中南大学十大优秀毕业生等。面对荣誉，卿佳显得很坦然，他有一套自己的"归零"理论，他喜欢清点荣誉、找到重点、从头再来。"其实，这个世界上最虚的是名和利，千万不要为名利所累。"卿佳一直这样告诫自己。他很欣赏电影《英雄》里的一句话：我叫无名，因为无名，所以专心练剑。卿佳觉得大学是让自己充电的地方，应充分利用这四年的时间努力学习，将自己的电量充足，只有这样才能在走上工作岗位之后将所充电量慢慢释放出来，发光发热，让别人看到你的实力和能力。卿佳从不计较眼前的小利益，他经常对自己说的一句话是"我需要的是努力"。对荣誉和成绩的"归零"使卿佳放下包袱，轻松上阵，走出了一条别样的人生路。

认识自己想要的生活方式

身在大四，但卿佳已找到了一份满意的工作，"很多人都对我选择民营企业觉得不可思议，但我知道自己到底想要什么。"他要做帮企业成功的人，而不是帮企业打工的人。所以他选择了民企，在那里他可以做自己喜欢的工作，可以充分发挥自己的才能，可以亲手把自己的企业由小做大，由弱做强，这才是卿佳想要的生活方式。他喜欢冒险，喜欢挑战自己。民企有他的危险性，但是没有风险就不会有收获，卿佳了解自己，他想要的就是挑战自我。"这个世界永远不会亏待永不言败努力上进的人！"卿佳感慨地说。

回顾四年大学生活，卿佳说自己要感谢许多人、许多事。感谢自己曾经犯过的错，是这些错，让他积累经验避免了以后的错，让他学会了包容别人的错，对别人多了一份宽容和理解；感谢曾经与自己并肩作战的好朋友们，是他们让他感受到了团结的力量，感受到了成功的喜悦；感谢人生给了自己一次进入大学的机会，让自己能在年轻的时候犯错……

卿佳用四年的时间打点自己的行装，四年后的今天，他坚毅地走上了自己的另一条人生路。"有人帮你是幸运的，没有人帮你是公平的。"卿佳坚定着自己的追求，并用自己的心认识着。

附个人简历：卿佳，男，中共党员。大学期间曾任冶金学院团委宣传部部长、副书记，校电视台学生记协后期组组长兼摄像记者。曾多次荣获校"优秀学生干部"、"优秀团干部"荣誉称号，曾经被评为中南大学十大风云人物、中南大学十大优秀毕业生，2004年参加湖南经视大学生创业栏目《白手打天下》获月度冠军。毕业去向：广州致远有色金属公司。

(资料来源：郝睿，徐凤娟. 湖南长沙中南大学新闻中心. http://news.csu.edu.cn.)

第十二章　时间管理

【导引个案】

古今中外话时间

明 日 歌

[明] 文嘉

明日复明日，明日何其多，

我生待明日，万事成蹉跎，

世人若被明日累，春去秋来老将至，

朝看水东流，暮看日西坠，

百年明日能几何，请君听我明日歌。

一曲古老的"明日歌"世代流传，我们已耳熟能详。它隐含着千百年来人类一直在不断探讨着的永恒课题：生命为何如此短促？怎样才能不枉此生？

如果这个世界上没有了时间，世界会是怎样？什么是"时间"的真谛？怎样有效地去管理时间？

日本专业的统计数据指出："人们一般每 8 分钟会受到 1 次打扰，每小时大约 7 次，或者说每天 50～60 次。平均每次打扰大约是 5 分钟，总共每天大约 4 小时；其中 80%(约 3 小时)的打扰是没有意义或者极少有价值的。同时人被打扰后重拾原来的思路平均需要 3 分钟，总共每天大约就是 2.5 小时。"从以上的统计数据可以发现，每天因打扰而产生的时间损失约为 5.5 小时，按 8 小时工作制算，这占了工作时间的 68.7%。

现代管理理念告诉我们，管理时间就是管理自己。那么下面的测试你试一试怎样？Answer the following questions as honestly as possible, rating your answer from 1 to 5 (1 - lowest to 5 - highest).

I am good at starting work	1	2	3	4	5
I always finish my work　on time	1	2	3	4	5
I always file my notes	1	2	3	4	5
I am good at planning ahead of time	1	2	3	4	5
I never waste time	1	2	3	4	5
I always break tasks down	1	2	3	4	5
I have set my targets and deadlines	1	2	3	4	5
I always prioritize my work	1	2	3	4	5
I always make time to relax	1	2	3	4	5
I always leave time for unforeseen events	1	2	3	4	5
I always make lists of things to do	1	2	3	4	5
I complete most tasks before they become urgent	1	2	3	4	5

Score:

40～60: You are already a well-organized student.

30～40: You have good organizational skills but could still improve them.

10～30: You may get better marks if you improve your organizational skills.

这个测试的名称是"How Organized Are You"。你的自我管理技能是怎样的？时间是一个习以为常的谜，时间本无法管理，人类能够管理的唯有自己。人生苦短，你将怎样过一个高效的人生？

本章将带领我们：穿越时空，探寻时间的意义；回归本真，学会管理自己。要重点掌握如何按照人体生物钟规律管理好自己的有效时间，学习高效时间管理的原则与方法，养成高效管理的习惯。

第一节　时间管理概述

人类到目前为止还无法解释时间到底是什么。有人认为时间是永恒的、不变的，有人认为时间是瞬息的、飞逝的。有人认为时间是物质的，有人认为时间是精神的。从哲学上看，时间这个概念可能超越了我们人类能够把握的极限，但人们却能感受和描述种种时间现象。在本章中我们不做严谨的科学意义上的时间概念探讨，我们只探讨时间的管理意义和时间对我们自身生命的意义。

一、时间描述

在我们认知的范畴内，时间表现出一定的序列性和规律性。

(一)人类可以感知到的时间特征

(1) 具有绝对的公平性。无论年龄的长幼、地位的高低、财产的多寡，每一个人在有生之年，拥有的时间资源是一样的，时间的流逝速度也是相同的。

(2) 时间具有不可再生性。时间一旦逝去，就不会再次出现。

(3) 时间具有不可逆转性。任何人、任何事物都不能阻止时间前进的步伐，无论过去、现在还是将来，时间都以同样的速度前进，不会停止，时间是绝对不可能重新来过的。

(4) 时间具有不可增减性。时间的供给量是固定不变的，每天24小时，无法改变。

(5) 时间具有不可替代性。时间绝无仅有，任何东西都不能替代时间。

(6) 时间具有不可蓄积性。时间不会像物质力量、财力和技术那样能被积蓄储藏，无论你是否愿意，都必须消费时间，无法改变。

时间的这些特性决定了它是世界上最为稀缺、最宝贵的一种资源。

(二)人们可以依据活动类型对时间进行分类

根据活动的不同可以把时间划分为：工作和学习时间、休闲时间、家庭时间、个人时间、思考的时间等。

(1) 工作和学习时间。时间用在工作和学习上，是为了谋生和充实生活；谋生前的学习和工作时的进修，也是为了充实生活。但工作并不是生命的全部，终身学习也将伴随人的一生。

(2) 休闲时间。它包括休息、睡眠及体育活动、娱乐时间。学会养生，懂得放松，养成良好的睡眠、休闲及运动的习惯，才能把身心调整到最佳状态。

(3) 家庭时间。家庭是避风港，所以应珍惜亲情，争取和家人团聚的机会，与家人和谐地相处。

(4) 个人时间。这是完全属于个人独自享受的时间，是用来修身养性、充实自我的。

(5) 思考的时间。思考过去、现在和未来。反思以前的错误，考虑现今如何改进，重在规划自己未来的发展。

(三)人们可以根据活动的回报来判断时间的价值

从人们投入时间的活动价值来看，时间可以被描述为一种资源。作为资源，时间是珍贵的。因为人的生命是有限的，投入一项活动，可能就选择了放弃其他的活动，所以人类在时间的投入上是有成本的，成本投入是需要回报的，这就决定了时间的价值。

时间的价值基本上分为两种：一种叫作无形的价值，另一种叫作有形的价值。

1. 时间的无形价值

时间的无形价值是把时间投资于工作、家庭、社交的功能方面，建立工作关系、家庭关系、人际关系等，为此花掉大量的时间，但它带来的收获可能是无法用金钱来衡量的，这叫作无形的价值。

2. 时间的有形价值

时间的有形价值是指把时间投资于相应的事务和关系，所带来的有形的报酬。例如你是一名销售人员，拜访客户，跟客户建立关系，最后与客户达成交易，你定会有报酬。

虽然每个人每天都有相同的时间，但时间在每个人手里价值却不同。从生命的有限性来说，我们必须认真对待时间，高效使用时间，也可以称为高效管理时间。

二、时间管理的含义

时间管理作为概念是指：为了达到相应的目的，应用可靠的工作技巧，引导并安排管理自己及他人的生活，合理有效地利用可以支配的时间。

要理解时间管理的内涵，应注意以下几个方面。

(一)时间管理除了决定该做些什么事情之外，还要决定什么事情不应该做

时间因为事件的不同而变得意义不同。时间本身不能够被管理，时间管理说到底是对单位时间内事件的管理，时间管理的关键就是事件的控制，即把每一件事情都能够控制得很好。事件分为两类：一类是能够控制的事件，特征是与个人密切相关，可以因个人的意志和行为而改变。能够控制的事件有很多，如学习、工作、吃饭、穿衣等。

另一类是不能够控制的事件，特征是它的产生、发展和消失不以某一个人的意志为转移，不能以个人的意愿选择有还是无。不能够控制的事件大的方面包括自然规律、生命现象、历史规律、社会变革等；小的方面包括社会风俗、法律法规、公司章程、企业文化等。

(二)时间管理不是要把所有事情做完，而是更有效地运用时间

时间管理也不是对时间的完全掌控，而是要提高效率达到目的。时间管理最重要的功能是将事先的规划变为一种提醒与指引。管理自己，就是要管理自己的时间；管理了自己的时间，有助于发挥更大的生命价值。

时间的公平性以及人的主观能动性决定了每个人都可以选择自己要做的事情。选择以及控制事件决定着生活的质量。

因此，我们只能在认识和适应不能控制事件的前提下，去选择我们能够控制的事件。然后最大限度地去充分利用可控制的那一面，把不可控的因素减到最少，避免在不可控因素上浪费时间。如此区别对待，才能够充分地利用有限的时间，产生最大的效能。

(三)时间管理是有目的的

时间管理的目的就是将时间投入与个人的目标相关的工作，达到"三效"，即效果、效率、效能。效果是指确定的期待的结果；效率是指以最小的代价或花费获得更多的结果；效能是指以最小的代价和花费获得最佳的期待结果。反省和检讨效果、效能、效率三个主题，慢慢找到生命中的真正的具有人生方向、又有价值观的东西。时间管理的意义还在于培养一个人的基本素质。

三、时间管理理论的历史演进

在时间管理的过程中，人们追求的就是更高的效率、更强的效能、更好的效果。在追求的过程中，人们一直在探索如何节约更多的时间，如何把时间投入到最有效率的行为上，这些探索推动了时间管理理论的发展。具体来说，人类时间管理探索经历了以下四个发展阶段。

(一)第一代时间管理理论：备忘录型

着重利用便条与备忘录，在忙碌中调配时间与精力。这种管理方式可以将目标细化，并具有提醒、督促计划执行的作用。对时间已经有了一定的管理概念和管理能力。

但是这种理论的缺点在于：没有"优先"的观念。备忘录管理没有严谨的组织架构，比较随意，所以往往会漏掉一些重要的事情，忽略了整体性的组织规划，有时候会面临一种好像在应付状况或者在应付一些工作上的事情，这是第一代时间管理的缺点。它是积极的，但却是被动的。它是一种良好的习惯，但未必是科学的方法。

(二)第二代时间管理理论：简单计划型

第二代理论强调运用计划与日程表，这种方式反映出人们已经意识到规划未来的重要性。虽然这一理论使人的自制力和效率都有所提高，能够未雨绸缪，不会随波逐流，但是仍没有注意事情的轻重缓急。

(三)第三代时间管理理论：操之在我型

第三代理论是目前最流行的，它讲求优先顺序的观念，也就是按照轻重缓急制定短、中、长期目标，逐日订立实现目标的计划。

这一理论虽然有了很大的进步，讲究价值观与目标，但也有人提出异议，认为过分强调效率，把时间绷得死死的，反而会产生副作用，使人失去增进感情、满足个人需要的机会；而按计划行事，视野不够广阔，纠缠于急务之中，难免因小失大，降低生活品质。

(四)第四代时间管理理论：使命管理型

第四代理论在前面三代理论的基础上，进行了兼收并蓄，推陈出新。以原则为中心，配合个人对使命的认知，兼顾重要性与急迫性；注重生命因素的均衡发展；始终把个人精力的焦点放在"重要"的事务上。这一代时间管理理论强调判断"重要"的标准就是目标，这一重要性与目标甚至人生使命息息相关。

第四代时间管理的要素与核心是：改变的是思想而不是行为，是一种思维方式的变革。这种时间管理强调的是一种人生的远景，而这种人生远景的一个宗旨就是要学习怎么去思考未来，所以它是一种改变，这种改变是一种思想的改变，而不是行为的改变，是一种思维方式的变革。时间管理理论的历史演进如表 12-1 所示。

表 12-1　时间管理理论的历史演进

理论的演进	特　点	优　点	缺　点
第一代时间管理	备忘录型	应变力很强没有压力	随意忽略整体规划
第二代时间管理	记事簿的规划与准备	追踪约定事件达成率比较高	产生安排的习惯
第三代时间管理	强调价值规划、制定优先顺序	以价值为导向提高生产率	忽略了自然法则缺乏远见
第四代时间管理	自然法则和罗盘理论	效率方向正确	

在生活过程当中，每一个决定不是离人生的目标很远，就是离人生的目标很近。所以每一个时刻都在作选择，每一个时刻都在作决定。

四、时间管理的误区

(一)认为将每天时间排得满满当当就算是好的时间管理

"时间就是金钱，效率就是生命"，这是一个很可怕的认识误区。中国有很多非常好、非常大的企业，它们的效率非常高，但是最后倒闭了。为什么呢？它们的积压库存太多，做了一大堆的东西卖不出去。所以，在时间管理上，只是强调能不能更快一点，能不能在单位时间里面做更多的事情是不科学的。一天到晚忙忙碌碌，很多事情是后知后觉。到底需不需要做，该不该做都不清楚，人变成了时间的奴隶。忙，但未必有效，一次只做一件事情，一个时期只有一个重点。要学会抓住重点，远离琐碎。认真工作，劳逸结合，服务社会的同时，拥有属于自己的时间，享受人生的快乐。时间是大于金钱的。

(二)认为能做完所有事情就算是好的时间管理

工作或学习没有目标，盲目地工作，为什么做这件事都不明确。或者是为了学习而学习，为了工作而工作，即使有目标也是为了目标而工作，不以追求实际的效益为目的。计划没有目的性，虽然效率高，但是效能不明显。结果会更加忙碌，甚至很可能迷失了方向。这样管理时间的人，他的人生目标和价值取向并不明确，只追求效率，不追求效能，即使有计划也是盲目的，甚至有些计划本身就是在浪费时间。

(三)没有达到目标的步骤，那它只是个空想

目标成为重中之重。以价值为导向，忽略了自然法则，缺乏远见。认为这是生命中最重要的，竭力要得到这些东西，所以在安排上往往会有些疏失，其实价值观未必是自然法则。调整情绪、思路和心理状态，管理是让流程更有效能，而不是无能。

(四)没有一套人性化的操作表格

据统计，一般公司职员每年要把六周时间浪费在寻找乱堆乱放的东西上面。这意味着，每年因不整洁和无条理的习惯，就要损失近 20% 的时间。要学习、掌握时间管理的各种实用方法与技巧，拥有一套处置各类文件的系统，善于积累实战经验，善于借助各种资源，科学和有规律地利用时间，否则会天马行空，降低效率。

第二节　生物节律与时间管理

我们常常说"时间就是生命"，可很难有切身的感受。经验之谈：早起者，每天拥有更多的生命。本节多从生物学角度来讨论时间的管理及分析。

一、生物学对时间的看法

从生物学角度来看，机体是一种时间结构，生命的时间概念就是运动的机体。

目前时间生物学已作为一门科学来研究生物体与时间的关系。它认为生物体是以一定的节奏存在于空间和时间中——无论是涨潮还是退潮，白天还是黑夜，月相变化还是四季更替——有百种节奏，从单个神经细胞的短促活动到我们的思想情绪都随四季的交替而变更。

总的来说，在一个有生命的世界里几乎没有一个是无节奏的运动过程。我们可以感受和认识到的节奏如下所述。

(一)人体昼夜生物钟节律

人体昼夜节律(Circadian Rhythm)就是一种节奏，是指一天内的节奏，它是研究人的时间节奏的核心，在固定条件下，周期约为 24 小时的生物节律。

(二)人体一生生物钟节律

生物钟(Biological Clock)是在缺乏外部周期性输入的情况下，可以产生生物节律的自我持续振荡运动。

人体的大部分生命活动过程都服从于某种时间节奏，比如新陈代谢、血液流通，或者激素分泌。对于所有生物来讲哪怕是单细胞生物，每一种身体功能都有高潮和低潮，而在人身上，有的是从脑电波的振动、心脏的跳动、呼气和吸气到沉睡和苏醒的交替、每个月

的周期性出血以及春季困倦的感觉，一切生命都服从于静止和活跃这一循环规律。

科学研究证实，每个人从他诞生之日直至生命终结，体内都存在着多种自然节律，如体力、智力、情绪、血压、经期等，人们将这些自然节律称作生物节律或生命节奏等。产生这种现象的原因是生物体内存在着生物钟，它自动调节和控制着人的行为和活动[1]。

在古希腊的希波克拉底时代，这位令人崇敬的医学先驱者就指出：人的健康、情绪是在他降临人世时就决定了的。希波克拉底嘱咐他的学生们，在诊治疾病时要密切注意患者的出生年月与病情的发展日期之间波动的情况。因此，经过他治疗的患者往往能较快地恢复健康。

20世纪初，德国内科医生威尔赫姆·弗里斯和一位奥地利心理学家赫尔曼·斯瓦波达，通过长期的临床观察，揭开了其中的奥秘。原来，在患者的病症、情感以及行为的起伏中，存在着一个以23天为周期的体力盛衰和以28天为周期的情绪波动。大约过了20年，奥地利因斯布鲁大学的阿尔弗累特·泰尔其尔教授，在研究了数百名高中和大学学生的考试成绩后，发现人的智力是以33天为波动周期的。于是，科学家们根据这体力、情绪与智力盛衰起伏的周期性节奏，绘制出了三条波浪形的人体生物节律曲线图，被形象地喻为一曲优美的生命三重奏[2]。

正确地调节时间节奏是所有生物的生活能力和生存能力进化的基础——建立在生物钟节奏基础之上的时间节奏调整。

近几年来人们发现我们的每一个细胞都有一种生物钟。这一拥有节奏发送器的多声部生物钟音乐会通过大脑中一个小小"指挥家"在协调和指挥。这个小小指挥家就是下丘脑中的所谓上交叉核(SCN)，这是由50 000个细胞组成的一个小小的节(与1 000亿个脑细胞相比显得很小)。SCN尽管遵循着基因程序节奏，但它能不断地适应外界的节奏循环[3]。

(三)外界钟

对于我们的节奏来说特别重要的还有外界的时钟——绝对重要的节奏调控是日光。

但我们的社会环境也是环绕生物钟转的一口时钟：比如生活在一起的人的节奏往往相互适应，正如时间科学家于尔根·楚莱所指出的，甚至连那些"已成习惯的行动"如早上读报纸也可以起到外界之钟的作用。白天在黑暗处或者晚上在灯光照耀下通宵欢庆都会使生物钟脱离固有的节奏；同样，"反班"工作或洲际飞行引起的时差会把我们的生物钟以及所有由生物钟"确定时间"的身体功能搞得乱七八糟。

(四)其他节奏

其他节奏是随季节的交替而变化的，特别是"褪黑激素"(俗称脑白金)，它只有在黑暗时才会由身体分泌。如果"褪黑激素"太多，身体就会疲倦。由于冬天的黑夜比白昼长，所以我们在"明亮的"夏天比冬天清醒，我们在春天变得活跃(包括性活跃)，而到了10月份，最迟到1月份，我们就会越来越沮丧。夏天是最活跃的时间，这一点甚至可以从细胞

---

[1] 齐冰. 健康时报(15版)，2003-12-04.

[2] 齐冰. 健康时报(15版)，2003-12-04.

[3] 赫尔穆特·富克斯. 聪明地调节你的生物钟[M]. 陈玉鹏，译. 上海：上海文艺出版社，2004.

上测得：手指甲和脚趾甲在 6 月份比其他月份长得快。

对我们生活结构最为重要的生物钟是：人体昼夜节律和人体生物钟节律。

二、机体的昼夜生物钟节律

(一)昼夜生物钟节律测量

俗话说的"百灵鸟"和"夜猫子"，科学上称为"晨型"和"晚型"，时间生物学家指出，这两种类型的区别主要体现在生理上，因为百灵鸟和夜猫子在一天中的能力曲线是不同的。

通常每天醒得很早，觉得神清气爽，早上胃口很好，整个上午精力特别充沛，但到了晚上却要早早上床睡觉，这样的人是明显的"晨型"。相反，属于"晚型"的人早上几乎无法"自然醒"，早饭吃不下或吃得很少，往往上午情绪不高，将近中午才开始像模像样地工作，傍晚效率特别高，有时一直到深夜精神都饱满，这些夜猫子通常都喜欢较晚睡觉。

你属于哪一种昼夜生物钟——百灵鸟还是夜猫子？

下面的测试表是睡眠科学家制作的，填了这张表你便可以知道自己是"早起者"还是"早晨情绪恶劣的人"。这里并不牵涉到错误答案或正确答案，你只要如实填写，在和你吻合的一栏内打钩。

(1) 如果完全按你的意思，你最喜欢什么时候起床？

05:00～06:30	5
06:30～07:45	4
07:45～09:45	3
09:45～11:00	2
11:00～12:00	1

(2) 如果按你的意思，你最喜欢什么时候睡觉？

20:00～21:00	5
21:00～22:15	4
22:15～00:30	3
00:30～01:45	2
01:45～03:00	1

(3) 如果早上你必须在某一时间起床，你对闹钟的依赖程度如何？

根本不依赖闹钟	4
有时依赖闹钟	3
相当程度依赖闹钟	2
完全依赖闹钟	1

(4) 早上起床的难易程度如何？

很难	1
相当难	2
相当容易	3
很容易	4

(5) 早上起床后半小时内清醒程度如何？

很瞌睡	1
有一点瞌睡	2
相当清醒	3
清醒	4

(6) 早上起床后半小时内食欲如何？

根本无食欲	1
有一点食欲	2
食欲相当好	3
食欲很好	4

(7) 早上起床后半小时内疲倦程度如何？

很疲惫	1
有点疲惫	2
有点精神	3
精神很好	4

(8) 如果你第二天没有必须去做的事情，和平时的就寝时间相比，你今天晚上会什么时候上床睡觉？

很少或根本不会比平时晚	4
最多比平时晚 1 小时	3
比平时晚 1～2 小时	2
比平时晚 2 小时以上	1

(9) 你决定从事体育锻炼，你的妻子(丈夫)建议你每周两次，每次锻炼 1 小时，最佳时间为早上 7～8 点，你觉得这是最适合于你的时间吗？

我觉得很合适	4
我觉得还可以	3
我觉得不合适	2
我觉得很不合适	1

(10) 你晚上什么时候觉得很疲劳而且认为必须去睡觉了？

20:00～21:00	5
21:00～22:15	4
22:15～00:45	3
00:45～02:00	2
02:00～03:00	1

(11) 你想以极佳的状态参加考试，如果你可以自由决定的话，下列几种考试时间你准备选择哪一种？

08:00～10:00	4
11:00～13:00	3
15:00～17:00	1
19:00～21:00	0

(12) 倘若你23点上床睡觉，你的困倦程度如何？

我很困倦	5
我有点困倦	3
我几乎不困倦	2
我一点不困倦	0

(13) 你比平时晚了几个小时上床睡觉，第二天早上你爱睡多久就可以睡多久，你属于下列情况的哪一种？

在平时应该醒的时候我醒了，然后就睡不着了	4
在平时应该醒的时候我醒了，然后继续微睡	3
在平时应该醒的时候我醒了，然后又睡着了	2
我比平时醒得晚	1

(14) 你必须熬夜至凌晨4点和6点之间，第二天早上你没有事情，你认为下列的哪一种做法最合适？

我熬夜后再睡觉	1
我事先打个盹，熬夜后再睡	2
我事先睡一觉，熬夜后再打个盹	3
我事先睡个够	4

(15) 你必须从事两小时的体力劳动，如果你白天完全可以自由安排的话，你打算选择下列时段的哪一段？

08:00～10:00	6
11:00～13:00	4

续表

15:00～17:00	2
19:00～21:00	0

(16) 你决定进行强体力锻炼，有人(你的亲人，如妻子或丈夫)建议 22 点和 23 点各进行一次，你觉得这样的安排合适吗？

我觉得很合适	1
我觉得可以接受	2
我觉得不合适	3
我做不到	4

(17) 常听说把人分成"晨型"和"晚型"，你属于哪一种类型？

明显的"晨型"	6
"晨型"的比例大些	4
"晚型"的比例大些	2
明显的"晚型"	0

(18) 假定你可以自由选择你的上班时间，每天工作 5 小时，请你选择前后连贯的 5 个小时，在相应的方格中打上钩，并且勾出构成最高值的方格。

0	1	2	3	4	5	6	7	8	9	10	11	12	13	14	15	16	17	18	19	20	21	22	23	24
1	1	1	1	5	5	5	5	4	3	3	3	3	3	2	2	1	1	1	1	1	1	1	1	1

(19) 一天内什么时间你完全处于"制高点"？请选择 1 个小时。

0	1	2	3	4	5	6	7	8	9	10	11	12	13	14	15	16	17	18	19	20	21	22	23	24
1	1	1	1	5	5	5	5	4	3	3	3	3	3	2	2	1	1	1	1	1	1	1	1	1

(二)评分与解释

(1) 在 1～19 道题中找出你在一天中属于哪一种类型。

(2) 根据你的总分，可以判断你属于哪一种类型。

69 分是非常突出的晨型；59～68 分属于不太明显的晨型；42～58 分属混合型；32～41 分属于不太明显的晚型；31 分是非常突出的晚型。

在一天的节奏中，这两种类型的人从总体上都能得到大自然的"善待"吗？聪明的人早就知道，抓紧时间也是一种经验之谈：早起者每天拥有更多的生命。以往，科学界通常认为，两种类型的生物运动曲线和身体状态曲线大概有两个小时的差别，除此以外，"晨型"和"晚型"没有本质上的区别。

美国心理学家在研究中，首先对 200 名被试人员进行了详细的调查，了解他们的生活习惯、每天的作息时间安排及个人观点。在为期两周的试验中，被试人员自己每天多次记录身体状态和感觉。

最后，他自己也对实验结果感到惊讶：那些"晨型"的百灵鸟不仅心情更欢快，性格更外向，身体更活跃，而且经历了更多更热烈的幸福时刻，沮丧和坏情绪比夜猫子少。所以百灵鸟不仅早晨和上午心情较好，即使在晚上，他们的情绪也比夜猫子好。

科学家还发现，"晨型"和"晚型"不仅在体力上有差别，而且他们所经历的每一天从心理上讲也是完全不一样的：比起夜猫子来，经过充分睡眠的早起者对生活基本上很满意，而且身体更为健康。

为什么两种类型的人在心理上会有这样的差别，从研究中无法解释。科学家们估计在百灵鸟和夜猫子之间有着本质的差别，这些差别不仅影响着他们的生理活动节奏，而且对他们心理上的"当日心情"也做了不同的处理；可能百灵鸟培养了一种有利于健康的生活方式，但也可能因为百灵鸟睡得比较好而已。

(三)人体昼夜生物钟规律

为了聪明地和时间打交道，按我们自己的时间来生活，我们需要制定一种"时间政策"。

无论是新陈代谢、消化、血压、睡眠、体能、思想集中、情绪还是兴趣，我们每天的肉体和精神生活都由我们的生物钟在调节。确切地说，我们不是有一只生物钟(体内钟)和外界钟，而是有一只很重要的大钟，这只大钟使几百只单独的生物钟同步运行，因为每一个单独的神经细胞都有其活动节奏。一个健康人的日常生活，其昼夜节奏大致如下。

6～8点：身体苏醒，男性的睾丸素和女性的雌激素分泌量上升。由于此时血糖含量最少，身体需要补充营养。与此同时，心跳、血压和肾上腺素上升，有心血管疾病的人在此时犯心肌梗塞的可能性升高。此时需要一顿丰盛的早餐，不要难以消化的，要多一点碳水化合物和水果，少一点脂肪。

8～10点：身体和精神变得更为活跃渐渐接近最大(工作)效率，精力充沛，适合完成要求很高的任务。这时服药以及喝酒的效果是晚上的3～5倍；需服用"可的松"的人应在这段时间服用，因为这时的肾上自身在分泌肾上腺皮质素，特别是能融合人工合成的肾上腺皮质素。此时也是注射疫苗或放射治疗癌症的最佳时间。由于血液轻度结块，对心脏供养较差，所以这一段时间心肌梗塞也最常发生。

10～12点：这是做一切劳累、艰难事情的最好时间，因为人的办事能力、注意力以及精力在11点左右达到最大限度。由于此时肾上腺素分泌量很高，皮肤中血液流通好，所以这时人的脸色也最好看。

12～15点：办事能力曲线开始迅速下降，到了13点，身体准备"获取能量"和"摄取营养"——胃和胆处于高速运作状态，以便消化午饭。因为这时分泌睡眠激素——"褪黑激素"，所以最好能够进行短时午睡，又因13点左右痛感明显下降，故此时也是最佳的就诊时间，例如去看牙医。

15～17点：办事能力曲线又开始上升，心血管系统、肺、呼吸和脉搏又高速运作，是从事体育运动或再做劳累、艰难工作的最佳时间。记忆清醒、注意力集中，肌肉组织同样活跃放松。但这时人的紧张和疼痛又开始敏感，不过对谈情说爱又是个好时间——人们会"兴趣十足"地做出特别的反应。

17～19点：这段时间非常适合于从事各种持久性活动。因为肝和肾腺都是在18点左右工作最积极，所以这时饮酒的害处最少。

19~21 点：思维能力下降，但眼睛、耳朵和鼻子等感官仍然十分敏感，这时听音乐、欣赏戏剧或观看一部惊险电影会得到双倍的享受。此外，20 点左右，人的反应最快，但由于此时和下午不一样，对紧张不太敏感，血压和脉搏慢慢下降，最后人就开始进入一个放松阶段，这段时间特别适合于解决矛盾和纠纷。

21~23 点：肾上腺分泌减少，随着夜幕的降临，体内开始分泌疲惫激素——"褪黑激素"，从 22 点开始，能明显感到睡意，同时机体开始清除有害的病原菌和新陈代谢的废物。这时尽量不要再吃任何东西，因为这时消化系统功能很微弱，吃下去的东西会增加胃的负担。此时尤其不要再饮酒！此时饮酒特别有害，会把你的生物钟搞乱，如果还有人想工作，就会妨害入睡，甚至会受到失眠的惩罚。

23~1 点：这段时间是第一次重要的深度睡眠时间，在这两个小时里，人的睡眠效果翻倍。凡是在这个时候还处于清醒状态的人，他们的反应能力大为下降，而痛感却达到最高点。

1~3 点："深睡"状态暂时减弱，这个时候如果苏醒，就比提早一个小时或推迟一个小时更难再睡着。此时的血压、新陈代谢和体温达到最低点。

3~6 点：身体状态和精神状态最脆弱，由于人的失控而造成的工作岗位事故大部分都发生在这一时段。同样，大部分死亡和出生也发生在这一时段。

三、人体一生生物钟规律

(一)人体生物钟三节律描述

科学家认为，人从出生之日开始体力、情绪、智力三节律就开始运转，并一直有规律地延续到死亡。

如果以一个十字坐标为标志，从出生的第一天开始，以时间为横轴，以每一日子为一个单位标记，以体力、情绪、智力的强弱为纵轴，就可以画出人体三条生物节律的变化曲线，如图 12-1 所示。

横轴的数字为天数，体力曲线一个周期为 23 天，情绪曲线一个周期为 28 天，智力曲线一个周期为 33 天。

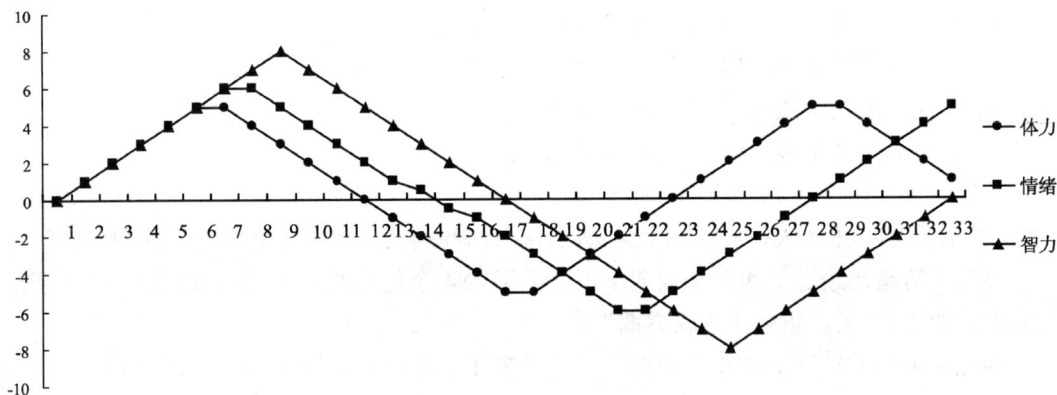

图 12-1　人体生物节律三曲线示意图

从人体体力、情绪、智力这三节律看，处于中线以下的那段日子，称为生物节奏的"低潮期"。在这些日子里，体力容易疲劳，做事拖拉，畏却；在情绪方面往往表现为喜怒无常，烦躁，意志沮丧；在智力方面则出现注意力不易集中，健忘，判断率降低等。每条曲线低于中线最远的日子是负值峰日，低潮表现尤其典型。

而在跨越中线的那段日子(体力曲线第1、11、12、23天；情绪曲线第1、14、15、28天；智力曲线第1、16、17、33天)，称为"临界期"，这是一个极不稳定的时期，身体正处于频繁的变化之中，或者说是处在过渡状态。在这段临界期中，极易出现差错，粗枝大叶，容易感染疾病，机体各方面的协调性能较差，容易发生事故等。

处于曲线中线以上的日子，称为生物节奏的"高潮期"，在这段时期内，往往表现为精力旺盛，如体力周期曲线处在"高潮期"，就会感到体力充沛，生机勃勃。同样，当情绪周期曲线处在"高潮期"，就会表现出强烈的创造力，丰富的艺术感染力，心情愉快、达观；当智力周期曲线也处在"高潮期"，那时人的头脑灵敏，思维敏捷，记忆力强，更具有逻辑性和解决复杂问题的能力。每条曲线高于中线最远的日子是正值峰日，高潮表现尤其典型。

这三条曲线临界日同时相交于一天的日子，除了出生的那一天，一生中可能只有两次：生命的第 10 626 天和第 21 252 天。

(二)人体生物钟三节律的计算

使用手工的方式计算人体生物钟三节律：以周岁天数(周岁数×365)加上闰年的天数(周岁数÷4 取整数)，再加上或减去生日距离当前的天数，然后分别除以各周期的天数 23、28、33，所得的商数为已经生活的体力、情绪、智力周期数，余数所对应的曲线状态即为计算日所处的生物节律状态。

例如：某先生公历 1943 年 8 月 29 日出生，于 1980 年 10 月 5 日不幸触电身亡，现了解该先生那天的人体生物三节律状态。

(1) 算出整年总天数：37×365=13 505(天)

(2) 算出闰年的天数：37÷4=9.25(取整数)=9(天)

(3) 算出 1980 年生日(8 月 29 日)至 1980 年 10 月 5 日的天数：2+30+5=37(天)

(4) 算出全部总天数：13 505+9+37=13 551(天)

(5) 体力周期及余数：13 551÷23=589 余 4

(6) 情绪周期及余数：13 551÷28=483 余 27

(7) 智力周期及余数：13 551÷33=410 余 21

上述计算说明，到 1980 年 10 月 5 日，该先生已经生活了 589 个体力周期，正处于第590 个体力周期的第 4 天，对照图 12-1 所示体力曲线的第 4 天，正处在"高潮期"。

该先生情绪已经过了 483 个周期，正处于第 484 个周期的第 27 天，对照图 12-7 所示情绪曲线的第 27 天，正处在"临界期"。

该先生智力已经过了 410 个周期，正处于第 411 个周期的第 21 天，对照图 12-1 所示的智力曲线第 21 天，正处在"低潮期"。

(三)人体生物钟三节律的应用[1]

美国一家保险公司在涉及偶然事故所引起的死亡报告中指出，事故的肇事者约有 60%是发生在"临界期"。例如近年发生的 13 起飞机坠落事故，其中 10 起归咎于驾驶员的差错，而这些驾驶员和他的助手们大都处在"临界期"。美国的一家微型汽车公司，向它在爱达荷州分公司的 60 名司机提供了生物节奏表格，当司机处于"临界期"时，预先提醒他们多加小心，结果车祸减少了三分之二。

日本沃米铁路公司查阅了 1963—1968 年间所发生的 331 起事故，发现其中 59 起事故是发生在司机的"临界期"。1969 年，该公司开始实行生物节奏计划，使全年的事故一下子减少了 50%。

莫斯科车辆管理所对交通事故做了一个统计，凡是运用生物节奏理论来指导司机的出勤，就可以减少车祸。莫斯科出租汽车公司为所有司机绘制了曲线图表，每当司机处于"低潮期"时，就发给他们红色的行车证，以提醒他们倍加小心；当司机处于"临界期"，就根本不让出车。

在瑞士洛迦诺城里的弗兰芝·威尔林博士的诊所，除急诊外，手术的安排都是严格按照患者和医生的生物节奏决定的。一般在患者的"临界期"不安排手术，同样，绝无一个医生在他的"临界期"时去替患者开刀，连续数年的病史表明，威尔林博士的诊所术后并发症的发生率减少了 30%。

甚至还有一些家庭顾问也应用生物节奏来解释为什么在某些日子里，夫妇之间彼此烦恼、争吵。倘若俩人主动努力去弥补对方"低潮期"和"临界期"所引起的烦恼，那么家庭生活就会更加和睦融洽。

四、根据生物节律高效利用时间

(一)确定自己的生物规律

参照昼夜生物钟规律的测量，请总结自己属于哪一种类型，如果不喜欢这种类型，可以尝试调整作息规律，从而调整生物钟，让自己养成一种更加健康和高效的生活方式。

参照人体生物钟三节律的计算，把握自己的高潮和低潮阶段，合理做出有关重大活动的安排，让外界的工作安排和活动更加符合身心规律。

(二)利用生物规律高效使用时间

参照普遍的生物钟规律，培养一种可以接受的时间利用方式，既可以有利于身心健康，又有利于高效活动，从而提高自己时间利用的有效性。

(三)学会积极休息

我们或许以前不知道或者不承认，不过现在不得不认识到：好的时间管理基础还包括会放松和休息(睡觉)。

---

[1] 洪昭光. 让你的生物钟走得慢些[M]. 北京：时代文艺出版社，2007.

1. 放松

紧张有许多种形式，但无论是哪一种形式，时间长了总是要在身体上反映出来的，同时也会影响到人的工作能力和生活乐趣。当代紧张专家认为其关键是要在紧张和恢复之间找到能消除紧张的健康尺度，只有工作和放松恰当地结合，才能使生命的所有功能齿轮转起来。

(1) 为了使你全面地、更好地休闲，应该熟悉以下四个休闲的方面。

① 充填能量：散步或洗桑拿浴——你喜欢哪种休闲方式来重新充填力量？

② 静下心来看书或小睡——你喜欢哪种方式来重新使自己思想集中？

③ 做些有意义的事情：出去走走、参加活动或参加会谈——你喜欢用哪一方式使自己有新的设想？

④ 做些令人兴奋和有刺激性的事情：从事体育活动——你喜欢从事哪一种体育活动使自己兴奋起来？

休闲可以有的放矢地进行，根据已经过去的负荷方式、负荷持续的时间以及负荷程度，可以采取不同的休闲方法。正如休闲专家阿尔默尔所强调的，社会关系不失为一种"宽带休息"，只有它不会导致"社会紧张"。

(2) 在日常生活中我们必须明白，有一系列的无知观点在妨碍我们恢复精力，它们是"休闲障碍"，使我们所做的休闲平衡产生恶果。

① 最后再休息：确定已经开始的工作一定要在休息前结束，这种看法对休闲大有害处。应该学会把"未完成的"事情放一放，做一次恢复精力的休息。

② 工作狂综合征：如果按照"我要对工作负责"或"先工作后享受"之类的信条来安排生活，那么休闲这件事必然会被疏忽。

③ 没有我不行：如果认为一切必须自己来解决，没有必要让别人去负责，那么负荷时间将会大大延长，必要的休闲就会被忽视。如果让自己完全扑到工作上去，认为自己什么都干得很好，比别人干得快，这样也会对健康带来问题。

④ 等紧张过去了再说：许多人都想"像模像样地度假"。这种观点特别危险，因为它不注意身体的报警信号，否定这种信号或者不当一回事。

⑤ 失去干劲：有人担心，把工作停下来休息一会儿，再干起来就不会有先前的干劲了。

2. 睡眠

和休闲一样，睡眠在日常时间管理中经常处于次要地位。但德国人得了睡眠病：且不说我们每天睡觉不到 6.5 小时，比 10 年前少 1 小时，整个德国大概有 1/5 的人在抱怨晚上经常有睡眠障碍，1/10 的人需要治疗——女性患慢性及入睡障碍或"连睡障碍"的是男人的 2 倍。

入睡障碍或"连睡障碍"持续四周以上，伴有白天疲倦、情绪不好、工作能力或注意力集中能力减弱、生活质量明显下降，医生便诊断为失眠症。

1/10 的德国人已经在服用安眠药，但睡眠科学家很清楚，药物对失眠几乎没有任何帮助。70%的失眠症患者多数是因心理或社会心理的影响而睡眠不好的，如精神沮丧、紧张、害怕等。错误的生活方式往往也是失眠的原因，约 10%的失眠者是嗜酒造成的。由此可以清楚地看到，如果我们不给失眠这一时间和节奏显现提供一个位置——这个位置天生就属于失眠的，那我们就不可能是优秀的时间管理者。

让自己睡得好些。

(1) 请在困倦时再上床。

(2) 我的床是睡眠和爱情专用的：不能在这里看电视、看书报、吃东西或作"忧郁逗留"，应保持我在床上时不受干扰。

(3) 请注意有规律地安排生活，每天在同一时间起床，哪怕是周末和休假期间。

(4) 请养成睡觉前的放松程序——如洗脚或稍微散散步。

(5) 经常运动但在睡觉前 3 小时不要再从事体育运动。

(6) 睡觉前 6 小时请勿享用含咖啡因的饮料和食品。

(7) 睡前或疲倦了请勿饮酒。

(8) 傍晚时分不要再打盹。如果你想叫"暂停"，应在白天，每天在同一时间(在有睡眠问题时才这样做)。

(9) 请注意你的饮食：临睡前不要吃丰盛的饭菜，应该喝牛奶，因为所有的奶制品都含有对睡眠有利的色氨酸。

(10) 我们要注意的还有：睡眠不必始终都好，有几个晚上睡得不好完全是正常的；每个人的睡眠是不一样的，并非每个人都必须睡 8 小时，睡的时间短一点儿同样能起到休闲的作用。此外，专家建议学学有利于睡眠的放松方法并定期实践，如需用药，一定要找一位医生咨询。

医学界最近几年已经认识到，每天"打一个盹"对健康是很重要的。睡眠医学的研究表明，中午或下午即使只是短时打个盹，机体也可以基本得到恢复并能产生新的力量。有规律的午睡已经证明，不仅能总体改善健康状况，而且能增强记忆力和精神运动的协调能力。午睡的时间尽可能要在 30 分钟左右，保持浅度睡眠效果更好。

我们时常感叹：工作是多么的繁忙，生活是多么的没有意思！从我们的周围我们不难看出：有多少人为生活所累。的确，工作是很多的，时间是有限的！怎样在有限的时间里完成我们的工作呢？这就需要我们科学制定"时间政策"，这是立于不败之地的法宝。

第三节　大学生时间管理策略

一、大学生时间管理的状况

请看一个案例：刘涛，一名大四的学生，现在他正在为即将毕业而懊恼。

"进入大学，我最大的感觉就是自由了，没有家长、老师在身边催命似的督促我看书、写作业，整个人都很轻松，每天多晚起床，到哪里去玩都没人管，全看自己的安排。

平时上课的时候，总是不认真，要么看看小说，要么偷偷睡一小觉，反正是课堂上没怎么听讲，课后作业就让同学帮助，稀里糊涂一个学期又结束了。课余时间总是和同学打打扑克，玩玩篮球，甚至去"网吧"玩个通宵。

再有半年就要毕业了，感觉自己没有学到什么，而且几门学位课程不及格还导致拿不到学位证书，大学就这样在不知不觉中快要结束了，感觉自己是浪费了大学的大好时光，如果再重新来一次大学生活，我会好好珍惜每一天。"

像刘涛这样的同学不在少数。在网上有一则颇为流行的帖子："大一是晚上熄灯后准时上床睡觉；大二是晚上熄灯后还没有睡觉；大三是上课在老师眼皮底下睡觉；大四是上课时依然在宿舍睡觉。"这则顺口溜折射出浪费时间在当今大学生中是一个较为普遍的问题。

(1) 大学生时间管理的现状：①大学生的时间观念较好，但在客观上时间浪费的现象普遍存在；②大学生时间管理满意度低，普遍缺乏对自身时间管理的信心，实施困难；③缺少对时间的一个反思和总结，对自己的时间安排情况很模糊；④大学生时间安排不合理，已经严重影响学生生活和身体健康。

(2) 可能的原因如下所述。

主观因素(可控因素)：①没有完全适应大学的生活；②缺乏时间计划、没有目标；③自制力不够，自我懈怠；④社会工作过多，挤占了学习的时间。

客观因素(不可控因素)：①学校上课时间不合理；②大环境的影响、周围同学影响等。

(3) 大学生需要加强现代时间观念学习：①守时的观念；②效率的观念；③有效能的观念。

二、大学生时间管理的方法

(一)优先顺序法

优先顺序就是决定哪件事情必须先做，哪件事情只能摆在第二位，哪些事情可以延缓来处理，即要有意识地设定明确的优先顺序，以便执着、系统地依照这个顺序处理计划里的任务。任务可以被分成四类：A 类、B 类、C 类和 D 类。

通过"艾森豪威尔-矩阵"可以获得关于轻重缓急的概况，如图 12-2 所示。

	B 类任务	A 类任务
重要	先后次序：快　按计划做	先后次序：马上　完成
	• 中期和长期方案	• 危机/问题
	• 深造	• 十分迫切的会议、考试等
	• 心理健康	• 亟待完成的其他任务等
	• 公关工作等	
	D 类任务	C 类任务
	先后次序：慢　避免	先后次序：中间　委托别人做
	• 爱好"闲聊"	• 打电话
不重要	• 不安排时间	• 例行公事的邮件
	• 归档、"废纸篓"等	• 电邮—互联网—传真等
	不紧急 ←——————————→ 紧急	

图 12-2　事情轻重缓急的概况

(1) 紧迫，A 类任务包括那些紧急和重要的任务：如果在家里或学习上有很多这样的任务,而且往往牵扯到危机形势,那就=重要;如果问题需要很快解决,那就=紧急。

举例:你病得发烧,且有严重咳嗽,必须去医院,马上休息,以免引起肺炎。

(2) 重要,B 类任务眼前还不算紧迫,但是对以后却十分重要。要是忽视了 B 类任务,有可能很快陷入一种危机状态,比如延误了该做的事情(关系、健康),于是 B 类任务立刻变成了 A 类任务。在工作和私人生活中,B 类任务往往包括那些具有战略意义的行动,比如一次重要的深造机会。

举例:你的膝盖上早就有了骨刺了,而现在你才去看医生。如果你有急性关节痛,那可能已经太晚了,看医生于是成了一个 A 类任务。

(3) 日常,C 类任务中,往往包含着典型的日常事务,也就是那些必须很快解决的任务,但从长远观点看去并不十分重要。在工作中,许多这样的任务是可以委托别人去做的,或者可以通过较好的组织安排而优化处理。但是要注意,如果 C 类任务不及时处理,也会变成 A 类任务。

举例:你的头发没有收拾,长此下去有可能变得很不好看、乱七八糟;或者学习资料必须分类(尽管至下一个日程还有 3 个月时间,但这些资料迟早要用到)。

(4) 喜好,D 类任务不紧迫,也不重要,它们也属于“废纸篓”工作。至于那些属于 D 类的任务,应由每个人自己去决定。不管是在宿舍也好,上网也好,和周围同学快乐地闲聊也好,大清早津津有味地议论报纸上登载的体育新闻也好,D 类任务通常会给我们带来乐趣。不管怎么说,这类喜欢做的事情是没有重要意义的,如果真的有重要事情或紧迫事情要做,那么这些“喜欢做的事情”很快就成了时间小偷。虽说在这种情况下可以通过放弃次要的工作立刻又把时间节约回来,但是我们也应该意识到,有时候既不去完成重要任务,又不做紧迫的事情也是很有意义的。

聪明的时间管理者有一个大致的原则,应该先解决其他任务,然后再去对付 D 类任务。出于这样的考虑,请你养成习惯,用 A、B、C、D 的分析方式进行工作,然后按照分类去完成需要完成的任务。

A 类任务=当前非常重要的任务;B 类任务=重要的任务;C 类任务=不太重要的任务;D 类任务=不重要的任务。

(1) 对待 A 类任务:当前你必须集中精力,并将大部分时间花在这些任务上。

(2) 对待次要一点的 B 类任务,要确定规划、计划,当前你不能花很多时间。

(3) 对 C 类和 D 类任务:应该花极少时间。

请记住这一条基本法则:将每天 2/3 的时间用在 A 类任务上,1/5 的时间用在 B 类任务上,把 5%～15%的时间用在 C 类任务上,是否将剩下的 5%时间用来解决 D 类任务或其他事情,由你自己决定。

(二)重要目标法

实际上每个人的角色不同,在当时的状况之下设定目标,应以每一次仍能够最完美地完成任务为原则,这样在计划周期结束时,每个人至少都处理了重要事情。时间管理的重要意义在于能经常以 20%的付出取得 80%的成果,最后的结果占了 80%的大部分。因此,在大学生活中,应该把十分重要的项目挑选出来,专心致志地去完成,即把时间用在更有意义的事情上。制定待办事项表(如表 12-2),一天里最重要的一件事情,对于 A 类任务,是必须做的，应该投入更多的时间。B 类任务是应该做的，而 C 类任务是不值得做的。

【自检】

A、B、C 事件的顺序是通过比较来确认的，对于待办的许多事项，首先分析其重要性，排出优先顺序，然后分配时间，是一种有效的时间管理方法。针对自己要做的事情，利用 A、B、C 分析法来管理时间。

表 12-2　待办事项表

待办事项	重要性			计划用时	完成确认
	A	B	C		

(三)日计划法

日计划就是每天要花一些时间规划自己的活动。如果曾经做过计划，付诸行动的就是个人度过的每一天。无论何时都可以写下当天的工作，即使日计划仅能成为一个有效快速的过程(工具表单)。日计划的五个步骤如下。

(1) 写下任务。

(2) 估计做事的时间长短。

(3) 留些缓冲时间给未预见的事情(60/40 规则)。

(4) 确定优先顺序，简化及授权。

(5) 追踪与检讨。

在日计划中，复习个人的人生计划、年度目标，同时复习月重点目标、周目标。因为人们每天都在做一件事情，在人的脑海里，第一次想的就是自己多年的计划，就是自己的人生目标，我们一直都在想的一件事情就是把它白纸黑字地写下来。有了年计划，就有月计划重点、周计划重点，有了计划重点就会引导日计划。我们做这些事情有没有离自己的目标更近，如果做得不好，就离自己的目标更远。

人们每天所做的事情，是否与周目标相吻合。或者说累计成一周以后，所做的事情是不是跟自己的月目标相吻合，而每个月做的事情是不是跟季度目标相吻合。今年所做的事情是不是跟个人的人生目标相吻合。长期的目标是否制定得非常具体、非常合理，而且有时间可以完成，甚至可以设定一个期限。有了这些以后，个体才能够逐步地安排到月计划、周计划，这样便可以了解到日计划的重要性。

三、记、问、思、查

可以这么说，检讨是成功之母，每一天你都要去检讨，你今天所做的每一样事情，在学习、工作上，在家庭上，在人际关系上，身体健康上等，有没有离你的目标很近。大学生可以通过"记、问、思、查"的方法，养成一个良好的时间原理习惯。

1. 记：随手记

随时随地记笔记，一本好的时间管理手册是必要的。在每天晚上睡觉之前，你永远要给自己一段时间，为明天的行程安排好计划。

培养自己的敏锐度。养成随时记录的习惯，随时记录事件、心得和灵感，这样可以训练你敏锐的观察力以及思维能力，不要相信你的记忆，要相信你的记录，这是一种要养成的好习惯。

2. 问：清晨六问

清晨是一天的开始，清晨的规划关系到一天工作的成败，因此，利用清晨的一点时间对一天的工作进行一个思考是十分必要的。每一天的工作安排都应该围绕着三个问题进行思考：今天的目标必须与大目标一致；今天必须学习到新的有用的东西；今天应该是快乐的。

```
                    清晨六问

    1. 今天的目标是什么？

    2. 今天的核心大目标是什么？

    3. 今天重要的 3 件事是什么？

    4. 今天准备学到哪些新的东西？

    5. 今天准备在哪些方面进步一点点？

    6. 今天如何更快乐些？
```

3. 思：静夜六思

相对于清晨，晚上具有承前启后的过渡作用。中国有句俗语"吾日三省吾身"，它的意思是说：人们应该每天对自己的行为、思想进行三次反省，以便发现问题，进行改正，达到提高自身的目的。因此，利用晚上反省自身白天的所作所为是十分必要的。此外，作为一个过渡，人们还应该在晚上明确一下明天的目标。要很好地利用晚上实现反省提高和顺利过渡的目标，具体说应该思考六个问题的答案。

```
                    静夜六思

    1. 今天是否完成了小目标？

    2. 今天是否更接近了大目标？

    3. 今天又学到了些什么？

    4. 今天在哪些方面还做得不够好？

    5. 如何才能做得更好？

    6. 明天的目标是什么？
```

4. 查：自查改进

大学生要养成良好的习惯，必须做到经常性地自查和改进。表 12-3 列出的 16 项检查要点是多数高效能人士的习惯做法，你也可以选择数项，每天对照检查一次，看看是否坚持做到了，如果没做到，就应制定措施改进。好习惯一般需要 30 天左右养成。

表 12-3　习惯养成检查表

检查要点	是否做到		改进计划
	是	否	
(1) 确定明确的目标			
(2) 分割、量化你的目标			
(3) 明确的方向			
(4) 目标与价值观符合吗			
(5) 制订详细的计划			
(6) 每日的目标达成了吗			
(7) 是否制定辅助方案			
(8) 固定的时间作计划			
(9) 设定目标达成的期限			
(10) 专心专注于每一件事情			
(11) 是否天天检查、反思			
(12) 是否按照优先顺序法安排待办事项			
(13) 是否遵循 40/30/30 法则			
(14) 把东西放在固定位置			
(15) 控制电话、拜访和干扰			
(16) 马上改善最薄弱的环节			

注：你可以根据自己的情况，选择或增加要检查的要点，坚持 30 天更新新的项目，以养成好习惯。

扩 展 阅 读

克服拖延时间的习惯

一、你有拖延的恶习吗

请仔细斟酌以下每一个言述，假如你对该言述极为同意，则在言述前的括号内填上 A；假如你对该言述略为同意，则填上 B；假如你对该言述略为不同意，则填上 C；假如你对该言述极为不同意，则填上 D。

（　　）1. 为了避免对棘手的难题采取行动，我于是乎制造理由并寻找借口。

（　　）2. 为令困难的工作能被执行，对执行者下压力是必要的。

（　　）3. 我采取折中办法以避免或延缓困难的工作之处理。

（　　）4. 我遭遇太多足以妨碍完成重大任务的干扰与危机。

（　　）5. 当被迫从事一项不愉快的决策时，我避免直截了当地答复。

（　　）6. 我对重要的行动计划的追踪工作不予理会。

（　　）7. 我试图令他人为我执行不愉快的工作。

（　　）8. 我将重要的工作安排在下午处理，或者携回家里，以便在夜晚或周末处理它。

（　　　）9. 我过分疲劳(或过分紧张，或过分泄气，或太受掣肘)，以致无法处理我所面对的困难任务。

（　　　）10. 在着手处理一件艰难的任务之前，我喜欢清除桌上每一个对象。

二、拖延的借口与质疑

1. 它太令人感到不愉快！这种不愉快的感觉会因时间之推移而消失吗？你有没有想过"长痛不如短痛"的道理？

2. 期限未到，急什么？正因为期限未到，所以你所面对的是"机会"而非"问题"。你想让"机会"转变为"问题"吗？你想成为役人者(役物者)还是役于人者(役于物者)？

3. 我在压力下工作绩效较佳！为何要承受别人所施加的压力，而不为自己创造压力以提升工作绩效？为何不为自己预留余地以应付意外事件？

4. 不理它也许就没事！万一出事怎么办？

5. 它很难！你没有做过困难的事吗？拖延就可以降低难度吗？处理难度越高的事所产生的成就感不也越大吗？

6. 我现在没心情做这件事！你愿意成为自己情绪的俘虏吗？会不会因为你不做所以才没有心情做？

7. 尽管它很重要，但不急啊！难道你不知道要先做及多做重要的事才会扩大成就？难道凡事都要等急的时候才做？

8. 假如我不急着做，搞不好会有别人拿去做！你不觉得这样会损及你的形象及自尊？

9. 目前我很忙，匀不出时间做那件事！你有没有比较过你手头上的正在忙的事重要，还是那件事重要？

10. 这件事可能行不通！你想不想知道它是否行得通？只有动手去做才能获得答案！

11. 我要先将办公桌收拾干净！为何不等到办完事之后再进行收拾？

12. 兹事体大，我怎么贸然采取行动？正因为兹事体大，所以更不应错失采取行动之机会。这一点你想过没有？

13. 若我现在就做，做妥后还会接到更多的事做！你已处于坐以待"币"的状态吗？

14. 在开动之前，我想先休息一下！何不将次序倒转一下，让休息成为做妥工作之报偿？

15. 从下个月起开始戒烟！你的意志力未免太薄弱了？！你为何不打铁趁热？

三、克服拖延的方法

导致管理者采取拖延作风的事端，大致可分为三类：第一，不愉快的事；第二，困难的事；第三，含重大决策的事。克服拖延的方法，常用的有四种。

1. 各个击破法

各个击破法有时被比喻为"香肠切片法"("Salami" Technique)。Salami 原是意大利香肠，在切片之前因它巨油无比其貌不扬，故有令人难以下咽之感觉。但在切成薄片之后，因形状及色调改变而颇能引起食欲。令人不愉快或令人感到困难的事，若能照样地细分为许多件小事，且每次只处理其中的一件，则这种事情的处理将不至于令人反胃。

假如事情本身颇为艰巨，则遂行之步骤可能更多。采取各个击破法以对付拖延的作风时，有两点必须特别加以注意：第一，每一个行动步骤都要非常简单，而且很快即可做妥——可能的话,应令每一个步骤在几分钟之内处理完毕;第二,每一个行动步骤都必须以书面列明,因为假如不这样做,则可能永远不会针对拖延的事情采取行动。

2. 平衡表法

平衡表法是一种书面分析法。在纸的左边列出拖延的理由,在纸的右边则列出办妥拖延的事情的潜在好处。结果,通常都很出人意料:左边也许只有一、两个情绪上的借口,诸如"可能导致尴尬的局面"、"可能令我感到厌烦"等;右边则有许多好处,其中的一项可能是"将讨厌的事做好,轻松了许多"。平衡表法足以令有拖延恶习的人,在冷漠与逃避的心态中觉醒,并面对现实。

3. 思维方式改变法

拖延可以说是深植于内心的一种思维方式所造成的结果。这种思维方式是这样的:"这种任务必须履行,但是它令人感到不愉快,因此我将尽量予以拖延。"

倘若我们能将以上之思维方式改为:"这种任务是令人感到不愉快的,但是它必须被履行,因此我将立即做完它以便尽早忘掉它。"则拖延之恶习将可望获致矫正。

4. 避免过分追求尽善尽美法

由于"真、善、美"在我们的价值尺度中向来被视为一种圭臬,因此在制定决策时我们往往趋于过分小心、过分理想化,以致要到信息齐全或有确切把握时才敢采取行动。这说明了何以管理者一遇重大事件便会犹豫不决,也说明了何以求好心切的作家老是无法写完书的第一章。对那些因过分追求完美而迟疑不决的管理者来说,下面两剂药方相信是有益的:第一,决策环境本身非具风险性,则是具不确定性,因此想获致完备的决策信息是不可能的。基于此,管理者应在已搜集关键性信息的第一时间(即进一步获得的信息所产生的好处不大时),立刻下定决策。第二,管理者若能及早下定决策,则当决策显示错误的迹象时,他才有时间实行补救或善后措施。一旦管理者将决策拖延到限期届满时才予以制定,那么不出错则已,一出错将永远无法挽回!

探索与练习

意志力的测试

指导语:下面有 20 道题,请你对每个题目从五种选择(是,有时是,是否之间,很少是,不是)中选择一个(只能选择一个)。(采用北京师范大学修订量表)

一、题目

1. 我很喜欢长跑、远途旅行、爬山等体育运动,但并不是因为我的身体条件适合这些项目,而是因为它们能使我更有毅力。

2. 我对自己订的计划常常因为主观原因不能如期完成。

3. 如果没有特殊原因,我能每天按时起床,不睡懒觉。

4. 订的计划应有一定的灵活性,如果完成计划有困难,随时可以改变或撤销它。

5. 在学习和娱乐发生冲突的时候,哪怕这种娱乐很有吸引力,我也会马上决定学习。

6. 学习和工作中遇到困难的时候,最好的办法是立即向师长、同学求援。

7. 在长跑中遇到生理反应，觉得跑不动时，我常常咬紧牙关坚持到底。

8. 我常因读一本引人入胜的小说而不能按时睡觉。

9. 我在做一件应该做的事之前，常常能想到做与不做的好坏结果，而有目的地去做。

10. 如果对一件事不感兴趣，那么不管它是什么事，我的积极性都不高。

11. 当我同时面临一件该做的事和一件不应该做却吸引着我的事时，我常常经过激烈斗争，使前者占上风。

12. 有时我躺在床上，下决心第二天要干一件重要事情(如突击一下学外语)，但到第二天，这种劲头又消失了。

13. 我能长时间做一件重要但枯燥无味的事情。

14. 生活中遇到复杂情况时，我常常优柔寡断，举棋不定。

15. 做一件事之前，我首先想的是它的重要性，其次才想它是否使我感兴趣。

16. 我遇到困难情况时，常常希望别人帮我拿主意。

17. 我决定做一件事时，说干就干，决不拖延或让它落空。

18. 在和别人争吵时，虽然明知不对，我却忍不住说一些过头话，甚至骂他几句。

19. 我希望做一个坚强的有毅力的人，因为我深信"有志者事竟成"。

20. 我相信机遇，好多事实说明，机遇的作用有时大大超过人的努力。

二、计分办法

1. 单号题1、3、5、7……等每题后面的五种回答依次是5、4、3、2、1分。

2. 双号题2、4、6、8……等每题后面的五种回答依次是1、2、3、4、5分。

请求出20道题的得分的总和_____。

三、意志力分析

81～100分，意志很坚强；61～80分，意志较坚强；41～60分，意志品质一般；21～40分，意志较薄弱；0～21分，意志很薄弱。如果属于后三类，那就要锻炼良好的意志品质。例如：坚持、执着、负责任、恒心、毅力、专注于目标、忍耐、积极、顽强、不服输、不怕失败等这些是成功的重要品质。

第十三章 情商培育

【导引个案】

令人心痛的案例

镜头在国外：

1965 年 9 月 7 日，世界台球冠军争夺赛在纽约举行。路易斯·福克斯十分得意，因为他远远领先对手，只要再得几分便可登上冠军的宝座了。

然而，正当他全力以赴拿下比赛时，发生了一件令他意料不到的小事：一只苍蝇落在台球上。这时的路易斯本没在意，一挥手赶走苍蝇，俯下身准备击球。可当他的目光落到主球上，这只可恶的苍蝇又落到了主球上。在观众的笑声中，路易斯又去赶苍蝇，情绪也受到了影响。

然而，这只苍蝇好像故意要和他作对，他一回到台盘，它也跟着飞了回来，惹得在场的观众开怀大笑。路易斯的情绪恶劣到了极点，终于失去了冷静和理智，愤怒地用球杆去击打苍蝇，不小心球杆碰动台球，被裁判判为击球，从而失去了一轮机会。

本以为败局已定的竞争对手约翰·迪瑞见状勇气大增，信心十足，最终赶上并超过路易斯，夺得了冠军。

路易斯沮丧地离开后，第二天早上，有人在河里发现了他的尸体。他投河自杀了。

可以说，路易斯并不是没有能力拿世界冠军，可眼看金光闪闪的奖杯就要到手时，他却暴露出了心理方面的致命弱点：对待影响自己情绪的小事不够冷静和理智，不能用意志来控制自己，最终失掉了冠军甚至生命。

镜头在国内：

2007 年 11 月 6 日，毕业于北京师范大学的优等生王豪，由于毕业后一直找不到合意的工作，在巨大的心理压力下选择了自杀。

2002 年 8 月 7 日早上，上海市宝山区一名女大学生因家庭经济原因和家人发生争吵，突然爬上 6 楼阳台，以跳楼自杀威胁家人。

长期以来，人们习惯于将智商作为衡量人才的标准，而现代研究表明，人才成功的决定因素不仅仅是智商，还有情商。美国一家很有名的研究机构调查了 188 个公司，测试了每个公司高级主管的智商和情商。结果发现，对领导者来说，情商的影响力是智商的 9 倍。智商略逊的人如果拥有更高的情商指数，也一样能成功。

那么什么是情商？我们该怎样培养情商？情商与情绪是怎样的关系？我们应当如何管理和利用情绪？这些都可以在本章找到答案。

第一节　情绪与情商

美国总统布什曾经说过："您能调动情绪，就能调动一切。"因此要了解情商，必须要弄清楚什么是情绪。

一、了解情绪

(一)什么是情绪

普通心理学中对情绪的定义：情绪是指人对认知内容的特殊态度，是以个体的愿望和需要为中介的一种心理活动。情绪包含情绪体验、情绪行为、情绪唤醒和对刺激物的认知等复杂成分。

生物学的定义：情绪也称情动。一般把情感中像愤怒、悲哀、恐惧等这种短暂地、急剧地发生的强烈的情感称为情绪。

按照通俗的理解，情绪是指个体受到某种刺激后所产生的一种身心激动状态。情绪状态的发生每个人都能够体验，但是对其所引起的生理变化与行为却较难加以控制。人们处于某种情绪状态时，个人可以感觉到，而且这种情绪状态是主观的。因为不同的情绪体验只有当事人才能真正地感受到，别人固然可以通过察言观色去揣摩当事人的情绪，但并不能直接地了解和感受。情绪经验的产生，虽然与个人的认知有关，但是在情绪状态下所伴随的生理变化与行为反应却是当事人无法控制的。情绪每个人都会有，心理学上把情绪分为四大类：喜、怒、哀、乐。再把它们细分还有很多，基本包括我们身上所发生的所有体验。

(二)情绪的特点

一般而言，情绪包括了以下几个特点。

(1) 是一种主观的经验。俗话说，"如人饮水，冷暖自知"，只有个人自己才能真正地感到喜怒哀乐各种不同的情绪。

(2) 是个体内在的反应，如自主神经系统的反应。

(3) 是对特定事物的信念或认知评估，这种信念或认知评估会使个体产生正面或负面的情绪。

(4) 情绪会借由脸部表情来表现。

(5) 对于知觉到的情绪可表现出反应来，如行为上的反应。

二、情绪智能

当我们接收到一个刺激时，我们的小脑会自动地产生一种生物生理化学反应，这就是情绪。

例如，当我们漫步在一个风景优美、空气清新的森林公园时，我们自然而然感到心情愉悦舒畅，这样的情绪令我们脚步平稳、悠闲，身体动作自然放松。而如果此时你突然听到一声狼的嚎叫，或一头凶猛的野兽突然出现在你的面前，你的情绪就会立刻转为恐惧紧张，而所采取的行动则有可能是发出恐惧的惊叫，转身逃跑。

上述的这两种情绪及行动的发生状况其实就是我们的小脑的自发反应而形成的，所以情绪的产生是源自于自动的生物生理化学反应，这是属于我们生理上的一种自我保护的原始机制，是比我们的理性思维、智力，也就是我们的大脑，速度快 8 000 倍的反应模式。

由小脑产生的情绪所引发的行动，并没有经过我们数学逻辑的分析中心——大脑的思考，因此所采取的行动是被动的、非理性的反应，我们通常称为"非条件反射"。从"非条件反射"到经过大脑分析后采取理性行动，就是情绪智能的反应。这个过程的时间差约为 6 秒钟，也就是说，自小脑自发产生情绪后的 6 秒左右的时间，小脑才能将信息传递到大脑，进而由大脑进行逻辑分析，做出理性判断，采取理性的行动。由大脑对小脑的情绪进行理性分析后选择采取行动的能力就是情绪智能。

例如，卓别林在深夜回家的途中遇到了携带手枪的歹徒，他的第一个念头就是转身就跑，但是，他在迟疑片刻之后，把自己的钱包交出来，并且可怜兮兮地请求劫匪："你在我的帽子上开两枪吧，我好向我的老板交差。"歹徒二话不说，拿起他的帽子就打了两枪。卓别林又请求到："这样不够惨，你在我的裤脚上再打两枪吧！"歹徒不耐烦地对着卓别林的裤腿又开了两枪。卓别林脱下外套，又接着请求："你好人做到底，在我的外套上再打两枪吧！"歹徒恼怒地对着卓别林的外套开枪，却发现子弹已经用完了。卓别林于是拔腿就跑，成功脱险。

那么在这个例子中，卓别林转身就跑的冲动就是未经理性控制的情绪，而后交钱以求自保，诱使歹徒用完子弹从而成功脱险的心理活动，就是情绪的智能处理过程。

1900 年，美国耶鲁大学心理学院院长及教授彼得·塞拉维和新罕布什尔大学的教授约翰·梅耶最早研究并定义了情绪智能：情绪智能是识别、面对和运用情绪来引导思考的一种能力。1995 年，《纽约时报》第一次将情绪智能的学术概念用"情商"来简化。

三、情商概述

(一)情商的概念

EQ 是 Emotion Quotient 的简称，它是近年来心理学家们提出的与智力和智商相对应的概念，主要是指人在情绪、情感、意志、耐受挫折等方面的品质。以往认为，一个人能否在一生中取得成就，智力水平是第一重要的，即智商越高，取得成就的可能性就越大。但现在心理学家们普遍认为，情商水平的高低对一个人能否取得成功也有着重大的影响，有时其作用甚至要超过智力水平。那么，到底什么是情商呢？

正式提出"情感智商"这一术语的是美国耶鲁大学的彼得·沙洛维教授和新罕布什尔大学的约翰·梅耶教授。他们在 1990 年把情感智商描述为由三种能力组成的一种结构。这三种能力分别如下。

(1) 准确表达和评价情绪的能力。

(2) 有效地调节情绪的能力。

(3) 将情绪体验运用于驱动、计划和追求成功等动机和意志过程的能力。

1993 年，沙洛维和梅耶对情感智商作了进一步的研究，把它定义为社会智力的一种类型，并对其应包含的能力内容作了重新的界定："①区分自己和他人情绪的能力；②调节自己和他人情绪的能力；③运用情绪信息去引导思维的能力。"这个界定比1990年的界定更加明确，但作为概念，这个界定仍然停留在描述的层面上，基本含义变化不大。

1995年10月，美国《纽约时报》专栏作家丹尼尔·戈尔曼出版了《情感智商》一书，把情感智商这一学术研究新成果以非常通俗的方式介绍给大众，正式提出了与智商(IQ)相对应的概念情商(EQ)。该书的出版，激起了全球对EQ广泛的研究兴趣。在戈尔曼看来，人类有两个大脑，一个是理智的大脑，一个是情感的大脑。人生的成功是EQ与IQ并驾齐驱的结果。戈尔曼认为"情感智商包含了自制、热忱、坚持自我驱动，自我鞭策的能力"，具体包含五个主要方面。

(1) 自我认知：是当某种情绪一出现便能觉察到的能力，它是情商的核心。认识情绪的本质是情感智商的基石，当人们出现了某种情绪时，应该承认并认识这些情绪而不是躲避或推脱。只有对自己的情绪有更大的把握性才能成为生活的主宰，才能更好地指导自己的人生，更准确地决策婚姻、职业等大事；反之，不了解自身真实情绪的人，必然沦为情绪的奴隶。

(2) 自我管理：是指能够自我安慰，能够调控自我的情绪，使之适时、适地、适度。这种能力具体表现在通过自我安慰和运动放松等途径，有效地摆脱焦虑、沮丧、激怒、烦恼等因失败而产生的消极情绪的侵袭，不使自己陷于情绪低潮中。这方面能力较匮乏的人常需与低落的情绪交战；而这方面能力高的人可以从人生挫折和失败中迅速跳出，重整旗鼓，迎头赶上。

(3) 自我激励：是指能将情绪专注于某项目标上，为了达到目标而调动、指挥情绪的能力。任何方面的成功都必须有情绪的自我控制——延迟满足、控制冲动、统揽全局。拥有这种能力的人能够集中注意力、自我把握、发挥创造力、积极热情地投入工作，并能取得杰出的成就。缺乏这种能力的人，则易半途而废。

(4) 认知他人的情绪：即移情的能力，是在自我认知的基础上发展起来的最基本的人际技巧。具有这种能力的人，能通过细微的社会信号敏锐感受到他人的需要与欲望，能分享他人的情感，对他人处境感同身受，又能客观理解、分析他人情感。此种能力强者，特别适合从事监督、教学、销售与管理的工作。

(5) 人际关系的管理：就是管理他人情绪的艺术。大体而言，人际关系的管理就是调控与他人的情绪反应的技巧。这种能力包括展示情感、富于表现力与情绪感染力，以及社交能力(组织能力、谈判能力、冲突能力等)。人际关系管理可以强化一个人的受欢迎程度、领导权威、人际互动的效能等。能充分掌握这项能力的人，常是社交上的佼佼者；反之则易于攻击别人、不易与人协调合作。因之，一个人的人缘、领导能力及人际和谐程度，都与这项能力有关。

戈尔曼认为，情绪商数是另一种智力，是个体与心理素质相关的人格因素和社会因素的各项指标中的情绪方面的素质。高情商者表现为有良好的情绪自控能力，丰富而稳定的情感，稳定持久的注意力，坚强的意志品质，完整和谐的人格特性，良好的社会交往能力和适应能力，以及面对挫折与失败的良好的耐受力等。相反，低情商者，表现为情绪自制力差，情感贫乏，注意力涣散，意志品质差，人格障碍，缺乏交际能力，难以适应社会，受挫能力差等。因此，有人认为，与人类生活息息相关的情商，是影响人成功的关键。

(二)情商的作用

情商理论应用范围很普遍,研究对象涉及多个年龄阶段和各种职业领域。经众多实证研究证实,情商对个人的成长、人生的成功、企业的发展都具有积极的作用。

1. EQ 与人生

在生活中,我们常常遇到这样一种现象:一些 IQ 很高的人并不见得一定会成功,而一些 EQ 很高的人则必定会成功。为什么呢?因为 IQ 高的人一般都是专家,而 EQ 高的人却具备一种综合与平衡的能力。如果以我们的中华古训解释,那就是一个成功的人应是一个人情练达的人。

大量研究显示,一个人在校成绩优异并不能保证他一生事业的成功,也不能保证他能攀升到企业领导地位或专业领域的巅峰。虽然我们并不否定在校的学习能力,但在今天这个竞争日益激烈的社会中这绝不是成功的唯一条件。换言之,在现代社会中 EQ 的重要性绝不亚于 IQ,值得研究的是如何在理性与情感之间求得平衡,否则徒有智慧而心灵贫乏,在这个复杂多变的时代极易迷失方向。

轰动全国的女研究生被拐卖案,向我们证实了我国 EQ 教育的空白和匮乏。而震惊全国的马加爵事件,更是在国人心中掀起痛心和惋惜的波澜。因为与同学打牌中别人的一句话,使他丧失理智,失去控制,最后在毁灭了别人的同时,也毁灭了自己。马加爵留给自己短暂人生的最后总结是"没有理想是我人生最大的失败"。

诸多证据显示,EQ 较高的人在人生各个领域都有较多优势,无论是谈恋爱、人际关系或是理解办公室政治中不成文的游戏规则,成功的机会都比较大。此外,情感能力较佳的人通常对生活较满意,较能维持积极的人生态度。反之,情感生活失控的人必须花加倍的心力与内心交战,从而削弱了他的实际理解力与清晰的思考力。

在美国,人们流行一句话:"智商(IQ)决定录用,情商(EQ)决定提升。"事实上,IQ 和 EQ 都很重要。只不过,在今天这个竞争日趋激烈、知识爆炸、人际关系复杂的社会中 EQ 更显出其重要性。对于从事与人打交道的职业经理人来说,EQ 是一项十分重要而又必不可少的职业素质。

2. EQ 与事业

戈尔曼曾为 188 个公司开发所谓的"能力模型",来帮助公司发现、培训和晋升管理人员,研究目标时确定哪些个人能力能带来高绩效。研究结果表明:对于组织中任一职位的工作,情绪智力的重要性是专业技能和认知能力的两倍;而且随着管理者在组织中的层级越高,情绪智力起着越来越重要的作用,而专业技能的差别却是可以忽略的。在高级领导职位上,将高绩效者与普通绩效者比较,其中差异的 90% 可以归因于情绪智力因素而非认知能力。现在成千上万的企业顾问、公司和企业培训导师纷纷采用 EQ 作为评估公司员工的工作理论。2001 年,强生公司开始在消费产品部测量员工的情感倾向上,选拔重要职位的管理人员。雅芳公司使用相似的情感能力测试来评估员工和培训经理。据统计,《财富》1 000 强企业中 10% 的公司在员工招聘及培训中使用着 EQ 测试。

第二节　大学生常见的情绪问题及其调适

大学生活总的来说是紧张的，社会期望高、心理压力大、学习负担重、竞争激烈，使大学生的情绪易处于紧张状态。一般认为，适度的、情境性的负性情绪反应，如考试中的紧张和焦虑、失意后的悲伤等情绪是正常的。但是，如果大学生不能很好地处理生活和学习中的各种问题，极易产生不同程度的情绪问题，从而影响身心的健康和发展。

一、大学生情绪问题的定义

风华正茂的大学生，本该是最健康的一族，但许多调查资料显示，我国大学生心理障碍和疾病的发病率高达 20%，因各种疾病而休学、退学的比例也呈上升趋势。造成学生身心不健康的原因是多方面的，但与大学生的情绪关系最为密切，特别是一些强烈而持久的情绪问题，对大学生的危害更大。

大学生的情绪问题，一般是指大学生的消极情绪，指因生活事件引起的悲伤、痛苦长时间持续不能消除的状态。情绪问题一方面导致大学生大脑神经活动功能紊乱，使情绪中枢部位的控制减弱，使其认识范围缩小，自制力、学习效率降低，不能正确评价自我，甚至会产生某些失去理智的行为，造成心理障碍和心理疾病；另一方面，情绪问题又会降低大学生的免疫功能，导致其正常生理平衡失调，引起心血管、消化、泌尿、呼吸、内分泌等系统的各种疾病。

二、大学生情绪问题的主要表现

(一)焦虑

焦虑是十分常见的现象，是一种类似担忧的反应或是自尊心受到潜在威胁时产生担忧的反应倾向，是个体主观上预料将会有某种不良后果产生的不安感，是紧张、害怕、担忧混合的情绪体验。人们在面临威胁或预料到某种不良后果时，都有可能产生这种体验。

焦虑是大学生常见的情绪状态，当他们在学习、工作、生活各方面遭遇挫折或担心需要付出巨大努力的事情来临时，便会产生这种体验。焦虑对大学生的影响是复杂的，既可以成为大学生成才的内驱力，起促进作用，也可以起阻碍作用。实验证明，中等焦虑能使学生维持适度的紧张状态，注意力高度集中，促进学习。但过度焦虑则会对学生带来不良的影响。如有的大学生在临考前夜的失眠或考试时"怯场"，在竞赛中不能发挥正常水平等，多是高度焦虑所致。被过高的焦虑困扰的大学生，常常会感到内心极度紧张不安、惶恐害怕、心神不定、思维混乱、注意力不能集中，甚至记忆力下降，同时还容易产生头痛、失眠、食欲不振、胃肠不适等不良生理反应。焦虑的大学生在内心深处有一种无法解脱、不愿正视的心理问题，焦虑只是矛盾、冲突的外显，借此作为防御机制以避免更深层次的困扰。

大学生常见的焦虑有自我形象焦虑、学习焦虑与情感焦虑。自我形象焦虑是担心自己不够漂亮、没有吸引力，体貌过胖或矮小等，也有的因为粉刺、学生雀斑等影响自我形象而引起的焦虑。这类焦虑主要与自我认知有关，需要通过调整自我认知重新接纳自我，建立新的自我形象。二是与学习有关的焦虑如学习焦虑、考试焦虑，在学生情绪反映中最为强烈，我们在大学生学习心理中专门谈及考试焦虑，需要引起重视。情感焦虑多数是由于恋爱受挫而引发的自我否定，认为自己不具备爱人与被爱的能力，因而过度担心引起焦虑。

克服焦虑的方法主要有：首先了解大学生焦虑后面深层次的潜在冲突，在此基础上给予支持性的专业心理辅导。

(二)抑郁

抑郁症状不单指各种感觉，还指情绪、认知与行为特征。抑郁最明显的症状是压抑的心情，表现为仿佛掉入了一个无底洞或黑洞之中，正被淹没或窒息。其他感觉包括容易发火，感到愤怒或负罪感。抑郁常常伴随着焦虑，对所有活动失去兴趣，渴望一个人独居。抑郁也伴随着个体思维方式的转变，这些认知改变可以是一般性的，比如注意力不集中、记忆力衰退或者很难做出决定。在思考中可能有更多的心境转变，消极地看待世界、自我和未来。因此，抑郁的人很难回忆起美好的过去，不适当地责备自己，认为他人更消极地看待自己，对未来感到悲观。与此同时，还伴随身体症状，如常常乏力，起床变得困难，更严重时睡眠方式都将改变，睡得太多或者早晨醒得太早，并且不能再次入睡。也可能出现饮食紊乱，吃得过多或过少，随之而来的是体重激增或剧减。抑郁是一种持续时间较长的低落、消沉的情绪体验，它常常与苦闷、不满、烦恼、困惑等情绪交织在一起。

一般来说，这种情绪多发生在性格内向，好孤僻、敏感多疑、依赖性强、不爱交际，生活遭遇挫折，长期努力得不到报偿的大学生身上。那些不喜欢所学专业，或因人际关系处理不当、失恋等问题的大学生也会产生抑郁情绪。

(三)愤怒

愤怒是由于客观事物与人的主观愿望相违背，或因愿望无法实现时，人们内心产生的一种激烈的情绪反应。心理学研究表明，当愤怒发生时，可能导致人体心跳加快、心律失常、高血压等躯体性疾病，同时还会使人的自制力减弱甚至丧失，思维受阻、行为冲动，甚至干出一些事后后悔不迭的蠢事或造成不可挽回的损失。

愤怒是大学生常见的一种消极情绪，处于精力充沛、血气方刚的青年时期的大学生，在情绪情感发展上往往容易产生好激动、易动怒的特点。如有的大学生因一句刺耳的话或一件不顺心的小事而暴跳如雷；有的因人际协调受阻而怒不可遏、恶语伤人；有的因别人的观点或意见与自己相左而恼羞成怒；有的因一时的成功、得意而忘乎所以；有的因暂时的挫折或失败而悲观失望，痛不欲生。如此种种遇事缺乏冷静的分析与思考，图一时之快，逞一时之勇的好激动、易动怒的不良情绪特点，在一些大学生身上时有体现。这种情绪对大学生的影响是极其有害的，因而有人说："愤怒是以愚蠢开始，以后悔结束。"

案例：

这是一位大一女生的自述："我来自一个并不富有但也比较宽裕的家庭，父亲非常爱我，但在我童年时期，发生过重大创伤性生活事件，自从这件事发生后，我不再相信任何人，也不再相信很多人们确信不移的比如友谊、爱情等。我想通过努力学习离开原来的生活环境，开始新的生活，摆脱童年生活的阴影。来到大学后，看到同学们都快乐无忧地生活着，长久潜藏于心的愤怒悄悄地滋长着，我不知道如何化解与排解这种情绪，便经常翻同学的书柜和床位，将他们正在看的参考书藏起来。我并不是为了看书，而是看到他们焦虑、着急的样子，我内在的愤怒便找到了宣泄的途径。这样我还不解气，我将同学的存折悄悄取出，并将钱全部花掉以化解我心中的愤怒。"

这位女同学在童年遭受的挫折与伤害，由于缺乏必要的心理辅导与心理支持，在她升入大学后，她的心理问题也没有得到及时的解决，其长期潜在的愤怒也没有得到平息或缓解，反而是越来越严重甚至心理扭曲，经常通过伤害别人以寻求安慰，最后不得不因违反学校纪律而受到处分。

(四)嫉妒

嫉妒是指他人在某些方面胜过自己引起的不快甚至是痛苦的情绪体验。西班牙作家塞万提斯说："嫉妒是万恶的根源，美德的蟊贼。"

嫉妒是自尊心的一种异常表现，在大学生中普遍存在。具体表现为当看到他人学识能力、品行荣誉甚至穿着打扮超过自己时内心产生的不平、痛苦、愤怒等感觉；当别人身陷不幸或处于困境时则幸灾乐祸，甚至落井下石，在人后恶语中伤、诽谤。嫉妒是一种情绪障碍，它扭曲人的心灵，妨碍人与人之间正常真诚地交往。

嫉妒是由于别人胜过自己而引起抵触的消极的情绪体验。黑格尔曾说，嫉妒是"平庸的情调对于卓越才能的反感"。在日常生活中，嫉妒的存在是很普遍的。英国科学家培根说："在人类的一切情欲中，嫉妒之情恐怕要算作最顽强、最持久了。"当看到别人比自己强时，心里就酸溜溜的不是滋味，于是就产生一种包含着憎恶与羡慕、愤怒与怨恨、猜嫌与失望、屈辱与虚荣以及伤心与悲痛的复杂情感，这种情感就是嫉妒。嫉妒者不能容忍别人超过自己，害怕别人得到自己无法得到的名誉、地位等，在他看来，自己办不到的事别人也不要办成，自己得不到的东西，别人也不要得到。

案例：

这是发生在两位大学生之间的事：学生 A、B 是某名牌大学的学生，大学期间两人是形影不离的好友。在研究生学习期间，两人同时参加出国考试并被美国大学录取，只因 A 申请的学校排名高于 B 申请的学校，B 膨胀的嫉妒心使她无法面对 A 优于她的现实，于是，她以 A 的名义向 A 申请的学校写了一封信，拒绝去美读书。当 A 得知最终结果时，她无论如何不能相信事实，而 B 的理由只有一个：嫉妒。这一致命的弱点毁掉了两个青年的前程。

(五)冷漠

冷漠是指人对外界刺激缺乏相应的情感反应，对生活中的悲欢离合都无动于衷。具体表现为：凡事漠不关心、冷淡、退让的消极情绪体验。如有的大学生对周围的人和事漠不关心，对集体和同学态度冷淡，对自己的前途命运、国家大事等漠然置之，似乎自己已看破红尘、超凡脱俗。于是，把自己游离于社会群体之外，独来独往，对各种刺激无动于衷。这种冷漠的情绪状态，多是压抑内心情感情绪的一种消极逃避反应。具有这种情绪的人从表面上看虽表现为平静、冷漠，但内心却往往有强烈的痛苦、孤寂和压抑感。如果大学生长时间地处于这种情绪状态下，巨大的心理能量无法释放，超过了一定限度时，就会以排山倒海的形式爆发出来，致使心理平衡遭到破坏，影响身心健康。

克服冷漠最根本的是改变认知，发现生活的意义，发现自我的价值，改变长此以往形成的对人生消极的看法；从行为上，积极投身各种有意义的活动中，融入集体中，进行积极的自我暗示与自我提升；正确认识自我与他人、个体与社会，并不断矫正自己的非理性观念。

(六)孤独

孤独情绪不同于独处，它是对人际关系的无效性或不满足的一种情绪体验。孤独是令人难受的，它是孤独者无成效的社会交往技能的反映，并与各种各样不成功的认识状态或情绪状态(包括低度自尊、焦虑、压抑和个人之间的相互猜忌等)有关系。尽管当今社会开放度较高，大学生们相互之间的交往和各种社会活动也较多，但在内心感到孤独的却不乏其人。孤独的人焦虑、不安、紧张、抑郁，执着于自我，缺乏决断力。许多资料表明，在大学生中有孤独感的人较多。一项对 100 名青年孤独体验的研究表明：较孤独的青年是更抑郁的，沉溺于自我意识更深、更不愉快的。他们在作决定时对他人有相当大的依赖性。一般来说，他们更不满意人生，也更不愿进行社会冒险。他们对自己吸引别人的能力缺乏足够的自信。因此，大量的孤独体验使他们感到空虚、厌烦和孤立。

孤独的情绪来源于多种因素，如身体疾病，因体弱多病而少于参加社会活动。此外，与他人(尤其是同伴)的关系发生裂痕也会导致孤独。但孤独的主要原因一是社交技能较差，二是过于内向所造成的。大学生将自己闭锁在自我意识的"深闺"中自叹自息，使自己置身火热的社会生活之外是不可取的。过度的孤独感不仅给自己身心健康带来危害(严重的会导致自伤或自杀)，同时也将影响人际关系的发展，影响自己的学业和日常生活。

三、大学生情绪调适的方法

由于不良情绪会妨碍身心健康，因此，心理学家积极主张对大学生的情绪进行科学指导，并提倡大学生进行自我调节。不同情境中的负性情绪可以采取不同方法进行自我调节和控制。

(一)情绪调适的原则

以下原则对大多数人会有一定的指导与帮助。

(1) 培养乐观向上、积极进取的人生观。

(2) 培养广泛的兴趣爱好与主观幸福感，热爱生活。

(3) 注重沟通的艺术，学会与人合作，建立宽厚的人际关系。

(4) 悦纳自己，用赞赏的目光对待自己。

(5) 宽容别人，不苛求别人。

(6) 学会忘记过去对自己的伤害。

(7) 避免过分自责。

(8) 善于控制自己的情绪，并学会消化负性情绪。

(9) 不要随意扩大某事的严重性，尽可能做到"大事化小，小事化了"。

(10) 学会忽略对自己不利的事情，以避免因此引起的负性情绪体验。

(二)情绪管理的方法

从操作层面看，不良情绪的自我调节方法很多，人们经常使用的有如下几种。

1. 理性情绪疗法

美国临床心理学家阿尔伯特·艾利斯(Albert Ellis)在 20 世纪 50 年代创立了理性情绪疗法(Rational Emotive Therapy，RET)，其核心是去掉非理性的、不合理的信念，建立正确的信念。非理性信念的特点是绝对化、过分概括化、糟糕透顶。

(1) 理性情绪的基本观点。艾利斯的 RET 理论认为：情绪并不是由某一诱发事件本身直接引起的，而是由经历这一事件的个体对这一事件的解释和评价所引起的。这一理论也称为情绪困扰的 ABC 理论。

A 代表诱发事件(Activating Events)。

B 代表信念(Beliefs)，是指人对 A 的信念、认知、评价或看法。

C 代表结果即症状(Consequences)。

情绪和行为受制于认知，认知是人心理活动的"牛鼻子"，把认知这个"牛鼻子"拉正了，情绪和行为的困扰就会在很大程度上得到改善。

艾利斯认为并非诱发事件 A 直接引起症状 C，A 与 C 之间还有中介因素在起作用，这个中介因素就是人对 A 的信念、认知、评价或看法，即是信念 B。艾利斯认为人极少能够纯粹客观地知觉经验 A，总是带着或根据大量的已有信念、期待、价值观、意愿、欲求、动机、偏好等来经验 A。因此，对 A 的经验总是主观的，因人而异的。同样的，A 在不同的人会引起不同的 C，主要是因为他们的信念有差别，即 B 不同。

换言之，事件本身的刺激情境并非引起情绪反应的直接原因。个人对刺激情境的认知解释和评价才是引起情绪反应的直接原因。

要进行情绪的调试，必须对引起情绪的信念进行驳斥，即 D(驳斥、对抗 Dispute)，实际上也是一个咨询治疗过程流程图，产生有效的治疗效果 E(Effect)。

例如：当一名大学生因考试成绩平平(A)而焦虑甚至产生抑郁时(C)，这是因为他有这样的信念(B)，大学生应当在各方面都是优秀的、出类拔萃的，否则情况就非常糟糕。合理的解释是大学生未必各方面都优秀，做最好的自己是最重要的(E)。人的思想、情感和行动三者都是同时发生的，即当人思想时，也在感受和行动；同样，当人在感受时，也在思想与行动。情绪问题正是不断地用非理性的话对自己言语、暗示或指示的结果。

(2) 非理性信念。艾利斯认为人们常常具有许多非理性的信念，它们影响我们对社会事务的客观解释，因此也会带来不良的情绪体验。这些常见的非理性信念如下。

每个人都应该得到在自己生活环境中对自己重要的人的喜爱与赞许。

每个人都必须能力十足，在各方面有成就，这样的人才是有价值的。

有些人是坏的、卑劣的、恶性的；为了他们的恶行，他们应该受到严厉的责备与惩罚。

假如发生的事情是自己不喜欢或期待的，那么它是糟糕、很可怕，事情应该是自己喜欢与期待的那样。

人的不快乐是由外在因素引起的，一个人很少有或根本没有能力控制自己的忧伤和烦闷。

一个人对于危险或可怕的事物应该非常挂心，而且应该随时考虑到它可能发生。

逃避困难、挑战与责任要比面对它们容易。

一个人应该依靠别人，而且需要有一个比自己强的人做依靠。

一个人过去的历史对他目前的行为是极重要的决定因素，因为某事曾影响一个人，它会继续，甚至永远具有同样的影响效果。

一个人碰到种种问题，应该有一个正确、妥当及完善的解决途径，如果无法找到解决方法，那将是糟糕的事。

2. 积极的自我暗示

心理暗示，从心理学角度讲，就是个人通过语言、形象、想象等方式，对自身施加影响的心理过程。这个概念最初由法国医师库埃于 1920 年提出，他的名言是"我每天在各方面都变得越来越好"。自我暗示分消极自我暗示与积极自我暗示。积极自我暗示，在不知不觉之中对自己的意志、心理以至生理状态产生影响，积极的自我暗示令我们保持好的心情、乐观的情绪、自信心，从而调动人的内在因素，发挥主观能动性。心理学上所讲的"皮格马利翁效应"也称期望效应，就是积极的自我暗示。而消极的自我暗示会强化我们个性中的弱点，唤醒我们潜藏在心灵深处的自卑、怯懦、嫉妒等，从而影响情绪。

与此同时，我们可以利用语言的指导和暗示作用，来调适和放松心理的紧张状态，使不良情绪得到缓解。心理学的实验表明，当个人静坐时，默默地说"勃然大怒"、"暴跳如雷"、"气死我了"等语句时心跳会加速，呼吸也会加快，仿佛真的发起怒来；相反，如果默念"喜笑颜开"、"兴高采烈"，"把人乐坏了"之类的语句，那么他的心里面则会产生一种乐滋滋的体验。由此可见，言语活动既能唤起人们愉快的体验，也能唤起不愉快的体验；既能引起某种情绪反应，也能抑制某种情绪反应。因此，当我们在生活中遇到情绪问题时，我们应当充分利用语言的作用，用内部语言或书面语言对自身进行暗示，缓解不良情绪，保持心理平衡。比如默想或用笔在纸上写出下列词语："冷静"、"三思而后行"、"制怒"、"镇定"，等等。实践证明，这种暗示对人的不良情绪和行为有奇妙的影响和调控作用，既可以松弛过分紧张的情绪，又可用来激励自己。

3. 转移注意力

注意力转移法就是把注意力从引起不良情绪反应的刺激情境转移到其他事物上去或从事其他活动的自我调节方法。当出现情绪不佳的情况时，要把注意力转移到使自己感兴趣的事上去，如外出散步，看看电影、电视，读读书，打打球，下盘棋，找朋友聊天，换换环境等，有助于使情绪平静下来，在活动中寻找到新的快乐。这种方法，一方面中止了不良刺激源的作用，防止了不良情绪的泛化、蔓延；另一方面，通过参与新的活动特别是自己感兴趣的活动而达到增进积极的情绪体验的目的。

4. 适度宣泄

过分压抑只会使情绪困扰加重，而适度宣泄则可以把不良情绪释放出来，从而使紧张情绪得以缓解、轻松。因此，遇有不良情绪时，最简单的办法就是"宣泄"。宣泄一般是在背地里，在知心朋友中进行的。采取的形式或是用过激的言辞抨击、谩骂、抱怨恼怒的对象；或是尽情地向至亲好友倾诉自己认为的不平和委屈等，一旦发泄完毕，心情也就随之平静下来；或是通过体育运动、劳动等方式来尽情发泄；或是到空旷的山林原野，拟定一个假目标大声叫骂，发泄胸中怨气。必须指出，在采取宣泄法来调节自己的不良情绪时，必须增强自制力，不要随便发泄不满或者不愉快的情绪，要采取正确的方式，选择适当的场合和对象，以免引起意想不到的不良后果。

5. 自我安慰法

当一个人遇到不幸或挫折时，为了避免精神上的痛苦或不安，可以找出一种合乎内心需要的理由来说明或辩解。如为失败找一个冠冕堂皇的理由，用以安慰自己，或寻找的理由强调自己所有的东西都是好的，以此冲淡内心的不安与痛苦。这种方法，对于帮助人们在大的挫折面前接受现实，保护自己，避免精神崩溃是很有益处的。比如，对于失恋者来说，想到"失恋总比结婚后再离婚要好得多"，便可减轻因失恋带来的痛苦。因此，当人们遇到情绪问题时，经常用"胜败乃兵家常事"、"塞翁失马，焉知非福"、"坏事变好事"等词语来进行自我安慰，可以摆脱烦恼，缓解矛盾冲突、消除焦虑、抑郁和失望，达到自我激励，总结经验、吸取教训之目的，有助于保持情绪的安宁和稳定。

6. 交往调节法

某些不良情绪常常是由人际关系矛盾和人际交往障碍引起的。因此，当我们遇到不顺心、不如意的事，有了烦恼时，能主动地找亲朋好友交往、谈心，比一个人独处冥想、自怨自艾要好得多。因此，在情绪不稳定的时候，找人谈一谈，具有缓和、抚慰、稳定情绪的作用。另外，人际交往还有助于交流思想、沟通情感，增强自己战胜不良情绪的信心和勇气，能更理智地去对待不良情绪。

7. 情绪升华法

升华是改变不为社会所接受的动机、欲望而使之符合社会规范和时代要求，是对消极情绪的一种高水平的宣泄，是将消极情感引导到对人、对己、对社会都有利的方向去。如一同学因失恋而痛苦万分，但他没有因此而消沉，而是把注意力转移到学习上，立志做生活的强者，证明自己的能力。

在上述方法都失效的情况下，仍不要灰心，在有条件的情况下，去找心理医生进行咨询、倾诉，在心理医生的指导、帮助下，克服不良情绪。

第三节 情 商 培 养

人的智商在十几岁后就不会有大的变化，而情商却不同，主要是通过学习和实践而发展起来的。人们在与他人的接触中，在社会环境和工作中，人生阅历逐渐丰富，不断地总结经验，吸取教训，越来越善于控制自己的情绪和冲动，善于激励自己进取，能设身处地地替他人着想和在社会上善于与人相处，其情商也就越来越高。用通俗的话说情商的提高就是"成熟"。因此，情商主要是靠后天培养提高的。懂得这个道理的意义在于帮助我们树立起培养情商的信心和勇气，积极自觉地投入到培养锻炼情商的学习和实践中去。

我们无法预定智商，却可以提高情商，一个杰出的人未必有着高智商，却一定有着高情商。提高情商其实有着简而易行的方法，你需要的就是坚持。

一、改变自我认知的技巧

苏格拉底有一句至理名言：认识您自己，它启发人们在情绪产生的时候，即感觉到他的存在，进而有目的地调控它。

当你了解自己的情绪，你就有可能充分合理地利用它，就能操纵、驾驭它。你要是不了解自己的情绪，就只能无助地听任它的摆布，成为情绪的奴隶。当你开始观察和注意自己内心的情绪体验时，一个积极作用的改变正悄然发生，那就是情商的作用。可见，自我认知就是了解自己的想法和情感，有了自己正确的认识，才会有做出更好选择的能力。你可以通过下面的途径来改善自我认识的技巧。

(一)情绪记录法

做一个自我情绪的有心人。你不妨抽出一至两天或一个星期，有意识地留意记录自己的情绪变化过程。可以以情绪类型、时间、地点、环境、人物、过程、原因、影响等项目为自己列一个情绪记录表，连续记录自己的情绪状况。回过头来看看记录，你会有新的感受。

(二)情绪反思法

你可以利用你的情绪记录表反思自己的情绪；也可以在一段情绪过程之后反思自己的情绪反应是否得当，为什么会有这样的情绪？这种情绪的原因是什么？有什么消极负面的影响？今后应该如何消除类似情绪的发生？如何控制类似不良情绪的蔓延？

(三)情绪恳谈法

通过与你的家人、上司、下属、朋友等恳谈，征求他们对你情绪管理的看法和意见，借助他人的眼光认识自己的情绪状况。

(四)情绪测试法

借助专业情绪测试软件工具，或咨询专业人士，获取有关自我情绪认知与管理的方法建议。

二、提高自我管理的技巧

情绪是一种由客观事物与人的需要相互作用而产生的包含体验、生理和表情的综合性生理过程。在社会生活中，我们总是会遇到令人高兴和烦恼的事情，这时候我们很难把握自己的情绪，但不能因此随着情绪放纵自己，应该及时调节、疏导和适度地抒发自己的情绪，保持身心健康。当然，完全用意志力或压抑来约束情绪是非常不对的，甚至还会引发和预期相反的结果，加剧负面影响的产生。

情绪自我管理存在两个阶段：①在对别人生气做出反应之前，重要的是设法控制自己的情绪；②当别人恼怒、沮丧并开始向你发难时，你自己应准备好恰当的应对措施。

为了灵活地管理自己的情绪，舒解矛盾，保证情绪的稳定和行为的积极，以更好地面对挑战和困难，我们必须运用各种情绪管理的技巧。

(一)转移技巧

当我们受到无法避免的痛苦打击时，长期沉浸在痛苦之中既于事无补、不能解决任何问题，又影响自己的工作、损害健康，所以我们应该尽快地把自己的注意力集中到那些有意义的事情上去，集中到最能使你感到自信、愉快和充实的活动上去。这一方法的关键是尽量减少外界刺激，尽量减少它的影响和作用。

一般情况下，能对自己的情绪产生强烈刺激的事情，通常都与自己的亲身利益有很大关系，要很快将它遗忘是很困难的。但是，可以进行积极地转移，或者主动去帮助别人，或者找知心朋友谈心，或是找有益的书来阅读。要使自己的心思有所寄托，不要使自己处于精神空虚、心理空旷的状态。凡是在不愉快的情绪产生时能很快将精力转移他处的人，不良情绪在他身上存留的时间就短。

(二)解脱技巧

解脱就是换一个角度来看待令人烦恼的问题。从更深、更高、更广、更长远的角度来看待问题，对它做出新的理解，以求跳出原有的圈子，使自己的精神获得解脱，以便把精力全部集中到自己所追求的目标上。解脱不是消极地宽慰自己，其实这样做有更重要的、积极的一面。我们的烦恼有很多都是因为自己心胸狭窄，只看到自己眼前的一点利益或身边的几件事，而没有从更广的范围、更长远的角度来想，为一些非原则的小事而忽略了生活中的大事。积极的解脱是把长远利益放在首位，抛开区区小事，而全神贯注地去追求自己的远大目标。

(三)升华技巧

升华就是利用强烈的情绪冲动，把它引向积极的、有益的方向，使之具有建设性的意义和价值。我们常说的"化悲痛为力量"就是指升华自己的悲痛情绪。其实不只是悲痛可以化为力量，其他的强烈情感也都可以化为力量。例如，可以化愤怒为力量、化仇恨为力量、化教训为力量、化鼓励为力量等。

世界上最值得赞美的行为之一就是发愤努力、不断进取、升华自己。这种升华是人类心灵中所迸发出来的最美的火花，也是人类赖以生存和发展的重要的情操。著名心理学家弗洛伊德把升华看作是最高水平的自我防御机制。他认为，只有健康和成熟的人才有可能实现升华。

(四)利用技巧

利用，就是我们常说的"坏事也能变成好事"。一种利用是对时机和客观条件的利用。一个能使我们苦恼的强制性要求，如果能巧妙地加以利用，就有可能首先在精神上感到自己由被动转化为主动，进而可以使烦恼变为怡然自得、乐在其中。

再一种利用，就是对情绪本身的利用。把情绪化为情趣加以利用，这里说的更为具体一些，是指"嬉笑怒骂，皆成文章"的意思。诗人利用它涌现的激情写出了流传千古的诗篇，作曲家则当他灵感来临时谱出了动人心弦的乐章。当自己真挚的感情强烈涌现时，抓住它做一些有益的事。

(五)疏导技巧

理智地消解不良情绪。首先，必须承认不良情绪的存在；其次，承认了不良情绪的存在后，就要分析产生这一情绪的原因，并弄清楚究竟为什么会苦恼、忧愁或愤怒，这样可以帮助我们弄清自己所苦恼、忧愁、愤怒的事物，是否确实可恼、可忧、可怒，有时实际上并不是这样，那么不良情绪就会得到消解；再次，有时确实有可恼、可忧、可怒的理由，那么，就要寻求适当的方法和途径来解决它。比如，你如果因为客户拜访的把握不大，对能不能完成任务感到焦虑不安，你就要积极把精力转移到充分准备工作上来，集中精力搞好演练，减轻自己的忧虑。

对于"疏导"法运用得炉火纯青的莫过于庄子了，他的妻子去世了，他不但不悲伤，反而"鼓盆而歌"，因为他认为人来自于虚无归于虚无，没有比这更自然而然的事情了，所以在这种事情上产生情绪是没有必要的。

(六)发泄技巧

将不良情绪的能量发泄出去。比如当你发怒时，不如赶快跑到其他地方，或是用拳头捶击墙壁，或是找个体力活干一干，或是跑一圈，这样就能把因盛怒激发出来的能量释放出来，从而使心情平静下来，或者在你过度痛苦时，不妨大哭一场。笑，也是释放积聚能量、调整机体平衡的一种方式。

(七)自我激励技巧

也就是用生活中的哲理或某些明智的思想来安慰自己，鼓励自己同痛苦和逆境进行斗争。自我鼓励是人们精神活动的动力源泉之一，一个人在痛苦、打击和逆境面前，只要能够有效地进行自我鼓励，他就会感到力量，就能在痛苦中振作起来。

(八)语言暗示技巧

当你为不良情结所压抑的时候，可以通过言语暗示作用，来调整和放松心理上的紧张状态，使不良情绪得到缓解。语言是一个人情绪体验强有力的表现工具。通过语言可以引起或抑制情绪反应，即使不出声的内部语言也能起到调节作用。林则徐在墙上挂有"制怒"二字的条幅，这是用语言来控制调节情绪的好办法。再如，你在发怒时，可以用言词暗示自己"不要发怒"，"发怒会把事情办坏的"。陷入忧愁时，提醒自己"忧愁没有用，于事无益，还是面对现实，想想办法吧"等，在松弛平静、排除杂念、专心致志的情况下，进行这种自我暗示，对情绪的好转将大有益处。

(九)请人引导技巧

有时候，不良情绪光靠自己独自调节还不够，还需借助于别人的疏导。心理学研究认为，人的心理处于压抑的时候，应当允许有节制的发泄，把闷在心里的一些苦恼倾倒出来。因此，当青年人有了苦闷的时候，可以主动找亲人、朋友诉说内心的忧愁，以摆脱不良情绪的控制。

(十)环境调节技巧

环境对人的情绪、情感同样起着重要的影响和制约作用。素雅整洁的房间，光线明亮、颜色柔和的环境，使人产生恬静、舒畅的心情。相反，阴暗、狭窄、肮脏的环境，给人带来憋气和不快的情绪。因此，改变环境，也能起到调节情绪的作用，当你在受到不良情绪压抑时，不妨到外面走走，看看美景，大自然的美景，能够旷达胸怀，欢娱身心，对于调节人的心理活动有着很好的效果。

制怒术：做情绪的主人，当喜则喜，当悲则悲。在遇到发怒的事情时，一思发怒有无道理，二思发怒后有何后果，三思是否有其他方式替代。这样就可以变得冷静而情绪稳定。

三、掌握自我激励的技巧

一个人若是没有受到激励，仅能发挥自己能力的 10%～30%，若受到正确而充分的激励，就能发挥自身能力的 80%～90%。最经常、最廉价、最可靠的激励来自于自我激励。自我激励是行动的催化剂和兴奋剂。掌握了自我激励，就把主动权掌握在自己的手中。自我激励，就像生命美丽的翅膀。正如海伦所说："当您感到激励自己的力量推动您去翱翔时，您是不应该爬行的。"

一个善于自我激励的人往往是一个乐观的人，乐观就是以宽容、接纳、愉悦和积极的心态去看待周边的现实世界，它能很好地促进人的身心健康。如何使自己乐观起来？美国两位心理学家米勒和戴尔纳经过认真调查研究认为：乐观的人多数是自爱的、自信的、自我控制能力强，且性格外向易于他人交往。鉴于此，你可以通过以下几个小动作来进行自我激励。

(一)抓住空当，磨炼你的热情

即使一天只有 15 分钟也好，每天花一点时间在自己最喜欢的兴趣上，比如晚饭后整理阳台上的花花草草；或上网和计算机玩 15 分钟的围棋。如此会让你更容易找回对工作的热情。

(二)写下让你感到骄傲的努力

准备一张小卡片，每天至少写下三件让你感到骄傲的事情。这里指的不是你今天又接到一笔多大的案子，而是当你已经付出百分之百的努力准备简报，即使最后提案并没有通过，也应该写下来鼓励自己。如果你真的想不出来自己到底做了哪些努力，可以找个值得信任的同事帮助你。

(三)准备一个"奖状"公布栏

在家里找一个你每天最常经过的一面墙，挂上一个小小公布栏，把所有能够展现自我价值的"奖状"都贴在上面：比如说辛苦设计的提案报告封面；被老板称赞的一封 E-mail；或是生日时同事合送你的干花。每天经过时看一眼，你就能吸收它带给你的正面能量。当然也要记得每个月更新。

(四)专注于如何解决问题

停止任何负面的、责备自己的想法，专注于如何解决问题。或许在电话或计算机旁贴一个禁止标志，可以提醒自己不要陷入负面的思考中。

四、提升识别他人情绪的技巧

善于识别他人情绪的人能察觉出他人的所思、所想、所感，能理解他人的态度，能对他人的情绪做出准确的辨别和评价。这种能力对人类的生存和发展是很重要的，它使人们之间能相互理解，使人与人之间能和谐相处，有助于建立良好的人际关系。

要改进或提升其他人的生命品质，比如自己的上司、员工或同事、朋友等，需要做到先处理情绪，再处理事情。有效工具是积极聆听法，通过有效的聆听、发问、区分和回应，设身处地了解和接纳他人的情绪，解读其未觉察的内在情感，协助对方处理情绪。有效情商管理有四个步骤，如下所述。

(一)接纳

这一点在处理单位人际关系时特别需要，看到同事不开心，不要躲开他，而是走到他身边，用关切的语气问："我看到你愁眉不展的样子，好像不开心，发生了什么事？需要我的帮助吗？"当你用这种认同的口吻和对方说话时，对方一定能感受到你的关怀及诚意。对情感比较"麻木"的都市人来说，你的这种接纳帮他恢复了情绪知觉，他没有理由不被你感动。

(二)分享

成功接纳了对方的情绪，他才愿意进一步和你谈内心的感受。分享的第一步就是他的内心感受，一般来说，女性情感表达平均能力要远远高于男性，心理开放的人比心理压抑的人在表达上更清晰、更敏锐。在对方对自身情感不觉察的情况下，你可以有意识地引导他表达感受，和他一起分享这种感觉，协助他学习区分情绪的界限。等对方情绪稳定下来，就肯定会说出事情的经过。

(三)区分

帮助对方区分哪些责任是他应该负责却没有做好的，哪些责任是外在的客观属性。如一个同事在办公室讲"荤笑话"被上司处罚，心情很沮丧。这时你可以问他："你觉得哪些行为在办公室不能做？"他会很清晰地回答："这次被罚就知道了，办公室里禁谈色情内容。"通过这个问题很容易就让对方了解了该不该做的事的界限，能使他在把控自己的行为上更准确、稳重。

(四)回应

最后还是应该回归到现实中，让对方制订一个有效的行动计划，以达成预定的目标。

五、人际交往中的情商培养

一个善于管理人际关系的人通常是一个能掌握自己和他人的情感，对情感收放自如，并能感染他人，让人乐于与之为伍的人，因此，人际关系处理能力是你在生涯发展过程中需要不断提高的一种能力。具体应掌握以下几种成功的人际关系技巧。

(一)注意外表形象

白领人员的衣着外表、一言一行都代表着公司的形象，因此白领人员在平时就应该注意自身的外表形象和言谈举止，以维护公司的良好形象。另外，良好的个人形象也是事业成功的一个有利条件。一个外表形象良好的人，往往比形象一般的人容易获得更多的机会。

(二)积极主动交往

如果清高自傲、孤芳自赏，不能与人合作，缺乏团队精神，就容易让领导和同事对你产生看法，在工作中就很难得到别人积极主动的帮助与配合。所以应该经常主动与同事和上下级之间进行沟通，与大家打成一片，主动关心和帮助别人。说到底，帮助别人就是帮助自己。

(三)学会幽默健谈

幽默是人类智慧的最高境界。一个说话幽默风趣的人，当然比木讷呆板的人受大家的欢迎。这种能力除了个别天赋之外，更多的可以通过平时多积累充电、广泛培养兴趣爱好来培养。具备了这种能力，在和各种类型的人进行交往时，就很容易寻找到共同感兴趣的话题，有利于拉近人与人之间的关系。

(四)适当赞美别人

人人都愿意听好话，所谓"千穿万穿，马屁不穿"，所以很多想走捷径的人争相拍领导的马屁；对于同事和下属，情况也是一样，一句发自内心的赞美之语，常常会产生很好的效果。当然，这里要注意一个问题，就是赞美要注意做到适度和自然，否则过犹不及。

(五)善于控制情绪

在工作中难免碰到各种挫折和委屈、误解，这时要注意努力学会控制自己的情绪，不能因为一些细小的人际摩擦和矛盾而动辄闹情绪、惹麻烦，影响团结，更不能因为情绪不好而影响了工作，否则就不能很好地与人打交道，难以在工作中进行人与人之间有效的沟通和协调。

(六)学会换位思考

换位也叫移情。所谓移情，就是指站在别人的立场上，设身处地地为别人着想，用别人的眼睛来看这个世界，用别人的心来理解这个世界。积极地参与他人的思想感情，意识到我也会有这样的时候，我遇到这样的事情会怎么样？这样才能实现与别人的情感交流。己所不欲，勿施于人，这是移情的最根本要求。伊斯兰教的先知们教他们的子弟说话时必须要把好三道关卡，即每说一句话都要合乎这样三个标准，否则就不该说。第一道关卡是自问：我这句话是实话吗？其二是我这句话难道非说不可吗？其三是我这句话够厚道吗？而第三关则是针对移情而言的。当你做错了一件事，或是遇到挫折时，你是期望你的朋友说一些安慰、鼓励的话，还是希望他们泼冷水呢？也许你会说：这不是废话吗，谁会希望别人泼冷水呢？可是，当你对别人泼冷水时，可曾注意了他人同样的想法？

(七)树立开放心态

人之相知贵在知心。如果"人心隔肚皮"，"逢人只说三分话，未可全抛一片心"，与人说话，躲躲闪闪，讳莫如深，就容易使人产生距离感。所谓莫逆之交，相逢恨晚的人，大都是能开诚布公，彼此知心者。西方社会心理学家创造的"约哈里窗户"理论认为，人们之间交往成败与否，人际关系能否健康发展，很大程度上取决于各人自我暴露区域的大小。每个人心里都存在四个区域：自己了解、别人也了解的"开放区域"(你知我知)；别人了解、自己却不了解的"盲目区域"(你知我不知，只缘身在此山中)；只有自己了解、从未向人透露的"秘密区域"(我知你不知，隐私)；自己和别人都不了解的"未知区域"(你我都不知，潜能，潜意识)。一般地说，为了交往的顺利进行和发展，总要尽量扩大"开放区域"，缩小"秘密区域"，做到多向对方袒露心扉，让别人了解自己。心理学研究表明，人与人的交往是一个互动过程，我对别人开放的区域越大，往往可以获得相接近水平的开放区域。所以，要了解别人，先要让别人了解自己。缩小秘密区，扩大开放区，自然会得到别人良性的反馈和获得别人的好感。一般情况下，自我开放的区域与人际关系的和谐度成正比。

(八)容忍不同的观点

不要强加自己的意愿于别人，坚持自己的观点不一定要以压倒对方的观点为前提。能够容忍对立的观点是建立合作关系的一个基础。同一件事情，从不同的角度出发可能会有完全相反的立场。例如你设计的一个工作方案，自己的感觉是非常完满的，然而在批评者的眼中就会有许多不足。有不同观点时不要急于反驳，设身处地地想一下：为什么别人会与自己的观点不同？坚持，但不固守原则，有观点，但不固执。适当地做出让步，给对方，也是给自己一个台阶下，这样更容易达成共识，赢得尊重。

(九)倾听与反馈

与别人谈话的时候，要集中注意力，听取对方的观点。倾听对方的观点是传递自己的尊重的一个重要信号。不要急于证明自己是正确的，人际交往之中最容易犯的一个错误就是急于表白自己的观点。其实有理不在声高，事实早晚会澄清，倾听一下对方的理由，更容易达到有效沟通的目的。对别人的微笑，也要还以同样的微笑；在别人做得很努力、有成效的时候，要给予真心地称赞；对于下属工作中的不足，要先肯定其工作中的长处，再批评其不足，这样不容易引起逆反心理。适当的反馈，可以进一步加深沟通。

(十)良好人际关系的六条途径

戴尔·卡内基在《怎样赢得朋友和影响他人》一书中提出了六条途径：真诚地对别人感兴趣；微笑；多提别人的名字；做一个耐心的听者，鼓励别人谈他自己；谈符合别人兴趣的话题；以真诚的方式让别人感到他很重要。

扩 展 阅 读

好吧，我接受

1. 把意外的烦恼变成对你有利的机会

你的未来是否顺利依赖于你对未来的认识。一位心理学家将告诉你如何推迟做出消极结论，等待有利时机的发生。

对于自己的未来，你是否持一种坚定的肯定态度呢？不论遇到什么境遇，你都能一样地接受吗？

你的未来当中的许多事件都会令你满意、愉快，你很容易以一种肯定的态度接受它们。但是一旦发生了意想不到的事情，比如说在一个重要的会议上，你的手机突然狂叫不停；比如说被老板炒了鱿鱼长时间找不到工作；或者被医生确诊患上了严重疾病。面对这些意外遭遇，你是洒脱地说出"好吧，我接受"，还是根本无法面对这些意外，大呼"不，我不能接受"呢？

世上的事情都是这样，你把它想象得有多糟糕，它就以多么糟糕的形式发生。对意外事件的发生惊恐无奈，只能使它朝着更加不利于你的方向发展。不接受意外事件，会给你酿成冲突，干扰你了解事情的真实状况，白白消耗你的生命力，使你树敌，未来的那些好运气也就因此而止步了。

当人们觉得一件事情糟糕的时候，他们往往立即做出消极判断，就是说，意外事件的有利结果还没有显现之前，就下了定论。举例来说，假设在去机场的路上，遇到交通堵塞，误了航班，你可能因此烦躁、愤怒。但是如果后来你听说自己因为耽误了这次航班而躲过了一场灾难，例如飞机失事，你就很容易看到交通堵塞的好处，它同样产生有利的结果甚至能使你保住性命。

如果你因为交通堵塞而心烦意乱、怒不可遏，那是因为你觉得错过了航班会导致一系列的倒霉结果。当你身陷停滞的车流懊恼烦躁的时候，你并不能意识到交通堵塞所带来的有利结果。可见，你最初的烦恼情绪是不够明智的，是应该避免的。

意外事件在未来产生的有利结果极少很快地展现出来，它们往往要经过一段较长的时间才在你未来的日子里发生。经历过公司大规模裁员的人们在事后回顾这段失业经历的时候，很多人都认为，失业以后自己所获得的发展是一生之中最好的机遇之一。不幸的是，许多人在失业之后的几周，或者几个月之内，情绪低落，被悔恨、愤怒的情绪所笼罩。同样，这些最初的烦恼情绪是不明智的，是应该避免的。

2. 不要急于得出消极结论

不论发生了什么意外事情，我们都可能在未来得到其积极有利的结果，那么如何才能在意外发生的时候想到这些呢？下面是有效的思维方法。

不要相信你最初的消极抵触有什么作用，提醒你自己，在考虑到这一事情未来可能发生的各种结果的时候，你仅凭最初印象得出结论是不明智的。

把你最初的消极抵触情绪当作一个信号。它可表示：有利结果尚未显现出来；或者有利结果已经表现出来了，但是你还没有发现。给未来以足够的时间，好让它把这个事情的有利结果奉送给你，这样你也可以做次短暂的休息。

这个思维方法相当于给你的想象空间提供了一面关于未来的镜子，你就像未来学家一样从自己的行动当中得到了这面镜子。目前，相当数量的未来学家把精力投入到完善生态系统方面。很多未来学家意识到这样一种联系：今天的环境问题是过去时代解决问题的方法所造成的结果，而当年采用那些方法时，并没有预见到它们给今天环境造成的影响。这说明，在一个领域解决问题的短期方法，往往牵涉到另一个领域的长期问题的解决。把这一见解运用于你的日常生活，你的短期问题同样牵涉到无法预见的、未来的长期利益。这就像一次交通堵塞就与你保住性命相联系一样。

3. 战略性地推迟做出结论的时间

当我给经理人员、执行董事和企业家做人生咨询、辅导的时候，我很少向他们推荐拖延的方法。然而在这里我的确要介绍一种特殊类型的拖延方法：战略性推迟做出结论的时间。你可以主动地、有意地推迟对意外事件做出结论，直到你发现其有利结果为止。

如果你把自己生活中发生的意外事件推到一旁，不愿承认，那么你不仅使自己陷入冲突，而且还延滞了与意外事件相因果的有利事件的发生。不再否认事实，而是关心它能演变成什么样子。要睁大眼睛，发现事件的有利结果的显现。

如果你一时还不能把对意外事件的最初否定心态彻底转变为肯定心态，那么就尝试着做一半的转变。不再说"不，我不能接受"，而说"嗯，或许我能够接受"。总之没有得到证据说"好吧，我接受"之前，决不要做出否定结论。

此时，当你阅读这篇文章的时候，你可能正回忆起曾经遭遇到的意外情况，而它们根本就没有产生任何有利结果。那好吧，请不要把这个推迟战略适用于这些已经发生的事例。我们所应该做的，是把这种思维方法应用于生活，而不是用"不，这不可能"来排斥它，用反例来一概否定它。因为，这个思维方法无须100%地奏效，就足以让你的人生发生相当程度的改观。

（资料来源：大学生，2000(9)）

探索与练习

【探索1】 情绪小测试

测试说明： 这一测验包括15道选择题，每题有A、B、C三个备选项目。请你在理解题意后，尽可能快地选择最符合或接近你实际情况的那个项目，填在问题的括号内。请注意，这是要求你填写自己的真实想法和做法，而不是问你哪个答案最正确，备选项目也没有好坏之分。不要猜测哪个答案是"正确"的或哪个答案是"错误的"，以免测验结果失真。

1. 你烦躁不安时，你知道是什么事情引起的吗？（　　　）

　　A. 很少知道　　　　　　B. 基本知道　　　　　　C. 有时知道

2. 当有人突然出现在你的身后时，你的反应是：（ ）

A. 感受到强烈的惊吓 B. 很少感受到惊吓 C. 有时感受到惊吓

3. 当你完成一项工作或学习任务时，你感觉到轻松吗？（ ）

A. 没有什么特别的感觉 B. 经常有这种体验 C. 有时有这种体验

4. 当你与他人发生口角或关系紧张时，你是否体验到自己的不快呢？（ ）

A. 能够 B. 不能够 C. 说不清楚

5. 当你专心致志地从事某项活动时，你知道这是你的兴趣所致吗？（ ）

A. 知道 B. 不知道 C. 很少知道

6. 在你的生活中你遇到过令你非常讨厌的人吗？（ ）

A. 遇到过 B. 没遇到过 C. 说不清楚

7. 当你与家人或亲朋好友在一起的时候，你感到幸福和快乐吗？（ ）

A. 感觉不到 B. 说不清楚 C. 是的

8. 如果别人有意为难你，你感觉如何？（ ）

A. 没有什么感觉 B. 觉得不舒服 C. 感到气愤

9. 假如你排队买东西等了很长时间，有人插到你面前，你感觉如何？（ ）

A. 没有什么感觉 B. 觉得不舒服 C. 感到气愤

10. 假如有人用刀子威胁你把所有的钱都交出来，你会感到害怕吗？（ ）

A. 不害怕 B. 害怕 C. 也许害怕

11. 当别人赞扬你的时候，你会感到愉快吗？（ ）

A. 说不清楚 B. 愉快 C. 不愉快

12. 你遇到特别令你佩服和尊敬的人了吗？（ ）

A. 遇到过 B. 说不清楚 C. 没有遇到过

13. 假如你错怪了他人，事后你感到内疚吗？（ ）

A. 不知道 B. 后悔 C. 不后悔

14. 假如你认识的一个人低级庸俗，但却好为人师，你是否会瞧不起他？（ ）

A. 不知道 B. 是的 C. 不会

15. 假如你不得不与你深爱的朋友分手时，你会感到痛苦吗？（ ）

A. 说不清楚 B. 肯定会 C. 不会

评分标准： 下面，请你根据自己的选择，填写如表 13-1 所示的计分表，算出自己的得分。

表 13-1 情绪测试评分表

选项＼题号	1	2	3	4	5	6	7	8	9	10	11	12	13	14	15
A	1	3	1	3	3	3	3	3	3	1	2	3	2	2	2
B	3	1	3	1	1	2	2	1	1	3	3	2	3	3	3
C	2	2	2	2	2	1	2	2	2	2	1	1	1	1	1

诊断结果分析： 你可以根据自己的分数高低，识别自己属于哪种类型。

(1) 敏感型(36～45分)：这一水平的特征是能够准确、细致地识别自己的情绪，并能认识到情绪发生的原因。

(2) 适中型(26～35分)：这一水平的特征是能够识别自己情绪的冲动，能够区分各种基本情绪，但不能区分一些性质相似的情绪。例如，不能区分愤怒、悲哀、嫉妒等不同的情绪，只是体验为"难受"。

(3) 麻木型(15～20分)：这一水平的特征是很少受到情绪冲动，对喜、怒、哀、乐等基本的情绪缺乏明确的区分。这种类型的人通常表现为冷漠无情，不能与他人进行正常的情感交流，是一种病态症状。如果你在这一测验中少于25分，建议去找心理医生咨询一下。

【探索2】 测测你的EQ

欧洲流行的测试题，曾以此为员工EQ测试的模板，帮助员工了解自己的EQ状况。共33题，测试时间为25分钟，最大EQ为174分。

以下题目如果你已经准备就绪，请开始计时。

第1～9题：请从下面的问题中，选择一个和自己最切合的答案，但要尽可能少选中性答案。

1. 我有能力克服各种困难：（　　）
　　A. 是的　　　　　　　B. 不一定　　　　　　　C. 不是的

2. 如果我能到一个新的环境，我要把生活安排得：
　　A. 和从前相仿　　　　B. 不一定　　　　　　　C. 和从前不一样

3. 一生中，我觉得自己能达到我所预想的目标：（　　）
　　A. 是的　　　　　　　B. 不一定　　　　　　　C. 不是的

4. 不知为什么，有些人总是回避或冷淡我：（　　）
　　A. 不是的　　　　　　B. 不一定　　　　　　　C. 是的

5. 在大街上，我常常避开我不愿打招呼的人：（　　）
　　A. 从未如此　　　　　B. 偶尔如此　　　　　　C. 有时如此

6. 当我集中精力工作时，假使有人在旁边高谈阔论：
　　A. 我仍能专心工作　　B. 介于A、C之间　　　　C. 我不能专心且感到愤怒

7. 我不论到什么地方，都能清楚地辨别方向：（　　）
　　A. 是的　　　　　　　B. 不一定　　　　　　　C. 不是的

8. 我热爱所学的专业和所从事的工作：（　　）
　　A. 是的　　　　　　　B. 不一定　　　　　　　C. 不是的

9. 气候的变化不会影响我的情绪：（　　）
　　A. 是的　　　　　　　B. 介于A、C之间　　　　C. 不是的

第10～16题：请如实选答下列问题，将答案的字母划出。

10. 我从不因流言蜚语而生气：（　　）
　　A. 是的　　　　　　　B. 介于A、C之间　　　　C. 不是的

11. 我善于控制自己的面部表情：（　　）
　　A. 是的　　　　　　　B. 不太确定　　　　　　C. 不是的

12. 在就寝时，我常常：（　　）

A. 极易入睡　　　　　　B. 介于 A、C 之间　　　　C. 不易入睡

13. 有人侵扰我时，我:（　　）

　　A. 不露声色　　　　　B. 介于 A、C 之间　　　　C. 大声抗议，以泄己愤

14. 在和人争辩或工作出现失误后，我常常感到震颤，精疲力竭，而不能继续安心工作:（　　）

　　A. 不是的　　　　　　B. 介于 A、C 之间　　　　C. 是的

15. 我常常被一些无谓的小事困扰:（　　）

　　A. 不是的　　　　　　B. 介于 A、C 之间　　　　C. 是的

16. 我宁愿住在僻静的郊区，也不愿住在嘈杂的市区:（　　）

　　A. 不是的　　　　　　B. 不太确定　　　　　　　C. 是的

第 17～25 题: 在下面问题中，每一题请选择一个和自己最切合的答案，同样少选中性答案。

17. 我被朋友、同事起过绰号、挖苦过:（　　）

　　A. 从来没有　　　　　B. 偶尔有过　　　　　　　C. 这是常有的事

18. 有一种食物使我吃后呕吐:（　　）

　　A. 没有　　　　　　　B. 记不清　　　　　　　　C. 有

19. 除去看见的世界外，我的心中没有另外的世界:（　　）

　　A. 没有　　　　　　　B. 记不清　　　　　　　　C. 有

20. 我会想到若干年后有什么使自己极为不安的事:（　　）

　　A. 从来没有想过　　　B. 偶尔想到过　　　　　　C. 经常想到

21. 我常常觉得自己的家庭对自己不好，但是我又确切地知道他们的确对我好:（　　）

　　A. 否　　　　　　　　B. 说不清楚　　　　　　　C. 是

22. 每天我一回家就立刻把门关上:（　　）

　　A. 否　　　　　　　　B. 不清楚　　　　　　　　C. 是

23. 我坐在小房间里把门关上，但我仍觉得心里不安:（　　）

　　A. 否　　　　　　　　B. 偶尔是　　　　　　　　C. 是

24. 当一件事需要我作决定时，我常觉得很难:（　　）

　　A. 否　　　　　　　　B. 偶尔是　　　　　　　　C. 是

25. 我常常用抛硬币、翻纸、抽签之类的游戏来预测凶吉:（　　）

　　A. 否　　　　　　　　B. 偶尔是　　　　　　　　C. 是

第 26～29 题: 下面各题，请按实际情况如实回答，仅须回答"是"或"否"即可，在你选择的答案下画"√"。

26. 为了工作我早出晚归，早晨起床我常常感到疲惫不堪:　　　　是　　否

27. 在某种心境下，我会因为困惑陷入空想，将工作搁置下来:　　　是　　否

28. 我的神经脆弱，稍有刺激就会使我战栗:　　　　　　　　　　是　　否

29. 睡梦中，我常常被噩梦惊醒:　　　　　　　　　　　　　　　是　　否

第 30～33 题: 本组测试共 4 题，每题有 5 种答案，请选择与自己最切合的答案，在你选择的答案下画"√"。

答案标准: 1，2，3，4，5 分别代表从不、几乎不、一半时间、大多数时间、总是。

30. 工作中我愿意挑战艰巨的任务：   1-2-3-4-5
31. 我常发现别人好的意愿：   1-2-3-4-5
32. 能听取不同的意见，包括对自己的批评：   1-2-3-4-5
33. 我时常勉励自己，对未来充满希望：   1-2-3-4-5

参考答案及计分评估

计分时请按照记分标准，先算出各部分得分，最后将几部分得分相加，得到的那一分值即为你的最终得分。

第1~9题，每回答一个A得6分，回答一个B得3分，回答一个C得0分。计____分。

第10~16题，每回答一个A得5分，回答一个B得2分，回答一个C得0分。计____分。

第17~25题，每回答一个A得5分，回答一个B得2分，回答一个C得0分。计____分。

第26~29题，每回答一个"是"得0分，回答一个"否"得5分。计____分。

第30~33题，从左至右分数分别为1分、2分、3分、4分、5分。计____分。

总计为_____分。

专家点评

近年来，EQ逐渐受到了重视，世界500强企业还将EQ测试作为员工招聘、培训、任命的重要参考标准。

看我们身边，有些人绝顶聪明，IQ很高，却一事无成，甚至有人可以说是某一方面的能手，却仍被拒于企业大门之外；相反的，许多IQ平庸者，却反而常有令人羡慕的良机、杰出不凡的表现。

为什么呢？最大的原因，乃在于EQ的不同！一个人若没有情绪智慧，不懂得提高情绪自制力、自我驱使力，也没有同情心和热忱的毅力，就可能是个"EQ低能儿"。

通过以上测试，你就能对自己的EQ有所了解。但切记这不是一个求职询问表，用不着有意识地尽量展示你的优点和掩饰你的缺点。如果你真心想对自己有一个判断，那你就不应施加任何粉饰。否则，你应重测一次。

测试后如果你的得分在90分以下，说明你的EQ较低，你常常不能控制自己，你极易被自己的情绪所影响。很多时候，你容易被激怒、动火、发脾气，这是非常危险的信号——你的事业可能会毁于你的急躁。

如果你的得分在90~129分，说明你的EQ一般，对于一件事，你不同时候的表现可能不一，这与你的意识有关，你比前者更具有EQ意识，但这种意识不是常常都有，因此需要你多加注意、时时提醒。

如果你的得分在130~149分，说明你的EQ较高，你是一个快乐的人，不易恐惧担忧，对于工作你热情投入、敢于负责，你为人更是正义正直、同情关怀，这是你的优点，应该努力保持。

如果你的EQ在150分以上，那你就是个EQ高手，你的情绪智慧不但不是你事业的阻碍，更是你事业有成的一个重要前提条件。

第十四章　人　际　交　往

【导引个案】

20 年后的感慨

2005 年 3 月，一群武汉大学 81 级物理系的同学在加州硅谷相聚。20 年后的聚会带给他们无限的快乐和幸福。20 年前，每个人都是怀着美好的理想和远大的抱负走出校门的，20 年过去了，在物理系接近 140 名毕业生中，约 1/3 的人生活和工作在北美地区，其中大多数人没有从事与物理直接相关的工作——他们有的在硅谷做软、硬件工程师，有的在华尔街从事金融证券方面的工作，有的成为现代企业的管理者，有的则在大学任教，甚至还有人成了服装设计师。

聚会时，一位在华尔街工作的同学在现场作了一个小调查，调查的内容是：如果上帝把你送回武大，重温大学时光，那么，你最想做好哪几件事情，以弥补 20 年前的遗憾?

(1) 用功学习理工科。

(2) 努力学好英文。

(3) 学习人际交流的艺术。

(4) 将更多的时间花在恋爱和感情问题上。

(5) 辞职开公司，尽早走上创业的道路。

令人惊讶的是，有 90% 的人选择了(3)——尽管他们目前居住在不同的城市、身处不同的工作岗位，但他们的选择足以表明，人际交流是所有年轻人都应该重视的一门必修课。

人是社会的人，人的生存与发展离不开社会。每个人都生活在人际关系网中，每个人的成长和发展都依存于人际交往。人际关系的好坏往往是一个人心理健康水平、社会适应能力的综合体现。现代社会是一个开放的社会，开放的社会需要开放的社会交往。对于正在学习、成长中的大学生来说，人际交往是生活的基本内容之一。

然而总是有很多大学生出现人际交往困惑，他们渴望交往，可是不知道如何交往。本章将探讨大学生集体中的人际关系及其不适表现，学习 PAC 理论和交往风格理论，特别是掌握一些交际技巧，并学会利用这些理论指导建立良好的人际关系，增强适应社会的能力。

第一节　人际交往基础

一、人际关系概述

(一)人际关系的含义

人际关系，指人与人之间一切直接或间接的相互作用，是人与人之间通过动态的相互作用形成的情感联系，是通过交往形成的心理关系。

美国卡内基梅隆大学对个案记录进行分析，结果发现："智慧"、"专门技术"和"经验"只占成功因素的15%，其余的85%取决于良好的人际关系。因此，人际交往对大学生成才起着重要作用。

这说明，一个人的智慧和能力是有限的，在现代社会中，单靠一己之力不可能成就任何宏伟壮丽的事业，也几乎不可能实现任何足以让自己满意的奋斗目标。因此，青年一代必须要懂得，团结他人，凝聚大家的智慧，是现代人取得成功的重要条件。

(二)人际交往的重要意义

人的成长、发展、成功、幸福都与人际关系密切相关。可以说，如果没有人与人之间的关系，就没有生活基础。对任何人而言，正常的人际交往和良好的人际关系都是其心理正常发展、个性保持健康和生活具有幸福感的必要前提。

1. 交往与个性发展

心理学的研究结果表明，儿童与其照看者之间通过积极交往形成稳定的亲密关系，是其心理乃至身体正常发展不可缺少的条件。与此同时，如果儿童缺乏与成人的正常交往及由此建立起来的亲密关系，不仅性格发展会出现问题，而且智力也可能会出现一些障碍。

交往是人类个性发展与人格健全的必经之路。个体只有通过与其他个体发生联系，才有可能学习社会知识、技能与文化，才能取得社会生活的资格。离开社会的交往环境，离开与他人的合作，个体是无法成为一个合格的社会人的。狼孩由于失去了与他人交往的最佳时期，失去了其作为"人"的成长的环境，因而即使后来被发现，也已经很难成为一个正常的"人"了。"物以类聚，人以群分"，人有交往的需要，有合群的倾向。人生在世，就必须与他人和社会交流信息、沟通情感。当在困境时，他人一句温暖的话语、一个真诚的关怀，会令你倍感亲切、慰藉；当在成功时，与他人分享你的快乐与喜悦也会令你开心、畅快。

2. 交往与心理健康

新精神分析学家霍妮认为，神经症是人际关系紊乱的表现。人类的心理病态，主要是由于人际关系失调而引起的。也就是说，人际关系紧张的人，会产生众多心理问题，陷入极大的痛苦之中。

研究表明，如果一个人长期不与别人积极交往，缺乏稳定、良好的人际关系，那么这个人往往有明显的性格缺陷。在心理健康教育实践中，我们也注意到，绝大多数大学生的心理危机是同缺乏正常人际交往和良好人际关系相联系的。在同宿舍里，同伴之间的心理交往状况良好与否，往往决定了一个大学生是否对大学生活感到满意。那些生活在没有形成友好、合作、融洽的人际关系的宿舍中的大学生，常常呈现压抑、敏感、自我防卫意识强、难于合作等的特点，情绪的满意程度低。在融洽的宿舍里生活的大学生，则以欢乐、注重学习与成就、乐于与人交往和帮助别人为主流，可见，人的心态与性格状况，直接受到个人交往关系状况的影响。

心理学家曾从不同角度做过大量研究，结果表明：健康的个性总是与健康的人际交往状况相伴随。心理健康水平越高，与别人的交往就越积极，越符合社会的期望，与别人的关系也越深刻。心理学家奥尔波特发现个性成熟的人，都同别人有良好的交往与融洽的关系，他们可以很好地理解别人，容忍别人的不足和缺陷，能够对别人表示同情，具有给人以温暖、关怀、亲密和爱的能力。人本主义心理学家亚伯拉罕·马斯洛发现高水平的"自我实现者"对别人有更强烈、更深刻的友谊与更崇高的爱。

有的研究结果还表明，那些心理健康水平高的优秀者，往往来自于人际关系良好的家庭，这也是一个充分证明人际交往状况影响个体心理健康的佐证。

3. 交往与成才

大学时期是走向成人的关键时期，大学期间也是面临各种各样复杂人际关系的时期，大学生在这一段时期积累的交往经验将会对其今后的成长产生重要影响。

21世纪是人才竞争的时代，但对于一个事业成功的佼佼者来说，他能在人才竞争中脱颖而出，靠得不仅是出众的才华，更在于有良好的适应社会生活的能力、良好的人际协调的能力。在科技时代日新月异的年代，知识的更新换代极为频繁，每个人都需要不断地进行知识的补充与更新。但是，单个人的能力是有限的，光靠书本上的知识很难适应社会发展的实际需要，而积极的人际沟通与交往，是个人获取新知识的有效途径。"独学而无友，孤陋而寡闻。"对于青年大学生而言，他们思想活跃、成就动机强，但是，由于社会经验的不足、知识的局限，他们在看问题时难免会出现偏差。因此，大学生彼此间的畅所欲言、互通有无，将会使他们在思想碰撞中产生新的火花，增长他们对事业、人生、成功的积极看法。纵观科学发展史，不难发现，科学家间的彼此合作，很有可能出现科学的奇迹。控制论之父维纳，在建立控制论早期，曾组织过一个科学方法讨论班，参加的人有数学家、物理学家、工程师、医生等，他们分别从不同角度对新理论进行发难、质疑、补充、完善，结果使原来许多问题得以解决。在现代社会，各门学科间的相互渗透越来越强，单靠一门学科的知识很难有大的成就。对于大学生来说，应该学会与不同学科的人才进行交流，从而在心灵上相互沟通、行为上相互协调，共同促进、共同提高。

二、大学生阶段的人际关系

大学生的人际关系，几乎涉及大学生活的全部和全过程。从空间上说，包括从宿舍到教室、从班内到班外、从校内到校外；从内容上说，包括从学习到娱乐、从工作到生活、从知识到能力、从行为到情感；从对象上说，包括从同学到同学、从同学到教师、从同学到朋友，可谓无处不在，无时不有。

(一)大学生人际关系的基本类型

1. 师生关系

教师是大学生人际交往的重要对象。教师是知识的传授者，是大学生人格模仿的对象。与教师的交往是大学生知识需求和获取的重要途径，教师与学生的平等交往也是师生共同成长的前提。与此同时，师生关系又是一种业缘关系，师生之间心理距离小，心理相容度高，教师对学生充满爱护与关爱，学生对教师充满尊敬与敬仰，师生关系是一种纯洁而无私的人际关系。然而，由于大学授课的流动性与课堂的扩展，师生之间缺乏直接的沟通与必要的情感交流，师生信息的对流与沟通明显不足，因而师生关系虽然是大学生的主要人际关系，却依旧需要进一步加强。

2. 同学关系

大学生与同学间的交往最普遍，也最微妙与复杂：一方面，大学生年龄相仿、经历相同，兴趣爱好相近，又共同生活在一个集体中，学习相同的专业，沟通与交往容易；另一方面，大学生来自不同地域、不同家庭背景，有不同的生活习惯、个性气质差异，再加上大学生空间距离小，交往密度高而自我空间相对狭小，而对人际交往的期望较高，一旦得不到满足，就容易采取消极退避的态度。

3. 室友关系

它是大学生活中不可缺少的一部分，如果处理得好，也许就会有几个知己；相反如果处理得不好，那么将度日如年。有一位女同学来访，问能不能在我家住一晚。原因是无法与同寝室的人相处，一见到她们心里就特难受，希望搬出去住。要想处理好室友之间的关系，必须动脑筋，讲究方法技巧。比如，同宿舍人爱卧谈，直接提意见制止他们难以奏效，那么可以相应地调节自己的计划，或推迟上床的时间，或听英语磁带。给别人提意见最好不要当着众人的面，以免使对方难堪、丢面子。

4. 朋友关系

如果说前三个关系是源于大学的特定关系，那么还有一种关系影响着大学生的成长，那就是朋友关系。处于青春发育成熟期的大学生，心中对朋友的定位已经不是所谓的玩伴了，而是在个性上可以相互影响并且相互尊重，心理上能够产生共鸣，成为心灵上的朋友。

人际交往是大学生生活的基本内容之一。同学之间、师生之间、老乡之间、室友之间、个人与班级以及和学校之间等错综复杂的社会交往，构成了大学生人际交往的网络系统。大学生处于一种渴求交往、渴求理解的心理发展时期，良好的人际关系，是他们心理正常发展、个性保持健康和具有安全感、归属感、幸福感的必然要求。

(二)大学生人际关系不适的表现

有关调查表明，有关大学生心理问题，在以前的统计中，恋爱烦恼占据首位。而现在，关于人际交往的已占 50%以上，交际烦恼超过恋爱困扰。

仔细分析，大学生人际关系中的困惑与不适可以分为以下六类情况。

第一类：缺少知心朋友。这类大学生通常多能正常交往，人际关系也不错，但自感缺乏能互吐衷肠、肝胆相照、配合默契、同甘共苦的知心朋友，为此，有时不免感到孤独和无奈。

第二类：与个别人难以相交。这类大学生与多数人交往良好，但与个别人交往不良，他们可能是室友、同学或父母等与自己关系比较近的人，由于与这些人相处不好，常会影响情绪，成为一块"心病"。

第三类：与他人交往平淡。这类大学生能与他人交往，但总感到与人相处的质量不高，缺乏影响力，没有关系比较密切的朋友，多属点头之交，没有人值得他牵挂，也没有人会想念他，他们难以保持和发展良好的人际关系。这类同学多会感到空虚、迷茫、失落。

例如：

某高校86级一学生，因同学关系不好，倍感孤独、压抑，最后离校出走。在离学校较近的几个中小城市闯荡了一圈后又回到了学校，在校园中与接到通知后连夜赶到学校的陈某父母不期而遇，此时，悲喜交加的陈某父子面对的，除了学校因陈某不假离校、旷课50多个学时而给予的勒令退学处分和校方师生的同情之外，谁也无力给予陈某更多的安慰。

第四类：感到交往有困难。这类大学生渴望交往，但由于交往能力有限、方法欠妥或个性缺陷、交往心理障碍等原因，致使与他人交往不尽如人意，很少有成功的体验，他们往往感到苦恼，很希望改变社交状况。

例如：

一年级女生小张，在家里一直养尊处优，家务活全部由父母包办，自理能力不强。进入大学后，紧张的学习使她觉得不安。她开始独来独往，渐渐地，她有种异样的感觉，好像全寝室同学都看不起她，打开水也要她去，扫地也叫她，她觉得自己成了别人"差使"的对象，越发闷闷不乐，上课也毫无兴趣，成绩一落千丈。

第五类：社交恐惧症。这类大学生对人际交往特别敏感、害怕，极力回避与人接触，不得不交往时则紧张、恐惧、心跳加快、面红耳赤，难以自制，总是处于焦虑状态。他们害怕自己成了别人注意的中心，害怕自己在别人面前出洋相，害怕被别人观察。总担心自己会出现错误而被别人嘲笑，总处于一种莫名的心理压力之下。与人交往，甚至在公共场所出现，对他们来说都是一件极其恐怖的任务。

社交恐惧症的躯体症状：口干、出汗、心跳剧烈、想上厕所。周围的人可能会看到的症状有：红脸、口吃结巴、轻微战抖。有时候，患者发现自己呼吸急促，手脚冰凉。最糟糕的结果是，患者会进入惊恐状态。

社交恐惧症是非常痛苦、严重影响患者生活工作的一种心理障碍。许多一般人能够轻而易举办到的事，社交恐惧症患者却望而生畏。患者可能会认为自己是个乏味的人，并认为别人也会那样想。于是患者就会变得过于敏感，不愿意打搅别人。而这样做，会使得患者感到更加焦虑和抑郁，从而使得社交恐惧的症状进一步恶化。许多患者通过改变他们的生活，来适应自己的症状。他们(和他们的家人)不得不错过许多有意义的活动。

例如：

柳某，女，21岁，某科技大学三年级学生。她认为自己是个怪人，有个害羞的怪毛病。两年多来，从不与人多说话，与人说话时不敢直视，眼睛躲闪，像做了亏心事。一说话脸就发烧，低头盯住脚尖，心怦怦跳，肌肉起鸡皮疙瘩，好像全身都在发抖。她不愿与班上同学接触，觉得别人讨厌自己，在别人眼中是个怪人。最怕接触男生，只要有男生出现，就会不知所措。对老师也害怕，上课时，只有老师背对学生板书时才不紧张。只要老师面对学生，就不敢朝黑板方向看。常常因为紧张，对老师所讲的内容不知所云。更糟糕的是，后来在亲友、邻居面前说话也不自然了。由于这些毛病，极少去社交场所，很少与人接触。自己曾力图克服这个怪毛病，也看了不少心理学科普图书，按照社交技巧去指导自己；用理智说服自己，用意志控制自己，但作用就是不大。这个怪毛病严重影响了她各方面的发展：学习成绩下降；交往失败，同学们说她清高。

第六类：不想交往。这是比较特殊的一类，前五类同学都有交往的愿望，而此类同学则缺乏这种愿望和兴趣，他们自我封闭、孤芳自赏或存有怪僻。这类大学生极少。

比较而言，前四类是一般性社交不适，人数比例较高，而后两者属严重的社交障碍，比例虽小，但对心身的健康、发展危害很大。

第二节　大学生人际关系的建立与发展

人际交往的过程实质上是人与人之间的情感、信息和物资交换的过程，在这一过程中，人际吸引是人与人之间建立交往关系的基础。

一、人际吸引的条件

人际吸引(International Attraction)是人与人之间的相互接纳和喜欢。人为什么喜欢别人或为别人所喜欢呢？心理学家阿伦森通过调查得出以下几点：一是信仰与利益和自己相同；二是有技术，有能力，有成就；三是具有令人愉快或崇敬的品质；四是自我悦纳。心理学家通过广泛研究后认为，人际吸引的条件主要是熟悉、吸引人的个人特征、相似与互补、喜欢与爱慕等。

(一)熟悉

在日常生活中，人们更多地将喜欢的情感投向周围与自己有直接交往的对象，并在其中选择交往或合作的伙伴，自然而然地能够相互接触，彼此之间存在交往的可能性，这就成了人际吸引的前提条件。人际关系的由浅入深，也正是由相互接触与初步交往形成的。心理学研究结果表明，熟悉引起喜欢。熟悉本身就可以增加一个人对某种对象的喜欢。

大学生进入大学后，最初的人际关系都是从宿舍与老乡开始的，相比之下，由于安排在一个屋檐下，彼此的熟悉程度显然高于非本宿舍成员，大学生最好的朋友往往都在同一宿舍；而老乡由于地缘关系，在陌生环境会产生心理上的亲近感。

另一点是熟悉对象的性质与喜欢。熟悉不是引起喜欢的唯一变量，但却可以增加人们对积极和中性对象的喜欢程度。熟悉使人们更容易辨认事物，学习过程本身改变了人们辨认事物和对其进行分类的能力，这种改变使人变得更为积极。

(二)个人特征

1. 才能

人对有能力的人的态度往往出人意料。表面上似乎在其他条件相同的情况下，一个人能力越高、越完善，就越能受到欢迎。但研究结果表明，实际上在一个群体中最有能力，最能出好主意的人往往不是最受喜爱的人(E.Aronson)。在工作实践中，我们常常遇到这样的学生，因为他的出类拔萃反而失去了同学的喜欢与信任。这是因为，一方面每人都希望自己周围的人有才能，有一个令人愉快的人际关系圈，但如果别人的才能使人们可望而不可即，则会产生心理压力。这也有中国人所讲的"木秀于林，风必摧之"的意思。显然，才能与被人喜欢的程度在一定范围内成正比，超出这个范围，可能会产生逃避或拒绝。任何一个人，都不愿意选择一个总是贬低自己无能和低劣的对象去喜欢。

因此，一个才能出众但偶尔有点小错误的人在一定程度上比没有错误的人更受欢迎。

近年来的"毛泽东热"也从一个侧面说明了这个问题。

2. 外貌的辐射作用

大量的研究表明，外貌魅力会引发明显的"辐射效应"(Radiating Effect)，使人们对高魅力者的判断具有明显的倾向性。在大学生组织的集体活动中，那些最先受到关注的学生总是在同等条件下具有外貌吸引力的人。但值得重视的是，人们对美貌的人的其他方面会给予积极评价，但如果人们感到有魅力的人在滥用自己的美貌时，反过来倾向于对其实施严厉制裁。

小慧可以说是幸运的宠儿，美丽聪明的她一直是异性追逐的对象。也许是从小就被宠坏的原因，她天生就有一种优越感。的确，无论在相貌上还是学习上她都是佼佼者。但她却很少有朋友，特别在班上，同学们表面上对她笑脸相迎，但实际上都敬而远之。因为，她的光环太耀眼，别人同她在一起会感到一种压力和不自在。偏偏小慧也因为自己有才有貌，一股从内心里透出来的优越感，使她说话时都会有种盛气凌人的样子，而且还习惯以自我为中心，让同她相处的人感到格外的不舒服。

对于外貌美的标准，人们通常有大体一致的看法，但也存在文化差异、时代差异、个体差异与关系差异。

研究表明：外貌美的人，有很强的刻板印象，即"美就是好"。戴恩(K.Dion)及其同事在实验室向大学生被试者出示三张外表吸引力不同的照片，并请他们对照片上的三个人在27项特质上打分，并预测未来的幸福程度。结果表明：大多数被试者对外貌好的给予较高的评价与预测，人们一般觉得外貌好的人聪明、有趣、独立、会交际、能干等。

3. 个性品质

表 14-1 是美国心理学家安德森于 1968 年所做的一项调查中得出的。由此可见，排在序列最前面，受喜爱程度最高的六个个性品质中，包括真诚、诚实、理解、忠诚、真实、可信等，这些都或多或少、间接或直接与真诚有关。而排在序列最后的受喜欢程度低的几个品质如说谎、装假、不诚实、不真实等都与虚伪有关，真诚受人欢迎，虚伪令人讨厌。一个人要想赢得别人，与别人保持良好的交往，真诚是必须有的品质。因此，建立学生良好的人际关系，真诚是必不可少的。请在表 14-1 中选出你所具备的品质。

表 14-1　影响人际关系的主要个性品质

最积极的品质				中间品质				最消极品质			
真诚	诚实	理解	忠诚	固执	刻板	大胆	谨慎	古怪	饶舌	敌意	不友好
真实	可信	智慧	可信赖	文静	冲动	好斗	易激动	自私	粗鲁	自负	不真诚
体贴	热情	善良	有思想	腼腆	羞怯	天真	易动情	贪婪	装假	说谎	不善良
友好	快乐	幽默	不自私	好动	空想	反叛	不明朗	恶毒	虚假	不可信	
负责	开朗	信任		追求物欲	孤独	依赖别人		令人讨厌	不老实	冷酷邪恶	

(三)相似与互补

相似有着重要的意义，在日常生活中，共同的态度、信仰、价值观与兴趣，共同的语言、种族、国籍、出生地；共同的文化、宗教背景；共同的教育水平、年龄、职业、社会阶层；乃至共同的遭遇、共同的疾病等都能在一定条件下，不同程度地增加人们的相互吸引。

与相似相联系的是互补。当交往双方的需要和满足途径正好成为互补关系时，双方之间的喜欢程度也会增加。大学生中，外向型性格的人喜欢与内倾型性格的人友好相处、相互欣赏；家庭经济条件优越的学生会欣赏那些克服困难求学的学生；依赖性强的人更愿意与独立性强的人交朋友等。还有一种情况是，补偿作用(Compensation)，如一个看重成绩而自己成绩又不很理想的学生，就会看重成绩优秀的学生。

从表面上看，相似与互补是矛盾的，但实际上，二者是协同的。建立在态度与价值观上一致性的相似与互补有着重要意义；在互补涉及人际吸引中关键因素和社会角色相互对应时，互补比相似更重要。

二、人际交往理论及应用

(一)人际交往模式

适度的自我价值感是良好的人际关系的基础。自我价值感来源于对自己作为一个独特的个体而存在的固有价值的认识。任何一个个体都是无法完全被取代的，都有其独特性，有其独特的创造性潜能。伴随这种价值感而来的是对他人的独特性价值的理解以及对他人的尊重。是否具有这种适度的自我价值感直接影响到人际交往的模式。

美国著名心理学家爱利克·伯奈生活态度提出了四种人际交往模式，如表 14-2 所示。

表 14-2 爱利克·伯奈提出的四种人际交往模式

我好—你不好　　　我行—你不行 骄傲自大，自以为是	我好—你也好　　我行—你也行 理性、理解，宽容、接纳
我不好—你也不好　　我行—你也不行 不喜欢自己，也不喜欢别人	我不好—你好　　我不行—你行 自卑、恐慌

著名心理学家阿德勒指出，人在生命的初始是依赖于周围的人而生存的，与周围的成人相比，儿童常常感到自己的无能，因而从小就有自卑感，因而在潜意识中形成了"我不行—你行"的心理模式。人的成长过程也就是逐渐克服这种心态的过程。有的同学由于在个体社会化过程中，尚未完全摆脱儿时形成的这种心理行为模式，因而在人际交往中常常表现出不同程度的自卑和恐慌，最为极端的表现是社交恐惧症。

我不好—你也不好，我不行—你也不行：不喜欢自己也不喜欢别人，既看不起自己也看不起别人，既不会去爱他人也不能体验和接受他人。

我好—你不好；我行—你不行：常常表现为充满优越感，骄傲自大，自以为是，总以为自己是对的，别人是错的，认为自己对别人好而别人对自己不好，并为此感到愤愤不平，把人际交往失败的原因都归咎于他人的责任。

我不好—你好，我不行—你行：常常感觉到自卑与恐慌，总以为自己不如别人，做任何事情都缺乏自信心，遇事趋向于逃避。

以上三种交往模式都会阻碍人际交往，并且不利于心理发展和心理健康。

成熟的、健康的应该是"我好—你也好，我行—你也行"(理性、理解、宽容、接纳)。

具有这种心态的人能充分体会到自己向上的那种强大的理性能力，相信自己也相信他人、爱自己也爱他人。这种人虽然不是十全十美的人，却能客观地悦纳自己和他人，正视现实，并努力去改变自己能改变的事物，善于发现自己、别人以及外部世界的光明面，从而使自己保持一种积极的、乐观的、进取的、和谐的精神状态。

(二)交往分析理论

交往分析理论又称 PAC 理论，最初是由心理学家伯恩(Berne T.A.)提出的。他认为，每个人的个性中都包括三种成分，就好像一个人身上的三个小我：父母、成人与孩童。

父母(Parent，P)身份以权威和优越感为标志。通常表现为统治人、训斥人等权威式的作风。这种状态学自父母与其他权威人物。当一个人的人格结构中 P 成分占优势时，他的行为表现为：凭主观印象办事，独断专行，滥用权威。这种人讲起话来总是："你应该……""你不能……""你必须……""都是你……"等等。

成人(Adult，A)身份表现了客观与理智。其行为表现为：待人接物冷静，慎思明断，对自己负责，对他人尊重。其语言特征："我个人认为……""我的想法是……""我们是不是可以这样……"等等。

儿童(Child，C)身份像儿童的冲动，表现为服从和任人摆布，喜怒无常，感情用事，一会儿天真可爱，一会儿乱发脾气。他的表现都是即兴的，不负责任，追求享乐，玩世不恭，遇事无主见，逃避退缩，自我中心，不管他人。这种人讲起话来总是"我是……""我想……""我不知道……""我不管……""我就要……"等等。

在 P、A、C 三种成分中，P、C 具有盲目性、被动性与两面性。而 A 具有自觉性、客观性与探索性，致力于弄清事物真相，事物间的关系与变化规律，能够站在别人的角度审视自己，具有反省能力。根据 PAC 理论，不同的心态可以构成不同的交往组合。当交往双方的相互作用构成一种平行关系时，交往就是可持续的，对话可无限制地继续下去。这种交往有六种具体形式：P-P、A-A、C-C、C-P、A-P、C-A。在这六种交往形式中，P-P 双方都自以为是，这不顺眼，那也不好，双方谈得很投机，但都在指责别人。这样的两个人，一直在一起交往，久而久之，会互相助长偏激苛求的性格。C-C 交往则有些同流合污的味道，两人一拍即合，但谁都不负责任。C-P、A-P、C-A，均属于互补型的交往，我期望对方的，刚好是对方回应的。这种交往因为互补，所以能够持续，但却潜藏着不平等与依赖，长此以往，也不利于交往双方的发展。只有 A-A 交往是最健康的，大家都本着负责与尊重的原则，力图合情合理地解决问题，因此，A-A 交往是最成功的。

(三)人际关系的发展理论

勒温格(G. Levinger)等人认为，人际关系的发展有三个阶段：第一是单向注意阶段，对方没有互动。第二是表面接触阶段，双方有初步的、浅层的互动，但是还没有相互卷入，也就是说没有走进彼此的私我领域。一般的泛泛之交就停留在这一阶段。第三是相互卷入(Mutuality)阶段，双方向对方开放自我，分享信息和感情，这是友谊发展的阶段。

阿特曼(I. Altman)等人提出了社会渗透理论(Social Penetration Theory)来解释关系发展的过程。他们认为人际交往主要有两个维度：一是交往的广度，即交往或交换的范围；二是交往的深度，即交往的亲密水平。关系发展的过程是由较窄范围内的表层交往，向较广范围的密切交往发展。人们根据对交换成本和回报的计算来决定是否增加对关系的投入。阿特曼等人认为，良好的人际关系的发展一般经过四个阶段：定向阶段、情感探索阶段、情感交流阶段和稳定交往阶段。

1. 定向阶段

在人际交往中，人们对交往的对象具有很高的选择性。进入一个交往场合时，人们往往会选择性地注意某些人，而对另外一些人视而不见，或仅仅只是礼貌性地打个招呼。对于注意到的对象，人们则会进行初步的沟通，谈谈无关紧要的话题。这些活动，就是定向阶段的任务。在这个阶段，人们只有很表层的自我表露，例如谈谈自己的职业、工作、对最近发生的新闻事件的看法等。

2. 情感探索阶段

如果在定向阶段双方有好感，产生了继续交往的兴趣，那么就可能有进一步的自我表露，例如工作中的体验、感受等，并开始探索在哪些方面双方可以进行更深的交往。这时，双方有一定程度的情感卷入，但是还不会涉及私密性的领域。双方的交往还会受到角色规范、社会礼仪等方面的制约，比较正式。

3. 情感交流阶段

如果在情感探索阶段双方能够谈得来，建立了基本的信任感，就可能发展到情感交流的阶段，彼此有比较深的情感卷入，谈论一些相对私人性的问题，例如相互诉说工作、生活中的烦恼，讨论家庭中的情况等。这时，双方的关系已经超越了正式规范的限制，比较放松和自由，如果有不同意见也能够坦率相告，没有多少拘束。

4. 稳定交往阶段

情感交流如果能够在一段时间内顺利进行，人们就有可能进入更加密切的阶段，双方成为亲密朋友，可以分享各自的生活空间、情感、财物等，自我表露更深更广，相互关心也更多。一般来说，能够达到这种境界的关系相当少，这也就是人们常说的"人生得一知己，千古知音最难觅"。

(四)人际关系的退化理论

还有一些研究讨论了人际关系退化的原因。综合起来，导致关系的亲密程度减弱的原因主要有：①空间上的分离，交往的一方迁徙到别的地方，虽然分离的双方可以通过书信、电话、电子邮件等形式保持联系，但是最现代的通信工具也取代不了面对面交往。②新朋友代替了老朋友。③逐渐不喜欢对方行为上或人格上的某些特点，一方面，个人的喜好标准可能发生变化；另一方面，交往中可能发现对方的一些新的特点，而这些特点恰恰是另一方不喜欢的。④交换回报水平的变化，即一方没有按照另一方所期望的水平给予回报。⑤妒忌或批评。⑥对与第三方的关系不能容忍，在亲密关系中，这一点比较突出，因为亲密关系，尤其是异性之间的亲密关系往往有一定程度的排他性。⑦泄密，即将两人之间的秘密透露给其他的人。⑧对方需要时不主动帮忙。⑨没表现出信任、积极肯定、情感支持等行为。⑩一方的"喜好标准"发生了改变。

(五)人际风格理论

心理学家博尔顿(Bolton)提出了人际风格理论，让我们从另一个角度来了解人，认识每个人不同的人际风格，并积极地与他们共处。首先从两个指标来判断一个人的风格：果断力和反应力。

果断力：指在别人眼中，一个人外在行为所表现出来的强硬与明确程度。例如说话速度的快慢、手势的多寡、主导性强或顺从性高。

反应力：指在别人眼中，一个人控制情绪的程度。例如脸部表情是强硬的、生动的或轻松的。

1. 人际风格测验

请依据下面的"行为果断力"指标及"行为反应能力"指标，分析你的果断力和反应力是属于较强者还是较弱者。然后再找三五位熟识的朋友，请他们也列举两个指标，选出符合你的特点。最后将你自己和朋友圈选出来的资料，在记录表的方格中勾出来，即可决定你到底比较符合哪种风格。

(1) 行为果断力指标如表 14-3 所示。

表 14-3　行为果断力指标

情　境	选 项 1	选 项 2	选 项 3	选 项 4
(1)与别人谈话时	□很少用目光注视别人	□稍有注视别人,目光和缓	□比较喜欢注视别人	□时时注视别人,目光敏锐
(2)平时行动	□动作缓慢且谨慎仔细	□动作稍慢	□动作迅速	□动作非常迅速,作风明快
(3)在提出要求或表示意见时	□绝少要求别人,不好意思表示意见	□偶尔要求或示意,然而态度相当和缓	□会正襟危坐些,一派正经的样子	□习惯正襟危坐身体向前倾
(4)与人交往	□皆由别人采取主动	□较不主动,偶有主动的行为	□比较主动,常有主动的行为	□喜欢采取主动
(5)讨论问题时	□习惯于请教别人	□倾向于向别人请教	□会主动告诉别人一些有关事情	□喜欢告诉别人事情
(6)决定事情时	□相当优柔寡断,常有难以决定的现象	□稍有优柔寡断的情形	□虽然偶有犹豫的情形,然多数时候作风明快	□当机立断,不喜欢拖延
(7)处理较重要的决定时	□小心翼翼,很不喜欢冒风险	□尽管偶有明快的决定,仍然不喜欢冒风险	□比较愿意冒险	□积极进取,甘冒风险
(8)要别人作决定时	□不会催促别人	□不太会催促别人	□会催促别人	□频频催促且施加压力
(9)在开会时	□经常只列席听别人发言,除非被指名否则不发言	□不太发表意见,说话速度度慢,语气平和	□适时发表意见	□常发表意见、说话快、嗓门大

续表

情　境	选项 1	选项 2	选项 3	选项 4
(10)在发表意见，提出要求和下命令时	□多为试探语气，气势弱	□倾向于请求他人配合帮忙	□比较喜欢用强调语气	□气势强，一副理直气壮的架势
选项个数合计				

（2）行为反应力指标如表 14-4 所示。

表 14-4　行为反应力指标

情　境	选项 1	选项 2	选项 3	选项 4
(1)平时与人谈话	□很少用手势	□偶尔用手势	□常用手势	□经常用手势
(2)平常行为举止	□相当拘谨	□稍稍拘谨	□较为自然	□非常洒脱自然
(3)平时生活态度	□严谨自律	□稍偏严谨	□较轻松闲逸	□玩乐活动不少
(4)平时言谈	□很保守，脸上表情很少	□稍稍保守，脸上表情不多	□较为随和，脸上表情自然	□很亲切，脸上表情很丰富
(5)情感的表达方面	□严格地控制自己的情绪与感情流露	□稍微控制感情的流露	□能适度自在地表达感情	□情感表达率真生动
(6)处理事务时	□只重任务的达成不讲人情	□比较注重任务的达成，不太注重人情	□重视人情世故及和谐关系	□非常注重人情世故的考量
(7)对闲聊、开玩笑、逸闻趣事	□一点儿也不感兴趣	□不太感兴趣	□稍感兴趣	□很感兴趣
(8)决定事情时	□完全根据事实，不受感情左右	□较能根据事实，偶尔也受感情影响	□会受感情影响	□很容易受感情左右
(9)对时间的运用	□非常重视，很有效率	□还算重视	□并不太注意，工作能完成即可	□不曾想过这个问题，觉得没必要生活太紧张
(10)交朋友方面	□相当有选择性的交往	□有部分选择性的交往	□大部分都不排斥，可以交往	□喜欢交各式各样的朋友
选项个数合计				

（3）分析说明。

行为果断力弱的人偏向于选项 1、选项 2；行为果断力强的人偏向于选项 3、选项 4。

行为反应力弱的人偏向于选项 1、选项 2；行为反应力强的人偏向于选项 3、选项 4；

选择选项 1、2 越多者，表示果断力和反应力越弱，选项 3、4 越多者表示果断力和反应力越强。

2. 人际风格类型

由果断力和反应力两个指标的不同偏向，构成四种不同的人际风格[1]，如图 14-1 所示。

(1) 驾驭型：行为果断力强而反应力弱。驾驭型的人工作取向明显，任务第一，重视工作效率，做事果断，客观，看重成果的展现；缺点是不易与别人合作，刚愎自用，比较自负。若遇到此类型的主管，切记做事不要拖泥带水，报告时要讲重点；以工作为导向，不要轻松随便，处事风格宜简洁明快。

(2) 分析型：行为果断力弱反应力也弱。分析型的人喜欢以严肃、谨慎、按部就班的方式做事，组织力强，擅长推理；缺点是缺乏变通，面对新观念需较多时间调适，喜欢鸡蛋里挑骨头。与这类主管相处的要点是提供正确的信息，例如提供客观的数据或过去成功的案例，如此可赢得他的信任，加强彼此间的沟通。

(3) 表现型：行为果断力强反应力也强。表现型的人经常以创新、冒险的方式处理事情，不按牌理出牌，点子多，活泼幽默，热忱而有活力；缺点是冲动、蛮横，不切实际。此类型的主管不喜欢拘泥小节，看重的是美好的远景与未来，希望你提很多创新的想法；如果你很拘谨地报告工作进度，他一定没有耐性听完。

(4) 平易型：行为果断力弱而反应力强。平易型的人能为别人设身处地地着想，感觉敏锐，信任别人，容易与他人合作；缺点是无原则，一味顺从，纵容及迁就他人。与此类型的主管说话可先闲话家常，太过严肃的主题反而会让他不自在；以轻松、和缓的态度建立和谐、良好的关系，将有助于工作中合作的顺利进行。

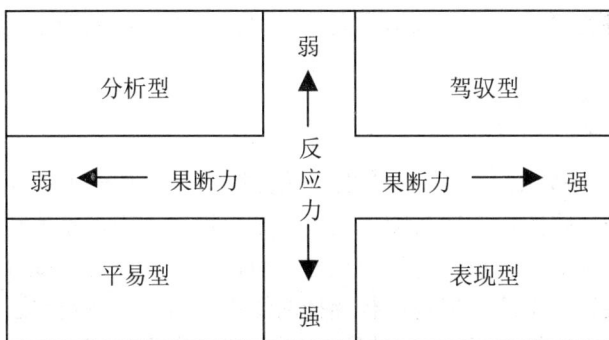

图 14-1　四种人际风格类型

第三节　大学生人际交往策略

每个成长中的大学生，都希望自己生活在良好的人际关系气氛中，如何提高个人的人际魅力，保持良好的人际关系状态，是值得每个大学生认真思考的问题。调查结果也表明，那些对大学生活感到成就度低的学生，其列在第一位的原因是人际关系的不适。每一个在校大学生，应从人品性格、能力、学识、体态、交际手段与社会经验等方面锻炼自己，使

---

[1] 洪凤仪. 一生的职业规划[M]. 广州：南方日报出版社，2002.

自己能够适应大学生活及今后的社会发展。

一、人际交往的原则

(一)交互原则

从心理学上讲，每个人都是天生的自我中心者，个体都希望别人能承认自己的价值，支持自己，接纳自己，喜欢自己。由于这种寻求自我价值被确认和情绪安全感的倾向，在社会交往中，更重视自己的自我表现，注意吸引别人的注意，希望别人能接纳自己，喜欢自己。阿伦森的研究表明，人际关系的基础是人与人之间的相互重视、相互支持，对于真心接纳我们，喜欢我们的人，我们也更愿意接纳对方，愿意同他们交往并建立和维持良好的关系。

福阿夫妇(1975)的研究表明，任何人都有着保护自己心理平衡的稳定倾向，都要求自身同他人的关系保持某种适当性、合理性，并依此对自己与他人的行为进行解释。这样，当别人对我们表示出友好，表示接纳和支持时，我们也感到应该对别人报以相应的友好，这种"应该"的意识会使我们产生一种心理压力，从而接纳别人，否则我们的行为就显得不合理。与此同时，如果我们的友好行动被别人接纳后，我们也希望别人做出相应的回答；如果别人的行动偏离了我们的期望，我们会认为别人不通情理，从而产生一种不愉快的情绪体验，对对方产生心理排斥。同样，对于排斥、拒绝我们的人，其排斥与拒绝对我们是一种否定，因此我们必须报之以排斥与否定才是合理的、适当的，否则难以达到心理平衡。可见，我国古人所讲的"爱人者，人恒爱之"，"己所不欲，勿施于人"是有其心理学基础的。

(二)功利原则

心理学家霍曼斯(1961)提出，人与人之间的交往本质上是一个社会交换过程，人们希望交换对自己来说是值得的，希望在交换过程中至少得等于失，不值得的交换是没有理由去实施的，不值得交互的关系也没有理由维持，所以人们的一切交往行动及一切人际关系的建立与维持都是根据一定的价值观进行选择的结果。对于那些对自己来说值得的，或得大于失的人际关系，人们倾向于建立和保持；对自己来说不值得，或失大于得的，人们就倾向于逃避、疏远或终止。

我国心理学家研究发现，由于人们的价值观倾向不同，人际交往中存在着不同的社会交换机制。对重内在情感价值的人而言，他们在人际交往中个人情感卷入更多，因而有明显的重情谊、轻物质的倾向，与别人的交换倾向于增值交换过程。他们在人际交往中感到欠别人的情分，因此在回报时，往往也超出别人的期望，这种过程的循环往复，就导致了卷入交往双方都感到得大于失。与此同时，对重外在物质利益的人而言，他们在人际交往中重物质利益的意识多于个人情感的卷入，因此倾向于用物质来衡量自己的得失，在人际交往中处于减值交换。

(三)自我价值保护

自我价值保护(Self-value)是指个人对自身价值的意识与评判。每一个人为了保持自我价值的确立，在心理活动的各个方面都会有一种防止自我价值遭到否定的自我支持倾向。

人在任何时期的自我价值感，都是既有的一切自我支持信息的总和。自我价值支持的变化无非来自两方面：一方面，符合人们意愿，自我支持力量的增加；另一方面，与人们的期望相反，使人们面临自我价值威胁，因而必须进行自我价值保护的消极变化，即自我价值支持力量的失去或自我面临新的攻击。

特别是当我们面临肯定转为否定时，我们有两种选择：一是承认别人转变的合理性，否定我们自己，贬低自我价值；二是进行自我价值保护，尽可能维护自我价值的不变，降低所失去的自我价值对自己的重要性。许多研究表明，自我价值的否定是非常痛苦的，因此当面临自我价值威胁时的优先反应不是否定自身，而是尽可能保护自己。

(四)情境控制原则

情境控制是指人都需要达到对所处环境的自我控制。因此，我们要想被别人从心灵深处接纳，就必须保证别人在同我们共处的时候能够真正实现对情境的自我控制，保持表现自己的自由。如果我们增加了人们对达到情境自我控制的困难，或者与人们对情境控制的不对等，就会使别人的自我表现受到限制，而不得不保持一定水平的自我控制。

当人们处于平等、自由的人际情境中，才能够达到真正的自我控制，获得充分的安全感。比如，我们新入学时，由于对周围环境和人都缺乏了解，因而在一段时间内会处于高度紧张的自我防卫状态，直到我们真正对环境熟悉了，才能够真正放松、真正适应。再如"非典"期间，由于人们对"非典"的认识还不明确，因而会感到恐慌、不安，主要原因是对周围环境控制能力的减弱。

二、建立良好的人际关系的途径

建立良好的人际关系，是一个人事业成功的基础。要收到左右逢源，游刃有余，需要一颗宽容的心，需要真诚，需要积极交往的主动性，需要塑造很好的个人形象，善用各种交际手段。

(一)塑造良好的个人形象，增进个人魅力

社会交往中，个体的知识水平与涵养直接影响着交往的效果，良好的个人形象应从点滴开始，从善如流，"勿以善小而不为，勿以恶小而为之"，优化个人的社交形象。

(1) 提高心理素质。人与人之间的交往，是思想、能力、知识及心理的整体作用，哪一方面的欠缺都会影响人际关系的质量。有的学生在人际交往中存在着社交恐惧、胆怯、羞怯、自卑、冷漠、孤独、封闭、猜疑、自傲、嫉妒等不良心理，这些都不易建立良好的人际关系。因此，大学生应加强自我训练，提高自身的心理素质，以积极的态度进行交往。

(2) 提高自身的人际魅力。应该说，每个个体都有其内在的人际魅力，人际魅力是一个人综合素质的社交生活中的体现。这就要求在校的大学生丰富自己的内心世界，从仪表到谈吐，从形象到学识，多方位提高自己。心理学研究表明，初次交往中，良好的社交形象会给对方留下深刻的印象，而随着交往的深入，学识更占主导地位。特别是大学生的个性培养及其内涵的拓展。

(二)培养主动交往的态度

大学生对外在世界的观察和思考已接近成熟,但对内在自我的反省能力却有待发展。在人际交往中,他们往往觉得别人不关心自己,或不尊重自己,却很少反省自身,问问自己对别人怎样。大学生人际关系和谐的表现之一是乐于与人交往,然而有的大学生由于种种原因则形成不同程度的封闭心理,阻碍其正常人际关系的形成。有的是因为性格内向,被人误认为封闭;有的是整天忙忙碌碌,因为紧张的学习,始终处于疲倦状态,自然也就很少有高涨的热情,只要紧张气氛松弛了,他们的热情一般很快就能调动起来;有的则是因为心灵上的创伤所致。如过去曾赤诚待人,结果却招致欺骗、暗算,因此对人渐存戒心,不轻易暴露自己的思想感情;或者学业、情感屡屡受挫,世界在其眼中被蒙上了一层灰暗的色彩,使其自身失去了信心,失去了对生活的追求。

大学生要想获得真正的友谊,就应该彼此真诚、相互信任、相互吸引并在此基础上增进交流,重点应掌握以下几点。

(1) 主动而热情地待人。心理学家发现,热情是最能打动人、对人最具吸引力的特质之一。一个充满热情的人很容易把自己的良性情绪传染给别人。一个面带微笑的人很容易被他人接纳。要热情待人还须从心里对他人感兴趣,真心喜欢他人。"只要你对别人真心感兴趣,在两个月之内,你所得到的朋友,就会比一个要别人对他(她)感兴趣的人在两年内所交的朋友还要多。"人们更容易喜欢那些对自己感兴趣的人。

(2) 帮助别人。心理学家们发现,以帮助与相互帮助开端的人际关系,不仅良好的第一印象容易确立,而且人与人之间的心理距离可以迅速缩短,使良好的人际关系迅速建立起来。日常生活中的患难之交正说明这点。这就是"雪中送炭"的心理效应,锦上添花就不很重要。

(3) 积极的心理暗示。生活中不难发现,有的人身上仿佛有一种魔力,周围人都乐于聚在其身边,这类人往往能在短时间内结识许多人。心理学研究表明,这类人大都具有良性的自我表象和自我认识:"我是一个受欢迎的人,我喜欢与人交往。"这样的心态使人以开放的方式走向人群。他们心地坦然,很少有先入为主的心理防御,因而言谈举止轻松自在,挥洒自如。在这种人面前,很少有人会感到紧张或不自在,即使一些防御心理较强的人也会受其感染而变得轻松、开放起来。同学之间的交往,许多时候都是在紧张的学习之外求得一种轻松感,所以能满足这一愿望的人自然会有一种吸引力。

(4) 把每个人都看成重要人物。自尊得以维护,自我价值得到承认,这是许多人最强烈的心理欲求。我们只有在交往中注意到这一点,才能应对自如。的确,每个人都是重要的,当我们把自己看得非常重要时,也应将心比心把别人看成重要的。据此,在交往中,我们应注意:让他人保住面子。如果一个人习惯于通过挑别人的毛病和漏洞来显示自己的聪明,那将是最愚蠢的,必将为此付出高昂的代价。人人都有毛病和缺点,所以找起来并不难。但被人暴露自己的"小",这是许多人所反感的,因为这威胁到了他的自尊。

(5) 不要试图通过争论使人发生改变。同学之间常常争论,若是为探讨问题,这是有益的,但试图以此改变对方,则往往会适得其反。

每个人都或多或少把某种观点看成是自我的一部分。当你反驳他的观点时,便或轻或重地对他的自尊造成了威胁。所以争论双方很难单纯地就问题展开争论,其间往往渗入了保卫尊严的情感。这种情感促使双方把争论的胜负而不是解决问题看成最重要的。所以赢的一方常常难以抑制自己而扬扬得意，他把这看成是自己尊严的胜利，自己有能力的明证。而输的一方则会觉得自尊受到伤害，他对胜方很难不产生怨恨。从而我们不难理解，为什么许多争论到最后会演变成为人身攻击，或变成了仅仅比嗓门高低的游戏。所以争论对人际交往常常是一种干扰因素。

(6) 发现和赞赏别人的优点。每个人都有其不足，每个人也都有其所长。人类天性中最深切的冲力是"做个重要人物的欲望"；"人性中最深切的品质，是被人赏识的渴望。"真心真意，适时适度地表示你对别人的赞扬，能够增进彼此的吸引力。

既然如此，我们何不去多多赞赏别人身上那些闪光点呢？然而我们却常常容易忘记和忽略这么重要的一件事。在大学里，有一些同学由于家境、容貌、见识等原因而深藏一种自卑感，他们多么需要得到认同和鼓励。一句由衷的赞赏很可能会使他们的生活洒满阳光，甚至改变他们的整个命运。最有效的赞赏是赞扬他人身上那些并不是显而易见的长处和优点。如果你赞赏一个人领导能力强，他会高兴，但若是赞赏他有风度或是很会教育子女，他一定会更高兴。如果你赞赏一个容貌出众的女孩子漂亮，可能不会引起太大的反响，因为她对这一点很自信；如果你说她性格很好或聪明，她可能会更为高兴。

(三)善用交际技巧

1. 注意倾听

一位作家说：很少有人能经得起别人专心听讲所给予的暗示性赞美。

我们在谈话中常常会有一种冲动，把溜到嘴边的话讲出来。为此，我们会变得对别人讲的话心不在焉，甚至急不可待地打断对方的谈话。还有一种人话匣子一打开，就再也收不住了，既不允许别人插嘴，也不在乎别人是否感兴趣。这类举动赢得了一时的畅快，但也丧失了许多与别人深交的机会。可以说这种人有些自我中心的倾向。只谈论自己的人，所想到的也只有自己，这是不受欢迎的。因为跟你谈话的人，对他自己的需求和问题更感兴趣。

如果你希望改善自己的人际关系，就从倾听开始吧！

倾听不是被动的接收，而是有反馈的引导和鼓励。通过言语和表情告诉对方你能理解对方的描述和感受，可以使对方受到鼓舞。阐释，即把对方表达的含义用你自己的语言复述一下，常常是有效的鼓励技巧之一。有意识地强化某一谈话主题(即对之表示出理解和兴趣，或是直接指出希望对方谈什么)可以引导谈话方向，使之更符合你的需要。当然，如果对方一味地高谈阔论那些你不感兴趣甚至反感的话题而将你的暗示置之不理的话，你完全可以拒绝倾听。

记住，鼓励他人谈论他们自己、他们的感受、他们的成就，是赢得友谊的有力品质。

2. 自我表露

真正可以深入下去的交谈必然是双向的。因而自我表露是另一项应该掌握的技能，即自信地袒露关于自己的信息——怎样想，有什么感受，对他人的自发信息如何反应等。然而，许多人却不能顺畅地表达自己的思想感情，从而给交往制造了障碍。正如威廉·詹姆斯所说："有些人之所以不善谈吐，是因为他们担心自己所说的东西要么会被人们认为太平淡、太浅薄，要么被人们认为太虚伪。他或者认为自己不配和对方谈话，或者认为自己所说的东西多少有点不切场合。""一旦人们打开心中的闸门,解除对自己语言的压抑,那么语言的交往便会兴旺发达,社会也会日见清新。"看来对那些表达有困难的人来说,应把谈话的目标放在内容表达上,而不应放在赢取别人赞美上。

自我表露需要把握好时机,否则就可能犯滔滔不绝、只顾自己之大忌。一般而言,谈自己的合适时机之一是有人邀请你谈谈自己的时候。这时,如果你能适度地展开自己会引起大家的兴趣和好感。另一种时机是当他人谈的情况和感受与你自己比较一致时,即"我也……"的技巧。人们总是喜欢那些经历和看法与自己一致的人,因为赞成自己的人实际上是在肯定我们的价值和自信。所以,"我也一样"、"我也喜欢这个"、"我有过和你同样的经历"之类的表白往往能激发对方积极的反应,使谈话气氛热乎起来。

3. 掌握批评的艺术

"贬低他人,也就意味着自己的渺小。"许多人往往由于自信不足,因而有意无意地通过寻找别人的缺陷来满足自己的自尊。不过有些时候,当别人的错误损害了我们自己及周围人时,我们需要促其改变,而不是一味地"好,好,好!"只要你不是出于贬低别人的目的,同时又能运用适当的方法,那么你的批评就会收到意想不到的效果。

第一,批评应注意场合。批评要想奏效,必须尽量减少对方的防卫心理。如果我们在大庭广众下批评别人,对方很可能首先意识到自己的形象和自尊受损而不是自己所犯的错误。因此,他会马上以敌视的态度来反击你以保护受到威胁的自尊心。这样,你的批评除了增加对方的反感和抵触外,不会有任何效果。所以,批评应尽量在只有你们俩在场的情况下进行。

第二,从赞扬和诚心的感谢入手。在此之前,我们已深知赞扬和感谢的作用,它可以提高对方的自信和自尊,从而在感情上接纳我们。在这种背景下,我们诚恳地提出批评,对方往往更容易接受。

第三,批评对事不对人。比起一些具体的言行来,人们对自身的人格、能力等看得更重。如果你的批评含有贬低其能力、人品的意味,便容易激怒对方。如果你在肯定其能力、人品的前提下指出其某一个具体方面的错误,他(她)往往容易接受。如"按你的能力,这件事本来可以做得更好些"、"依你的为人,不该说出这种伤人的话",等等。

第四,批评应针对现在,而不要纠缠老账。如果习惯用"你怎么总是……"之类的形式批评别人,是不会取得好效果的。因为这样的说法暗示对方:"你旧习难改。"卡内基告诉我们:让对方感到自己的错误很容易改掉。这样对方往往会有信心去改变自己。另外,翻老账的做法也容易引起对方的反感。一两件事可以归因于偶然,许多件事则更可能归因于人品,所以翻老账等于在贬低对方人品。记住,只针对当前这一件事。

4. 正确对待批评

来自他人的批评激起的第一反应常常是起而为自己辩解,甚至更加严厉地反击。这种态度和行为除了造成对自己的进一步伤害外,还会误伤他人的好意,或是让他人的恶意得逞。

我们往往有一种倾向,希望所有的人都喜欢我们,赞赏我们。为此,我们常常疲于讨好别人,或到处为自己辩解。这种活法很累,难以潇洒起来。想想自己,我们会喜欢所有的人吗?很难,或者说根本不可能。既然如此,我们为何要求所有的人都喜欢我们呢?事实上，除非你平庸至极，这样没人会注意你，批评也会少许多；否则，在你的生活中，批评将永远伴随你；你越是出众，受到的批评就越多。人们有许多动机批评别人，其中之一便是批评强者，指出强者的缺陷能满足自己可怜的自尊心，发泄嫉妒的恶气。对这类人，你的辩解、愤怒和痛苦正像一头在笼子里团团转的狮子，让他们感受到一种极大的快感。

"虽然我不能阻止别人不对我做任何不公正的批评，我却可以做一件更重要的事：我可以决定是否要让我自己受到那不公正批评的干扰。"卡内基这一见解对我们具有极大的启发意义。只管做你心里认为对的事——因为你反正会受到批评。

过分看重批评往往使人寸步难行。其实许多批评者本人并不那么时刻牢记自己说过的话。他更多关注的是自己，批评也好，闲话也罢，多是茶余饭后的及时行乐，事后往往早已抛于脑后。可受批评的人却为此苦恼数日，甚至寻死觅活，太不值得了！

置之不理是消解批评的好方法，它可以使那些恶意诽谤的毒箭宛如射在软皮囊上一般。不过，一种更积极地对待批评的方法是认真、冷静地分析其中是否含有可供参考或有助于自我完善的东西。做到这一点不容易，需要充分的自信和博大的胸怀。拿破仑在被放逐的时候说："除了我之外，没有别人应该为我的失败负责。我是我自己最大的敌人——也是我自己不幸命运的起因。"傻人受到一点点的批评就会发起脾气来，可是聪明的人却急于从这些责备他们、反对他们和"在路上阻碍他们"的人那里学到更多的经验。只要我们愿意，一切都可以拿来为我们所用，一切都可以成为我们学习的源泉。

5. 换位思考

换位思考对建立良好的人际关系很重要。如果我在他的位置上，我会怎样处理？经常站在对方的角度去理解和处理问题，一切就会变得简单多了。 一般而言，善于交往的人，往往善于发现他人的价值，懂得尊重他人，愿意信任他人，对人宽容，能容忍他人有不同的观点和行为，不斤斤计较他人的过失，在可能的范围内帮助他人而不是指责他人。懂得"你要别人怎样对待你，你就得怎样对待别人"，懂得"己所不欲，勿施于人"，懂得"得到朋友的最好办法是使自己成为别人的朋友"，懂得别人是别人而不是自己，因而不能强求，与朋友相处应存大同，求小异。真诚被认为是人际关系的核心。

三、注重与人相处的细节

与人相处应该注意的一些细节往往被广大同学所忽略，但对人际关系却有着重要的影响，甚至在某种特定的环境下起着决定性的作用，特别是留给别人的第一印象的影响。

(一)掌握电话礼仪

随着生活水平的提高，大学生拥有手机已经相当普遍。打电话成为大学生与老师、同学沟通的重要方式。打电话和接电话似乎大家都会，但实际上很多同学没有注意到其中的利益要求，给人际关系带来负面影响。

1. 选好通话时间

应根据受话人的工作时间、生活习惯选好打电话的时间。有些老师会公布自己的生活习惯和工作时间，要用心记住。一般情况下，白天宜在早晨8点以后，晚上22点以前，以免找不到人或打扰别人休息。除非特殊情况，不宜在中午休息时间打电话。

2. 看清电话号码

打电话应该事先弄清楚对方的电话号码后再拨，以免拨错。一旦拨错，应及时向对方道歉。一般情况下，应该遵守两个原则：先拨固定电话，如不在，再拨手机；先拨办公室电话，如不在，再拨家里电话。拨通后暂时无人接，应耐心等十几秒再挂断。

3. 使用敬语，明确对方身份

拨通后先确定对方身份是否正确，然后主动报出自己的姓名。如："您好，请问是某老师吗？我是某某。""您好，某老师在吗？我是某某。"打电话时，接电话的不一定是你要找的人，而让别人帮忙找，这是求人的事情，一定要使用敬语，不要粗鲁地说："喂，给我找某某！"

4. 接电话也要有礼貌

电话或手机铃响后要及时接听。如当时不方便接听，过后一定要主动联系，这一点很重要，是做人的最低要求，否则会因此失去很多机会。接电话时一定要放弃一切闲谈，认真听取发话人的问话和要求，不要和别人边聊天边接电话，这是不礼貌的。

5. 短信交流表述要准确和注意及时回复

发手机短信时，特别是重要信息，一定要表述准确，注意检查。事情较为复杂时，还是直接打电话好。收到短信，一定要及时回复。即使别人通知的事情已经知道了，也要回复，不然别人怎么知道你是否已经知道。

(二)搞好"卧谈会"

寝室是大学生生活的主要场所，同学们来自四面八方，对外面的世界都非常好奇，经过紧张的学习后，回到寝室，躺在床上你一言我一语，就开始了具有特色的大学生活变奏曲——卧谈会。寝室卧谈会，能够维持和巩固宽松和谐的人际关系，营造蓬勃向上的学习气氛，培养团结奋斗的进取精神。如能组织好寝室卧谈会，对大学生的学习、生活都有很大的帮助。但往往事与愿违，常常东拉西扯，没有了主题。内容经常是男生寝室谈女生，女生寝室谈男生。如果能做到以下几点，将会使卧谈会变得很有价值。

1. 确定原则，制订计划

确定原则，制订计划有很多好处。首先，如果最初不确定原则，以后可能会发生一些冲突，破坏寝室气氛。比如，在争论中对事不对人，不准搞人身攻击。其次，要保证人人参与的原则，不能冷落某个人或某些人，那样卧谈会开不起来，也会使寝室成员分化。如果一些人长期不参与宿舍卧谈会，就没有一种归属感，觉得自己不是圈子里的人。因此，可以制订卧谈会的计划，每次一个主题，并且协商好作息时间。这些都非常重要，最好由宿舍长带头，与大家一起把原则和计划制订好。

2. 内容健康，思想积极

寝室是一个多种信息兼容体，在这里天下大事与个人隐私同在，中外传奇与南北风情共存，所有的信息都可能直接或间接地传播给每位同学。而寝室卧谈会就成了相关信息的透视窗，同时又是同学们斑斓生活的大观园。同学们思想活跃，兴趣广泛，时常对日常生活的某些现象、国家大事、国家政策指点江山，评头论足。但是，不能搞流言蜚语，散布假信息，像一些突发事件发生时，如"非典"，千万不要散布谣言，造成恐慌，也不要谈论同学、老师的个人隐私问题。

3. 善言善道，友好共侃

尽管寝室卧谈会包容性强、牵涉面广，但其活动形式一般都离不开辩论会、吹牛会、情感大暴露等，而这些活动的载体都是语言，并且是有声语言。所以，有必要善言善道，要适当讲究语言艺术，训练语言表达能力。诚挚的言语，默契的交流可以使我们在一时一地因一事一人而起的种种感触得以相互沟通，使我们在尘世的喧嚣繁杂中被湮没了的温厚而细腻的感情得以轻松自然地表达。由于种种原因，寝室卧谈会难免会发生争执，但在争执的时候，要讲究言之有理，强调用语客气、委婉、得体，千万不要搞人身攻击。应提倡"百家争鸣，百花齐放"，应该鼓励"仁者见仁，智者见智"。不要搞"一言堂"，特别是不要形成被遗忘的角落。有些同学因为性格内向或其他原因往往宁肯隐居独处，也不愿抛头露面。卧谈会时，应有意识地调动这部分同学的主观能动性，尽可能地多给他们提供表现自己的机会。

4. 虚心聆听，公正评价

"尺有所短，寸有所长"，在同一个寝室里，室友们往往在知识见解、专业领域、智能结构等方面各有千秋，在某一个方面见多识广的大有人在。倘若抓住机遇，虚心请教，别人会提出建设性意见，给我们有益的指点。即使对方是外行，缺乏我们所问的那门知识，但这样的人或许能对你所讲的问题产生好奇心，提出各种各样的疑问，或谈出充满矛盾的见解来，而这些疑问或矛盾很可能是我们平时所没有注意到的。这样就会促使我们去做更深的思考，收到意想不到的效果。因此，要虚心聆听。再者，在卧谈会时，往往要对某个问题进行评价或者说说自己的看法。此时，要用辩证的、发展的眼光看问题，公正评价，绝不能感情用事，更不要拉帮结派。

5. 适可而止，见好就收

恰同学少年，风华正茂。同学们思想活跃，又爱参与，卧谈会常有马拉松式的味道。有时围绕共同感兴趣的问题各抒己见，展开针锋相对的辩论。这些当然是好事，能激发同学们的思维，训练其辩论能力。但要适可而止，不要影响大家的休息，或者音量过大影响左邻右舍。要自觉遵守寝室作息时间。

(三)学会感谢

当在学习生活中遇到麻烦、困难，兴许很快就能得到老师和同学们的热心帮助。获得他人帮助之后，自然会想到感谢，对他人的帮助表示由衷的感谢，这是完全必要的，也是人之常情，但如何表示感谢很有讲究。

1. 要及时而主动地表示感谢，以显示真诚

尽管许多人帮助他人的时候，并不指望得到回报，但对于受帮助的人，一定要及时而主动地表示真诚的感谢。及时，是从时间上说，被帮助的事情有了结局，要马上表示感谢，

不能慢吞吞地一拖再拖；主动，是从态度上说，要找上门去，或打电话，及时主动说明对他人的帮助非常重视，且十分尊重他人的帮助，也说明自己是一个懂得人情的人，它有助于进一步加深彼此的感情。

2. 要根据不同的对象，选择恰当的途径和方法

感谢他人的途径和方法多种多样，除了物质上表示之外，还可以通过其他形式。要根据帮助者的性格、经济状况、喜好等具体情况来选择最恰当的形式，不要以为送值钱的东西就是真诚的感谢，也不要以为无限额夸奖就是感谢。对于老师的帮助表示感谢更多的是自己努力学习和工作。对于同学帮助的感谢，最好对他的帮助铭记于心，下次他有困难也要主动帮助，当然请吃一顿饭也必不可少。

3. 要掌握感谢的内容，力求做到合理与恰当

和做其他事情一样，感谢别人也要掌握分寸，力求适度，过分和不足都有所不妥。过分，或许会让人难以接受，甚至怀疑是否别有用心；不足，又会让人觉得不尊重对方的劳动。合理适度，可根据以下两方面来决定：一方面是对方付出劳动的多少，另一方面是对方的帮助给自己带来的益处。要综合这两个方面，再决定感谢的分量。仅从别人付出的劳动或仅从给自己带来的益处一方面来决定都可能导致失度。因为这两者之间往往不相协调，有的帮助者付出的劳动很少而给被帮助者带来的益处很大，有的也许正相反。

4. 表示谢意是一种感情行为，不能一次性处理

这一点非常重要，获得别人帮助，那是看在两人的关系上。如果一次性处理，就把别人的帮助当作商业行为，两人成了买卖关系了。帮助与感谢是一种感情的交流行为，它不同于一般的货款交易。感情是一种值得反复品味的耐久的特殊事物，不能用一手交钱、一手交货的那种纯商业手段处理。对方帮助自己，这本身就是一种情感的表现。对情感的回报，除了物质上的必要馈赠之外，最好还应该用同样的情感来报答。这样，才能体现出人与人之间的温暖，才能建立更加密切的人际关系。因此，对帮助过自己的人，可保持长久的联系，让人情之桥永远畅通。

(四)学会尊重

尊重，说起来大家都知道，但实际生活中还是有些同学没有意识到。大学里，老师尊重学生，把学生当作成人来对待和交往，所以同学对老师也要足够的尊重。虽然有些老师很亲切、很随和，但大学老师往往是某一方面的专家或知名学者，对他们的尊重，也是对知识的尊重。应该注意的是，大学里的年轻教师往往比学生大不了多少。所以，有些同学与这些老师的关系很密切，行为与语言都很随便，私下里可以，但在公开场合，一定要注意自己的言行，毕竟老师和学生的身份是改变不了的。我们不仅要对老师尊重，对同学也要尊重。尊重他们的性格，尊重他们的生活习惯。因为大家往往来自不同的地方，生活习惯、语言都有很大的差异，同学们在交往中要尊重这些差异。在实际生活中要真正做好尊重老师和同学，下面的小细节一定要注意。

1. 守时

与老师、同学约好在某个时间见面，一定要准时到。老师一般工作都很忙，既要教学又要科研，浪费他们的时间，本质上就是不尊重他们。女生在这一点上尤其要注意，平时男女生约会，都是男生等女生，但在一般的交往中，双方都是平等的，谁都没有权利浪费别人的时间，更没有义务浪费自己的时间。由于特殊原因不能准时到，一定要及时通知，再约时间。倘若经常迟到，肯定给人留下不好的印象，这样就会影响人际交往。

2. 问候

在路上遇到老师、同学都要主动打招呼。方式多种多样，微笑、点头、招手均可。许多同学有过这样的经验，路上遇到了某老师或同学，跟他点头、招手或问候了一声，但对方一点反应也没有。这时往往很尴尬，认为对方不在意自己。其实大多数情况下是对方没有看见或是在思考问题，即使对方真的看见或听见也不理睬，也可能是他今天心情很坏，并不是因为不在意自己。再退一步说，就算他对自己有成见，也要有一颗宽容的心。说不定，某一次，别人跟我们打招呼我们也没有看见呢。所以，对于这种情况，一定要一笑了之，下次见面还是要主动积极地问候。

3. 及时回复

在人与人交往中，别人给了我们一个信息，一定要反馈给对方。这其实是一种设身处地地为别人着想。试想想看，当你给别人发一条手机短信时，当你给别人一个帮助时，当你给别人感谢时，当你给别人通知某事时，别人没有回应，你是什么感觉？所以，当收到别人的通知时，一定要及时地回复。下面有个例子，或许对我们有所启示。

几位同学到一所学校去应聘，经过了笔试和面试，在等待最后的结果时，却被告知回去等消息。一个星期后，他们都收到一个电子邮件，信中大致意思是：鉴于这次招聘的特殊要求，学校未能给您提供合适的职位，感谢您的支持和参与，我们已将您的资料存档，一有合适的职位，将及时与您联系。

这是委婉的拒绝，收到这样的信无疑让人沮丧。大部分人没有意识到该回一封信。其中一位同学回了，他说："买卖不成情义在……"回信是一种礼貌，也是对招聘单位的尊重。两天后，他接到了那所学校的电话，通知他被录用了。后来才知道，这是学校对求职者考察的最后一关。就这样，他的一封回信赢得了一份工作。

扩 展 阅 读

周恩来幽默待客

1965年11月，著名的美国女作家、记者斯特朗80寿辰，周恩来总理在上海为她举行宴会祝寿。周总理在祝词的开场白说："今天我们为我们的好朋友、美国女作家安娜·路易斯·斯特朗女士庆贺40公岁诞辰。"外宾迷惑不解。周总理接着解释道："在中国，'公'字是紧跟它的量词的两倍，40公斤等于80市斤，40公岁也就是80岁。几百位中外来宾被这一番风趣话逗乐了，爆发出一阵欢笑声。总理接着说："40公岁，这不是老年，而是中年。斯特朗女士为中国人民和世界人民做了大量的工作，写了大量的文章，她的精神还很年轻！"斯特朗听了，心里十分高兴。

幽默可以化解交际中的难题。电视剧里有这样一个镜头：一位老领导在给公司里种植的树剪枝，他的下属走过来，赶紧说，"您又在呵护小树了！"有观众说："奉承得太肉麻了。"你认为如何？如果是你，此刻你会怎样做？赞美呢？还是——?！如何才不违反人际关系准则？又不陷于拍马？两难问题，如何处置？

探索与练习

大学生人际关系的心理诊断

这是一份大学生人际关系行为困扰的诊断量表，一共有 28 个问题，请你根据自己的实际情况，逐一对每个问题做"是"或"否"的回答。为了保证测验的准确性，请你认真作答。

1. 关于自己的烦恼有口难开。
2. 和生人见面感觉不自然。
3. 过分地羡慕和忌妒别人。
4. 与异性交往太少。
5. 对连续不断的会谈感到困难。
6. 在社交场合，感到紧张。
7. 时常伤害别人。
8. 与异性来往感觉不自然。
9. 与一大群朋友在一起，常感到孤寂或失落。
10. 极易受窘。
11. 与别人不能和睦相处。
12. 不知道与异性如何适可而止。
13. 当不熟悉的人对自己倾诉他(她)的生平遭遇以求同情时，自己常感到不自在。
14. 担心别人对自己有什么坏印象。
15. 总是尽力使别人赏识自己。
16. 暗自思慕异性。
17. 时常避免表达自己的感受。
18. 对自己的仪表(容貌)缺乏信心。
19. 讨厌某人或被某人所讨厌。
20. 瞧不起异性。
21. 不能专注地倾听。
22. 自己的烦恼无人可倾诉。
23. 受别人排斥，感到冷漠。
24. 被异性瞧不起。
25. 不能广泛地听取各种意见和看法。
26. 自己常因受伤害而暗自伤心。
27. 常被别人谈论、愚弄。

28. 与异性交往不知如何更好地相处。

计分标准： 选择"是"的加1分，选择"否"的给0分。

结果解释：

如果你的总分在0～8分之间，那么说明你在与朋友相处上的困扰较少。你善于交谈，性格比较开朗，主动关心别人。你对周围的朋友都比较好，愿意和他们在一起，他们也都喜欢你，你们相处得不错。而且，你能从与朋友的相处中，得到许多乐趣。你的生活是比较充实而且丰富多彩的，你与异性朋友也相处得很好。一句话，你不存在或较少存在交友方面的困扰，你善于与朋友相处，人缘很好，能获得许多人的好感与赞同。

如果你的总分在9～14分之间，那么，你与朋友相处存在一定程度的困扰。你的人缘一般，换句话说，你和朋友的关系并不牢固，时好时坏，经常处在一种起伏之中。

如果你的总分在15～28分之间，那就表明你同朋友相处的行为困扰比较严重，分数超过20分，则表明你的人际关系行为困扰程度很严重，而且在心理上出现较为明显的障碍。你可能不善于交谈，也可能是一个性格孤僻的人，不开朗，或者有明显的自高自大、讨人嫌的行为。

不要希望你所决断的事情不会发生错误，也不要希望你与别人的交流别人都会满意。一个人总有犯错误的时候，重要的是能够接受新的观点，随时改变你的意见。

第十五章　就业探索

【导引个案】

毕业即开学

这是美国东部一所规模很大的大学毕业考试的最后一天。在一座教学楼前的阶梯上，有一群机械系大四学生聚集在一起，讨论着几分钟后就要开始的考试。他们每个人的脸上都显示出了非凡的自信，这是最后一场考试了，接下来就只剩下毕业典礼和找工作了。

有几个说他们已经找到工作了，其他的人则在讨论着他们想得到的工作。怀着对四年大学教育的自信与肯定，他们在心理上早有充分的准备，征服外面的世界不在话下。

他们认为即将进行的考试只是轻而易举的事情。教授说他们可以带需要的教科书、参考书和笔记，只是要求考试时他们不能交头接耳。

他们喜气洋洋地走进教室。教授把考卷发下去，学生们都喜形于色，因为大家注意到这份试卷只有5个论述题。

3个小时过去了，教授开始收取考卷。学生们似乎不再有信心，他们脸上都露出难以描述的表情。没有一个人说话，教授手里拿着考卷，面对着全班同学。他端详着面前学生们忧郁的脸，问道：

"有几个人把五个问题全答完了？"没有人举手。

"有几个人答完了四个？"仍旧没有任何动静。

"三个？两个？"学生们在座位上不安起来。

"那么一个的呢？一定有人做完了一个吧？"全班学生仍保持沉默。

教授放下手中的考卷说："这正是我预期的。我只是想给你们一个深刻的记忆，即使你们已完成四年工程教育，但仍旧有许多有关工程的问题你们全然不知。这些你们不能回答的问题，事实上，在日常操作中是非常普遍的。"

于是教授带着微笑说下去："这次考试你们都会及格，但要记住，虽然你们是大学毕业生，但你们的教育才刚刚开始。"

（资料来源：斯坦伯格.读者）

大学生即将圆满完成学业，走出大学校园时，面临着择业与就业两大人生课题。在毕业前夕，每个人的心态都是不一样的，有的内心充满自信、踌躇满志，有的满怀恐惧、担忧，也有的犹豫不决，还有的麻木不仁。但不管怎样，每个人都要在这人生的新课题中重新学习。

到了本书的最后一章，恭喜你已经结束了职业生涯规划的自我评估和职业探索部分，你已经研究和分析了你的兴趣、能力、个性和价值观，初步选定了一些职业目标。面对即将开启的新的人生，你准备好了吗？

本章与你一起进行就业前的探索，设计求职策略，学习掌握与你职业目标相关的信息，明确你的职业定位，并且准备好你的简历，学习如何在面试中表现出色。

第一节 求职定位

一个人对社会贡献的大小、收入水平的高低以及社会地位、生活方式等在很大程度上取决于从事什么样的职业及其在职业活动中的表现。职业的重要性，决定了职业选择的严肃性。职业选择不仅是个人挑选职业的过程，也是社会挑选劳动者的过程，只有个人与社会成功结合、相互认可，职业选择才会成功。合理定位是大学生成功就业的起点，入职匹配是职业选择与生涯发展的关键。只有成功就业，将工作转变为职业，抓住职业发展机会，良性循环，职业才能过渡为事业。

一、职业定位的含义

职业定位是结合个人职业目标以及主客观条件谋求最匹配职业的过程，在这一过程中要充分考虑性格、兴趣、特长、专业等个人因素与职业的匹配。

我们经常会看到大学生在择业过程中，没有正确地评估自己，用社会的热点给自己定位，一味追求体面就业、高薪就业、稳定就业，在求职时失去了方向，在面试时没了信心，就业求职的道路越走越窄。

案例：

金某，某大学2005届微电子专业毕业，曾想出国留学，因德语口语面试不合格，与留学擦肩而过。于是他开始四处寻找工作，也曾在网上投递了多份简历，大都是应聘电子技术工程师之类的岗位，但由于缺乏工作经验，很少有面试的机会。一家销售公司给予了他面试机会，但因专业不对口，又无销售工作经验，结果又以失败而告终。后来他进了一家朋友开的公司工作，主要从事简单的计算机操作。但干了几个月，他觉得长此以往，不仅对自己的职业发展相当不利，而且四年的所学将付诸东流。

看着金某不知所措的样子，心里的彷徨和迷惘使他迷失了求职的方向，于是，职介指导员耐心地对他引导和点拨。经过几次职业指导，成功地推荐他到某电子公司参加职业见习。通过一个月的实习，他不仅了解了企业的文化和背景，还学到了书本上没有的知识和技能，心境也豁然开朗。

从这个案例中可以看出，职业定位，不仅是已在职场上的人的事情，大学生的职业定位比已在职场上的人的职业定位要来得更为重要。在职业发展的初期，就应该给自己制定出合理的职业规划以及相应的职业定位，并不断地加以调整。

金某由于失去留学机会，心情沮丧，所以盲目应聘。由于缺乏对自己职业生涯的合理定位，从而陷入盲目找工作的误区，越是急于想找到工作，却越是找不到工作。当朋友给予了他就业机会，他就像是抓住了救命的稻草，不管是否适合自己，先就业了再说。但回过头来，却失去了自己的专业优势。当金某冷静下来，发现自己的个性与职业发展不相符时，能及时地调整方向，找到了知识技能资质与市场需求的契合点，并能降低择业标准，应聘与电子技术相关的操作类岗位。

职业定位是自我定位和社会定位两者的统一。因此要做到准确定位，就要做到知己知彼，科学决策。做到知己主要是要了解自己能够做什么，面对专业和职业，自己应该如何选择，自身的能力以怎样的合理价格和企业论价；做到知彼，就要了解企业提供的是什么样的岗位，企业愿意为此支付多大的成本，企业所在的行业是旭日东升还是夕阳西下等。科学决策是在了解个人和企业的基础上，使个人能力与企业需求达到一个平衡点，使个人的价值量化，打下职业生涯发展的基石。

职业定位应注意：依据客观现实，考虑个人与社会、单位的关系；比较鉴别职业的条件、要求、性质与自身条件的匹配情况，选择条件更合适、更符合自己特长、更感兴趣、经过努力能很快胜任、有发展前途的职业；着重主要方面，扬长避短，不要追求十全十美的职业；审时度势，及时调整，要根据情况的变化及时调整择业目标，不能固执己见，一成不变。

二、职业定位的益处

(1) 求职速度加快。任何一个单位都希望能在尽可能短的时间内找到最合适的人选。有明确的职业定位时，就会展示出最有利于这份工作的优势，打动用人单位使应聘成功。

(2) 求职成本降低。职业定位明确，就不会漫无目的地四处求职，浪费人力、物力、财力。

(3) 工作稳定性增强。很多人快速离职在很大程度上是因为对工作本身的"不认同"，这种"不认同"很可能是无意识的，当然如果是有意识的"不认同"，那很显然会加快离职速度。正是这种对本身工作的"不认同"，导致当工作环境稍微有些不理想的情况下，比如跟老板或是同事稍微有些矛盾，或是经济收入不是所认为的那么理想的情况下，外面稍有诱惑，就会容易选择离职，寻求表面上看起来是更好的"发展"。而当有了明确的职业定位时，就会知道为什么现在在这里工作，是为了积累经验还是为了提升技能，还是为了历练些什么，这时候有再多的诱惑、再多的挑战，都难以轻易动摇，对于工作的选择也自然会更加慎重。

(4) 工作满意度更高。对工作认同，对所从事职业的认同，就会更加的投入工作，对工作的主动性也会大大增强，自然会取得更好的工作满意度。

(5) 提升个人职业竞争力。明确自己的职业定位，就会增强个人发展的目的性与计划性，寻求最佳的发展通道，提升相对竞争的实力。

(6) 获得的回报更丰厚。对工作更多的投入，职业竞争力得到的提升更高，自然会给单位和社会创造更多的价值、更多的财富，得到包括名誉上的、物质上的、精神上的丰厚回报。

三、择业的三维度

1. 从自己的角度认识职业选择

职业选择是自己把握自己命运的开始。选择机制要求人们树立自立的精神，以主动者的身份对待职业选择。择己所爱、择己所长、择世所需、择己所利。实践证明，只有这样才能获得较高的职业满意感，从而提高事业的成功率。

2. 从竞争的角度认识双向选择

选择必然有竞争，以个人才能为基础的竞争，是公平选择实现的条件。选择是双向的，当求职者按照自己的意愿选择职业的同时，用人单位也在按照职业的要求选择合格者。一个人如果不具备职业所要求的素质，必然会在竞争中失败。大学生只有树立市场意识和竞争意识，不断地调整和充实自己，才能增强自身的竞争能力。

3. 从创造和发展的角度认识职业选择

选择并不是为我们提供享受的机会，而是为我们提供了把知识转化为物质财富的广阔道路。这就要求学生树立发展的择业观，以创造为动力，以在职业活动中为社会做出更大贡献为目的，适时地调整自身与周围的关系，使个人的潜力得到最大的发挥。

四、大学生的"择业"定位

(一)择业心态定位——不骄不躁、不自卑不气馁

(1) 避免理想主义，及时调整就业期望值，不刻意追求最满意的结果。
(2) 避免从众心理，一切从自身的特点、能力和社会需要出发，不与同学攀比。
(3) 克服自卑、胆怯的心理，树立自信心，树立敢于竞争的勇气。
(4) 不怕挫折。遇到挫折，不消极退缩，采取积极的态度，勇于向挫折挑战。

(二)自我认识定位——全面认识、评估自我

(1) 对自己生理特点的认识。生理特点是指个体所具备的某些解剖特点和生理特性。主要指神经系统、脑的特性以及感官、运动器官的特性，诸如身高、体重、视力、肺活量、爆发力、速度、耐力、反应的敏捷性、动作的协调性等。生理素质是人们从事职业活动的基础，并制约着其他素质的形成与发展。许多职业都对生理素质有特定的要求，比如色盲者，不能从事绘画工作，也不能从事生物、化学、印染等工作；有严重口吃的人不能从事教师、导游、翻译等工作。

(2) 对自己心理特点的认识。心理特点指表现在感知、记忆、思维、想象、情感、意志、态度、爱好、世界观、价值观、气质、性格、能力等方面的特点。其内容非常丰富，几乎涵盖了人的所有稳定的特点，是制约职业适应性的主要因素。

(3) 对自身科学文化知识的认识。任何职业对从业者的知识水平和知识结构都有特定的要求，掌握现代知识是适应现代职业不可缺少的条件。只有根据职业的要求认识自己在知识结构和水平方面的优势和差异，才能做到有针对性地积累知识和改善自己的知识结构。

(4) 对自己职业观念的认识。这里的职业观念包括自己的职业理想、择业观念、职业道德、现代观念等内容。职业观念是影响择业行为的重要因素，正确、高尚的职业观念会推动自己去选择那些最能发挥特长，最能为社会做贡献的职业，而落后、保守的职业观念则会限制自身的发展。选择职业的过程也是认识和提高自己职业观念的过程。

(5) 对家庭成员经济状况和个人关系网的认识。每个家庭的经济状况、家庭成员的受教育程度和职业地位、交际范围、家长对子女的要求等情况是完全不同的，这种家庭背景具有的不同层次，对子女的择业观念和行为都有不同程度的影响。对于那些经济状况较差

的家庭，毕业生在择业时，必须把就业和改善家庭经济生活结合起来考虑，不宜单纯地追求职业理想。一般认为人脉关系的形成依托于家庭关系背景，但大学生在就业时应积极合理地拓展自己的社会关系，不断累积自己的社会资本，这也是个人能力的重要组成部分。

(三)择业环境定位——从宏观到微观、从主观到客观认识就业环境

(1) 要了解国家在就业方面的方针、政策。由于地区之间经济发展的不平衡，从事同一职业其收入水平、福利待遇、工作条件以及个人的发展机会存在很大差异。为了保证各地区和各行业的平衡发展，保护劳动者和企业的合法权益，国家要制定一系列的劳动就业政策、法律法规和采取必要的行政措施以规范就业市场，促进人才的合理流动。学生必须在国家法律、政策规定的范围内，根据自己的意愿选择职业。

(2) 要了解社会对人才的需求情况。社会对人才的需求包括了对人才数量的需求和对人才结构的需求。影响社会需求的因素很多，如国家经济发展状况及发展战略的变化、产业结构、经营形式、科学技术的应用、人口的数量和质量等，与就业的地区、行业、可提供的职业的数量和规格有着非常密切的关系，直接关系到就业的难易程度和职业愿望的满足程度。

(3) 要了解职业的特点。它包括职业的地域特点、职业的行为特点和职业的岗位特点，它影响着从业者对职业的适应程度。同时要了解职业的类型及其相互间的关系，特别要注意了解职业对从业人员素质的要求，如生理素质、心理素质、科学文化素质、思想观念素质，这是有针对性地准备职业的基础。

(4) 要了解用人单位的特点和职业岗位的要求。包括用人单位的声誉和形象；本行业中的地位、现状和发展前景；领导人实力；组织和组织制度；提供的工作岗位；个人待遇提升的空间等。一般认为，现代社会欢迎那些知识面广，具有开拓能力和实践精神并具有一技之长的人。

求职者从自己的实际出发，客观地分析、评估自己的文化素质、业务技能、性别特点、身体条件以及各类职业固有的标准、条件、要求，弄清自己想干什么、能干什么、应该干什么，实事求是地选择自己力所能及的合适职业，并且所选的职业要有利于自己潜能的发挥和事业的发展。

五、大学生的"待业"定位

大学毕业生在职业选择过程中，每一个人都希望找到一份与自己兴趣、爱好、能力相当的职业，这是可以理解的。然而要实现这种理想却又不那么简单，因为就业是一项关系到社会、经济、文化以及家庭等诸多因素的复杂的系统工程，不是单凭主观愿望就能解决好的。如果在初次就业时没有自己喜欢或适合自己的工作单位，那么，切不可待在"家里"无所事事。"待业"不能等待，仍然是择业、求职的过程，应继续努力寻找就业机会。

(1) 先就业，再择业。改变"一步到位"的思想，树立灵活就业的新观念。走一条面对现实，降低起点，先融入社会，再寻求发展的道路。只要条件基本认可的用人单位接纳，就先工作，实现就业，走进社会。这对自己既是一种锻炼，也是一种适应社会的准备。工作一段时间后，有了一段就业和择业经历，各方面的经验和能力得到提高，具备了自信心和"实力"，时机和条件到来时，若认为不合适，再重新选择职业。

(2) 先学习，再就业。首先，淡化了"专业对口"的观念，而是在"学以致用"的原则下发挥素质优势，在更加宽泛的择业范围和领域内，寻求理想的职业。其次，通过择业的亲身经历，总结经验和教训，找出存在的问题和不足，为继续择业作进一步的准备。充分利用"待业"时间进行"充电"学习，或参加某种培训，提高急需又短缺的知识和技能等。

(3) 先就业再积累，后创业。除了合理的职业流动外，不能把自己的前途和命运全部寄托在别人身上，不能把自己的职业生涯交给他人设计，更不能听天由命对自己不负责任。要树立起自主创业意识，充分发挥自己的专业特长和素质优势，积极作创业准备，进而实现自己的理想和人生价值。这也是最成功的"待业"。

六、大学生的"创业"定位

自主创业，不仅是大学生成才的重要模式，更是就业的重要途径。联合国教科文组织曾提出，21世纪的现代人应有3本"护照"：一是文凭类"教育护照"，二是技术类"职业资格认证护照"，三是创业知识和技能类的"创业护照"。在20世纪末，国际教育界也曾做过这样的预测：21世纪全世界将有过半的中专生和大学生要走自主创业之路。"创业也是一种就业"，"创业还可以为他人创造就业岗位"。1998年5月举办的清华首届创业计划大赛，正式拉开了我国学生创业的序幕。

(一)创业条件

(1) 个人条件。个人条件包括合理的知识结构(专业知识、管理知识、商业知识、法律知识等)、健全的人格特质(主要指性格和心理承受能力等)、较为杰出的应用能力(学习能力、协调能力、交往能力、洞察力和决断能力等)及较为丰富的社会阅历等。

(2) 资金条件。有效筹措资金是自主创业的前提，包括是否有资金来源，筹集资金的可能性等。

(3) 团队条件。优势互补的团队是自主创业的基础，创业团队有利于优势互补。自主创业"万事开头难"，要处理的事情面广量重，靠一个人的力量很难有效地处理各类情况。组建创业团队则能有效进行技术创新与经济管理的互补。如果具备有效的管理，还能保证创业团队形成最大的合力，那才能在市场竞争中取胜。一旦确定创业，则应该根据自己的优点、劣势，寻找和自己有共同意向，同时能互补的合作伙伴。

(4) 社会关系条件。广泛有效的社会关系是自主创业的保障，一个初期开办的公司，往往需要得到各方面的帮助才能发展。"天时、地利、人和"，创业者需要在社会环境中调动一切有利的因素。对于大学生创业者，他们与社会创业者相比，欠缺的是广泛的社会关系，竞争中也常常处于不利地位。这不仅仅体现在公司的资金筹措上，还包括产品的市场推广和销售等一系列方面。

(二)创业切入点

虽然如今创业市场商机无限，但对资金、能力、经验都有限的大学生创业者来说，却并非"遍地黄金"。在这种情况下，大学生创业者只有根据自身特点，找准"落脚点"，才能闯出一片真正适合自己的新天地。

(1) 高科技领域。有意在这一领域创业的大学生，可积极参加各类创业大赛，获得脱颖而出的机会，同时吸引风险投资。推荐商机：软件开发、网页制作、网络服务、手机游戏开发等。

(2) 智力服务领域。智力是大学生创业的资本，在智力服务领域创业，更容易赚到"第一桶金"。此类智力服务创业项目成本较低，一张桌子、一部电话就可开业。推荐商机：家教、培训公司、设计工作室、翻译事务所等。

(3) 连锁加盟领域。选择启动资金不多、人手配备要求不高的加盟项目，从小本经营开始为宜；此外，最好选择运营时间在 5 年以上、拥有 10 家以上加盟店的成熟品牌。推荐商机：快餐业、家政服务、校园小型超市、数码速印店等。

(4) 小型店面经营。大学生开店，一方面可充分利用高校的学生顾客资源；另一方面，由于熟悉同龄人的消费习惯，因此入门较为容易。推广工作很重要，需要经常在校园里张贴广告或和社团联办活动，才能广为人知。推荐商机：高校内部或周边地区的餐厅、咖啡屋、美发屋、文具店、书店以及网上开店等。

第二节　求　职　文　案

求职文案是广大毕业生用来和单位取得联系、"投石问路"最常用的办法之一。在求职择业过程中，求职文案有着举足轻重的作用，是"敲门砖"，推荐、面试、录用都离不开它，求职文案的好坏直接影响着就业的成败。

一、求职文案的内容及其作用

(一)求职文案的内容

求职文案的内容主要包括：求职信、学校推荐表、导师推荐信、个人简历、附件(证书复印件等)等内容。

(二)求职文案的特点

(1) 客观性。求职文案必须要以事实做基础，以能够顺利就业为目的。

(2) 创造性。求职文案从形式到内容，材料的结构和组织取舍，完全可以发挥求职者的创造性思维和丰富的想象力。一些用人单位常常被这些创造性很强的求职文案所吸引，才决定给予面试的机会甚至聘用，但创造性并不等同于求奇求异，切忌把材料搞得花里胡哨，哗众取宠，要把握好创造性和求实的尺度。

(3) 独特性。正因为自己编撰求职文案是一项创造性的工作，最能充分展示择业者的个性特征，所以求职文案具有不可取代的独特性。

(4) 全面性。要针对应聘对象，取舍得当，突出重点，结构合理，条理清晰，让用人单位能够一目了然，印象深刻，促使对方及早做出面试的决定。切勿为求全面，过分讲究面面俱到，这样反而会显得烦琐异常，而应在全面中体现灵活性和针对性，努力向有利于就业的方向调整。

(三)求职文案的作用

(1) 评估自我，确定择业方向。编写求职文案的过程中，毕业生逐渐清楚了解自己的实际情况，能对自身的情况做出全面的分析和评价，明确自己的专长和爱好，这样才能把职业的要求和自己的个性特征结合起来，理性思考，做出明智的择业趋向。

(2) 宣传接洽，叩开就业之门。通过求职文案，用人单位不仅可以了解求职者的个人简历，而且了解求知职者的知识能力以及特长、爱好，所以求职者才能更有把握争取到一次面试机会。

(3) 面试竞聘，职位取舍依据。求职文案是用人单位面试的出发点及面试后做出取舍的主要依据。

二、求职文案的整理与包装

(一)求职文案的编写要领

(1) 目标明确。组织和编写求职文案的大目标和大方向就是为了就业，凡有利于就业的各种材料、各种组织编写方法都可以加以运用。

(2) 针对性强。即编写求职文案时，应根据大致的就业意向，根据应聘的行业、职业或单位特点进行材料的合理组织、安排和撰写。要做到有针对性，就须做到知己知彼，根据不同情况写出最适宜的求职文案，量体裁衣。

(3) 客观实用。即实事求是，摆正位置。在编写求职文案的过程中要采取客观真实的思想态度，可以说，求职文案的真实性是一个择业者的生命线，一旦用人单位发现求职文案有假，求职者就会失去理想的就业机会。另外，在文体上，求职文案属于实用文书写作中的说明文一类，其目的就是为了就业，切不可过分追求文笔超脱，言辞华丽，而忽视其实效，舍本逐末。

(二)求职文案的整理

(1) 收集材料。俗话说"巧妇难为无米之炊"，收集个人自荐原始材料是一项基础性工作。搜集材料的原则就是为就业服务，以择业目标为基础，按需收集，即围绕就业目标所需的专业特长、知识结构和能力等进行材料收集，注意专业特点、个人能力与行业特点的结合。

(2) 分类整理。收集的原始材料很多，在分类整理过程中一般按以下五个大方面进行专题细分：个人简历性材料、专业学习材料、特长爱好材料、社会实践材料和奖励评论性材料。

(3) 编辑审查。分类整理之后就要进行编辑审查，即对分类的材料进行汇总编辑，检查一下材料是否有明显遗漏，不能出现材料残缺。同时材料含糊甚至与实际情况有出入的，一定要撤除或修改。另外，还要对材料上是否有错别字等细节进行校对。

(4) 汇总分析。分类整理和编辑审查后，首先要把同类型的材料集中起来；然后对材料的使用价值进行自我分析评估；最后把材料一起进行综合价值评分，分清主次，一一罗列出来，以便于编写使用。

(5) 合理编撰。在编撰求职文案的过程中，要针对所应聘目标的具体情况，合理取舍，有机组合，充分体现择业者的优势与特长。

(三)求职文案的包装

在原始材料基础上将求职文案的主体部分根据不同的应聘目标编写完后，就要进行包装这一工序了，即完成封面(主题)设计和求职文案的装订工作。封面的设计是丰富的，但其基本原则是美观、大方、醒目、整洁。封面设计要有一个主题(标题)，一个好的主题，往往能吸引住用人单位，促使招聘方进一步了解求职文案的具体内容。而且封面的设计风格要与求职文案内部主体内容风格一致，具有同一性、整体性。同时，封面设计中最好体现出择业者的姓名、专业、年级、学校等最基本的内容。在求职文案的装订中最好采用A4标准纸打印，不要用繁体字(有特殊要求除外)，装帧不要太华丽，保持整洁明快是最重要的。

(四)求职文案的一般投寄程序

投寄求职文案一般有两种方式，一种是直接递交，另一种是间接递交(包括转交或以信函、电子邮件等方式投寄)。无论采取哪种形式，都要求准确、便利、快捷，要在用人单位规定的投寄时间内寄到。投寄时注意：①明确投递对象，有的放矢。②反复检查，避免遗漏与错误；特别是材料内容与投递对象是否一致，千万不要出现张冠李戴的现象，否则是对用人单位的不尊重，也是对择业的一个遗憾和损失。③注明双方联系办法。如果以信函方式，则要把投递地址写清楚。接受方若是具体人，则要把姓名写清楚、写正确。同时，职位称谓、单位的地址、名称等不要写简称。此外在求职文案的明显位置必须有联系方式，以方便用人单位与自荐人联系。还有，信封要用标准信封，在信封上也可写上联系方式。注意上述几点后，再经过确认，就可以把一份精心编制的求职文案投寄出去了。

三、求职信的写作

求职信是一种介绍性、自我推荐的信件，它通过表述求职意向和对自身能力的概述，引起对方的重视和兴趣。一封好的求职信可以向招聘方展示求职者的才干。一般来说，打开求职文案，首先看到的便是求职信。正是有了求职信，阅读者才会对求职者简历上所写的经历与业绩感兴趣。所以，求职信无论在格式上还是内容上都必须给阅读者留下好印象。

(一)求职信的格式

一般来说，求职信属于书信范畴，所以其基本格式应当符合书信的一般要求，主要包括称呼、正文、结尾、署名、日期、附件等六个方面内容。但因为求职信是寄给求职单位的，所以它又有不同之处。

(1) 称呼。求职信的称呼往往比一般书信的称呼正规一些，在实际书写时要区别对待，不要用不正规的称呼。

(2) 正文。这是求职信的中心部分，其形式多种多样，一般要求说明求职信息的来源、应聘岗位、本人基本情况、工作成绩等内容。

(3) 结尾。一般应写明希望对方给予答复，并盼望能有机会参加面试及简短的表示敬意、祝愿之类的祝词。

(4) 署名。

(5) 日期。一般写在署名右下方，最好用阿拉伯数字写，并写上年、月、日。

(6) 附件。求职信一般都要求同时寄一些有效证件，如外语等级证书、计算机等级证书、获奖证书的复印件以及简历、近期照片等。最好有附件目录，这样既方便招聘单位的审核，同时也给对方留下一个"有条不紊、认真负责、办事周到"的好印象。

(二)求职信的内容

(1) 说明本人基本情况和求职信息的来源。

(2) 说明应聘岗位和能胜任本岗位工作的各种能力。

(3) 介绍自己的潜力。

(4) 表示希望得到答复或面试的机会，并标明与你联系的最佳方式。

(三)求职信的写作技巧

(1) 了解对方、有的放矢。求职信是交际的一种形式，它可以反映出一个人的专业水平，从用人单位的角度考虑问题是使求职信产生积极效果的重要方法。求职者应该采取换位思考的方法，针对某一单位的某一职位而求职，通过分析用人单位提出的要求，了解用人单位的需要，然后有针对性地向其提供自己的背景资料，表现出自己独到的智慧与才干，使他们从求职者的身上看到希望，并做出对求职者有利的决定。

(2) 条理清楚、个性鲜明。从阅信人的角度出发组织内容，根据求职的目的来布局谋篇，把重要的内容放在篇首，对相同或相似的内容进行归类组合，段与段之间按逻辑顺序衔接。信件要具有个人特色且能体现出专业水平，意思表达要直接、简洁，书写要清晰，内容、语气、用词的选择和对希望的表达要积极，充分显示出求职者是一个乐观、有责任心和有创造力的人。

(3) 实事求是、恰如其分。用成就和事实代替华而不实的修饰语，恰如其分地介绍自己。求职信是用人单位对求职人的一次非正式的考核，用人单位可以通过信件了解求职者的语言修辞和文字表达能力，可以说求职信是用人单位对求职者取得第一印象的凭证。

(4) 求职信不宜太长，一封求职信不能多于一页。不宜有文字上的错误，切忌有错字、别字、病句及文理欠通顺的现象发生。不宜是履历的翻版，应与履历分开，自成一体。要自存副本档案。用 A4 纸打印。

最后，提醒求职者在写求职信时，还要切忌以下六点：①错字连篇，主次不分；②长篇累牍，无的放矢；③条理不清，逻辑混乱；④好高骛远，炫耀浮夸；⑤过分谦虚，缺乏自信；⑥用词不当，礼节欠缺。

(四)大学生求职信示例

假设你叫李平，你从报上得知某公司欲招聘一名英语翻译，请你给该公司经理写一份求职信，你的个人资料如下。①简况：姓名，李平；年龄，22 岁；身高，1.80 米；健康状况，良好；业余爱好，游泳、唱歌、跳舞。②简历：2007 年北京大学英语系毕业。③工作：工作认真负责，与人相处融洽。④特长：精通英语，尤其是口语，已将多本中文书籍译成英语，懂一些日语，能用日语与外宾对话。联系电话：3654731。联系地址：苏州市人民路一号。

第一步，介绍消息来源。介绍消息来源实际上是求职信的开篇交代句，它可使求职信显得自然、顺畅；而不介绍消息来源，会使收信人感到意外、突然，文章也缺乏过渡、照应，本文消息来源可作如下介绍。

Dear manager,

I learned from the newspaper that your company wanted to hire an English translator.

第二步，表明求职心愿。介绍完消息来源后，应向收信人表明自己的求职心愿，即写信的目的，本文求职心愿可作如下介绍：

I am interested in this job very much. I would like to get this job.

第三步，介绍个人简历。某单位需要新人，求职人也有求职心愿，但这并不意味着这项工作非你莫属。如果你没有干好这项工作的经历、实力，也是难以适应的。因此，介绍个人简历是必不可少的。本文个人简历可介绍如下：

Now I would like to introduce myself to you. My name is Li Ping. I am 22 years old. I am 180 cm tall. I am healthy. I like swimming, singing and dancing in my spare time. I graduated from Beijing University in 2007.

第四步，摆出求职优势。仅有一定的工作经历而没有自身的优势和特长，也很难求得称心如意的工作。因此，求职时应表明自己除了具有一定的工作经历之外，还具有一定的优势和特长，这样才能稳操胜券。本文可通过如下方法表明自己的优势：

I work hard and I can get along well with others. I am good at English and especially my spoken English is very good. I have translated many Chinese books into English. I can understand Japanese and I can talk to foreigners in Japanese freely.

第五步，提出获职打算。丰富的工作经验和一定的优势和特长，只能代表过去和现在的情况，如果获职后自以为心愿已了，从此高枕无忧，马虎从事，那也是得不到用人单位认可的。显然表明获职后努力工作的决心是感动用人单位的领导从而顺利谋得此项工作的重要一环。本文获职打算可作如下介绍：

If you agree with me, I will work hard and try to be a good translator.

第六步，请求答复联系。如果用人单位领导同意了你的求职要求，你必然要请他和你联系，以便你及时做好准备，到用人单位应聘或报到。为准确起见，请求答复联系时你还应当提供你的通信地址、邮政编码、电话号码、电子信箱等。本文请求答复联系的内容可作如下介绍：

If you agree with me, please write a letter to me or phone me. I live at No.1 Renmin Road, Suzhou city. My telephone number is 3654371.

第七步，表明感激之情。无论你的请求是否能够得到满意的答复，你给用人单位写信就是给对方添了麻烦，因此你应向对方表明感激之情。本文可这样来表明感激之情：

Thank you very much.

上述七步内容联成一个整体，再加上下面的信尾，就成为一封完整的求职信。

Yours Truly　　Li Ping

四、个人简历的编写

个人简历是自己生活、学习、工作、经历、成绩的概括集锦。个人简历的真正目的是为了让用人单位全面了解自己，从而为自己创造面试的机会，最终达到就业的目的。个人简历一般作为求职信的附件，呈送给用人单位。

(一)个人简历的形式

个人简历一般有两种形式：表格式、时间顺序式。表格式是用表格的形式列出自己的基本情况和学习、工作的经历，使人一目了然；时间顺序式是按年月顺序，列出自己的学习、工作经历，充分表现自己的技能、品德。对于即将毕业的大学生来说，采用表格式和时间顺序式最好。

个人简历真正的用处就是让用人单位充分了解自己，从而提供可能的就业机会。因此简历要写得简洁精练，切忌拖泥带水。简历的格式要便于阅读，有吸引力，从而使用人单位对自己有良好的印象。简历的内容要重点突出、用语要得体，书写要工整清楚。

(二)个人简历的内容

(1) 个人资料——身份证明。包括姓名、性别、出生年月、籍贯、政治面貌、婚姻状况、身体状况、兴趣、爱好、性格等。

(2) 学业内容——受教育程度。包括就读学校，所学专业、学位、外语、计算机掌握程度。

(3) 所获奖励——包括三好学生、优秀团员、优秀学生干部以及专项奖学金等。

(4) 本人经历——工作或业务经验。对大多数用人单位来说，这一部分是个人简历的"核心"，你应该把所有的工作经验都写进去。把你在学校参加过的社会工作方面的都罗列进去，最好与你所求的职业有针对性。

(5) 本人特长——如计算机、外语、驾驶等。

(6) 会员证明——把参加的社团的名字及担任职务写进去。

(7) 证书——个人简历后可附上获奖证书的复印件，外语四级、六级证书的复印件以及驾照等的复印件，这些复印件能够给用人单位留下深刻的印象。

(8) 研究工作及成果——你应该把你所做过的重大研究项目写进你个人简历，要注明你的姓名和项目合作者的姓名，用大号字体写出项目名称及该项目的赞助商(如没有，则不注明)，最后注明你完成该项目的时间。

(9) 求职说明——求职要求可以做出特别的说明，但这些说明要与你的工作有关，并能引起招聘者的兴趣。

(10) 推荐信——推荐信往往是简历中最后一个部分，可附在简历的后面。

(11) 证明人——在证明栏目中要详细说明证明人的姓名、职务、工作单位与联系地址或电话，当你同时针对许多单位写个人简历，难以提供一大批对方熟悉且有说服力的证明人时，你也可以在简历结尾处指明"如需要即提供证明人"或"有关证明人来函即寄"。

(三)个人简历的写作标准

(1) 整洁清晰：简历一定要写得整洁清晰，反映出你真实、准确的形象，使你能被用人单位一眼看中。

(2) 简单明了：简历通常很简短，一般不超过一页纸，对于与求职目标有关的情况要重点突出,对于其他无关紧要的一些情况要一带而过。简明扼要最好。

(3) 准确无误:无论在用词上、术语上及撰写上都要准确。

(4) 真诚坦率:诚实描述自己,不要自吹自擂,也不要过于谦虚。

五、学校推荐表和附件

学校推荐表在求职文案中有举足轻重的地位,可以说这是一个官方的认证,具有权威性,用人单位对此有较高信任度。把它放在求职文案中加大了求职文案的可信度及自荐力度。正因为学校推荐表统一规范,易产生千篇一律的感觉,内容上也难于全面、缺乏个性。所以这就要求毕业生在组织编写其他求职文案时既不要重复,又要进行必要的补充。必要时也可在学校推荐表中选取最有价值和利于就业的重点部分进行复印(如学习成绩、组织意见等)加入求职文案中。

附件即指能证实求职文案中所列的各方面情况的原始证明材料,它也是证明求职文案的真实性和自荐人各种能力的有力佐证。为防止投递过程中丢失,可用复印件,一般用人单位决定录用后仍要检视原件,所以原件一定要妥善保存。

第三节 成 功 应 聘

大学生求职应聘的过程包括很多环节,有求职前的考察、自荐、笔试、面试、入职谈判、签约等环节,而最为关键的是自荐、笔试、面试三个环节。

一、求职自荐

自荐有直接自荐和间接自荐两种。直接自荐是指由本人向用人单位做自我介绍、自我评价、自我推销。间接推荐是指借助中介人或物推荐自己,即不亲自出马,只需要将自己的想法和条件告诉第三者,或形成材料就能达到推荐自己的目的。

(一)自荐的主要方式

(1) 参加人才招聘会自荐。即带上个人求职文案到人才招聘会(或"双向选择"会)上推荐自己。

(2) 上门推荐。即带上求职文案亲自到用人单位推荐自己。

(3) 电话自荐。即通过电话联系,向用人单位推荐自己。近几年,不少大学生用这种方式推荐自己,获得了成功。

(4) 信函自荐(书面自荐)。即通过向用人单位邮寄或呈送求职文案的形式推荐自己。这种形式不受时空限制,又能扩大自荐范围,特别适用于学习成绩优秀,又有好文笔和写一手漂亮字的毕业生;也适用于因学习忙碌而没有时间上门自荐,或因路途遥远而不便于上门自荐的毕业生。这种形式用人单位乐于接受,也为广大毕业生所采用。

(5) 他人推荐。即请老师、父母、亲友、同学推荐而达到自我推荐的目的。一些老师因具有较广泛的社会关系或较高的学术声望,他们的推荐容易引起用人单位的重视和信任。父母、亲友、同学也可帮助毕业生扩大自荐范围,对毕业生顺利就业助一臂之力。

(6) 学校推荐。学校推荐是一种间接的自荐方式。近年来，各学校相继成立了大学生就业指导办公室，加强了与用人单位的联系和收集信息工作。他们一方面对用人单位的情况比较了解，另一方面对毕业生的情况也比较了解，再加上学校以组织的形式向用人单位推荐，对用人单位来说具有较大的可靠性和权威性，容易得到用人单位的认可。

(7) 广告自荐。即借助新闻传播媒介进行自荐的形式。这种形式覆盖面广，时效性强。

(8) 实习自荐。即通过各种实习、社会实践推荐自己，也就是先"相亲"，后"过门"。

(9) 网络推荐。网络推荐是近几年出现的一种新的自荐方式，它是借助"因特网"进行自荐。这种自荐方式时效性好、覆盖面广，是今后自荐发展的方向。

以上介绍的九种自荐方法并非独立存在，在现实的求职活动中，往往综合应用才能达到自我推荐的目的。一般来说，几种方法并用效果会好一些。但就个人而言，究竟采取哪种自荐方式，应从实际需要出发。

(二)求职自荐的技巧

1. 自荐只是手段而不是目的

大学生自我推荐，首先需要解决认识问题，自荐仅仅是一种说服手段，即让对方认可、接受、肯定自己的人格、知识、技能和理想，从而获得成功的机会。而不是倒因为果，以推荐自己为目的，不管结果怎样，只是一味地推荐，不计后果，其结果只能得不偿失。

2. 自荐要有自信心、主动性和勇气

自信是现代人所必须具备的心理素质。一位心理医生曾经说过："你对自己越有信心，就越能造成一种你很行的气氛。事实上，你的态度全部反映在你的举手投足之间，就好像一个人'坐椅子'，一个感到自信的人会坐在整个椅子上，而一个感到不自在的人，只会坐在边缘上。"大学生自我推荐，首先必须自信，清醒地知道自己具备达到目标所需的实力，并完全依靠自己的实力进行竞争，这是求职者成功自荐的奥秘之一。

自荐是求职者的主动行为，任何消极等待的态度都是不可取的。因此，在推荐自己时，还必须积极主动。例如，不等对方索要材料，便主动呈送；不等对方提问，就主动向对方介绍；不消极等待对方回音，就主动询问。这样，往往给人一种态度积极、胸有成竹的感觉。

成功的自荐还必须具有足够的勇气，不怕失败。伽利略说："追求科学要特殊的勇敢。"自荐也是一样，你要在别人面前勇敢自信地介绍自己，证明自己。

如果没有"初生牛犊不怕虎"的勇气，就会畏缩不前、犹豫不决，就会紧张、拘谨甚至自卑。常常可以遇到这样一些情况，有的学生去用人单位之前，脑子里已准备好了对各种问题的回答，甚至语调、礼貌话、动作都想好了，可到了面试的时候，竟全忘了，聪明才智不见了，剩下的只是呆板、不知所措。这样的情景如果形成了恶性循环，就会越发紧张和拘谨，结果给人一种缩手缩脚、没有魄力、无所作为或作为不大的印象。还有一些学生在洽谈会上，由家长或老师陪着东转西看，出谋划策，很令招聘单位费解。其实，这类事情正好反映出部分大学生对自荐既缺乏信心，又缺乏勇气的被动应付心理和态度。

3. 自荐要诚恳、谦虚、有礼貌

诚恳、谦虚、有礼貌是为人处世的基本要素，是赢得用人单位好感的应有态度，对大

学生应聘十分重要。诚恳，即做到言而有信。孟子言："言人也，信人也。"大学生自荐应以信为本，在介绍自己时，要讲真话，有诚意，不吹牛撒谎，不虚情假意，给对方以信任感。比如说，自己对某问题不明白时，可以告诉招聘人："对不起，我不知道这个问题。"这恰恰反映你直率诚实的性格。

谦虚是一种美好的品德，是尊重对方的一种态度。在就业市场上，常有不少学生因口若悬河，夸夸其谈吃了"闭门羹"；也有人因为摆出一副"我有知识你就得用"的神气，令用人单位非常反感。因此，要切记：在任何时候，虚心、谦逊都是用人单位最为欢迎的态度。

礼貌是道德的一种外在表现形式，它在人际关系调节中具有不可忽视的作用。大学生自荐时，无论是表情，还是一句称呼、一声感谢、一个小动作，都能反映出一个人的内在修养和素质，都会被招聘单位看在眼里作为评价的话题。因此，自荐时要以礼待人，不能认为这都是小节，不说明问题。即使对方当场回绝或不太理睬你时也要表现冷静，给自己找个台阶下，给对方留下明白道理的印象。

4. 自荐要注意对方的需要和条件

自我推荐应注重对方的需要和条件，并根据他们的需要和条件说服对方，使自己被对方接受。比如，自己所告诉的正好是对方所要的，自己所问的正好是对方要告诉的。要做到这点，首先要充分准备，做到成竹在胸，仔细考虑一般用人单位需要什么，他们会提出什么问题，对什么最感兴趣；其次，临场要"察言观色"，把握对方心理，随机应变。

例如：

某大学通信工程专业学生王某，学习成绩良好，综合素质较高。听说本市一家软件公司要人，他先请教老师，了解软件业行情。然后，花费了一天时间研究该单位一些基本资料。最后，他拿着求职文案走进该单位人事部门，该单位负责人看完他的求职文案后问道："你为什么要来我们单位应聘，你觉得我们单位有哪些特点和不足？"……几番对答，对方不住颔首，告诉他一周后听"研究结果"。一周之后，王某如愿以偿，他在几十名竞争者中获胜。他的成功，就在于能注意对方的需要和条件。

5. 自荐要善于展示自己

善于展示自己，即"展示适时，展示适度"。"热门"的用人单位往往门庭若市，要想在强手如林的竞争中引人注意，脱颖而出，就必须做到以下几点。

(1) 会介绍自己。"良好的开端是成功的一半"。自荐时，要先入为主，一开始就简明扼要，说明来意。在介绍自己时要有理有据，言简意赅。

(2) 会提问题。提问题是为自我服务，除了想搞明白某些情况之外，还可借助提问题，更好地展示自己。比如，"贵单位需要什么样的大学生？"必要时，也可率先开口，不要老是等对方提问。

(3) 会回答问题。回答问题是为了说明情况，展示自己。因此，要学会正确运用闪避、转移、引申、模糊应答等方法，"以巧破千斤"。

(4) 会发挥优势，即展示自己主要特色。自荐必须从引起别人注意开始，如果别人不在意你的存在，那就谈不上推荐自己。引起别人注意的关键是要扬长避短，有自己的特色，使对方对自己产生兴趣。

例如：

大学生王某在校期间自学日语有一年多的时间。在招聘会上，看见一家日本公司，他走上前去，壮着胆子递上他的推荐表，并补充了一句"我懂日语并擅长英语"。就这一句话引起了对方的注意，接着就是口试(即与日本人对话)，两个星期后，他惊喜地接到对方的录用通知。王某的成功，就在于他有一技之长，并表现得当。

6. 自荐要学会使用求职文案

再好的求职文案，也要会使用，不会使用，则影响自荐效果。如何使用，这就需要根据实际情况而定。例如，在招聘会上，求职人员很多，难以与用人单位的招聘人员交谈，则可先把求职文案提供给用人单位，从而为自己争取到面试的机会。求职文案最好亲自呈递，这样做会加深用人单位对你的印象。同时，呈递材料时，还要多准备几份，这样既表示你对每个人的尊重，又无疑为他们在共同商议是否录用你时提供方便。如果无法亲自呈递，或想"广种薄收"，就采用邮寄、网投的方式。

7. 自荐要善于"包装"自己

在竞争激烈的今天，包装不仅限于保护功效，更主要的在于它能弥补个人不足，提高个人价值，发挥"促销"作用。包装分为外包装和内包装。外包装又称为初级包装，它是通过一些非语言媒介对自荐发挥作用，如衣着、发式、动作、行为举止、体态、气质等要得体、适度，给人以大方、潇洒、端庄、有知识、有涵养、有信心、符合大学生身份的感觉。研究结果表明，外表有吸引力者，一般会被招聘人理解为聪明精干、办事认真可靠，使人另眼相待。

8. 自荐要注意控制情绪

人的情绪有振奋、平静和低潮三种表现。实践证明，无论是谁，心情紧张时，说话总是节奏过快，使听者很费力，容易厌烦。大学生初次接触社会，缺乏说话技巧。因此，在推荐自己的过程中，要善于控制情绪，说话节奏适中，才能最佳地表露出自己的才华、学识、能力和社会阅历，增加对方对自己的了解。为了控制自己亢奋的情绪，美国心理学家尤利斯提出了有趣的忠告："低声，慢语，挺胸。"

9. 自荐要"知难而退"

各有所需，量才录用。假如你已经尽力但仍然说服不了对方，没能被对方所接受，此时你应"知难而退"，另找门路。若期望值过高，就应该降低期望值。

10. 自荐要把握好时间

自荐时间不宜过长，因为在招聘会上，门庭若市、摩肩接踵，有时还要排队，现场秩序必须恪守，所以你必须在最短的时间内，最大限度地推销自己。

二、笔试

笔试是一种常用的考核办法，它是用人单位采用书面形式对求职者所掌握的基本知识、专业知识、文化素养和心理健康等综合素质进行的考察和评估，是决定求职者去留的重要依据。笔试的结果是根据一定的标准答案评定出来的,他弥补了面试结果往往是根据个人爱好、感情用事评分的缺陷。有些单位往往首先通过笔试来确定进一步面试人员的名单。

(一)笔试的种类

1. 心理测试

心理测试是要求应试者完成事先编制好的标准化量表或问卷,根据完成的数量和质量来判定其心理水平或个性差异的方法。一些特殊的用人单位经常以此来测试求职者的态度、兴趣、动机、智力、个性等心理素质。

2. 专业考试

专业知识和专业技术考试的题目专业性很强。如涉外企业招聘雇员要考外语;科研机构招聘人员要考动手能力;国家机关招聘公务员要考行政管理方面的知识。

3. 论文笔试

论文笔试是检验求职者分析、综合、比较、归纳、推理等思维能力的方法。其形式采用论述题或自由应答型试题。论文笔试的最大长处,是有利于考察求职者的思考能力,从而能够检查求职者思想认识的深刻程度。这种测试往往会导致种种不同的答案,易于发现人才,促进智力发展,远比简单的测验题更能判断一个人的水平。做此类试题时,讨论问题要深刻、有见地。

(二)笔试的方法和技巧

(1) 保持良好的身心状态。

(2) 笔试的知识准备、考前热身很重要。常用的基础知识是用人单位的笔试重点。复习重点不要放在难点、偏题上,要把基础知识掌握好,在实际运用上下功夫。

(3) 在互联网上搜索相关的笔试题,训练自己的发散性思维。

(4) 通过高校 BBS 等媒介与他人进行信息交流与切磋,向那些参加过笔试的人请教经验。

(5) 在笔试时,要尽量挤出时间对容易出错的地方进行复查,特别注意不要遗漏题目,更不能跑题或出现错别字、语法不通、词不达意等错误。另外应当注意的是保持卷面字迹清晰,书写过于潦草,字迹难于辨认也会影响考试成绩。因为求职笔试不同于其他专业考试,"醉翁之意不在酒",有时招聘单位并不特别在意应试者考分的稍许高低。认真的态度、细致的作风,则会大大增加你被录用的可能性。

总之,应聘者的笔试卷面应具备三个特点:一是保证卷面形式的和谐,二是表现出了掌握知识和运用知识的统一,三是体现出了应聘者的思维的关联性。

三、面试

面试是招聘者与应聘者之间面对面交流信息的过程,也是招聘者对应聘者的口头测试的过程。面试是用人单位对应聘者进行选拔而采取的诸多方式中越来越被重视的一种,通过面试可以考核求职者的动机与工作期望,考察求职者仪表、性格、能力、经验等特征。

同时面试也是求职者全面展示自身素质、能力、品质的大好机会。面试发挥出色，可以弥补先前笔试或是其他条件如学历、专业上的一些不足。在求职过程中，面试是应聘者取得求职成功的关键一步。

在应聘的几个环节中，面试也是难度最大的，尤其是对于应届毕业生来说，由于缺乏经验，面试常常成为一道难过的坎儿，有很多毕业生顺利通过了简历关、笔试关，最后却在面试中摔下马来。因此，要重视学习面试的基本知识和相应技巧。

(一)面试的形式

常见的面试可以分以下几种基本形式。

1. 单独面试与集体面试

(1) 单独面试，是指主考官单独与应聘者面谈。单独面试的优点是能提供一个面对面的交流机会，可避免应聘者临场出现的紧张情绪，面试双方较容易地进行深入交流。单独面试有两种类型：一是只有一个主考官负责整个面试过程，这种面试大多在较小规模的单位录用较低职位的人员时采用，如小型私企、私立学校等；二是由多位主考官参加整个面试过程，但每次只与一位应聘者交谈。现在的公务员招聘大多采用第二种形式。

(2) 集体面试又叫小组面试，是指多位应试者同时面对面试考官的做法。在集体面试中，通常要求应试者做小组讨论，相互协作解决某一问题，或者让应试者轮流担任会议的主持人、发表演说等，八仙过海，各显神通。这种面试方法的最大优点在于节省时间，并能够对众多求职者进行直接比较，但是一些性格内向者常因此失去表现机会。该方法主要用于考察应试者的人际沟通能力、组织领导能力以及洞察与把握环境的能力等。

无主持人小组讨论是最常见的一种集体面试法。在不指定召集人、主考官也不直接参与的情况下，应试者自由讲述主考官给定的讨论题目，这些题目一般取自招聘工作岗位的专业需要，或者现实生活中的热点，具有很强的岗位特殊性、情景逼真性和典型性。讨论中，主考官坐在离应试者一定距离的地方，不参加提问或讨论，通过观察、倾听为应试者进行评分。

2. 一次性面试与多次面试

所谓一次性面试，即用人单位对所有应聘者一次性集中进行。在一次性面试中，用人单位往往集中强大的考官阵容，常有人事主管部门负责人、业务部门负责人及人事测评专家或外聘专家组成。应对此类面试，应试者必须全面准备、精心策划、集中所长、全力以赴。

多次面试可分为两种类型：依序面试与逐步面试。

依序面试一般分为初试、复试与综合评定三步。初试，即初步筛选。用人单位面对众多的应试者，为减少其工作量，初选出较好的人选。初试一般由用人单位人事部门主持，主要考察应试者的仪表风度、工作态度、上进心、进取精神等，将明显不合格者予以淘汰，初试合格者进入复试。复试主要考察应试者专业知识和业务技能。如学校招聘教师时常采用的试讲，考评专家们对应聘者教态、板书、教材把握能力、语言表达能力、教学重点驾驭、现代教学手段运用等予以考察，以衡量应试者知识和能力方面能否胜任应聘岗位。复试结束后再由人事部门会同用人单位综合评定每位应试者的成绩，确定最终合格人选。

逐步面试，一般由用人单位的主管领导、处(科)长及一般工作人员组成面试小组，按小组成员的层次，由低到高的顺序依次对应试者进行面试。面试的内容根据层次各有侧重：低层一般以考察专业及业务知识为主，中层以考察能力为主，高层则实施全面考察并最终把关。此方法实行逐层淘汰，应试者对各层面试要做到成竹在胸，从容面对，力求全胜。低层面试不大意、不马虎；高层面试不胆怯、不拘谨。

3. 结构化面试与非结构化面试

正规的面试一般都是结构化面试。所谓结构化，包括三个方面的含义，一是面试过程(程序)把握的结构化。在面试的起始阶段、核心阶段、收尾阶段，主考官要做些什么、注意什么、要达到什么目的，事前都要有相应的策划。二是面试试题的结构化。在面试过程中，主考官要考察应试者哪方面的素质，围绕这些考察角度主要提哪些问题？在什么时候提出与怎样提？这些在面试前都要做好准备。三是面试结果评判的结构化。包括从哪些角度来评判应试者的面试表现，等级如何划分，甚至如何打分等。在面试前都会有相应规定，并在众考官间统一尺度。

非结构化面试，面试的组织非常"随意"。关于面试过程的把握、面试中要提出的问题、面试的评分角度与面试结果的处理办法等，主考官事前都没有精心准备与系统设计。非结构化面试颇类似于人们日常非正式交谈。除非面试主考官的个人素质极高，否则很难保证非结构化面试的效果。目前真正意义上的非结构化面试愈来愈少。

4. 常规面试与情景面试

常规面试，就是通常我们见到的双方面对面以问答形式为主的面试。聘方主考官处于积极主动的地位，应聘方处于被动应答的地位。从近几年高校人才交流市场反馈的情况来看，聘方主考官，在学校和中小型企业多由其主要负责人担任；而国有大中型企业、外资、合资企业则多由人力资源部负责人或人事主管担任。该方法简单易行，采用较多。应聘者值得注意的是：该方法主考官的注意点一般围绕应聘者仪态仪表、语言交流能力、思维应变能力及综合业务素质状况等方面。

情景面试，它突破了供求双方一问一答的模式，引入了无主持人小组讨论、公文处理、角色扮演、演讲、答辩、案例分析等人员筛选中的情景模拟方法。情景面试是面试形式发展的新趋势。在这种面试形式下，面试的具体方法灵活多样，逼真性强，应试者的才华能得到更充分、更全面的展现，主考官对应试者的素质也能做出更全面、更深入、更准确的评价。

(二)面试的基本内容

1. 一般性提问

(1) 关于求职动机。

——为什么选择我们公司？

——对在公司工作的预期(工作条件、目标薪酬等)。

目的在于：考察求职者的求职动机，判断求职者的工作期望和公司实际条件是否一致。

(2) 关于仪表与性格。

在面试全过程中进行有意识观察。目的在于：考察求职者的形态、穿着、举止、礼貌动作、习惯和性格特点等。

(3) 关于个人价值观。

——你择业考虑的主要问题是什么。

——个人未来职业生涯的预期。

——如何理解幸福的人生和成功的事业?

(4) 关于敬业精神。

——谈一件你的经历中最值得自豪的事件，你是如何获得成功的?

——你的职业态度是什么?

目的在于：考察以往的业绩、职业态度、责任感、进取精神、开拓精神等。

(5) 关于专业知识特长经验。

——简单描述一下你的受教育经历(包括学校教育和工作中的培训)。

——如何使你的工作对公司更有价值?

目的在于：从专业角度了解求职者特长及知识的深度与广度，是否具备岗位所需的专业知识和专业技能。

(6) 自制力和控制力。

——你最大的优点是什么? 最大的缺点是什么?

——如何发挥优点和缺点?

——你遇到最大压力时的处理方法。

(7) 表达能力。

——观测面谈过程中口头表达的准确性，发音的准确性。

——观测体态语，语言感染力、音量、音调、节奏。

目的在于：考察求职者的语言组织和表达能力。

(8) 未来发展能力。

——如果工作需要实行计算机自动化办公，你认为你能适应吗?

——假设公司未来几年获得高速发展，你将如何适应工作环境的变化?

目的在于：考核求职者的知识面、自我学习能力、身体状况、对未来的预期等。根据一般性问题，为避免面试过程中思考时间有限而仓促应对，有针对性地准备答案很有必要。准备答题应遵循以下原则：①回答问题把握重点；②叙述力求具体；③回答紧扣内容；④尽可能表现自己的特色。

面试中可能遇到一些其他问题，你只要本着诚实守信的态度回答，都可以取得主试人的好感。

2. 压力式提问

当招聘者想了解你如何处理压力时，尤其是他们提出一连串颇难对付的问题时，你就会遇到这种充满压力的面试。一位求职者描述面试的经历时说："面试官不断提问，很专注，听得很仔细。我也一直处于戒备状态，受尽折磨，直到最后才有稍微松懈。"

招聘者用这种方式想看看你在压力下是否变得沮丧、戒备，捕捉你的疏漏，千万不要让他挫伤你的锐气。如果你觉得问题来得太快，不能很好回答，那么做一次深呼吸，笑一笑，说："我可以一次只回答一个问题吗？我想那样我会答得好些。"

3. 假设性提问

当招聘者想了解你处理问题的能力时常用这个办法。这会帮助他们知道你过去的表现及推测你将来的表现。通常会虚拟某种情况，看你将怎样处理。

——如果你负责的一件工作不能按时完成，你会怎么做？

——如果你必须和一个很难相处的人共同完成一项工作，你会怎么办？

——如果你最要好的同学告诉你，在考试时他严重违反校规校纪(未被任何人发现)，你怎么办？

回答这类问题时要有针对性。例如，关于不能按期完成工作的问题，招聘者想知道以下问题。

(1) 你怎么处理它。

(2) 你会用什么策略。

(3) 你是不是足智多谋。

(4) 你是否想增加人手。

(5) 你是否能走捷径而不损害工作。

(6) 你是否具有原则性和政策素质。

具体问题具体分析是一个不错的方法。你可以给出一个遇到过的相似的情况的例子，告诉招聘者你是怎样完美地画上句号的。

4. 随机式提问

招聘者有时还要看看你在日常情况下和关键时刻的表现，看看你在处理将要遇到的问题时是否有涵养和技巧。

例如：一位应聘高级管理职位的求职者回忆公司邀请他到一家餐厅晚餐的情况："吃完饭，服务员来买单，他们一个个地出去了，我坐着等他们回来，但他们没有回来。我以为这是一个玩笑，但经理说他们都已经走了。于是我对服务员说这一定误会了，但我会付账的。"后来才知道这是公司安排好的，想看看我在这种情况下求职者怎样冷静得体地代表公司处理此事。

这类面试，要求求职者时刻小心谨慎，当然求职者也可以事先做些准备，例如：

(1) 列出可能出现的各种日常问题。

(2) 列出可能遇到的紧急情况。

(3) 回顾过去在处理日常生活和紧急情况时所使用的技巧。

以上列出了一些应对面试的方法，在实际面试中，你应该审时度势地加以运用。

5. 机关常见测评项目

以具有代表性的机关招考工作人员65个面试测评项目模型作为研究样本，归纳统计后发现：65个模型中出现的测评项目一共有26个(对名称不同而实质相同的项目作了简单合并)。但各个项目出现的总次数大不相同，有的在多个模型中出现。各个项目的活跃程度、常见程度，研究者采用"出现频率"这个概念来反映，即各个项目出现次数与65个样本模型之比，整理排列后得出如表 15-1 所示的内容。

表 15-1　机关常见测评项目

顺　序	项 目 名 称	出现次数	出现频率/%
1	语言表达能力(含清晰性、逻辑性、准确性，个别模型曾出现两个以上的语言表达因素)	71	90.2
2	应变能力(含回答迅速、灵敏度、灵活性等)	53	81.5
3	综合分析能力	50	76.9
4	实际业务知识与操作技能(含工作经验、业务水平等)	38	58.5
5	举止(含仪表、气质、风度等)	34	52.3
6	逻辑思维能力	33	50.8
7	知识面	22	33.8
8	思想政策水平(含思想境界、纪律性等)	18	27.7
9	进取精神(含事业心、进取心、竞争意识、成就感等)	10	15.4
10	态度	8	12.3
11	人际关系(含协调交往)	8	12.3
12	兴趣爱好	7	10.1
13	性格	5	7.7
14	创造能力	5	7.7

(三)面试前的准备

求职面试这个在国外具有悠久历史的人才考核形式，近年来在国内不仅越来越普遍地被外资企业、外商驻华机构及国内单位所采用，在各类事业单位招聘、公务员招考中也被普遍采用。这种考核形式改变了长期以来沿用的从档案看人、以一卷定终身的单向的、静态的传统考核办法，从而使面试者和应聘者之间建立起了一座沟通了解的无形桥梁，更使用人单位能多维地、动态地、直接地考核，了解应聘者的资历、能力、志向、个性、事业心、责任感及职业目标等，然后做出是否录用的决定。求职者也可通过面谈了解用人单位的情况，最后做出是否签约应聘的决策。因此，求职面试对于招聘、应聘双方都事关重大。这里，我们只着重谈谈求职者面试前的准备。

1. 了解面试单位及岗位

为了保证使面试前的准备工作做得更充分、更主动，面试前应试者必须对面试单位进行摸底调查，全面了解，做到心中有数，尽可能使一些问题处理得合理一些。其工作思路从以下几方面着手考虑。

(1) 了解面试单位概况。用人单位的性质、规模、产品、效益、发展前景、应聘岗位职责、待遇、违约金、单位主管部门等问题都要详细地了解。如果应聘单位是企业，应从单位性质、注册资金、资产总值、职工人数、专业技术人员层次结构、产品经营、人事制度、工资奖金等方面予以较全面的了解；若是应聘学校等事业单位，应从学校的性质、规模、师资、学生状况、工资待遇、发展前景等方面予以了解；若是应考公务员，应熟知所报考公务员位置的基本情况、职责、任务、待遇及发展前景等。

(2) 实地考察。面试前，如果面试单位确实是你想去的工作单位，那么有必要去实地考察，进一步增加自己的感性认识。主要了解一下该单位所处的地理环境、员工的工作环境以及企业文化和企业精神。去学校应聘者还要了解学校的软硬件设施、学生学习情况及校园文化氛围等情况。

总之，在面谈前最好弄清你想去单位的各种情况，以便理清思路，明确该采取什么策略，从而在面谈时把握主动。

2. 语言能力训练

对应试者来说，流利自如的谈吐是面试成功的必备条件。在面试前作如下准备。

(1) 口头表达能力训练。自跨进大学校门，就要积极参加各种集体活动，有意识地加强语言表达能力的训练，逐步养成与陌生人自如交谈的习惯，多参加集体活动，课堂讨论大胆发言。也就是说，口头表达能力的训练不能等到面试时才去锻炼，否则，见人脸红、遇事心慌、心中无谱、口中无词，说不上几句话，摆在面前的就业机会就会白白流失。

(2) 书面表达能力训练。面试单位要对应试者的文字水平、书法水平进行考察，也就是说，要考察应试者是否具备一定的人文素质，对文字的理解能力如何。字相当于一个人的外表，也是工作过程中最基本的能力。如果这方面的能力欠缺的话，往往就会给用人单位留下文字修养不高，字也写得不怎么样的印象，直接影响面试结果。

(3) 交流协调能力。面试主考官出一道工作难度较大、人事关系较复杂的问题让你解决，即在复杂的人际关系中如何协调工作中的各种矛盾，就是直接考察你交流、沟通、协调能力如何。因此，作为高校毕业生应该善于处理好在校期间学习、工作、生活中的各种矛盾，遇到问题不要回避，久而久之，这方面的能力就能提高。

(4) 问题归纳能力。表达一件事或做一个自我介绍时，如果讲了半天，听者不知道你在讲什么，那就说明表达没有抓住重点，思路比较乱。因此，面试前，要将需要表达的问题进行重点和一般的分类，按照前后次序加以整理归纳，以此来提高面试效果。

3. 自我介绍

(1) 重点突出。把在大学里擅长的内容表达出来，也就是说把一个人最为得天独厚的才能表达出来。如果荣誉称号很多，那么就讲层次最高的，没有必要统统报出来。

(2) 语言精练。自我介绍时，语言简短、清楚、准确，切忌漫无边际、不着主题地瞎扯。古人云："言不在多，达意则灵。"语言是传递信息和交流思想的工具，求职者的技巧和表现手法主要体现于语言的运用上，要语不烦，字字珠玑，简洁有力，能使人不减兴味；冗词赘语，絮絮叨叨，不得要领，必令人生厌。

(3) 一分为二。介绍自己时不能只讲优点，不讲缺点，有时把缺点讲得恰到好处，会收到事半功倍之效果。例如，某毕业生在几位考官面前介绍自己时，打破常规、独辟蹊径，先介绍自己的缺点，然后介绍自己的优点，扬长避短，掌握较好，一下子就得到了考官的好感，立即产生了该生诚恳、谦虚、实事求是的面试效果。

(4) 用词恰当。自我介绍时，讲一句就是一句，讲话要严谨，如果出现不切实际的话，易被面试考官提出质疑，几个问题一问，把整个思路全部搞乱，慌了自己的手脚，影响面试效果。

扩展阅读

毕业生就业热门网站

全国高校毕业生就业信息网：http://www.gradnet.edu.cn/。

中国大学生就业网：http://www.jiuye168.com/。

中国校园网：http://www.54youth.com.cn/。

高校毕业生求职中心：http://www.cgcc.net/。

大学毕业生求职网：http://www.1stjob.net/。

探索与练习

最后的练习

表 15-2 是一个目标计划表。在长期目标(什么)的一栏中写上你在问"什么"时所选择的那个长期目标。在标出截止日期(何时)的一栏中写上你设定的截止日期。在使命/角色的重要性(为什么)一栏中写上你在反复问"怎样"中得出的总结。在步骤(如何)一栏中列出你已排出先后顺序的各个步骤。最后，在右边截止日期(何时)的一栏中尝试给每个步骤设定一个你认为合适的截止日期。

回顾长期目标(什么)：_____

截止日期(何时)：_____

使命/角色的重要性(为什么)：_____

表 15-2　目标计划表

长期目标(什么)	步骤(如何)	截止日期(何时)	使命/角色的重要性(为什么)

现在一切取决于你自己了！你已经为自己的目标标识了什么、为什么、如何以及何时，你已经踏上了成功之路。你还可以对自己的其他目标照此办理。因为你已经把目标分拆为各个步骤，你可以把这些步骤编入你的进度计划，编入每天、每周的日程表，甚至编入当前的时刻。今天、明天、下周，你能做些什么事来让自己更接近最终目标呢？尝试一下，看你能否把行动清单中的前三个步骤编入自己的计划。其他的以后再说。现在就开始吧。带着对于目标的愿景，每天有所进步，坚持不懈。